Die Minjung-Theologie Ahn Byungmus
von ihren Voraussetzungen her dargestellt

Europäische Hochschulschriften
Publications Universitaires Européennes
European University Studies

Reihe XXIII

Theologie

Série XXIII   Series XXIII
Théologie
Theology

Bd./Vol. 443

PETER LANG
Frankfurt am Main · Bern · New York · Paris

Sunhee Lee

Die Minjung-Theologie Ahn Byungmus von ihren Voraussetzungen her dargestellt

PETER LANG
Frankfurt am Main · Bern · New York · Paris

Die Deutsche Bibliothek - CIP-Einheitsaufnahme

Lee, Sunhee:

Die Minjung-Theologie Ahn Byungmus von ihren Voraussetzungen her dargestellt / Sunhee Lee. - Frankfurt am Main ; Bern ;
New York ; Paris : Lang, 1992
    (Europäische Hochschulschriften : Reihe 23, Theologie ;
    Bd. 443)
    Zugl.: Bonn, Univ., Diss., 1991
    ISBN 3-631-44459-1

NE: Europäische Hochschulschriften / 23

ISBN 3-631-44459-1

© Verlag Peter Lang GmbH, Frankfurt am Main 1991
Alle Rechte vorbehalten.

Printed in Germany 1 2   4 5 6 7

Danksagung

Die vorliegende Arbeit wurde im Oktober 1991 von der Evangelisch-Theolo-
gischen Fakultät der Rheinischen Friedrich-Wilhelms-Universität Bonn als
Inauguraldissertation angenommen.
Meinem verehrten Lehrer, Herrn Professor Dr. Gerhard Sauter, danke ich
herzlich für alle Ratschläge und Hilfe beim Zustandekommen der Arbeit. Er
hat auch das Erstgutachten erstellt. Herr Professor Dr. Martin Honecker hat
dankenswerterweise das Korreferat angefertigt. Herr cand. theol. Rainer
Fischer hat die Arbeit von Anfang an begleitet und mich bei sprachlichen
Schwierigkeiten beraten. Für seine selbstlose Hilfsbereitschaft danke ich
ihm herzlich.
Ich danke ebenso herzlich Herrn Professor Dr. Ahn Byungmu, der mich zum
Studium in der Bundesrepublik Deutschland ermutigt hat. Mein besonderer
Dank gilt an dieser Stelle meiner Frau, die mir bei meiner Arbeit trotz
ihrer gesundheitlichen Schwierigkeiten unermüdlich beigestanden hat.
Meinem Vater und meiner Mutter, die mich zum Glauben an Jesus Christus
geführt haben, widme ich diese bescheidene Arbeit in Dankbarkeit für ihre
elterliche Sorge für den Glauben ihres Sohnes.

Sunhee Lee

Inhaltsverzeichnis

Vorwort   XV

A. Der politisch-soziale Kontext der Minjungtheologie
   in ihrer Entstehung   1

A.0. Zum Methodischen   1

A.1. Vorgeschichte: Die politische Geschichte Koreas
      von der japanischen Kolonialherrschaft bis zur
      Verfassungsänderung 1972   1

   1.1 Die japanische Kolonialherrschaft 1910 bis 1945   1

   1.2 Die erste Republik Korea   2

   1.3 Die zweite Republik   4

   1.4 Die Militärdiktatur und die sich daran anschließende
        dritte Republik   4

A.2. Das Yushin-System seit der Verfassungsänderung 1972   7

   2.1 Politisch-soziale Unruhe nach der Wahl 1971   7

   2.2 Die Ausrufung des Nationalen Notstandes 1971   8

   2.3 Die sog. Oktober-Reformen (Yushin: "Revitalizing Reform")
        und die Verfassungsänderung 1972   9

A.3. Reaktionen von antidiktatorisch-demokratischen Gruppie-
      rungen auf das Yushin-System   11

   3.1 Proteste gegen das Yushin-System und Verhaftungen   11

   3.2 Die erste Erklärung der Christen gegen das Yushin-System
        (Das sog. "Manifest der koreanischen Christen von 1973")   12

   3.3 Studentendemonstrationen und die Erklärung von demokra-
        tischen Intellektuellen   14

   3.4 Die Menschenrechtserklärung des Koreanischen Nationalen
        Kirchenrates   15

   3.5 Die Aufforderung zur Abänderung der Yushin-Verfassung
        und die Notstandsmaßnahmen der Regierung   16

3.6   Proteste evangelischer Geistlicher gegen die Notstandsmaßnahmen   17

3.7   Der Fall der sog. "Nationalen Jugend- und Studentenliga
für Demokratie" (Minchungryun)   17

3.8   Die sog. "Donnerstags-Gebets-Gottesdienste"   18

3.9   Der Widerstand der Christen gegen das Yushin-System
als Partizipation an der "Missio Dei"   19

3.10   Das Thema "Staat und Kirche" wird in die Auseinandersetzung zwischen dem Yushin-System und den protestierenden Christen eingeführt   20

3.11   Die Mehrheit der Bevölkerung stimmte für Park   28

3.12   Die Erklärung der freigelassenen "Gefangenen für die
Wiederherstellung der Demokratie" und die Berufung
der Minjungbewegung auf den Willen des Minjung   29

A.4.   **Die politisch-soziale Bewußtseinsbildung der sozialen
Unterschichten und ihre Teilnahme an der Minjungbewegung**   32

4.0   Zum Methodischen   32

4.1   Die Entstehung und die Organisationsstruktur der "Urban
Industrial Mission" (UIM)   33

4.2   Die sozialfürsorgerlichen und solidarischen Maßnahmen
der UIM gegen die Armut der Arbeiter und zur Verkündigung
des Evangeliums   35

4.3   Die Weiterentwicklung von den fürsorgerlichen Maßnahmen
zur gewerkschaftlichen Ausbildung von Arbeitern durch die UIM   36

4.4   Die Weiterentwicklung vom Arbeitskampf zum politischen
Widerstand gegen das Yushin-System   37

4.5   Das Verhältnis der UIM zur Minjungbewegung   39

B. **Ahn Byungmus Ansätze vor der Entstehung der Minjungtheologie
und die Hauptgedanken seiner Minjungtheologie in ihrer Entwicklung**   42

B.0.1   Quellentexte   42

B.0.2   Lebenslauf Ahn Byungmus   43

B.1.   **Die Grundstimmungen in dem Theologie-Treiben bei Ahn Byungmu**   47

1.1   Die "Liebe zum koreanischen Volk"   48

1.2   Die "Leidenschaft für Jesus"   51

1.3   Die "Einheit" der "Leidenschaft für Jesus" und der "Liebe
zum koreanischen Volk"   56

B.2. **Die gedanklichen Ansätze Ahn Byungmus vor seiner Minjungtheologie**   63

2.1 Anthropologischer Ansatz. Das sogenannte "Aus-Auf-Dasein"   63

2.2 Ethische Anwendung des anthropologischen Ansatzes   71

2.3 Soteriologischer Ansatz   75

2.4 Das Problem des Leidens der Gerechten und 'Gott im Leiden
des Aus-Auf-Daseins' als Antwort auf die Theodizeefrage   78

2.5 Die ideologiekritische Anwendung des Aus-Auf-Daseins bzw.
die soziologische Theodizee Ahn Byungmus   88

B.3. **Die Übergangsphase zur Minjungtheologie (von Anfang 1973
bis Anfang 1975)**   104

3.1 Der Kampfruf gegen das Yushin-System.   106

3.2 Die Einführung sozialkritischer Perspektive in die theologische Argumentation   107

3.3 Die Einführung von Menschenrechtsgedanken in die theologische Argumentation   110

3.4 Der Ansatz der sog. sozialgeschichtlichen Methode   113

B.4.   **Die Minjungtheologie Ahn Byungmus**   117

B.4.0.   **Einführung**   117

4.0.1 Die Entwicklungsgeschichte der Bezeichnung "Minjungtheologie"   117

4.0.2 Übersicht der Darstellung   122

B.4.1.   **Die Einführung des Begriffs "Minjung" bzw. "*ochlos*"
und das Konzept "Theologie der Ereignisse" (1975-76)**   122

4.1.1 Das Minjung und die Aufgabe der Kirche   122

4.1.2 Das Minjung als das Subjekt der Min-Dschok-Gemeinschaft   129

4.1.3 Das Konzept "Theologie der Ereignisse"   137

B.4.2.   **Die sog. "Wiederentdeckung des Minjung" (1976-77)**

4.2.1 Das Minjung wurde als eine "Existenz ohne Gott vor Gott"
wieder entdeckt   143

4.2.2 Das sog. "neue Gottesverständnis". Der Gott in seiner
Niedrigkeit und Parteilichkeit. Der in Jesus ein Mensch
gewordene leidende Gott   149

B.4.3. "Das Minjung ist der Träger der Geschichte" und Ahns
        Bekenntnis zu einer "Geschichte mit dem Minjung" (1977-78)   153

   4.3.1 "Des Volkes Gesinnung ist des Himmels Gesinnung."   153

   4.3.2 Ahns Bekenntnis zu einer "Geschichte mit dem Minjung"   157

B.4.4. Die minjungtheologische Soziologie Ahns ("familia dei")
        und die soziologische Bibelauslegung (1978-81)   159

   4.4.1 Der Ansatz einer authentischen Bibelauslegung.
          Von Dogmen zum authentischen Verhalten Jesu zurück   159

   4.4.2 Der Ansatz minjungtheologischer Soziologie bei Ahn
          - die sog. "familia dei"   162

   4.4.3 Die soziologische Bibelauslegung für die "familia dei"
          - "Jesus und ochlos im Markusevangelium"   165

   4.4.4 "Die Minjungtheologie im Markusevangelium"   171

B.4.5. Die sog. "Minungsprache" im Gegensatz zur Sprache von
        Herrschenden und zum "Kerygma" (1980-84)   175

   4.5.1 Die "Minjungsprache" im Gegensatz zur Sprache von Herr-
          schenden und Intellektuellen   175

   4.5.2 Die Theologie der "Minjungsprache" als Alternative zur
          "Kerygma-Theologie"   177

B.4.6. Die Minjungtheologie Ahns als Reform des koreanischen
        Christentums für das koreanische Min-Dschok (1981-86)   179

   4.6.1 Die koreanische Kirche vor den nationalen Aufgaben
          des koreanischen Min-Dschok und die biblische Antwort   179

   4.6.2 Die Minjungtheologie Ahns als Reform des koreanischen
          Christentums für eine neue koreanische "Min-Dschok-
          Gemeinschaft"   181

C. Systematisch-theologische Interpretation   184

C.0   Zum Methodischen   184

C.1.   Der Entdeckungs- und der Begründungszusammenhang in den
        vor-minjungtheologischen Gedanken Ahn Byungmus (bis zur
        Übergangsphase zur Minjungtheologie)   185

C.1.1   Die Weltanschaung Ahn Byungmus   186

        (a) Der Ausgangspunkt - Ahns Erfahrung der Verkehrtheit
            der Welt und sein Wahrheitsbewußtsein   186

(b) Die Verborgenheit Gottes in der Welt und der historische
    Jesus als Vorbild für die authentische Existenz   187

(c) Das sog. "Ereignis" bzw. die Vergegenwärtigung
    des "Jesus-Ereignisses"   188

C.1.2   Das "Aus-Auf-Dasein" - Ahns anthropologischer Begründungs-
        versuch seiner Weltanschauung   189

C.1.3   Die Theodizee Ahns - Ein Versuch, mit der Durchsetzung
        des "Aus-Auf-Daseins" das Nicht-Eingreifen Gottes
        zu rechtfertigen und umgekehrt   190

(a) Die aus Jesu Verhalten abgeleitete Theodizee - Eine
    ethisch orientierte Leidenschristologie, die sich
    zu einem ethischen Monismus des "Aus-Auf-Daseins"
    entwickelt   191

(b) Die soziologische Theodizee - Ahns ideologiekritischer
    Begründungsversuch für die göttliche Stellvertretung
    des "Aus-Auf-Daseins"   192

C.2.   Die Erweiterung des Entdeckungszusammenhanges
        in der Übergangsphase zur Minjungtheologie   193

C.2.1   Die Konzentrierung des "Aus-Auf-Daseins" auf Wider-
        standsgruppen - Die Vergegenwärtigung des "Jesus-Ereig-
        nisses" durch das Leiden der "gerechten Vorhut"   194

C.2.2   Die sozialkritische Perspektive und die Entdeckung
        der Gegenwart Christi in der Sehnsucht der Armen
        nach einer neuen Welt   195

(a) Die Einführung der sozialkritischen Perspektive
    in die theologische Argumentation   195

(b) Die Entdeckung der Gegenwart Christi in der Sehnsucht
    der Armen nach einer neuen Welt   197

C.2.3   Die Einführung von Menschenrechtsgedanken in die theo-
        logische Argumentation   199

C.2.4   Ahns sozialgeschichtliche Analogisierung   201

C.3.   Der Entdeckungs- und der Begründungszusammenhang
          in der Minjungtheologie Ahn Byungmus   203

C.3.0   Zum Methodischen   203

C.3.1   Der Kontext der Minjungtheologie Ahn Byungmus   205

          (a) Ahns Minjungtheologie als Wiedergabe der "Minjung-
              Tatsache" als ihres Kontextes?   206

          (b) Der Kontext der Minjungtheologie Ahns - Aussagen
              über die "Minjung-Tatsache" als Sinngebung der Minjung-
              bewegung   207

C.3.2   Das Minjung als die Mitte der Minjungtheologie Ahn Byungmus   210

          (a) Die weltanschauliche Grundstruktur des Minjung-Begriffes
              bei Ahn Byungmu   211

          (b) Die nationalistischen und kirchenkritischen Grundzüge
              des Minjung-Begriffes bei Ahn   214

          (c) Das Konzept einer "Theologie der Ereignisse"
              - Ahns (dritte) Theodizee als Grundlage zur Theo-
              logisierung des Minjung-Begriffes   217

C.3.3   Die "Wiederentdeckung des Minjung" - Die theologische
          Dimension des Minjung als Subjekt des Min-Dschok und
          die Entdeckung einer Minjung-Dimension Gottes   219

          (a) Die Entdeckung der theologischen Dimension des Minjung
              als Subjekt des Min-Dschok   219

          (b) Die Entdeckung einer Minjung-Dimension Gottes im Gefolge
              der "Wiederentdeckung des Minjung"   222

C.3.4   Das Subjekt-Sein des Minjung in der Geschichte -
          Ahns Minjung-Monismus als Abschluß der Grundlegung seiner
          Minjungtheologie zur Sinngebung für die Minjungbewegung   224

C.3.5   Die soziologische Bibelauslegung der Minjungtheologie Ahns
          - Ein Versuch, den Minjung-Monismus aus dem Verhältnis Jesu
          zum 'ochlos' abzuleiten   225

          (a) Der Grundsatz der Bibelauslegung der Minjungtheo-
              logie Ahn Byungmus   226

          (b) Die Lebensbedingung des Minjung - Die Minjung-Gemein-
              schaft der Galiläagemeinde als "familia dei"   229

          (c) Die "markinische Minjungtheologie"
              - Die von dem Minjung-Monismus Ahns bestimmte Theologie

für die Minjung-Gemeinschaft der koreanischen Kirche
wie auch des koreanischen Min-Dschok   230

C.3.6   Das Konzept der "Minjungsprache"
       – Ein Versuch, den Minjung-Monismus mit einer ideologie-
       kritischen Sprachauffassung zu rechtfertigen   232

       (a) Die ideologiekritische Sprachauffassung Ahns   232

       (b) Die Anwendung des Konzeptes der "Minjungsprache"
          bei der Rekonstruktion der "Träger der Überlieferung
          des Jesus-Ereignisses"   234

C.3.7   Ahns Minjungtheologie als Versuch, die koreanische Kirche
       durch den Minjung-Monismus zur 'Minjung-Gemeinschaft
       für das Min-Dschok' zu reformieren   235

       (a) Der theokratische Rechtfertigungsversuch
          für die aktive Teilnahme der Kirche an der Wieder-
          vereinigung des Min-Dschok   235

       (b) Der völkisch-theologische Rechtfertigungsversuch
          für die Rolle der Kirche, die "Minjung-Kultur"
          als Gottes Offenbarung für das koreanische Min-Dschok
          zu vermitteln   237

D.   Rezeptionen der Minjungtheologie Ahn Byungmus   241

D.0   Zum Methodischen   241

D.1.   In Deutschland verfaßte koreanische Reaktionen
       auf Ahns Minjungtheologie   241

D.1.1   Ahns Minjungtheologie als ein "Paradigmenwechsel
       der Hermeneutik"?   241

D.1.2   Ahns Minjungtheologie als ein "Paradigmenkandidat"
       koreanischer Theologie?   243

D.2.   Von deutschen Autoren verfaßten Reaktionen
       auf Ahns Minjungtheologie   245

D.2.1   Ahns Minjungtheologie als ein "neues Modell für Kreuzes-
       verständnis"?   245

D.2.2   Ahns "Aufwertung des Minjung" – eine völkische Theologie?   250

Vorwort

Seit Mitte der 70er Jahre redet man von der sog. "Minjungtheologie"
nicht nur in ihrem Herkunftsland Südkorea, sondern einige Jahre später u.a.
auch in der Bundesrepublik Deutschland. Sie ist eine koreanische Befreiungstheologie, die im Kontext einer politisch-sozialen Befreiungsbewegung
des unterdrückten Volkes Koreas, das man in dieser Theologie das "Minjung"
nennt, entstanden ist. Sie hat aber relativ schnell über die Grenze ihres
spezifisch koreanischen Kontextes hinaus auch hier in diesem Lande, wo
sonst die theologischen Strömungen Koreas fast unbekannt sind, ihre Befür-
worter wie auch ihre Kritiker gefunden.

An der Entstehung und Entwicklung dieser Minjungtheologie waren zahl-
reiche koreanische Theologen beteiligt, die sich seit Anfang der 70er Jahre
an der landesweiten Widerstandsbewegung des Volkes gegen das diktatorische
Yushin-Regime wie auch gegen die nachfolgenden repressiven Regierungen aktiv engagierten. Sie wollten zunächst mit ihren theologischen Reflexionen
die christliche Teilnahme an der Widerstandsbewegung unterstützen, indem
sie diese vor allem biblisch zu begründen suchten. Aus diesem Unternehmen
entwickelte sich aber schließlich ein grundlegender Versuch, die christliche Theologie selbst neu zu begründen, um damit die Befreiungsbewegung
des Minjung besser unterstützen zu können, und zwar von der sog. "Sichtweise des Minjung" her und zusammen mit dem in dieser Sichtweise neu entdeckten Handeln Gottes in der Geschichte des leidenden Minjung: Das Minjung
sei das Subjekt der Geschichte und die Theologie eine nachfolgende Reflexion über das Geschichtshandeln Gottes mit dem leidenden Minjung. Daraus
hat sich die Minjungtheologie ergeben, die eine neue Theologie für das und
von dem Minjung und damit zugleich eine dem Handeln Gottes entsprechende
Theologie sein will.

Die vorliegende Arbeit untersucht die Entstehung und Entwicklung der
Minjungtheologie an einem Musterbeispiel, nämlich der Minjungtheologie Ahn
Byungmus. Ahn Byungmu (1922 geboren), ein in Heidelberg promovierter Neutestamentler und Theologieprofessor, war schon in seiner vor-minjungtheologischen Phase ein engagierter Volksaufklärer: Er wollte mit biblischen und
theologischen Argumenten über die Mauer der Kirche hinaus das Volk Koreas
erreichen, um dieses von der diktatorischen Obrigkeit unterdrückte Volk aus
seiner Gefügigkeit bzw. Resignation heraus zur Offenheit für das kommende
Reich Gottes, d.h. für ihn: zur authentischen Existenz eines in seinem politisch-sozialen Zusammenleben vor Gott aufrichtigen Volkes, zu rufen.
Seine Theologie war insofern schon in ihrer vor-minjungtheologischen Phase

am Volk, dem Minjung, orientiert, obwohl sie sich noch nicht als 'Minjung-theologie' bezeichnete. Ahn hat diese Volkstheologie in dem genannten Kon-text der Widerstandsbewegung seit Anfang der 70er Jahre beispielhaft zur Minjungtheologie weiter entwickelt und vertieft, um damit zum Aufbau einer "Min-Dschok-Gemeinschaft", deren Subjekt das Minjung sein soll, beizutragen und die Kirche und Theologie Koreas zur Selbstreform in einer zu diesem Aufbau einer neuen Gemeinschaft des Volkes geeigneten Form aufzufordern.

Dieser Sachverhalt bedeutet jedoch zugleich, daß die Minjungtheologie, anders als man behauptet und glaubt, nicht einfach erst von dem Kontext des leidenden Minjung inspiriert worden ist oder sogar die Leidenserfahrung des Minjung in seiner Befreiungsbewegung einfach wiedergibt. Sie ist vielmehr das Ergebnis einer ganz bestimmten Denktätigkeit, die Probleme des leiden-den Minjung durch theologische Reflexionen lösen möchte. Ahns Minjungtheo-logie ist auch hier ein Musterbeispiel dafür, daß man in dieser Denktätig-keit keineswegs von einem Nullpunkt her ganz neu anfangen, sondern immer nur von bestimmten Denkvoraussetzungen her denken kann, wenn man sich dabei zugleich mit dem Kontext "praxisbezogen" auseinandersetzt.

Daher versucht die vorliegende Arbeit, Ahns Minjungtheologie von ihren Denkvoraussetzungen her darzustellen und zu interpretieren: Sie versucht in ihrer historischen Darstellung (Teil B) zu rekonstruieren, wie Ahn in dem Entwicklungsprozeß seiner vor-minjungtheologischen und minjungtheologischen Gedanken bei seiner denkerischen Auseinandersetzung mit dem (in Teil A dar-gestellten) Kontext der Widerstandsbewegung diese Denkvoraussetzungen ent-deckt und begründet hat. (Hierzu werden in jedem Paragraph in Teil B die Aussagen Ahns in Thesenform zusammengefaßt.) Die daran anschließende syste-matisch-theologische Interpretation (Teil C) versucht nachzuweisen, wie diese Denkvoraussetzungen auch in seiner Minjungtheologie im Entdecken und Begründen von Aussagen weiter als Denkvoraussetzungen gewirkt haben.

Diese Untersuchung wendet sich gegen diejenigen oberflächlichen Verste-hensversuche der Minjungtheologie, die sich daraus ergeben, daß man die theologischen Aussagen der Minjungtheologie einfach zurückführt entweder auf ihren politisch-sozialen Kontext, der sie primär angeblich von außen her bestimme, oder auf eine allgemein-koreanische Denkweise, die sie angeb-lich unvermittelt immanent bestimme.

Unsere Untersuchung der Minjungtheologie Ahn Byungmus möchte damit zum weiteren ökumenischen Dialog zwischen deutschen und koreanischen Theologen einen bescheidenen Beitrag leisten. Die engagierten Reaktionen auf die Minjungtheologie in der Bundesrepublik Deutschland bedeuten ohne Zweifel eine willkommene ökumenische Dialogbereitschaft dieses Landes, dessen Theo-logie(n) man in Korea bisher nur einseitig importiert und gelernt hat. Zum

fruchtbaren Dialog zwischen den Theologen, die bisher im theologischen Gespräch nur sehr wenig gegenseitigen Kontakt gehabt haben, müssen aber zuerst Verständnisschwierigkeiten auf beiden Seiten überwunden werden, damit
man sich nicht nur gegenseitig kennenlernen, sondern vor allem auch eine
gemeinsame theologische Urteilsbildung ermöglichen kann.

A. Der politisch-soziale Kontext der Minjungtheologie in ihrer Entstehung

A.0 Zum Methodischen.

Der politisch-soziale Kontext der Minjungtheologie in ihrer Entstehung umfaßt den Entstehungsprozeß des sog. Yushin-Systems des ehemaligen Präsidenten Park Chunghee, das durch die Verfassungsänderung 1972 eingeführt worden war, und die Reaktionen von Gruppierungen, die dieses System als diktatorisch und antidemokratisch ablehnten. Die Darstellung des Kontextes soll deutlich machen, wie diese politischen Ereignisse als Anlaß zur Entstehung der Minjungtheologie gewirkt haben, indem sie u.a. die politisch-sozialen Probleme bewußt gemacht haben, die bei der Ausformung der "Minjung"-Theologie eine erhebliche Rolle gespielt haben.[1]

Dementsprechend gliedert sich die Darstellung des Kontextes: Vorgeschichte, die die Kontextdarstellung verständlicher machen soll (A.1), das Yushin-System seit der Verfassungsänderung 1972 (A.2), die Reaktionen von antidiktatorisch-demokratischen Gruppierungen auf das Yushin-System (A.3), und die Bewußtwerdung der sozialen Unterschichten von ihren Menschenrechten im Verlauf der Arbeiterbewegung gegen die sog. "Wachstumsdiktatur" von Park Chunghee in den 70er Jahren (A.4).

A.1. Vorgeschichte: Die politische Geschichte Koreas von der japanischen Kolonialherrschaft bis zur Verfassungsänderung 1972

A.1.1 Die japanische Kolonialherrschaft 1910-1945: 1910 annektierten die Japaner Korea und setzten die Yi-Dynastie ab. Verschiedene nationalistische Gruppierungen bemühten sich im Lande oder im Ausland, vor allem in verschiedenen Gebieten in China oder in den USA, das "Vaterland" von der japanischen Kolonialmacht zu befreien. Korea blieb trotzdem japanische Kolonie bis zur Befreiung am Ende des Zweiten Weltkrieges 1945.

---

1 Ihren Ansatz findet diese Darstellung darin, daß die Minjungtheologie sich selbst die "Theologie des Ereignisses" nennt, welches sich ursprünglich auf die antidiktatorisch-demokratische Bewegung gegen die Verfassungsänderung von 1972 und dann auf die dieser Bewegung korrespondierende sog. illegale Gewerkschaftsbewegung bezieht.

Das patriotisch-nationalistische Bestreben zur Befreiung des "Vaterlandes" während der japanischen Kolonialzeit führte zu einer auffallenden Tendenz des politischen Argumentationsverhaltens, die für die Bildung der politischen Kultur in der weiteren Geschichte Koreas eine entscheidende Rolle spielen wird: Die "Vaterlandsliebe" bzw. der "Patriotismus" und der "Nationalismus" wurden sowohl von allen politischen Gruppierungen als auch vom Volksganzen als die gemeinsame Grundlage akzeptiert, die nicht in Frage gestellt werden durfte.

Nach der Kapitulation Japans 1945 befreiten sowjetische und amerikanische Truppen Korea. Der 38. Breitengrad bildete die Demarkationslinie zwischen den beiden von den Besatzungsmächten regierten Zonen. Für den Norden war die UdSSR verantwortlich, der Süden unterstand den USA.

A.1.2 *Die erste Republik Korea*: Nach ergebnislosen Konferenzen der Alliierten wurde Korea 1948 endgültig in Nord- und Südkorea geteilt. Am 15. August ergab sich nach einer demokratischen Wahl im Südteil die Ausrufung der ersten "Republik Korea" mit Rhee Syngman als ihrem ersten Präsidenten. In der Präsidentschaftswahl spielten die USA eine entscheidende Rolle: Rhee gehörte zu den Nationalisten, die sich während der japanischen Kolonialzeit in den USA um einen diplomatischen Eingriff der USA für die Befreiung Koreas bemüht hatten.

Am 9. September folgte in Nordkorea die Ausrufung der "Koreanischen Volksdemokratischen Republik" mit Kim Il-Sung als Regierungschef. Hinter ihm stand die UdSSR, die sich inzwischen schon als der Befreier Koreas von dem japanischen wie auch dem amerikanischen Imperialismus propagiert hatte, als legitimierende Macht: Kim war (angeblich) einer der sog. Befreiungskämpfer, die von der Mandschurei aus mit militärischer Hilfe der UdSSR das "Vaterland" zu befreien versucht hatten.

Am 25. Juni 1950 brach der *Koreakrieg* zwischen Nord- und Südkorea aus. Nordkorea wollte den Südteil des "Vaterlandes" von dem "amerikanischen Imperialismus" befreien. Der Krieg dauerte bis zum 27. Juli 1953. Die beiden Seiten unterzeichneten einen Waffenstillstand, und der Grenzverlauf wurde wiederum ungefähr dem 38. Breitengrad entlang festgesetzt. Während des Koreakrieges machte das Volk Südkoreas mit dem nordkoreanischen Kommunismus nur negative Erfahrungen, aufgrund derer der Antikommunismus, der im liberalistisch und kapitalistisch orientierten Südteil des Landes schon vor dem Ausbruch des Krieges ohnehin die Rolle einer Staatsideologie gespielt hatte, nach dem Krieg seine ideologische Gegenposition noch verstärken konnte.[2]

---

2 Die antikommunistische Ideologie in Südkorea wurde außerdem dadurch verstärkt, daß die meisten Flüchtlinge aus dem Norden, die wegen ihres christlichen Glaubens dort verfolgt worden waren, bis heute in ihrer po-

Das *Nationalbewußtsein des südkoreanischen Volkes* wurde von Rhee so intensiv und einseitig gefördert, daß es nicht nur zur Zeit der ersten Republik, sondern auch im weiteren Demokratisierungsprozeß des Landes außerordentlich schwierig wurde, in politischen Diskussionen und Bewegungen die politisch sachgemäßen Argumente von den sich nur auf das Nationalbewußtsein des Volkes berufenden Argumenten zu unterscheiden: Das Nationalbewußtsein ist dadurch eine unter Koreanern allgemein akzeptierte gemeinsame Vorgabe in der politischen Argumentation geworden.

Rhee unterstrich für die *antikommunistische Aufklärung des Volkes* vor allem die Gefahr eines Wiedereinmarsches der nordkoreanischen Kommunisten. Unter dem kommunistischen Verdacht wurde jede sozial oder sozialistisch orientierte Partei verboten, und auch die Gewerkschaftstätigkeit konnte mit antikommunistischen Argumenten von der Regierung rücksichtslos kontrolliert werden. Diese Unterdrückung von oppositionellen oder gewerkschaftlichen Bewegungen aufgrund der kommunistischen Verdächtigung wurde zum politischen Mittel für die Machtinhaber der Regierung und vom Volk mehr oder weniger als ein Sachzwang hingenommen: Der Antikommunismus hat, wie das Nationalbewußtsein, auch im weiteren Prozeß der politischen Entwicklung des Landes in allen politischen Diskussionen und Entscheidungen schließlich als das Prinzip gewirkt, das primär das Interesse der Machtinhaber der Regierung verteidigt und trotzdem von niemandem in Frage gestellt werden darf.

Im April 1960 führte eine Studentendemonstration zum allgemeinen Aufstand und Sturz des korrupten Regimes Rhees. Die Ursachen des Ausbruchs und Erfolges dieser sog. *"April-Revolution"* sind:

(1) Die Studenten als Repräsentanten der über westlich-liberale Demokratien informierten Intellektuellen in den größeren Städten setzten die allgemeine Unzufriedenheit des Volkes mit der Korruption der Regierung in den Präsidentschaftswahlen in eine Massendemonstration um. Sie konnten sich auf das politische Moralbewußtsein des Volkes berufen, das durch den Wahlbetrug und die Gewaltanwendung, d.h. die "Unmoral" der "Liberalen Partei" verletzt worden war.[3]

(2) Diese Studentenrevolte wurde aber auch von dem Verlangen des Volkes nach einem neuen Mann, der nicht nur ehrlich, sondern auch fähig sein sollte, die Wirtschaftslage des Landes zu verbessern, unterstützt.

litisch-sozialen Einstellung entschieden antikommunistisch geblieben sind und jede sozialbezogene Bewegung in der südkoreanischen Gesellschaft prokommunistischer Absichten verdächtigen. Dieser Antikommunismus wird vor allem von der älteren Generation, die den Koreakrieg miterlebt hat, geteilt und ist die Einstellung der absoluten Mehrheit der Bevölkerung Südkoreas.
3 Demokratie beschränkte sich zu dieser Zeit für die Mehrheit der Bevölkerung auf die Moral der Politiker.

A.1.3 *Die zweite Republik*: Nach der Abdankung Rhees wurde im August 1960 die zweite Republik unter dem Ministerpräsidenten Chang Myun und dem Staatspräsidenten Yun Posun ausgerufen. Als Regierungssystem wurde diesmal ein Kabinettssystem eingeführt, um einer autokratischen Ein-Mann-Herrschaft wie in der ersten Republik vorzubeugen. Die Politik der zweiten Republik ist aber durch die Unbeständigkeit der Regierung und die Unordnung im politischen Alltag auf der Straße charakterisiert: Der Ministerpräsident verlor die Unterstützung des Verwaltungsapparates, und die linken Parteien und der Studentenbund für die Nationale Wiedervereinigung traten mit nahezu täglichen Demonstrationen für Kontakte mit Nordkorea und die Neutralisierung Koreas ein; die demoralisierte Polizei hatte schon ihre Funktion verloren. Die zweite Republik dauerte weniger als ein Jahr, bis zum Mai 1961, dann löste General Park Chunghee nach einem Militärputsch den "Versuch einer wirklichen Demokratie", die jedoch als eine "chaotische Demokratie" bezeichnet wurde, durch seine Militärdiktatur ab.

A.1.4 *Die Militärdiktatur (Mai 1961 bis Oktober 1963) und die sich daran anschließende dritte Republik*: Bald nach dem Erfolg des Militärputsches veröffentlichte General Park zur Legitimierung seiner Militärdiktatur 6 Punkte einer sog. "öffentlichen Versprechung der Mai-Revolution", von denen die drei wichtigsten waren: (1) Antikommunismus als "das erste politische Prinzip", (2) totale Beseitigung der alten Korruption und Übel der zweiten Republik, (3) wirtschaftlicher Aufbau des Vaterlandes durch die Modernisierung der Industrie. Park setzte alle drei Punkte wirklich in die Tat um, und zwar wiederum autokratisch, jedoch administrativ viel effektiver und energischer, als es in den beiden vorausgegangenen Regierungen zu sehen war. Und mit der dritten Republik wurde wieder das Präsidialsystem eingeführt, das Parks "Politik der effektiven Administration" unterstützen sollte. Im einzelnen können folgende Abschnitte unterschieden werden:

(a) *Die Verwirklichung der "öffentlichen Versprechung der Mai-Revolution"*: Die Beseitigung der Korruption und Übel der vergangenen Zeit führte Park rigoros durch, indem er Tausende in der Armee und dem Beamtenapparat der Säuberungsaktion zum Opfer fallen und mehr als 4000 Politiker auf eine schwarze Liste setzen ließ. Außerdem wurde die Zahl der Presseorgane im ersten halben Jahr der Militärherrschaft von 1573 auf 403 zurückgeschnitten.[4]

---

4 Weitere Information zu diesem Punkt bietet J. Kleiner, Korea. Betrachtungen über ein fernliegendes Land, Frankfurt a.M. 1980, S.199f..

Gegen angebliche Kommunisten wurde besonders radikal vorgegangen: Sie gehörten meistens den linken Parteien, dem Bund der Lehrergewerkschaften oder dem Studentenbund an. Sie vertraten zur Zeit der zweiten Republik nicht nur die gewerkschaftlichen Interessen, sondern traten auch ein für die Nationale Wiedervereinigung durch die Neutralisierung der beiden Teile Koreas und durch Gespräche mit Nordkorea auf der Basis des gemeinsamen Bewußtseins der Nationalen Einheit. Sie wurden deshalb der Absicht der kommunistischen Wiedervereinigung verdächtigt und aufgrund der sog. antikommunistischen Gesetze verhaftet. Antikommunistische Maßnahmen dieser Art wurden von Park geschickt und rigoros verwendet, um die oppositionellen Bewegungen aller Art zu unterdrücken.

Den wirtschaftlichen Aufbau des Landes führte Park durch den ersten Fünfjahresplan (1962 bis 1966), an den sich bis 1981 drei weitere Fünfjahrespläne anschlossen, systematisch und energisch durch. Im ersten Fünfjahresplan wurde durch den Ausbau der Energieversorgung, des Bergbaus und der Infrastruktur eine Grundlage für die weitere wirtschaftliche Entwicklung gelegt. Schon in diesem Zeitraum wuchs das Bruttosozialprodukt um 7,8 % im Jahresdurchschnitt.[5]

(b) *Die Wiederwahl von Präsident Park*: Bei der Präsidentschaftswahl des Jahres 1967 wurde Park Chunghee, der im Wahlkampf für die "Modernisierung des Vaterlandes" eingetreten war, wieder zum Staatspräsidenten gewählt: Aufgrund der Erfolge, die er in seiner ersten Amtszeit auf dem wirtschaftlichen Gebiet gezeigt hatte, konnte er bei dieser Wahl sogar seinen Anteil an den gültigen Stimmen auf 51,4 % (1963: 46,6 %) verbessern, während Yun Posun, sein Hauptgegner in dieser wie in der vorangegangenen Wahl 1963, nur noch 40,9 % (1963: 45,1 %) erzielte.[6]

Parks zweiter Fünfjahresplan (1967 bis 1971) zielte auf die inländische Kapitalbildung, die Verbesserung der Zahlungsbilanz durch weitere Exportsteigerung (vor allem durch die Förderung von exportorientierter Leichtindustrie und aufgrund der äußerst niedrigen Löhne) und gleichzeitige Importsubstitution sowie die Bekämpfung von Arbeitslosigkeit und Inflation. In der 2. Planungsperiode wuchs das Bruttosozialprodukt um 10,5 % im Jahresdurchschnitt, und der Anteil der Exporte am Bruttosozialprodukt stieg auf 12,8 %.[7]

Aber schon in dieser Periode zeigte sich stärker die Abhängigkeit des Wirtschaftssystems der dritten Republik von Auslandskapital- und Rohstoff-

---

5 A.a.O. S.201 u. 301.
6 A.a.O. S. 215f. und Übersicht 1 S.165.
7 Ebd.

einfuhren und Weltmarktmechanismen.[8] Außerdem wurde die Unzufriedenheit vor
allem der einfachen Arbeiter mit ihren niedrigen Löhnen und unmenschlichen
Arbeitsbedingungen immer größer, obwohl sie noch nicht in Form von öffentlichen Kundgebungen ausbrach, weil freie Gewerkschaftstätigkeiten von der
Regierung praktisch verboten waren und das allgemeine Bewußtsein der Arbeiter von ihren Rechten noch nicht reif dazu war. Angesichts dieser ungelö-
sten Arbeiterprobleme begannen schon wenige Jahre später besonders die sozial engagierten Intellektuellen, z.B. die führenden Mitglieder der sog.
"Urban Industrial Mission" (UIM), meistens presbyterianische und methodi-
stische Geistliche, die Schattenseite des schnellen Wirtschaftswachstums
und die soziale Ungerechtigkeit zunächst unter den Arbeitern und einige
Jahre später in der Öffentlichkeit anzuprangern.

(c) *Die sog. Verfassungsänderung zur dritten Wiederwahl Parks 1969*: Die
allgemeine Unzufriedenheit des Volkes mit dem Staatspräsidenten Park, dessen Ehrlichkeit als Politiker ein Teil der Intellektuellen schon von Anfang
an wegen seiner willkürlichen Regierungsweise, seinen Willen mittels des
Geheimdienstes (KCIA) durchsetzen zu wollen, mißtraut hatte, begann eigentlich erst seit der Verfassungsänderung 1969 sich zu konkretisieren: Da die
zur Zeit der Militärdiktatur geänderte Verfassung nur eine einmalige Wiederwahl zum Staatspräsidenten erlaubte, war Park nun nach seiner Wiederwahl
1967 von einer erneuten Kandidatur ausgeschlossen. So wurde eine Verfassungsänderung vorbereitet, um Parks erneute Wiederwahl zu ermöglichen - mit
Argumenten für die "Stabilität der Nation", d.h. die Nationale Sicherheit
und die weitere Entwicklung der Wirtschaft, aber in einer von allen demokratischen Regeln abweichenden Weise und durch die listige Manipulation des
Volkes.[9]

Trotz der heftigen Studentendemonstrationen sprachen sich in einem Referendum rund 2/3 der Abstimmenden für diese "Verfassungsänderung zur dritten
Wiederwahl Parks" aus: Den Abstimmenden schien keine geeignete Alternative
zu Park vorhanden zu sein für die Nationale Sicherheit und für die wirtschaftliche Entwicklung, in der Parks Regierung bisher trotz aller negati-
ven Begleiterscheinungen beachtliche Erfolge gezeigt hatte.

(d) *Die dritte Wiederwahl von Präsident Park 1971*: Aus der Präsidentschaftswahl vom April 1971, in der Park nach der Verfassungsänderung nochmals kandidieren konnte, ging er mit 53,2 % der gültigen Stimmen zum dritten Mal als Sieger hervor. Diesmal war sein wichtigster Gegenkandidat Kim

---

8 Vgl. Hans Ulrich Luther, Südkorea. (K)ein Modell für die Dritte Welt?
  Wachstumsdiktatur und abhängige Entwicklung, München 1981, S.85-96, bes.
  S.90f.
9 Zur Verfassungsänderung 1969 siehe J. Kleiner, a.a.O. S.216f.

Daejung von der zu jener Zeit größten Oppositionspartei "Neue Demokratische Partei" (NDP). Kim erzielte in dieser Wahl jedoch nur 45,3 % der gültigen Stimmen: Die Opposition behauptete, daß Kim gewonnen hätte, wenn es bei der Wahl keine Unregelmäßigkeiten gegeben hätte. Diese Meinung wurde vor allem von oppositionellen Intellektuellen und Studenten geteilt[10]: Ein Teil der Christen, vor allem aus den sozial engagierten Gruppen der presbyterianischen Kirche, hatte schon vor dem Wahlkampf die Verfassungsänderung 1969 kritisiert und auch den Wahlkampf mit einer recht bedrohlichen Warnung begleitet[11].

A.2. Das Yushin-System seit der Verfassungsänderung 1972

A.2.1 *Politisch-soziale Unruhen nach der Wahl 1971*: Nach der Wahl 1971 konnte Park weitere vier Jahre als Staatspräsident regieren und alles wie bisher gestalten: Oppositionelle Bewegungen aller Art wurden weiter mit den antikommunistischen Gesetzen listig und rigoros kontrolliert, und die Leistungsstrategie in der Exportpolitik wurde weiter streng durchgeführt, während die hohe Auslandsverschuldung und die niedrigen Löhne in Kauf genommen wurden.

Die Studenten, die Hauptaktionsträger im oppositionellen Protest gegen die Diktatur Parks, demonstrierten nach der Wahl 1971 weiter für die Freiheit der Universität vom militärischen Eingriff, besonders gegen ein militärisches Trainingsprogramm, das 1969 an den Universitäten mit dem Argument einer Prävention gegen Einmarschpläne Nordkoreas eingeführt worden war, dessen beabsichtigte Funktion aber eher darin bestand, den Studentendemonstrationen gegen die Regierung wirksam vorzubeugen. Auf diesen Protest der Studenten reagierte Park damit, Gelände und Gebäude der sieben größten Uni-

---

10 Sie unterschätzten aber die Tatsache, daß besonders die Wähler auf dem Land, die die Mehrheit der ganzen Wählerschaft bildeten, schon seit der ersten Republik trotz oder wegen der offensichtlich undemokratischen Vorgehensweise der Regierung traditionell den Regierungskandidaten gewählt hatten. In diesem Zusammenhang ist auf die Tatsache hinzuweisen, daß der Entwicklungsprozeß des demokratischen Bewußtseins in Südkorea jedenfalls bis zur Wahl 1971 zwischen größeren Städten mit Universitäten und Kulturzentren und ländlichen Provinzen ohne nennenswerte Chancen zur kritischen Teilnahme an der politischen Meinungsbildung unterschiedlich verlief.
11 "Die Kirche, die eine politisch neutrale Haltung in diesem Land nicht für möglich hält, steht unter dem Auftrag Gottes, die Notwendigkeit der mutigen und konkreten politischen Handlung zu bejahen. Im gegenwärtigen Zeitalter gibt es keine wirkungsvollere, konkretere, d.h. weltlichere Art der Verkündigung von Gottes Wort als durch politische Aktion." In: Suh Namdong, "Kirche und Staat", Presbyterianisches Nachrichtenblatt, Ausgabe vom April 1971.

versitäten in der Hauptstadt Seoul durch Truppen besetzen zu lassen.
Gleichzeitig wurde der Druck auf die Presse, der ohnehin seit der Militärdiktatur keine Pressefreiheit gewährleistet worden war, nun noch dadurch
verstärkt, daß widerspenstige Journalisten wegen ihrer Solidarität mit den
protestierenden Studenten festgenommen wurden. An der Protestwelle gegen
die willkürliche Herrschaft Parks nahmen erstmals aber auch Richter teil,
die bisher die sog. antikommunistischen Strafverfahren aufgrund des Gesetzes über die Nationale Sicherheit schweigend mitgemacht hatten: Als gegen
zwei Strafrichter, die sich gegen die schon berüchtigten Strafverfahren
wandten, wegen einer angeblichen Bestechung Haftbefehle beantragt wurden,
reichte mehr als ein Drittel aller südkoreanischen Richter den Rücktritt
ein.

Auch die Arbeiterprobleme wurden immer schlimmer wegen der strengen Lei-
stungsstrategie in der Exportpolitik der Regierung, deren Realisierung nur
auf der Basis der niedrigen Löhne möglich war. Trotz der vereinzelten Proteste von Arbeitern, die inzwischen ihrer Rechte bewußt zu werden begannen,
wurde ihr Verlangen nach der Einführung des Systems der Mindestlöhne und
der Verbesserung von Arbeitsbedingungen von einigen großen Konzernen zugunsten der Kapitalbildung vernachlässigt, wobei diese von der Regierung mit
dem "patriotistischen" Argument einer "Kapitalbildung der Nation" massiv
unterstützt wurden. Unterdessen drückte sich das Verlangen der Arbeiter
nach einer freien Gewerkschaftstätigkeit in vereinzelten Gewalttätigkeiten
aus.[12]

A.2.2 *Die Ausrufung des Nationalen Notstandes 1971*: Angesichts dieser
Situation des Landes, in der sich die Unzufriedenheit des Volkes mit dem
"rigorosen Staatspräsidenten" Park zu einem Widerstand gegen den "willkürlichen Diktator" Park zu entwickeln schien, verkündete dieser im Dezember
1971 den nationalen Notstand. Dieser sollte der Bevölkerung die bedrohte
Lage des Landes vor Augen führen. Damit wurde eine noch stärkere Beschränkung der Freiheitsrechte des einzelnen ermöglicht.[13] Eine Rechtsgrundlage
zur Legitimierung dieser Ausrufung des Notstands fehlte. Sie wurde jedoch
einige Tage später per Gesetz nachträglich geschaffen, wobei die Verab-

---

12 Ein Beispiel dafür bei J. Kleiner, a.a.O. S.220. Zu den gewerkschaftlichen Verhältnissen dieser Zeit in Südkorea siehe H.U. Luther, a.a.O.
   S.175-185; J.Kleiner, a.a.O. S.312f; Park Kyungseo, Die politische und
   soziale Bedeutung der Arbeitskämpfe in Südkorea (am Beispiel der Bezirke
   Inchon und Seoul vom Dez. 1968 bis Juni 1972), Dissertation Göttingen
   1975, vor allem S.166-192.
13 Zur ausführlicheren Beschreibung der Gesamtsituation siehe J. Kleiner,
   a.a.O. S.220-222.

schiedung dieses Gesetzes in Abwesenheit der Abgeordneten der Oppositionspartei nur von den Abgeordneten der Regierungspartei durchgeführt wurde.

A.2.3 Die sog. Oktober-Reformen (Yushin) und die Verfassungsänderung

1972: Am 17. Oktober 1972 verkündete Park das Kriegsrecht, erklärte die
Nationalversammlung für aufgelöst und verbot alle politischen Aktivitäten.
Die Presse wurde unter Zensur gestellt, und alle Universitäten im Lande
wurden vorübergehend geschlossen: Um seine Machtstellung langfristrig und
institutionell abzusichern, ergriff er nunmehr Maßnahmen, das Präsidialsystem durch eine Veränderung der Verfassungsstruktur zur Präsidialdiktatur
umzuwandeln.

Die Verfassung war schon durch die Verhängung des Kriegsrechts außer
Kraft gesetzt worden. Nur zehn Tage später legte das als Außerordentlicher
Staatsrat mit legislativen Befugnissen ausgestattete Kabinett den Entwurf
für Verfassungsänderungen vor, die die Verfassung völlig umgestalteten: Die
neue Verfassung beschnitt die Befugnisse der Legislative und der Jurisdik-
tion, während sie die Position des Präsidenten ins Übermächtige steigerte.
Nach dem Entwurf der neuen Verfassung sollten 73 von insgesamt 219 Sitzen
in der Nationalversammlung von einem neu eingeführten Gremium, dem sog.
Nationalrat für die Wiedervereinigung, bestimmt werden, wobei wiederum der
Nationalrat nur eine Vorschlagsliste des Präsidenten im ganzen ablehnen
oder annehmen konnte; die so bestimmten Abgeordneten sollten sich zur Frak-
tion der sog. Yujonghoe (Yushin Jonghuoe = Politische Vereinigung für die
Reformen) zusammenschließen. Die neue Verfassung gab dem Präsidenten das
Recht, die Nationalversammlung, deren ordentliche Sitzungsperiode nur noch
150 Tage im Jahr betrug, aufzulösen. Alle Richter werden nun vom Präsidenten ernannt, der Oberste Richter mit Zustimmung der Nationalversammlung,
alle anderen auf Empfehlung des Obersten Richters. Die neue Verfassung ließ
auch die unbegrenzte Wiederwahl des Präsidenten für eine auf 6 Jahre ausge-
dehnte Amtszeit zu; der Präsident sollte nicht mehr direkt vom Volk, sondern vom Nationalrat für die Wiedervereinigung gewählt werden. Außerdem
konnte der Präsident allein über das Vorliegen von Notstandsfällen befin-
den; in solchen Fällen standen die Vorschriften der Verfassung in großem
Umfang zur Disposition. Die Grundrechte konnten allerdings nicht nur in
Notstandsfällen eingeschränkt werden, sie waren überdies unter den Geset-
zesvorbehalt gestellt. Diese Änderungen in der Verfassungsstruktur bedeute-
ten eindeutig eine weitgehende Abschaffung der Gewaltenteilung.[14]

---

14 Vgl. J. Kleiner, a.a.O. S.222-224.

In einem am 21. November 1972 durchgeführten Referendum wurde der Verfassungsentwurf angenommen. Die Abstimmung wurde durchgeführt, während noch das Kriegsrecht galt, und die positiven Stimmen betrugen 91,5 %. Am 15. Dezember 1972 wurden die 2359 Mitglieder des Nationalrats für die Wiedervereinigung gewählt. Eine Woche später wählte der Rat bei nur 2 Gegenstimmen Park zum Staatspräsidenten. Am 27. Dezember 1972 leistete dieser seinen vierten Amtseid, gleichzeitig trat die neue Verfassung in Kraft.

Auch bei den Wahlen zur Nationalversammlung vom 27. Februar 1973 ergab sich das Bild, das die neue Verfassung sehen lassen wollte: Die Regierungspartei (DRP, Demokratische Republikanische Partei) erhielt 73, die Oppositionspartei (NDP, Neue Demokratische Partei) 52 der durch Wahlen zu vergebenden 146 Sitze.[15] Die restlichen 73 Sitze wurden vom Nationalrat bestimmt, der die Vorschlagsliste des Präsidenten im ganzen annahm.

Die "Reformen" vom Oktober 1972 wurden offiziell als "Yushin-Reformen" (in der offiziellen Übersetzung ins Englische: "Revitalizing Reforms") bezeichnet. Zur Begründung der Yushin-Reformen verwies Park auf die Krankheiten der Nation, die die Existenz des "Vaterlandes" bedrohten und deshalb durch die Reformen geheilt werden sollten, um es "wiederzubeleben":

a) Am 4. Juli 1972 war das Gemeinsame Kommuniqué veröffentlicht worden, in dem die Regierungen beider koreanischen Staaten gemeinsame Anstrengungen für die Wiedervereinigung ankündigten. Park verwies auf die Notwendigkeit, für diesen Dialog mit Nordkorea eine Position der Stärke zu gewinnen, die durch die innenpolitische Stabilität und Ordnung unterstützt werden sollte. Die innenpolitische Entwicklung Südkoreas war jedoch vor allem seit der Verfassungsänderung 1969 labil geblieben, und die Tendenz des antidiktatorischen Widerstands gegen Park nahm seit der Notstandsausrufung 1971 eher zu. Für diese Widerstandswelle machte Park die angeblich prokommunistischen Gruppierungen, d.h. die oppositionellen Studenten und Intellektuellen, verantwortlich, die s.E. aus eigenen Gruppeninteressen und aus politischer Unbesonnenheit Widerstand gegen die Regierung leisteten und dadurch im begonnenen Dialog zur Wiedervereinigung von der Seite Nordkoreas ausgenutzt werden konnten. Auch in den unfruchtbaren Auseinandersetzungen der Parteien in der Nationalversammlung, die ohne das Verantwortungsbewußtsein für die nationale Aufgabe die parlamentarische Institution nur zum Instrument ihrer politischen Kämpfe machten, sah er den alten Fraktionalismus aus der vergangenen Geschichte Koreas, der zur Förderung der einheitlichen Meinungsbildung der Nation angesichts des Dialogs mit Nordkorea keinen Beitrag lei-

---

15 Die restlichen 21 Sitze verteilten sich folgendermaßen: 2 für die "Demokratische Wiedervereinigungspartei" und 19 für Unabhängige; vgl. J. Kleiner, a.a.O. S.174.

sten konnte.[16] Angesichts dieser innenpolitischen Situation beanspruchte
Park einen formellen Rahmen, der es ihm ermöglichen sollte, zur Verwirklichung des Interesses des ganzen Volkes den Widerstand der intellektuellen
Minderheit gegen die Regierung zu verhindern und eine einheitliche Meinungsbildung der Nation zu fördern.

b) In bezug auf die wirtschaftliche Lage der Nation, die durch die er-
folgreiche Durchführung der bisherigen Exportpolitik der Regierung angeblich auf dem Weg zum nationalen Wohlstand war, verwies Park auf die Aufgabe
der "Kapitalbildung der Nation", die für die zukünftige wirtschaftliche Unabhängigkeit und internationale Konkurrenzfähigkeit der Nation dringend
notwendig sei und durch eine frühzeitige Einkommensverteilung nur verhindert werde. In diesem Zusammenhang forderte er, der Wirtschaftspolitik der
Regierung einschließlich der von der Regierung betriebenen Gewerkschafts-
politik zu folgen, die für die Zukunft der kommenden Generationen Opferbe-
reitschaft verlange.

c) Die von den demokratischen Spielregeln der Gewaltenteilung abweichenden Maßnahmen der Yushin-Reformen versuchte Park zu rechtfertigen, indem er
darauf verwies, daß die liberale Demokratie der bisherigen Verfassungen aus
westlichen Ländern importiert gewesen sei, ohne zu berücksichtigen, daß es
in Südkorea an den Voraussetzungen für die Einführung dieses Systems ge-
fehlt habe. Er verteidigte das neue System der Yushin-Verfassung als "koreanische Form der Demokratie", die durch "indigenization of democracy",
wie es in der Propaganda der Regierung hieß, den koreanischen Realitäten
angepaßt worden sei.[17]

A.3. Reaktionen von antidiktatorisch-demokratischen Gruppierungen auf das Yushin-System

A.3.1 *Proteste gegen das Yushin-System und Verhaftungen*: Nachdem die
Yushin-Verfassung am 27. Dezember 1972 in Kraft getreten war, wurde zuerst
Pfarrer Eun Myungki, einer der Mitarbeiter von UIM (Urban Industrial Mission), im Januar 1973 verhaftet, und zwar wegen angeblicher Agitation und
Verbreitung falscher Gerüchte: Er stand unter dem Verdacht, für die anonymen Kettenbriefe verantwortlich zu sein, die in der Zeit des Kriegsrechts
die Yushin-Verfassung kritisiert hatten.[18]

---

16 Park Chunghee, Ein Weg für unser Volk. Betrachtungen zum sozialen Wiederaufbau, Seoul 1964, S.IV: "Der Streit der Parteien, den wir von der
   Yi-Dynastie übernahmen, muß ausgerottet werden".
17 Vgl. Park Chunghee, a.a.O. S.V und S.219-231; J. Kleiner, a.a.O. S.225.
18 Vgl. Beiheft zu: Korea - Texte und Fragen, hg. vom Evangelischen Missionswerk in Südwestdeutschland, Stuttgart 1977, S.7.

Im Juni 1973 wurden dann Pfarrer Park Hyungkyu und Mitglieder seiner
presbyterianischen Kirche verhaftet. Sie wurden der Vorbereitung einer Re-
bellion zum Regierungssturz während eines Oster-Frühgottesdienstes, an dem
Tausende Christen aus verschiedenen Denominationen unter der Schirmherr-
schaft des Koreanischen Nationalen Kirchenrates (KNCC) teilnahmen, ange-
klagt und vor Gericht gestellt: Die Schlagwörter auf den Plakaten, die sie
vorbereitet und beim Gottesdienst verwendet hatten, waren u.a. "Bereuet,
Politiker!", "Was hat es mit diesem diktatorischen Staat auf sich?" und
"Die Demokratie liegt im Todeskampf".[19]

A.3.2 *Die erste Erklärung der Christen gegen das Yushin-System*: Schon im
Mai 1973 war die erste Erklärung von Christen gegen das Yushin-System ("Manifest koreanischer Christen") veröffentlicht worden.[20] Die Unterzeichner
blieben anonym wegen "der gefährlichen politischen Situation, ... in der
das Volk mit Hilfe des Militärs und des Geheimdienstes beherrscht und unterdrückt wird" (5). Das Manifest charakterisiert die "Oktober-Erneuerung"
als "eine Serie falscher Versprechungen seitens einer kleinen einflußreichen Clique" (5) und das Yushin-System als "die Konzentration der Macht in
der Hand von Präsident Park" (5).

Dann zählte das Manifest 6 negative Konsequenzen des Yushin-Systems auf
und stellte jedem Punkt entsprechende Aufgaben der Christen oder Warnungen
an die Regierung mit christlichen Argumenten entgegen:

1. Das Yushin-Regime habe eine Regierungsform, die sich auf Gesetz und
Überzeugungskraft gründete, abgeschafft und ein System installiert, das allein auf Gewalt und Drohung beruht. "Wer immer sich über das Gesetz stellt
und dem Auftrag, Gerechtigkeit durchzusetzen, zuwiderhandelt, lehnt sich
gegen Gott auf, denn Macht wird von Gott geschaffen und Regierenden anver-
traut, damit sie Gerechtigkeit und Frieden in der Gesellschaft verwirklichen" (7).[21]

---

19 A.a.O. S.8.
20 Vgl. epd Dokumentation Nr. 38/74, S.5-9. Im folgenden beziehen sich die
   Seitenzahlen in Klammern auf diese Quelle.
21 Anders als in den weiteren 5 Punkten ist aus diesem Argument keine Hand-
   lungsaufgabe für Christen abgeleitet worden. Statt dessen ist angedeutet, daß das Yushin-Regime seine Regierungsfähigkeit schon verloren habe, weil "man ein Volk mit dem Schwert unterwerfen, jedoch nicht regie-
   ren kann" (7). Diese sprichwortartige Begründung wird durch den Hinweis
   unterstützt, daß "nach dem traditionellen orientalischen Verständnis
   diejenige Regierungsform gut ist, die auf der Redlichkeit und der moralischen Glaubwürdigkeit der Regierenden beruht" (7). Hier wird das oben
   genannte "christliche" Argument mit einem anderen Argument aus der asiatischen politischen Tradition vermischt, ohne daß deutlich wird, wie
   sich das christliche Argument zu dem orientalischen Argument verhält.
   Diese Weise, beim Argumentieren verschiedene Sprachsysteme nicht deut-

2. Das Yushin-Regime unterdrücke Gewissensfreiheit und Glaubensfreiheit. Die Gewissensfreiheit zu verteidigen sei "die Aufgabe der christlichen Kirche und anderer religiöser Gemeinschaften", denn "die Unterdrückung der Gewissensfreiheit ist dämonisch, und wenn die koreanische Kirche um Glaubensfreiheit kämpft, dann verteidigt sie eben diese Gewissensfreiheit für das koreanische Volk" (7).

3. Dem Versuch des Yushin-Regimes, das Volk durch systematischen Betrug und Manipulierung der Information zu beherrschen, wird die Aufgabe der Christen entgegengestellt, gegen jedes betrügerische und manipulierende System zu kämpfen, und zwar mit der Begründung, daß "Christen nur dann, wenn sie frei sind, die Wahrheit zu sprechen, das Reich Gottes zur Befreiung der Menschen verkünden können" (7).

4. Das Yushin-Regime, das physische und psychische Folterung mittels des Geheimdienstes anwendet, um politische Opponenten zu unterdrücken, wird gewarnt mit dem Argument, daß "der ganze Mensch von Gott geschaffen ist, der am Tage des Letzten Gerichtes auferstehen wird, und daß die Verletzung des Menschen deshalb Mord ist" (7).

5. Das Yushin-Regime wird für ein Wirtschaftssystem verantwortlich gemacht, in dem "das ganze Volk, vor allem aber die Arbeiter in der Stadt und die Bauern auf dem Land, Opfer radikaler Ausbeutung und sozialer und ökonomischer Ungerechtigkeit sind" (8). Die Aufgabe der Christen bestehe darin, "für die Abschaffung dieses entmenschlichenden und ungerechten Systems zu kämpfen" (8), und zwar mit der Begründung, daß "die Christen von der Erfüllung des Reiches Gottes in der Geschichte Zeugnis ablegen sollen, in dem die Armen im Wohlstand leben, die Unterdrückten befreit werden und der Friede im Volk herrschen wird" (8).

6. Dem Wiedervereinigungsargument Parks zur Begründung der Verfassungsänderung 1972 wird entgegengestellt, daß "für die Regime von Nord- und Südkorea die Wiedervereinigungsverhandlungen lediglich ein Manöver in dem Machtkampf, den sie auf nationaler und internationaler Ebene untereinander austragen" seien, und "daß das deshalb Verrat am koreanischen Volk ist, das auf eine Wiedervereinigung unseres Heimatlandes hofft" (8). Nach der Meinung des Manifestes soll sich "in Korea jeder Wiedervereinigungsprozeß auf der Grundlage einer wirklichen Versöhnung vollziehen", die "die ideologischen Differenzen sowie die Unterschiede im politischen und wirtschaftlichen System überwinden muß", ganz zu schweigen davon, daß "das augenblickliche repressive System beseitigt werden muß" (8).

---

lich zu unterscheiden, ist auch für die Minjungtheologie charakteristisch, wie später zu sehen sein wird.

Es wird versucht, die Veröffentlichung des Manifestes mit einer theologischen Begründung, einer seelsorgerlich-priesterlichen Motivation und
kirchengeschichtlichem Traditionsbewußtsein zu rechtfertigen:

1. Die Christen sollen "dem Gebot Gottes" folgen, "in konkreten historischen Situationen seinem Wort gemäß zu handeln, und darüber hinaus die
Wahrheit zu bekennen und in der gegebenen Situation entsprechend zu handeln" (5).

2. Die Christen fühlen sich "vom koreanischen Volk gedrängt zu einer
Stellungnahme in der gegenwärtigen schlimmen Situation", "weil uns (die
Christen) ihre (sc.: des Volkes; d.Verf.) verzweifelten Anstrengungen so
erschüttern, daß wir Gott um die Befreiung vom derzeitigen Übel anflehen"
(5).

3. Die Christen haben "eine Tradition von Befreiungskämpfen, z.B. dem
Kampf der Christen um Unabhängigkeit vom japanischen Kolonialismus", die
auffordert, auch heute "revolutionäre Aufgaben zu übernehmen" (6).

Diese Rechtfertigung wird dann weiter durch ein trinitarisch struktu-
riertes Glaubensbekenntnis unterstützt[22]:

1. "Wir glauben, daß Gott, der Richter und Herr der Geschichte, uns befiehlt, vor Gott und für die Mitmenschen um die Freilassung der Unterdrückten und Leidenden zu beten."
2. "Wir glauben, daß wir, wie unser Herr Jesus Christus in Judäa, mit den
Unterdrückten, den Armen und den Ausgestoßenen leben und ihr Schicksal teilen sollen, und daß wir, wie Jesus vor Pontius Pilatus, dem Vertreter des
römischen Imperiums, den 'vorgesetzten Obrigkeiten' gegenüber die Wahrheit
bezeugt hat, so auch heute gerufen sind, die Wahrheit mutig zu verkündigen."
3. "Wir glauben, daß der Heilige Geist uns umwandelt und von uns verlangt,
an seiner Schaffung einer neuen Gesellschaft und Geschichte teilzunehmen.
Dieser Geist ist der Geist für das Reich des Messias und befiehlt uns, in
dieser Welt für gesellschaftliche und politische Umgestaltung zu kämpfen."

A.3.3 *Studentendemonstrationen und die Erklärung von demokratischen
Intellektuellen*: Seit Oktober 1973 begannen wieder landesweite Studenten-
proteste gegen das Yushin-System, und darauf reagierte das Yushin-Regime
mit der Verhaftung der führenden Studenten. Daraufhin folgte jenem "Manifest der Christen" eine Erklärung von demokratischen Intellektuellen: Sie
wurde am 5. November 1973 von der sog. "Peoples Association for Protecting

---

22 Das folgende Glaubensbekenntnis wurde aus dem koreanischen Originaltext
   übersetzt, der in dem Aufsatz Suh Namdongs "Jesus, Kirchengeschichte und
   die Kirche in Korea", in: Ders., Eine Untersuchung der Minjungtheologie
   (im weiteren mit UMT abgekürzt), Seoul 1983, S.11-27, hier S.20f. zu
   finden ist.

Democracy" veröffentlicht.[23] Zu den Unterzeichnern gehörten außer zwei Studenten u.a. zwei Schriftsteller, ein buddhistischer Mönch, ein römisch-katholischer Bischof und ein protestantischer Pfarrer. Die Erklärung klagt die politisch-sozialen Mißstände seit der Erklärung des Kriegsrechtes im Oktober 1972 an, daß "die Freiheit öffentlicher Versammlung, öffentlicher Reden, demokratischer Erziehung und der Religion unterdrückt worden ist", und daß "die Korruption der besonders privilegierten Klasse und die Kluft zwischen reich und arm im Lauf der Jahre gewachsen sind" (20). Sie fordert, "sofort die demokratische Ordnung vollständig und von Grund auf wiederherzustellen" (21). Diese Forderung wird dadurch begründet, daß "für uns Menschen, die wir mit unserem Leben in diesem Land verwurzelt sind und hier für immer zu leben haben, der höchste Wunsch darin besteht, alle unsere nationalen Hilfsquellen für die Verbesserung unseres Lebens und für das unserer Nachkommen zu mobilisieren" (20), und daß "dies unter dem Banner wirklicher Demokratie geschehen sollte, die die Menschenrechte respektiert und die Rechte des Volkes schützt" (20).

A.3.4 *Die Menschenrechtserklärung des Koreanischen Nationalen Kirchenrates*: Zwei Woche später, am 23. November 1973, veröffentlichte der Koreanische Nationale Kirchenrat eine "Erklärung zu den Menschenrechten".[24] Der Rat verabschiedet die Erklärung in der Überzeugung, daß "innerhalb der koreanischen Gesellschaft die koreanische Kirche den Auftrag hat, die Menschenrechte durchzusetzen" (17). Die Menschenrechte seien "das wertvollste Gut, das uns Gott gegeben hat, der den Menschen nach seinem Bilde geschaffen hat, die Menschen von allen Zwängen befreite und für eine Gesellschaft wirkt, in der die Menschenrechte nicht verletzt werden" (17). Diese theologische Begründung wird dadurch auch für den gesellschaftlichen Bereich geltend gemacht, daß "die Menschenrechte die Grundlage für das Überleben des Einzelnen und das Fundament für gesellschaftliche Entwicklung sind" (17). Die Erklärung zählt vier "Tatsachen" auf, "die in engem Zusammenhang mit dem Problem der Menschenrechte stehen": 1. "Die Menschenrechte für die Universität": Die Regierung soll mit der Kontrolle der Universitäten (damit ist gemeint die Kontrolle durch den Geheimdienst; d.Verf.) aufhören. Die Studenten, die wegen Demonstrationen gegen die Yushin-Verfassung verhaftet wurden, sollen freigelassen werden. 2. "Die Menschenrechte der Frauen": "Die unter dem Namen 'Aufschwung des Tourismus' laufende bloße Duldung oder

---

23 Vgl. epd Dokumentation 38/74, S.20f. Im folgenden beziehen sich die Seitenzahlen in Klammern auf diese Quelle.
24 Vgl. epd Dokumentation 38/74, S.17-19. Im folgenden beziehen sich die Seitenzahlen in Klammern auf diese Quelle.

sogar Förderung des Sex-Tourismus ist einzustellen" (18). 3. "Die Menschenrechte für die Arbeiter": Aufgrund des Arbeitsgrundgesetzes ist die Ein-
richtung eines "Minimallohn-Systems" und einer Sozialversicherung zu verwirklichen. 4. "Die Menschenrechte für die Journalisten": "Die Überprüfung
und Kontrolle der Presse ist einzustellen und den Journalisten ist die Sicherung ihrer Stellung zu garantieren" (18).

Die Erklärung sucht die Möglichkeit, die Menschenrechte zu schützen,
darin, daß "die Souveränität des Volkes durch die Verfassung sichergestellt
wird" (18); aus diesem Grund wird der folgende Entschluß gefaßt, um das
Problem zu lösen: 1. "Wir (Christen) wollen uns um die innere Erneuerung
der Kirche bemühen, damit sie eine Kirche des Evangeliums wird, das den
Unterdrückten Befreiung bringt" (19); 2. "Die Kirche wird sich nicht nur um
das Heil des einzelnen Menschen kümmern, sondern auch um das gesellschaftliche Heil, um die Menschen aus der Gefangenschaft böser Strukturen heraus-
zuführen" (19).

A.3.5 *Die Aufforderung zur Abänderung der Yushin-Verfassung und die Notstandsmaßnahmen der Regierung*: Anfang Januar 1974 trat eine Gruppe demokratischer und kirchlicher Führer an die Öffentlichkeit mit einem Antrag auf
Abänderung der Yushin-Verfassung. Darauf reagierte Park am 8. Januar 1974,
gestützt auf die Notstandsvorschriften der Yushin-Verfassung, mit drei Notstandsmaßnahmen (Nr.1: Verbot jeder Kritik an der Verfassung und der Forderung nach Verfassungsrevision; Nr.2: Einsetzung von Sondermilitärgerichten
zur Aburteilung von Verstößen; Nr.3: Maßnahmen für den wirtschaftlichen Bereich)[25]: Die Notstandsmaßnahme Nr.1 besagt in Artikel 1: "Es wird jedermann untersagt, die Verfassung der Republik Korea zu verleumden, zu verdre-
hen, zu verunglimpfen oder ihr entgegenzuwirken."[26] Artikel 2 lautet: "Es
wird jedermann untersagt, die Revision oder Aufhebung der Verfassung der
Republik Korea zu fordern, zur Sprache zu bringen, vorzuschlagen oder an-
zustreben".[27] In Artikel 3 heißt es sogar: "Es wird jedermann untersagt,
falsche Gerüchte in Umlauf zu bringen oder zu verbreiten".[28] Artikel 5
nennt schließlich die Rechtsfolgen: "Jeder, der gegen die in dieser Erklärung verkündeten Bestimmungen verstößt oder sie verunglimpft, kann ohne
Haftbefehl und ohne andere hoheitliche Befehle verhaftet und mit Gefängnis
nicht über 15 Jahren bestraft werden. Die Aufhebung der bürgerlichen Ehren-
rechte kann gleichzeitig angeordnet werden."[29]

---

25 Vgl. epd Dokumentation 33/75, S.4.
26 epd Dokumentation 33/74, S.55.
27 A.a.O. S.56.
28 Ebd.
29 Ebd.

A.3.6 *Proteste evangelischer Geistlicher gegen die Notstandsmaßnahmen*:
Auf diese Notstandsmaßnahmen reagierten 11 Pfarrer und kirchliche Mitarbeiter der UIM am 17. Januar 1974 mit einer Erklärung, die sie namentlich unterzeichneten und in der Öffentlichkeit verteilten. Sie wurden alle sofort
verhaftet und zu 15 Jahren Gefängnis verurteilt. In der Erklärung bezeichneten sie die Notstandsmaßnahmen als "Verdummung des Volkes" und forderten
eine freie Diskussion über die Revision der Verfassung, und zwar mit der
Begründung, daß "dies der Wille des Volkes ist". Sie forderten weiter von
der Regierung "die Aufhebung des Programms 'Oktober-Erneuerung' und die
Wiederherstellung einer demokratischen Ordnung in unserer Gesellschaft".
Die Veröffentlichung dieser Erklärung sei Ausdruck ihres "Glaubensbekennt-
nisses", und die Handlungsmotivation dazu liege im "Gehorsam gegenüber dem
Willen Gottes, der der Herr der Geschichte ist", und im Verantwortungsbe-
wußtsein für "die reale Situation in unserem Lande".[30]

A.3.7 *Der Fall der sog. "Nationalen Jugend- und Studentenliga für Demokratie" (Minchyungryun)*: Die Spannung zwischen dem Yushin-Regime und den
Protestierenden, deren Zahl inzwischen zugenommen hatte, eskalierte trotz
bzw. wegen der Notstandsmaßnahmen weiter. Am 3. April 1974 verkündete das
Yushin-Regime die 4. Notstandsmaßnahme, die die Strafen für die Verletzung
der bisherigen Notstandsmaßnahmen radikal verstärkte. In Artikel 8 heißt
es: "Jeder, der diese Notstandsmaßnahmen verletzt oder diffamiert, wird mit
dem Tod, lebenslänglicher Haft oder Haft nicht unter 5 Jahren bestraft."[31]
Daß sich die 4. Notstandsmaßnahme besonders gegen die protestierenden Studenten richtet, zeigt sich deutlich in Artikel 5: "Jedem Studenten wird es
verboten, dem Unterricht fernzubleiben oder die Anwesenheit bei Vorlesungen
oder die Teilnahme an Prüfungen ohne Legitimation zu verweigern; eine Versammlung, Demonstration, einen Aufzug oder irgendeinen Sitz-Streik indivi-
dueller oder kollektiver Art abzuhalten..."[32].
      Einige Wochen nach dem Erlaß der 4. Notstandsmaßnahme, am 25. April
1974, gab der koreanische Geheimdienst bekannt, daß zur Zeit gegen 240 Personen ermittelt werde, die verdächtig seien, einer studentischen Unter-
grundorganisation anzugehören, deren erklärtes Ziel es sei, die Regierung
zu stürzen. Die Namen von 60 Personen, die man als aktive Mitglieder der
sog. "Nationalen Jugend- und Studentenliga für Demokratie" bezeichnete,
wurden in den Tageszeitungen bekanntgegeben. Diese Liga sei im vergangenen

---

30 Vgl. epd Dokumentation 38/74, S.29 und S.58.
31 Vgl. epd Dokumentation 33/74, S.56.
32 Ebd.

Monat im Geheimen organisiert worden, durch die 4. Notverordnung vom 3.
April wurde sie aber illegal. In der Bekanntgabe wird ferner behauptet, die
Liga habe unwissentlich unter dem Einfluß nordkoreanischer kommunistischer
Manipulation geplant, die Regierung durch gewaltsame Studentendemonstratio-
nen zu stürzen, um danach eine prokommunistische Regierung zu bilden.[33]

A.3.8 *Die sog. "Donnerstags-Gebets-Gottesdienste"*: Die großangelegte
Verhaftungswelle im Zusammenhang mit dem Fall "Nationale Jugend- und Studentenliga für Demokratie" führte dazu, daß die katholische und die evangelische Kirche, die bisher in ihrem Widerstand gegen das Yushin-System
nicht zusammengearbeitet hatten, im September 1974 ein gemeinsames Gebet
veröffentlichten. Der Text des Gebets wurde vom "Evangelisch-Katholischen
Komitee für Soziale Gerechtigkeit und Erneuerung der Kirche" formuliert[34];
es wurde empfohlen, das Gebet jeden Donnerstag um 10 Uhr zu beten.

Das Gebet gliedert sich inhaltlich in vier Teile:

1. Eine klagegebetsartige Beschreibung der gegenwärtigen politisch-sozialen Situation unter dem Yushin-System: Die Christen sehen einerseits, daß
Arbeiter ohne Rechtsanspruch, Bauern mit Schulden und Verlusten belastet
und vertriebene Slumbewohner im Elend sind, und anderseits, daß die "Mam-
mon-Gläubigen" mit der "Macht ihres Geldes nach Willkür handeln und die
Politiker gute Bürger unterdrücken" (4).

2. Es folgt die Klage darüber, daß die Studenten, die diesen Widerspruch
aufzuheben versucht hatten, die Journalisten, die für die Freiheit der Rede
und der Presse gekämpft hatten, und die Pfarrer und Priester, die demon-
striert hatten, in die Gefängnisse geworfen wurden.

3. An diese Klage schließen sich eine bekennende Selbstkritik der Beten-
den und eine Bitte um Sündenvergebung an: Sie bekennen, daß sie mit den
"entfremdeten Arbeitern, den armen Bauern und den mutlosen Intellektuellen"
(4) nicht genug solidarisch gehandelt hätten, daß sie ihrer "Aufgabe als
Propheten nicht gerecht geworden" und "den Reichen und den Machthabenden
nicht entgegengetreten" seien (4). Sie bitten um Vergebung ihrer "Feigheit
und Schwäche, Faulheit und Glaubenslosigkeit" (4).

4. Am Schluß des Gebetes bitten sie um die Hilfe Gottes, "des Herrn der
Geschichte", um "die 'sog. Erneuerungsverfassung' zu ändern, die die soziale Ungerechtigkeit, Unterdrückung der Menschenrechte und den Personenkult
hervorgebracht hat" (4), um "unsere Wirklichkeit zu ändern, damit unsere

---

33 Vgl. a.a.O. S.57. Vgl. Anonym, "Die Kirche und die Menschenrechte in
    Südkorea" in: Beiheft zu Korea - Texte und Fragen, a.a.O. S.8.
34 Der Text des Gebetes, ins Deutsche übersetzt, findet sich in: epd
    Dokumentation 34/75, S.4-5. Im folgenden beziehen sich die Seitenzahlen
    in Klammern auf diese Quelle.

Macht und unser System, unsere Gesetze und unsere Wirtschaft dem Menschen dienen" (4). Die Bitte um Gottes Hilfe wandelt sich daraufhin in die Form einer Bitte um einen Befehl Gottes: "Laß uns heute deinen Willen zur Freiheit, Gerechtigkeit und Gleichheit auf dieser Erde widerfahren. Laß uns aufrichtig vor Gott und uns selbst stehen, ohne daß wir uns schämen müßten. Gib uns Mut, ohne zu zögern dem zu entsprechen, wozu Du uns rufst" (5).[35]

Es ist darauf hinzuweisen, daß in diesem gemeinsamen Gebet *für soziale Gerechtigkeit und Erneuerung der Kirche* zum ersten Mal im christlichen Widerstand gegen das Yushin-System die Aufforderung zur Solidarität der Kirche mit den Arbeitern und Bauern deutlich zum Ausdruck gebracht wurde. Aus diesem Grund kann dieses Gebet als das früheste Beispiel dafür bezeichnet werden, wie sich die politisch-sozial engagierten Christen um den Ausdruck ihres Interesses am "Minjung" bemühten und dadurch die "Erneuerung der Kirche" zu einer politisch-sozial engagierten Kirche anstrebten, auch wenn das Wort "Minjung" in diesem Gebet noch nicht vorkommt.

A.3.9 *Der Widerstand der Christen gegen das Yushin-System als Partizipation an der "Missio Dei"*: Am 5. November 1974 wurde die "Erklärung der Vereinigung Koreanischer Christen zum Schutz der Demokratie" veröffentlicht. Die 64 Unterzeichner der Erklärung bezeichnen die Yushin-Verfassung als das "strukturelle Böse", und zwar in dem Sinne, daß sie "mit der Behauptung der Bedrohung aus dem Norden und mit dem Ziel eingeführt worden ist, nicht von anderen Staaten abhängig zu werden", daß sie jedoch nur dazu diene, "die Herrschaft einer Elite zu verlängern". Angesichts der fatalen Konsequenzen der Yushin-Verfassung, daß "die Menschenrechte des Volkes verloren gingen und die Freiheit, unsere eigene Meinung zu äußern und unser eigenes Wollen in die Tat umzusetzen, begraben wurde", erklären sie als "Christen in diesem Lande", daß sie "gerufen sind, wie Christus gerufen war, das Kreuz zu

---

35 In der Darstellung des Gebetes ist nicht zu übersehen, daß alle vier Teile jeweils eine bestimmte Funktion in einem Argumentationsvorgang haben: Der erste Teil beschreibt eine Problemsituation, angesichts derer der Argumentierende eine Behauptung erheben bzw. zu einer Handlung auffordern will, in diesem Fall, wie der gebetsartige Duktus deutlich zeigt, geht es um eine ethische Aufforderung. Der zweite Teil stellt den Argumentierenden selbst, wenn auch in der dritten Person Plural, als ein Handlungsvorbild dar, das aus bestimmten Gründen sein Handlungsziel nicht erreicht hat. Der dritte Teil erklärt, worin die Gründe bestehen; sie werden zwar in Form einer Selbstkritik dargestellt, aber an die Christen adressiert, die bisher an der Widerstandsbewegung nicht aktiv teilnahmen oder ihr sogar kritisch entgegenstanden; in diesem Teil verteidigt also der Argumentierende sich selbst in seinem Handlungsziel und seiner -methode und fordert von seinen Hörern eine Einstellungswandlung. Der vierte Teil macht nochmals die Handlungsorientierung in Form einer Bitte um Gottes Hilfe deutlich und verstärkt zudem die Handlungsmotivation in Form einer Bitte um einen Handlungsbefehl Gottes.

tragen, der Diktatur der Ungerechtigkeit und anderen Widersinnigkeiten zu widerstehen". Sie berufen sich auf den Glauben, daß sie "an der Mission Gottes partizipieren", und daß Gottes Mission "die Verantwortung gegenüber allen politischen und sozialen Aspekten des Lebens einschließt". In diesem Zusammenhang finden sie die Lösung für das Problem der Yushin-Verfassung darin, daß "wir die Lehre der Demokratie in diesem Lande etablieren".[36]

Im Prozeß des christlichen Widerstandes gegen das Yushin-System seit 1973 kommt hier der Begriff "Missio Dei" zum ersten Mal vor. Dieser Begriff wird sowohl in der christlichen antidiktatorisch-demokratischen Widerstandsbewegung als auch in der Minjungtheologie einer der zentralen Begriffe werden und von 1975 bis 1982 zu einer heftigen innerkirchlichen Diskussion um das Missionsverständnis führen.[37] Der Entdeckungszusammenhang dieses Begriffs ist zwar schwer zu rekonstruieren, es ist aber deutlich, daß die politisch-sozial engagierten Christen, z.B. die Unterzeichner der Erklärung, den Begriff verwendeten, um ihren politischen Widerstand gegen das diktatorische Yushin-System auch als eine christliche Missiontätigkeit zu verstehen, und zwar aufgrund ihrer Auffassung, daß das Handeln Gottes in allen Bereichen des menschlichen Lebens als die eigentliche Mission bezeichnet werden muß und deshalb "die (menschliche) Verantwortung gegenüber allen politisch-sozialen Aspekten des Lebens einschließt". Diese Auffassung des Handelns Gottes deutet darauf hin, daß sich die politisch-sozial engagierten Christen mit dem Begriff "Missio Dei" vor allem denjenigen Christen gegenüber theologisch zu rechtfertigen versuchten, die nur die auf den kirchlichen Bereich beschränkte Missiontätigkeit als christliche Mission anerkennen und aus diesem Grund der politischen Widerstandsbewegung der Christen kritisch entgegenstehen. Gleichzeitig richtet sich der Begriff "Missio Dei" aber auch gegen das politische System, das als das "strukturelle Böse" aufgefaßt wird: Die politische Macht steht auch unter der Herrschaft Gottes und soll sich insofern dem Handeln Gottes in der Geschichte, der Missio Dei, unterwerfen.

A.3.10 *Das Thema "Staat und Kirche" wird in die Auseinandersetzung zwischen dem Yushin-Regime und den protestierenden Christen eingeführt:*

a) *Die Erklärung der "Vereinigung Koreanischer Christen zum Schutz der Demokratie"*: Am 14. November 1974 veröffentlichte die bereits erwähnte "Vereinigung Koreanischer Christen zum Schutz der Demokratie" eine weitere

---

36 Der Text dieser Erklärung findet sich in: epd Dokumentation 34/75, S.12.
37 Einige wichtige Aufsätze zu dieser Diskussion finden sich jetzt in dem Sammelband "Die koreanische Geschichte und die christliche Religion" (Hangug Yeugsa uwa Gidogkyo), hg. v. Gidogkyosasangsa, Seoul 1983, S.328-434.

Erklärung.[38] Der Anlaß war, daß bei einem Gebetsgottesdienst einer Gruppe von christlichen Geschäftsleuten am 9. November 1974 für den Ministerpräsidenten Kim Jongpil dieser seiner Meinung über die Christen Ausdruck verliehen hatte, d.h. der Ministerpräsident hatte in seiner Rede vor einer Gruppe von regierungsfreundlichen Christen das Thema "Staat und Kirche" in die Auseinandersetzung zwischen dem Yushin-Regime und den protestierenden Christen eingeführt und in einer eigennützigen Weise interpretiert: Kim behauptete in seiner Rede: "Die gegen die Regierung gerichteten Aktivitäten von Christen bewegen sich heute 'jenseits des gebührenden Bereiches und der Rolle von Christen'" (13); die Legitimität des Yushin-Systems komme von Gott, deshalb verdiene es den Gehorsam des Volkes, wie auch Röm 13,1-7 lehre; die Tätigkeiten von ausländischen Missionaren in Südkorea, die sich gegen die südkoreanische Regierung richteten, seien ungebührlich; Staat und Kirche sollten voneinander getrennt werden. Damit war gemeint, daß Christen sich in die Politik des Yushin-Regimes nicht einmischen dürften.

Die Erklärung vom 14. November stellt diesen Behauptungen Kims im einzelnen entgegen: 1. "Der gebührende Ort und Bereich der Christenheit liegt innerhalb der gegenwärtigen historischen Wirklichkeit und innerhalb dieser Welt", denn "Gott hat uns (Christen) den prophetischen Auftrag gegeben, gegen die Ungerechtigkeit der gegenwärtigen Wirklichkeit, die dem Willen Gottes widerspricht, zu protestieren" (13). 2. "Gottes Wille ist gut und gerecht, und jedermann muß ihm gehorchen... Die Mächte werden von Gott gerichtet werden, wenn sie seinem guten Willen widerstehen" (13). 3. Ausländische Missionare geben ihrer kritischen Botschaft Ausdruck nicht als Angehörige fremder Nationen, sondern als christliche Brüder; die nationale Grenzen überschreitende Bruderschaft von Christen beruhe auf der Universalität der Wahrheit. 4. "Trennung (von Staat und Kirche) soll eine verantwortliche Beziehung (zwischen den beiden) bedeuten, die Kritik und Beratung auf der Grundlage der Gleichheit einschließt" (14).

b) *Die "Theologische Erklärung Koreanischer Christen" über das Thema "Staat und Kirche"*: Am 18. November 1974 veröffentlichten 66 evangelische Theologieprofessoren und Pfarrer aus verschiedenen Denominationen, die meisten aus der presbyterianischen und der methodistischen Kirche, gemeinsam eine Erklärung aus dem gleichen Anlaß und über das gleiche Thema.[39]

---

38 Der Text dieser Erklärung findet sich in: epd Dokumentation 34/75, S.13f. Im folgenden beziehen sich die Seitenzahlen in Klammern auf diese Quelle.
39 Der Text der Erklärung findet sich in: epd Dokumentation 34/75, S.15-21. Im folgenden beziehen sich die Seitenzahlen in Klammern auf diese Quelle.

Der Beweggrund, die Erklärung zu veröffentlichen, bestehe darin, daß "der Ernst dieser Stunde uns zwingt, unsere Haltung als christliche Kirche zu überdenken und deutlich auszusprechen" (16). Als weiteres Motiv komme hinzu, "den Auftrag wahrzunehmen", die in den letzten Jahren veröffentlichten Erklärungen von Christen gegen das Yushin-System, die "einen echten Ausdruck des religiösen Gewissens und unserer Loyalität gegenüber unserem Volk darstellen", "theologisch einzuordnen und unterstützen" (20).[40] Die Erklärung beschreibt die politische Situation, die das Verhältnis zwischen der Yushin-Regierung und der Kirche zunehmend bedroht, in drei Schwerpunkten:

1. Die "Verabsolutierung der Regierungsgewalt": Unter der Voraussetzung, daß der Staat und die Regierung voneinander unterschieden werden, wird darauf verwiesen, daß "die Regierung sich mit dem Staat so sehr identifiziert, daß Presse und Aktionsgruppen, die Kritik an der Regierungspolitik üben, unter dem Vorwand der Verteidigung der Nation als gegen den Staat gerichtete Vergehen verurteilt werden" (15).

2. Die Verletzung der Menschenrechte: Als Folge dieser "Verabsolutierung der Regierungsgewalt" wird auf die Verletzung der Menschenrechte derjeniger, die die Politik der Regierung kritisieren, hingewiesen. "Unter den Notverordnungen des Präsidenten werden Menschen willkürlich verhaftet und in den Gerichtsverhandlungen wird ohne den geltenden gesetzlichen Schutz verurteilt" (15). Es gebe keine Pressefreiheit, keine Meinungsfreiheit. Außerdem "wurde das Recht zu freiem Leben verletzt, indem den Bauern und den Armen jede Möglichkeit genommen wurde, die ihnen zustehenden Rechte zu erlangen" (16).

3. Die Verletzung der Glaubens- und Religionsfreiheit: Die Regierung verletze "das Recht der Glaubens- und Religionsfreiheit, indem sie die Kirche überwacht, die Predigten zensiert und schließlich den Schrei nach Gerechtigkeit aufgrund des gläubigen Gewissens unterdrückt. Sogar jede missionarische Tätigkeit, jedes Mühen um die Unterdrückten und um den Schutz ihrer Grundrechte wird als Vergehen verurteilt" (16).

Dieser Situationsbeschreibung entsprechend erklären die Unterzeichner ihre "Haltung" zu drei Hauptthemen:

1. "Staat und Religion": Hier geht es darum, deutlich zu machen, daß jede politische Macht begrenzt ist, weil sie von Gott gegeben ist, und daß

---

40 Dies ist auch das erklärte Motiv der Minjungtheologie, wie es z.B. bei Suh Namdong ausgesprochen ist: "...daß die theologische Aufgabe der koreanischen Kirche darin zu finden ist, die Missio Dei im gegenwärtigen Kontext (neu) zu interpretieren" (ders., "Zwei Traditionen fließen ineinander" in: Minjung. Theologie des Volkes Gottes in Südkorea, hg. v. J. Moltmann, Neukirchen-Vluyn 1984, S.175).

die Aufgabe von Christen in diesem Zusammenhang darin besteht, jede verabsolutierte Macht zu bekämpfen, um "Gottes absolutes Recht" zu bewahren. Die
Erklärung setzt bei ihrer Staatsauffassung voraus, daß "Gott die Menschenrechte gegeben hat, lange ehe es einen Staat gab". Unter dieser theologischen Voraussetzung wird der Staat als eine politische Größe mit der
Schutzfunktion für die Menschenrechte aufgefaßt: "Der Staat ist eine politische Größe, der dem Volk den Genuß eines menschlichen und gesegneten Lebens garantiert, indem er entsprechend dem Recht Gottes[41] handelnd die Menschenrechte, das Leben, das Eigentum und die Freiheit schützt". Vom Staat
wird die Regierung unterschieden in dem Sinne, daß sie "der öffentliche
Diener ist, der für die angegebenen Ziele die Haushalterschaft für die Nation übernimmt" (16). Aus diesem Grund "ist Treue gegenüber der Regierung
nicht ohne weiteres mit der Treue gegenüber dem Staat gleichzusetzen"
(16).[42]

Daraufhin wird die biblische Aussage, daß "es keine Gewalt außer von
Gott gibt" (Röm 13,1), so interpretiert, daß "dieser Abschnitt aus der Bibel zuerst die Grenzen politischer Macht aufzeigt, um erst danach vom Gehorsam ihr gegenüber zu reden". Aufgrund dieser Interpretation wird darauf
hingewiesen, daß "jene Macht, die das Leben und die Freiheit antastet, sich
gegen den Willen Gottes stellt", denn "absolutes Recht gehört allein Gott
zu" (17).

Aus diesen Aussagen wird dann die Aufgabe der Christen gefolgert, "gegen
die verabsolutierte Macht, die die Rechte des Menschen verletzt, zu kämpfen". Diese Folgerung wird biblisch, kirchengeschichtlich und christologisch unterstützt.[43]

---

41 Über die Bedeutung des "Rechtes Gottes" gibt die Erklärung keine nähere
   Erläuterung. Man kann aber vermuten, daß das Recht Gottes hier die Menschenrechte in ihrer göttlichen Herkunft bedeutet, und zwar in dem Sinne, daß sie Gott gegeben hat, um seinen Willen für die Menschen zu verwirklichen.
42 Mit dieser Schlußfolgerung wollen die Unterzeichner der Erklärung deutlich machen, daß sie keine Verräter an der Nation sind, wie die oben genannte Rede des Ministerpräsidenten unterstellt, und zwar mit dem Zu-
   satz, daß die in Südkorea arbeitenden Missionare diese landesverräteri-
   sche Tätigkeit gefördert hätten.
43 Die biblische Begründung ergibt sich aus dem Hinweis auf das Verbot der
   Gottesbilder im ersten Gebot: "Um sich vor der Gefahr zu schützen, daß
   Relatives durch den Mißbrauch absoluten Rechts verabsolutiert wird, wurde festgestellt, daß sich der Mensch auf Erden keine Gottesbilder machen
   soll" (17). Zu einer kirchengeschichtlichen Unterstützung wird darauf
   hingewiesen, daß "für den christlichen Glauben alles Relative, was verabsolutiert wird, ein Abgott ist, dessen Bekämpfung zur Tradition des
   Christentums gehört" (17). Ein christologischer Begründungsansatz ist in
   der Behauptung zu sehen, daß "das Kreuz das Symbol des von der verab-
   solutierten Macht verursachten Leidens ist" (17).

Die christologische Begründung wird ausführlicher entwickelt: "Gott
sandte Christus, um die Welt zu retten. Christus wurde von den Machthabern
gekreuzigt. Gott aber hat ihn auferweckt. Die Kirche glaubt, daß das Ereignis des Kreuzes und der Auferstehung die Heilstat Gottes ist". Aufgrund
dieses Glaubens wird die Kirche aufgefaßt als "die Gemeinschaft derer, die
zur Vollendung dieses Heils berufen sind", und Christen werden als "Kämp-
fer" verstanden, "die damit beauftragt sind, die Macht des zerstörenden
Bösen zu beseitigen". Dementsprechend "hat die Kirche den Auftrag, auf der
Seite der Armen und Unterdrückten gegen jede Unterdrückung zu kämpfen, sie
zu befreien und ihre Menschenrechte wiederherzustellen" (17).

Jedoch ziele die Kirche in ihrer kämpferischen Aufgabe nicht auf politische Macht, sondern erfülle nur die ihr von Gott gegebene prophetische Aufgabe, politische Macht zu überwachen: "Die Kirche ist keine Organisation,
die nach politischer Macht strebt, vielmehr begibt sie sich in einen Konflikt mit der politischen Macht, damit der Staat und die Regierung die von
Gott gegebenen fundamentalen Menschenrechte und das Wohl der Gesellschaft
entwickeln". Dieser Auftrag der Kirche wird dadurch begründet, daß "der
Kirche aufgetragen ist, Licht, Salz und Sauerteig zu sein" (17).[44]

Aus diesen Überlegungen ergibt sich die Schlußfolgerung, daß "die Trennung von Politik und Religion, Staat und Kirche nicht bedeuten kann, daß
der Gegenstand und der Bereich der Religion und der Politik getrennt sind".
Vielmehr bestehe der Sinn einer solchen Trennung allein darin, "vor der
Verabsolutierung der Macht, die aus dem Kompromiß zwischen politischer
Macht und religiöser Autorität erwächst, zu schützen, wie auch vor einer
unterschiedlichen Behandlung bestimmter Religionsgruppen von seiten der politischen Gewalt" (17).

2. Menschenrechte: Zu diesem Thema wird deutlich gemacht, daß "die Menschenrechte von Gott gegeben wurden und ihm allein zugehören", daß "alle
außergöttliche Macht, die sich über die Menschenrechte stellt, Gottes Herr-

---

44 Dies wird hier in einem moralischen Sinn verstanden, wie man aus dem
Selbstverständnis dieser Erklärung ersehen kann, daß sie "einen echten
Ausdruck des religiösen Gewissens und unserer Loyalität gegenüber unserem Volk darstellt" (20). Unter dem "religiösen Gewissen" ist eine moralische Motivation zu verstehen, die sich auf einen religiösen Grund beruft und dazu führt, ohne jede Berechnung und von allen anderen Motiva-
tionen unabhängig die Ungerechtigkeit aller Art offen anzuprangern und
kämpferisch zu handeln, um sie zu beseitigen. Desgleichen kann man die
"Loyalität gegenüber unserem Volk" als eine fundamentale Haltung gegenüber einer Schicksalsgemeinschaft verstehen, die sich zu ihrem Schutz
und Wohl verpflichtet bekennt, und zwar ohne jeden Anspruch auf Verdienst und allein wegen der Zugehörigkeit zu dieser Schicksalsgemeinschaft, also aus einem gruppenmoralischen Grund.

schaftsbereich angreift", und daß "die Christen den Auftrag haben, die Menschenrechte zu schützen" (17).

Daß die Menschenrechte von Gott gegeben wurden, wird daraus abgeleitet, daß "der Mensch dem Bild Gottes entsprechend geschaffen wurde" (17), und daß "die Menschen als Ebenbild Gottes kostbare Wesen sind". Um diese göttliche Ebenbildlichkeit des Menschen zu schützen, "darf niemand die Menschen als Werkzeug benutzen"[45], und "keinem System ist es erlaubt, die Gleichheit der Menschen zu verletzen" (18).

Die Menschenrechte beruhen auf dem Segen Gottes, mit dem er dem Menschen "das Recht zur Herrschaft über die Natur gab (Gen 1,28)". Von diesem Recht wird "das für jeden Menschen gleiche Recht auf Leben und auf Freiheit des Individuums abgeleitet". Das heißt also, daß "alles, was wir die Freiheit des Lebens, des Menschen, des Glaubens und der solidarischen Zusammenarbeit nennen, ein von Gott geschenktes, absolutes Recht ist" (18).

Sodann wird darauf hingewiesen, daß die Menschenrechte "durch den ungerechten Gebrauch der Macht und durch die einseitige Verteilung der materiellen Güter" verletzt werden. Es soll deshalb darüber aufgeklärt werden, daß "Institutionen und Gesetze für den Menschen gemacht sind und nicht umgekehrt". Dies beruhe auf der Lehre Jesu, daß "der Mensch nicht für den Sabbat da sei, sondern der Sabbat um des Menschen willen existiere (Mk.2, 27-28)": Diese Lehre Jesu sei "die erste Menschenrechtserklärung, die gegen Gesetze und Institutionen gerichtet worden ist, die der Unterdrückung der Menschenrechte dienen" (18).

3. "Die Mission der Kirche": Die christliche Kirche wird aufgefaßt als "die missionarische Wirkung des Evangeliums", dessen "Kern" sich im Wort Mk.1,15 darstelle: "Die Zeit ist erfüllt, und das Reich Gottes ist herbeigekommen. Tut Buße und glaubt an das Evangelium." Nun bedeute das Reich Gottes nicht "die individuellen, jenseitigen und besonderen Bereiche der Religion, die geistliche Bereiche genannt werden", sondern es "umfaßt die Bereiche der Geschichte, der Gesellschaft und der Politik und geht weiter über diese hinaus" (18). Diese Bestimmung des Reiches Gottes sei auch in der "ersten Verkündigung Jesu" in Lk 4,18-19 nachzuweisen, die zeigt, "daß die wirtschaftlich Benachteiligten, die von politischen Machtstrukturen Unterdrückten, die körperlich und geistig Blinden und die konkret Gefangenen als Individuum wie auch als Kollektiv aus der Gefangenschaft oder aus ihrem Mangel befreit werden" (19). In dieser "Verkündigung Jesu vom Reich

---

45 Dieses Verbot kann als eine Schutzregel für die Menschenrechte der Arbeiter, besonders von jugendlichen Arbeitern, verstanden werden, denn die Erklärung zitiert direkt vor diesem Verbot Mt 18,6, und zwar in dem Sinne, daß die Menschenrechte jedes Menschen geschützt werden sollen.

Gottes", also in seiner Verkündigung von "Rettung und Befreiung", sehe auch
die Kirche von heute den Ursprung und Wegweiser für ihre Missionsaufgabe.

Die Kirche von heute soll nun ihre Missionsaufgabe "in der modernen
Gesellschaft" erfüllen, "in der sie auch nicht unabhängig von den politischen und gesellschaftlichen Gruppen handelt". Und "der Mensch besteht
nicht nur aus der Seele, sondern er hat einen Körper, er lebt nicht nur
eine individuelle Existenz, sondern auch in sozialen Beziehungen". "Die
Rettung des Menschen ist deshalb eine umfassende und strukturelle, die
immer Seele und Leib, Individuum und Gesellschaft, Mensch und Natur um-
greift". Die Mission der Kirche beschäftige sich deshalb mit der "Emanzipa-
tion des Menschen in der modernen Gesellschaft, mit der Vergesellschaftung
des Menschen, mit der Vermenschlichung der Institutionen, mit der sozialen
Gerechtigkeit, mit dem Frieden in der Welt und mit der Versöhnung zwischen
Menschen und Natur" (19).[46]

Die Durchführung der Missionsaufgabe der Kirche werde aber vom Konflikt
mit der ungerechten politischen Macht begleitet, denn in Fortsetzung der
Mission Jesu erscheine sie als eine Bedrohung für die ungerechte Macht, wie
"das Reich Gottes, das die durch Gottes Wort verkündete Mission Jesu ist,
auch als eine Bedrohung für die damalige Ordnung erschien". Dies sei darin
begründet, daß "dadurch das Zerbrechen der Macht des Bösen begann; nämlich
der Macht des Geldes, der Gefangenschaft in Institutionen, der Unterdrük-
kung mit Gewalt und der Verabsolutierung der Ideologie". Als Konsequenz
solcher Missionsarbeit wurde Jesus zum Tode am Kreuz verurteilt, "der höch-
sten Strafe für politische Gefangene". Da Jesus seine Jünger auffordert,
dieses Kreuz zu tragen und ihm nachzufolgen, darf man als Jünger Jesu "niemals einer politischen Entscheidung, d.h. dem Kreuz entfliehen" (19).

Jedoch wird die Illusion ausgeschlossen, als ob "das Reich Gottes durch
menschliche Anstrengungen zu uns kommt" bzw. "politische und gesellschaftliche Aktivitäten eine wirkliche ideale Gesellschaft schaffen könnten"
(19). Der Grund dafür, trotz dieser Nüchternheit die Mission der Kirche mit

---

46 In diesem Abschnitt zeigt sich eine Vermischung einer säkularisations-
theoretischen Argumentation, die die gesellschaftliche Verantwortlich-
keit der christlichen Mission zu legitimieren versucht, mit einer ganz-
heitlichen Argumentation, die die umfassende Einheitlichkeit der "Rettung des Menschen" zu begründen versucht. Letztere ist u.E. durch die
Absicht motiviert, die soteriologische Lehre der koreanisch-fundamen-
talistischen Kirchen zu kritisieren, derzufolge die christliche Rettung
des Menschen nur die Seele des Menschen betrifft und aus diesem Grund
das christliche Engagement an politisch-sozialen Bewegungen gegen die
Regierung verboten ist. Ebenfalls gegen dieses Verbot richtet sich die
säkularisationstheoretische Argumentation, die ihrerseits einen deut-
lichen Einfluß derjenigen europäischen und nordamerikanischen Theologen
zeigt, die sich seit 1968 in politisch-sozialen Bewegungen engagiert und
dabei eine Art "soziologische Theologie" entwickelt haben.

solcher Entschiedenheit zu treiben, liege darin, "in den alttestamentlichen
Propheten und bei den neutestamentlichen Aposteln, bei den Zeugen und Mär-
tyrern in der Geschichte der christlichen Kirche und vor allem in der Missionsarbeit Jesu Christi das Vorbild für unser Leben und Handeln zu finden"
(19).

Die Missionsaufgabe der Kirche konkretisiere sich im "studentischen Engagement in der Bewegung zur Demokratisierung des politischen Systems, in
der Industriemission der jungen Theologen zum Schutz der fundamentalen
Rechte der Arbeiter und Bauern und in den Kundgebungen der Christen für die
Pressefreiheit und die Demokratisierung" (20). Denn der eigentliche Auftrag
der kirchlichen Mission sei in den Aufgaben dieser Bewegungen zu finden.

Am gleichen Tag wie die "Theologische Erklärung Koreanischer Christen"
wurde auch eine Erklärung[47] des Koreanischen Nationalen Kirchenrates aus
dem gleichen Anlaß und zum gleichen Thema veröffentlicht. Sie vertritt die
Auffassung, daß "der Staat eine für die menschliche Gemeinschaft geschaffe-
ne Ordnung ist, die von Gott eingesetzt wurde". Deshalb sei "dem Staat im
Rahmen der absoluten Autorität Gottes eine bedingte Autorität zugespro-
chen", und die Funktion des Staates bestehe darin, "das Wohlergehen des
Volkes zu fördern, eine friedliche Ordnung aufrecht zu erhalten und soziale
Gerechtigkeit zu verwirklichen". Aufgrund dieser Staatsauffassung erklärt
der Rat, daß Christen als "Bürger dieses Staates" (22) eine Regierung unterstützen sollten, die diese Funktion "gemäß dem Willen Gottes" erfüllt,
aber gegen das Regime, das "Gottes Willen widersteht, auf die Stimme des
Volkes nicht hört und die Aufforderung des Gewissens und Glaubens ignoriert", ihre "Kooperation einstellen, sogar aktiven Widerstand leisten
müssen" (24).

c) *Die Erklärung des "Verbandes christlicher Kirchen in Korea" (DCC)*: Am
27. November 1974 veröffentlichte eine kirchliche Gruppe, die sich "Verband
christlicher Kirchen in Korea" nannte und nach ihren Behauptungen und Argu-
mentationen als eine fundamentalistische Gruppierung von Kirchen gegen den
Weltkirchenrat (WCC) erscheint, ebenfalls eine Erklärung, in der sie ihre
Gegenposition gegen die eben erwähnte Erklärung des KNCC deutlich machte.[48]
Der Verband behauptet, daß der Staat eine von Gott gegebene Schöpfungs-
ordnung der menschlichen Gesellschaft sei, aber ohne den Vorbehalt, den die
Erklärung des KNCC festhalten wollte. Er versucht diese Behauptung mit zwei
biblischen Zitaten zu begründen: Erstens habe Jesus "die Haltung der Chri-
sten der weltlichen Macht gegenüber eindeutig geklärt, indem er sagte: so
gebet dem Kaiser, was des Kaisers ist, und Gott, was Gottes ist". Dieses
Wort Jesu unterstütze also den Standpunkt des Verbandes, "daß in einer de-

---

47 Der Text dieser Erklärung des KNCC findet sich in: epd-Dokumentation
   34/75, S.22-24. Im folgenden beziehen sich die Seitenzahlen in Klammern
   auf diese Quelle.
48 Vgl. epd Dokumentation 34/75, S.25f. Im folgenden beziehen sich die
   Seitenzahlen in Klammern auf diese Quelle.

mokratischen Gesellschaft Politik und Religion streng zu trennen sind". Die
Trennung von Politik und Religion gründe sich zweitens auch auf das Wort
aus Röm. 13: "Wo aber Obrigkeit ist, ist sie von Gott verordnet". Unter der
Trennung von Politik und Religion versteht man hier einerseits die Aus-
schließung des kirchlichen Einmischens in den politischen Machtkampf, andererseits die Konzentration der kirchlichen Mission auf die Erlösung der
menschlichen Seele: "Da der Existenzgrund der Kirche nicht im weltlichen
Machtkampf, sondern in der Erlösung der menschlichen Seele liegt, haben
Jesus und der Apostel Paulus ihre ganze Kraft dafür eingesetzt, sowohl die
Seele der Besatzer als auch der Besetzten von Sünde und Tod zu erlösen"
(25).

Schließlich fordert der Verband von den Kirchen in Korea, "angesichts
der angespannten Lage, die unsere nationale Sicherheit gefährdet, mit ver-
einter Kraft zu beten und beispielhaft für die Einmütigkeit der Nation zu
arbeiten". In diesem Zusammenhang müsse er es "als eine dem Feinde nutzende
Handlung betrachten, wenn einige Kirchenführer trotz dieser Lage an aufrüh-
rerischen Demonstrationen teilnehmen, die die Eintracht zwischen Regierung
und Bevölkerung stören" (26).

A.3.11 Die Mehrheit der Bevölkerung stimmte für Park: Präsident Park
ließ am 12. Februar 1975 ein weiteres Referendum durchführen, in dem er die
Hauptlinien seiner Politik zur Abstimmung stellte. Obwohl die Opposition
und die protestierenden Christen die Durchführung des Referendums kriti-
sierten und boykottierten, stimmten nach amtlichen Angaben bei einer Wahl-
beteiligung von rund 80 % 73,1 % der Wähler mit Ja und 25,1 % mit Nein.
Setzt man die Zahl der Ja-Stimmen zur Zahl der Abstimmungsberechtigten ins
Verhältnis, so ergibt sich, daß sich knapp 60 % der Wähler für Park aus-
sprachen.[49]

---

49 Vgl. J. Kleiner, a.a.O. S.235. Kleiner meint mit Recht, daß Park zwar
   nicht den so sehr erstrebten Konsens aller erzielen konnte, aber wohl
   doch von einem wesentlichen Teil der Bevölkerung getragen wurde. Er
   sieht einen wichtigen Grund dafür im Mangel an einer Alternative. Die
   Opposition behauptete damals wie auch sonst, daß das Ergebnis des Referendums von der Regierung manipuliert worden sei. Der Grund dafür, daß
   die Mehrheit der Bevölkerung trotz des Boykotts der Opposition und der
   protestierenden Christen für Park stimmte, liegt u.E. darin, daß der
   oppositionelle Protest immer noch ein großstädtisches Phänomen geblieben
   war, und daß die ländliche Bevölkerung, die die Mehrheit der ganzen Bevölkerung bildet, wenig Chancen und Bereitschaft hatte, an dem Demokratisierungsprozeß der Protestierenden in den Großstädten teilzunehmen.
   Park konnte diese ländliche Rückständigkeit im Demokratisierungsprozeß
   für sein Referendum ausnutzen.

A.3.12 *Die Erklärung der freigelassenen "Gefangenen für die Wiederher-*
stellung der Demokratie": Einige Tage nach dem Referendum, am 15. und 16.
Februar 1975, ließ Park etwa 150 politische Gefangene, die wegen der Notverordnungen inhaftiert waren, aus den Gefängnissen entlassen. Am 21. Februar veröffentlichten die Entlassenen eine Erklärung.[50] Die Unterzeichner,
u.a. Pfarrer Park Hyungkyu, Bischof Chi Haksun, Professor Kim Donggil, der
Rechtsanwalt Kang Shinok, der Dichter Kim Chiha und der Student Lee Chul
stellten darin klar, die sog. "Nationale Jugend- und Studentenliga für Demokratie" sei "eine reine Fiktion, die der Geheimdienst durch Drohungen und
Folterungen erfunden hat" (34). Sie fordern (entsprechend den bisher veröffentlichten anderen Erklärungen), daß durch die Veränderung der Yushin-Verfassung vor allem das Überleben des von der Diktatur unterdrückten Volkes
und das Lebensrecht der im wirtschaftlichen Bereich vernachlässigten Unterschichten gesichert werden solle.

Diese Erklärung ist in zwei Punkten besonders zu beachten:

1. In der Präambel der Erklärung berufen sich die Unterzeichner für ihre
Kampfbereitschaft gegen das diktatorische Yushin-Regime auf den **"Willen des**
Minjung": "Mit der Entschlossenheit, das ruhmreiche Erbe jenes *Willens des*
Minjung zu übernehmen, das jahrtausendelang in unserer Geschichte gegen
ausländische und inländische Unterdrückung unaufhörlich gekämpft hat, und
aufgrund der gewachsenen *Kraft des Minjung*, das gegen das diktatorische Re-
gime, das die Gewissen der Nation und die dringende historische Forderung
des Minjung mißachtet, kämpft, sind wir hier versammelt. Wir geben folgende
Erklärung mit dem Entschluß ab, weiter zu kämpfen, wenn *das Minjung und die*
Nation dies von uns fordern."[51]

Ein solcher Versuch, den antidiktatorischen Protest gegen das Yushin-Regime aus einer Kontinuität mit der Widerstandtradition in der politischen
Geschichte Koreas zu rechtfertigen, ist an sich nicht neu.[52] Der Träger der
bis zur Gegenwart fortdauernden Widerstandtradition wird aber in dieser
Erklärung zum ersten Mal mit dem Begriff "Wille des Minjung" bezeichnet,
der hier auch zum ersten Mal als entscheidender Rechtfertigungsgrund für
die Widerstandsbewegung gegen das Yushin-Regime verwendet wird.[53]

---

50 Der Text der Erklärung findet sich in: epd Dokumentation 34/75, S.34f.
   Im folgenden beziehen sich die Seitenzahlen in Klammern auf diese Quelle.
51 Diese Sätze aus der Präambel der Erklärung sind aus dem koreanischen
   Originaltext übersetzt, der sich in Suh Namdongs Sammelband UMT, S.30
   befindet. Hervorhebung im Text vom Verf..
52 Das "Manifest Koreanischer Christen" (1973) beinhaltet schon einen solchen historischen Begründungsversuch, siehe S.14 dieser Arbeit.
53 Es ist darauf hinzuweisen, daß Suh Namdong, einer der Hauptvertreter der
   Minjungtheologie, schon Februar 1974, also vor der Erklärung der freigelassenen Gefangenen, in einer Predigt mit dem Titel "Jesus, Kirchenge-

2. Es wird aber noch ein weiterer Grund für den Widerstand gegen das Yushin-Regime genannt, nämlich der Schutz des Lebensrechts der im Wirtschaftssystem des Yushin-Regimes vernachläßigten sozialen Unterschichten: "Das Lebensrecht der Arbeiter, Bauern und Kleinbürger, die an der Grenze des Existenzminimums leben, muß gesichert werden" (34). Diese soziale Forderung für die Unterschichten ist ebenfalls im Zusammenhang des Widerstandes gegen das Yushin-Regime nicht neu.[54] Sie wird jedoch in dieser Erklärung bewußt dem "Willen des Minjung" zugeordnet.

Somit kann diese Erklärung als der Ausgangspunkt für den offiziellen Gebrauch des Begriffs "Minjung" im Zusammenhang mit der Widerstandsbewegung gegen das Yushin-Regime bezeichnet werden. Allerdings hatten einige politisch-sozial engagierte Schriftsteller, vor allem Kim Chiha und Chang Kipyo[55], schon einige Jahre vor dieser Erklärung, jedenfalls aber seit der Yushin-Verfassung 1972, das Wort "Minjung" in ihrer Widerstandsliteratur verwendet, um das Leiden des Volkes, also des "Minjung", unter dem Diktator Park auszudrücken und damit die diktatorische Willkür der Politik Parks in meist provozierendem satirischen Stil anzuprangern. Das Minjung bedeutete dort eigentlich das allgemeine Volk, dessen "Volkssouveränität" in einem wenigstens nach der Regierungspropaganda demokratischen Land von Diktator Park nicht respektiert wurde.[56]

---

schichte und Koreanische Kirche" das Wort "Minjung" gezielt verwendete. Diese Predigt ließ er aber erst Anfang 1975 unter dem gleichen Titel veröffentlichen. In einem Aufsatz, in dem er diese Predigt gegen Kritik verteidigte, nannte er nicht seine Predigt, sondern die Erklärung der freigelassenen Gefangenen den "offiziellen Ausgangspunkt für die Theologie des Minjung" (ders., UMT, S.30). Dies zeigt, daß die Erklärung ein offizieller Anlaß für den bewußten und gezielten Gebrauch des Wortes "Minjung" unter den Minjungtheologen gewesen ist. Als weiteres Beispiel siehe: Ahn Byungmu, "Nation, Minjung und Kirche" (ein Vortrag, den er im April 1975 in einer Versammlung für die freigelassenen Gefangenen gehalten hat), in: Minjung und Koreanische Theologie (Minjung gua Hankugshinhag), hg. vom Komitee für Theologische Studien des KNCC, Seoul 1982, S.19-26.

54 Das "Manifest Koreanischer Christen" (1973) hatte bereits auf die "wirtschaftliche Ausbeutung" der vernachlässigten Unterschichten im Zusammenhang der "sozialen und ökonomischen Ungerechtigkeit" des Yushin-Systems hingewiesen, und die Menschenrechtserklärung des KNCC (1973) hatte im Zusammenhang der "Menschenrechte für Arbeiter" gefordert, ein Minimallohnsystem und eine Sozialversicherung zu verwirklichen (s.o. S.13 und 16).

55 Vgl. Suh Namdong, "Jesus, Kirchengeschichte und Koreanische Kirche" in: Ders., UMT, S.23f. Suh zitiert einen Abschnitt aus einer Ballade Chang Kipyos, die mit "Die Stimme des Minjung" betitelt ist.

56 In der in Anm. 55 genannten Ballade Changs wird das Wort "allgemeines Volk" (Gukmindaejung) verwendet, mit dem Chang offensichtlich das "Minjung" meint, das im Titel der Ballade vorkommt. Das allgemeine Volk hat, wie Chang beschreibt, wegen der Yushin-Verfassung Grundrechte verloren.

Die Bedeutung des Wortes konzentrierte sich aber im Laufe der Zeit auf
einen bestimmten Teil des Volkes, dessen Leiden wegen der politischen und
wirtschaftlichen Fehlentwicklungen des Landes eskalierte und mit dem sich
deshalb die protestierenden Studenten und Intellektuellen in ihrem Widerstand gegen das Yushin-Regime solidarisierten. Das "Minjung" bedeutete nun
also "die Arbeiter, Bauern und Kleinbürger, die an der Grenze des Existenzminimums leben".

Mit der Konzentration seines intensionalen Gehaltes auf die Leiden der
Unterdrückten erweiterte sich gleichzeitig die Extension des Wortes
"Minjung". Das Wort bezog sich extensional, wie die Präambel dieser Erklärung deutlich zeigt, schon von Anfang seines offiziellen Gebrauches an auch
auf die Unterdrückten in der vergangenen "jahrtausendelangen" Geschichte
Koreas, die durch ihren Willen des Widerstandes gegen ausländische und inländische Unterdrückungen charakterisiert sind. Es scheint, daß sich diese
Extensionserweiterung des Wortes aus dem Versuch ergab, die Rechtferti-
gungsbasis für die Widerstandsbewegung gegen das Yushin-System möglichst
auch historisch zu verbreitern. Das heißt also, die Unterzeichner der Erklärung wollten aufgrund der Extensionserweiterung des Wortes "Minjung" sowohl die Kontinuität mit der vergangenen Widerstandtradition als auch die
Legitimität ihrer Widerstandsbewegung aufgrund des koreanischen Nationalbe-
wußtseins, das seinerseits wiederum auf einer Widerstandtradition beruht,
sichern.

Mit dieser Erklärung hat die sog. **"Minjungbewegung"** angefangen: Die bisherige Widerstandsbewegung gegen das Yushin-System berief sich in ihrem
Kampf für die Wiederherstellung der demokratischen Verfassung zwar auch auf
die historische Kontinuität mit der Widerstandtradition Koreas und verwies
dabei auch auf die Lebensnot der vernachlässigten Unterschichten. Aber bei
ihrem Kampf stand bisher sozusagen der Wille zur liberalen und freiheitli-
chen Demokratie im Vordergrund. Nun begann die Widerstandsbewegung, sich
auf den Willen des Minjung zu berufen, und dadurch wurde im Kampf für die
Demokratie der Wille zur Solidarität mit dem leidenden Volk oder, genauer
gesagt, mit den politisch unterdrückten Intellektuellen und sozial vernachlässigten Unterschichten in den Vordergrund gestellt.[57]

---

57 Wie später zu zeigen sein wird, gibt es verschiedene Spielarten, die Intension und Extension des Begriffs "Minjung" zu bestimmen, je nachdem,
   wie man die Unterschichten bestimmt: Wenn man annimmt, daß die Mehrheit
   der Bevölkerung Koreas grundsätzlich zu den politisch unterdrückten Unterschichten gehört, bedeutet das Minjung das ganze Volk Koreas außer
   der machthabenden und reichen Minderheit. In diesem Fall zeigt der Gebrauch des Begriffs eine nationalistisch-patriotische Tendenz, und im
   Vordergrund steht die Volkssouveränität des Minjung im politischen Sinne
   als sein wichtigstes positives Wesensmerkmal. Wenn man aber annimmt, daß

A.4. Die politisch-soziale Bewußtseinsbildung der sozialen Unterschichten und ihre Teilnahme an der Minjungbewegung

A.4.0 *Zum Methodischen*: Es gilt nun darzustellen, wie sich die sozialen Unterschichten[58], während der oben beschriebenen Vorgänge zunächst im gewerkschaftlichen Bereich ihrer Menschenrechte bewußt wurden und seit der Einführung des Yushin-Systems sich dann auch in einer politischen Bewegung, nämlich in der Minjungbewegung engagierten, um die Öffentlichkeit auf die Verletzung ihrer Menschenrechte durch das Wirtschaftssystem des Yushin-Regimes aufmerksam zu machen.

In unserer Darstellung wird die sog. "Urban Industrial Mission" (UIM) in den Vordergrund gestellt, und zwar aus folgendem Grund: Sie war als die kirchliche Organisation zur Mission und Sozialarbeit für Industriearbeiter und Slumbewohner in Großstädten zur damaligen Zeit die einzige Organisation, die sich unabhängig vom regierungsgesteuerten Gewerkschaftsbund (Federation of Korean Trade Unions) für die gewerkschaftlichen Interessen der Arbeiter engagierte und im gleichen Zusammenhang die politisch-soziale Bewußtseinsbildung von Arbeitern und Slumbewohnern betrieb. Die UIM beabsichtigte aber nicht von Anfang an, die sozial unterprivilegierten Schichten zu politisieren, sondern begann im Gegenteil ihre Missionstätigkeit aus einer politisch neutralen Motivation zur Evangelisation von Industriearbeitern und Slumbewohnern, deren Zahl seit der Industrialisierung der 60er Jahre rapide zunahm.[59] Als sie jedoch bei ihrer Evangelisationsarbeit auf die

---

nur der Teil der Bevölkerung, der unter dem durchschnittlichen Lebensstandard bleibt, die Unterschichten bildet, bedeutet das Minjung vor allem die armen Arbeiter, Bauern und Arbeitslosen, deren soziale Position durch den Teufelskreis der Armut bestimmt wird. Dann zeigt sein Gebrauch eher eine sozial-solidarische Tendenz, und im Vordergrund steht eine sozial-utopische Sehnsucht des Minjung nach Selbstbestimmung im politisch-sozialen Bereich als wichtigstes positives Wesensmerkmal. In diesem Fall werden die Intellektuellen, wenn sie auch in der Widerstandsbewegung engagiert sind, aus dem Minjung ausgeschlossen.

58 Wir meinen mit "sozialen Unterschichten" hier zunächst die Industriearbeiter und Slumbewohner in Großstädten, genauer gesagt hauptsächlich in der Hauptstadt Seoul, weil die sozialen Unterschichten, die in den 70er Jahren in der Minjungbewegung eine Rolle gespielt und dadurch die Entstehung der Minjungtheologie mitbestimmt haben, diejenigen Industriearbeiter waren, die in den Fabriken von Seoul, Incheon und Guro arbeiteten und im Einflußbereich der "Bewußtseinsbildung" der UIM standen, wie im folgenden Abschnitt zu sehen sein wird. Auf das Problem von Bauern, die ebenfalls von der einseitigen Wachstumspolitik Parks vernachlässigt wurden, wurden die sozial engagierten Intellektuellen selbst erst Mitte der 70er Jahre aufmerksam.

59 Die Zahl der ländlichen Bevölkerung betrug im Jahr 1962 57,1% der gesamten Bevölkerung Südkoreas. Sie sank bis 1976 auf 35,7%, während sich

sozialen Mißstände ihrer Zielgruppe aufmerksam und damit zugleich des fundamentalen Problems ihrer Missionsarbeit bewußt wurde (daß nämlich die Evangelisation der sozial Vernachläßigten nur durch die "bloße" Verkündigung des Evangeliums unmöglich und sinnlos zu sein schien), übernahm sie im Verlauf der politischen Ereignisse seit den 60er Jahren unter der sog. "Wachstumsdiktatur" Parks die Funktion einer Interessengruppe für Industriearbeiter und Slumbewohner. Sie versuchte dieser Aufgabe dadurch gerecht zu werden, daß sie über die Sozialfürsorge hinaus die Betroffenen durch die "Bewußtseinsbildung" dazu fähig machte, dem als die Ursache für ihre wirtschaftlichen und sozialen Mißstände aufgefaßten politisch-wirtschaftlichen System des Yushin-Regimes aus "eigener Kraft" zu widerstehen. Darin sah die UIM nun die Hauptaufgabe ihrer *christlichen Mission*. In diesem politisch-sozialen Lernprozeß der UIM ist deshalb ein Musterbeispiel zu sehen nicht nur für den Bewußtseinswandel der sozialen Unterschichten in den 60er und 70er Jahren, sondern auch für den Wandel der Auffassung des Evangeliums und der kirchlichen Missionsaufgabe auf der Seite der politisch und sozial engagierten Christen.

A.4.1 *Die Entstehung und die Organisationsstruktur der UIM*: Die "Urban Industrial Mission" ist eine Sammelbezeichnung für die christlich-kirchlichen Organisationen, die jeweils verschiedenen protestantischen Denominationen Südkoreas angehören.[60] Sie sind zwar finanziell und organisatorisch

---

die Zahl der städtischen Bevölkerung im gleichen Zeitraum fast verdoppelte. Das heißt: Mehr als 10 Millionen Menschen der bäuerlichen Bevölkerung sind innerhalb dieser 14 Jahre in die Großstädte gezogen. (Vgl. Korean Economic Yearbook, hg. von The Federation of Korean Industries, Seoul 1978, S. 896).

60 Von 1958 bis 1978 sind insgesamt 12 UIM-Organisationen einschließlich zwei sozialbezogenen Organisationen der Katholischen Kirche registriert:

1. UIM of Jesus' Presbyterian Church (1958; Jahresangabe in Klammern bezeichnet das jeweilige Gründungsjahr);
2. UIM of the Methodist Church (1961);
3. UIM of the Anglican Church (1961);
4. UIM of Christ's Presbyterian Church (1964);
5. The Joint Committee of UIM Organs (1964);
6. The Social Development Program of the Student Christian Federation (KSCF) (1969);
7. The Korean Christian Action Organisation for UIM (1971 bis 1976);
8. The Special Areas Missions Committee (1971; dies ist eine Organisation mit dem Ziel, den Prostituierten in Großstädten zu einem normalen Beruf zu verhelfen.);
9. The Intermediary Groups Program of the Korea Christian Academy (1974);
10. The Urban Rural Mission of Korean National Council of Churches (KNCC-URM);
11. The Catholic Junior Workers' League (JOC);

voneinander unabhängig. Ihnen ist es aber gemeinsam, daß sie alle Industriearbeiter und Slumbewohner in Großstädten als die Zielgruppe ihrer sozial orientierten Missionstätigkeit haben. Aus diesem Grund wurden sie vor
allem in ihrem gemeinsamen Widerstand gegen das Yushin-System in den 70er
Jahren von seiten der Regierung als eine einheitlich organisierte politische Gruppierung behandelt.

1958 begann die "Jesus' Presbyterian Church", der konservativ-evangeli-
kale Flügel der presbyterianischen Denomination, zum ersten Male in der
Kirchengeschichte Koreas eine gezielte Mission für Industriearbeiter. Sie
wollte die Industriearbeiter durch Erweckungspredigt und Bibelarbeit chri-
stianisieren und in die Kirche eingliedern. Bei diesem Versuch einer Mas-
senevangelisation im Industriegebiet, der "Industrial Evangelism" genannt
wurde, handelte es sich um eine "Seelenerlösungsmission", wobei die sog.
"individual salvation" intensiv gepredigt wurde. Diese besteht darin, die
meistens moralisch aufgefaßte individuelle Sünde zu gestehen und sich zu
entscheiden, ein religiös und moralisch streng geregeltes Leben (manchmal
auch als Vorbereitung auf das Leben nach dem Tod) zu führen, indem man am
Gottesdienst der Kirche regelmäßig teilnimmt und ihre religiösen und moralischen Gebote befolgt.

Solche Seelenerlösungspredigt war zu dieser Zeit auch in anderen protestantischen Denominationen mehr oder weniger bestimmend, daher folgten
1961 die "Methodist Church" und die "Anglican Church" dem Vorbild der "Jesus' Presbyterian Church".

Die Evangelisationsarbeit für Arbeiter begann zuerst in den Fabriken,
deren Unternehmer selbst Christen der jeweiligen Denomination waren. Diese
unterstützten sie zunächst großzügig einerseits aus der religiösen Motivation, zur Verbreitung des Evangeliums beizutragen; andererseits spielte dabei aber auch eine außerreligiöse Nebenwirkung solcher Evangelisation in
gewerkschaftlichen Angelegenheiten eine ebenso wichtige Rolle: Die Seelenerlösungspredigt zur "individual salvation" verlangte von jeder Person, um
ihres Seelenheils willen sich möglichst von dieser verfallenen Welt fernzuhalten - damit war auch eine politische bzw. gewerkschaftliche Konfliktbe-
wältigung ausgeschlossen! Statt dessen versuchte die Seelenerlösungspredigt, das Problembewußtsein der Arbeiter, die mit ihren menschenunwürdigen
Arbeitsbedingungen und selbst zum Existenzminimum nicht ausreichenden Löhnen unzufrieden waren, dadurch auszugleichen, daß sie ihnen die Seelenerlö-

---

12.The Catholic Farmers' Association.

Vgl. Toshi sanophwawa kyohoeui samyong (Urbanization, Industrialization
and the Mission of Church) hg. von Hanguk kydoggyo sanopmunje yonguwon
(The Korean Christian Institute of Industrial Problems), Seoul 1978.

sung für die Welt nach dem Tod versprach bzw. durch das Zugehörigkeitsge-
fühl als "Familienmitglieder" einer kleinbürgerlichen Gemeinde sie wenigstens psychologisch tröstete.

A.4.2 *Die sozialfürsorgerlichen und solidarischen Maßnahmen der UIM
gegen die Armut der Arbeiter und zur Verkündigung des Evangeliums*: Die UIM-
Pfarrer sahen aber bereits Anfang der 60er Jahre, daß sie mit ihrer Seelenerlösungspredigt die Arbeiter nicht überzeugen konnten, weil die Arbeiter
nicht primär unter einer religiös bestimmten Sehnsucht nach Seelenerlösung,
sondern eher unter der materiellen Armut und Alltagsnot litten. Diese Sicht
führte die UIM-Pfarrer zu dem Problembewußtsein, daß die Seelenerlösung,
die die materielle Armut der Arbeiter nicht ernst nimmt und auf die Frage
nach dem Sinn des Lebens bei den verzweifelten Arbeitern nicht antworten
kann,[61] für die Arbeiter nicht viel bedeutet. Angesichts dieser Problemlage
stellten die UIM-Pfarrer sich selbst und den Kirchen der Konservativ-Evangelikalen und der liberalistisch orientierten Mittelschichten die Frage, ob
die Kirche, die auf jene Frage der Arbeiter nicht antworten will und kann,
wirklich in der Lage ist, das Evangelium, daß "Gott alle Menschen gleich
geschaffen hat und sie alle gleich liebt"[62], verantwortlich zu verkünden.

Um die wirtschaftlichen und sozialen Mißstände der Arbeiter zu verbessern, versuchten die UIM-Pfarrer zunächst den Arbeitern sozialfürsorgerlich
zu helfen, indem sie Kredit- und Konsumgenossenschaften, medizinische Ver-
sorgung und Abendschulen für jugendliche Arbeiter organisierten. Diesen sozialfürsorgerlichen Maßnahmen lag aber die missionarische Motivation zugrunde, den Arbeitern das Evangelium konkret und verantwortlich zu verkündigen.[63] Aus diesem Grund arbeiteten die UIM-Pfarrer gleichzeitig selbst

---

61 Vgl. Cho Hwasun, Sanopsunkyoreul uihan Kyohoi eui Guaje (Die Aufgabe der
   Kirche für die UIM) in: Hanguk Yeuksa ua Kidokkyo (Die koreanische Geschichte und die christliche Religion), hg. v. Kidokyo Sasangsa, Seoul
   1983, S.426-434, hier: S.426. Cho weist darauf hin, daß die Arbeiter unter dem Leiden der Alltagsnot die Frage nach dem Sinn des Lebens stellen: "Wozu soll ich so weiter leben?"
62 A.a.O. S.427.
63 Sibylle Gundert ist der Meinung, daß "im Lauf der 60er Jahre die Verbesserung der sozialen und wirtschaftlichen Verhältnisse der Arbeiter zum
   Hauptanliegen der UIM wurde" (Dies., "Arbeiter gegen Staatsgewalt. Zur
   Geschichte der Urban Industrial Mission in Südkorea", in: Entwicklungspolitische Korrespondenz 3/85, S.29-31, hier S.29). Diese Ansicht ist
   aber insofern mißverständlich, als der Versuch der UIM zur Verbesserung
   der Lebenslage der Arbeiter, wie oben gezeigt wurde, von der Frage der
   verantwortlichen Verkündigung des Evangeliums für die Arbeiter ausging
   und ständig von dieser Frage begleitet wurde, wenn sich auch die Arbeit
   der UIM im Lauf der Zeit in der Form einer Gewerkschaftsbewegung entwik-
   kelt hat. Sonst wäre es nur schwer zu verstehen, warum die UIM-Pfarrer
   in den 70er Jahren immer noch forderten, daß Jesus und sein Evangelium,
   nämlich seine Solidarität mit den Armen und Unterdrückten und seine Ver-

mit den Arbeitern in ihren Fabriken und wohnten mit ihnen zusammen: Sie
wollten als Prediger des Evangeliums die Lebenssituation der Hörer des
Evangeliums miterlebend erfassen[64] und mit diesem mitleidenden, solidarischen Verhalten den Kernsatz des Evangeliums, daß Gott alle Menschen gleich
liebt und deshalb den Schwächeren und Vernachlässigten mehr Liebe zeigen
will, gerade außerhalb jener Kirchen, die nur die Seelenerlösung predigen,
"konkret" verkündigen.

**A.4.3 Die Weiterentwicklung von fürsorgerlichen Maßnahmen zur gewerk-
schaftlichen Ausbildung von Arbeitern durch die UIM**: Seit Mitte der 60er
Jahre erkannten die UIM-Pfarrer, daß die fürsorgerlichen Maßnahmen für die
Arbeiter nicht zu einer effektiven Überwindung ihrer Armut und sozialen
Verlassenheit ausreichten, wenn die Arbeitsprobleme wie die Forderung nach
Lohnerhöhung und Verbesserung der Arbeitsbedingungen ungelöst blieben. Außerdem wurden sich die UIM-Pfarrer selbstkritisch der Gefahr der Fürsorgemaßnahmen bewußt, daß sie in ihrer Missionsarbeit denselben Fehler machen
könnten, den die von ihnen kritisch distanzierten Kirchen der Konservativ-
Evangelikalen und der Mittelschichten gemacht hatten, nämlich den Fehler,
die Arbeiter nur als einen Gegenstand eines bloßen Mitleidgefühls und einer
billigen Wohltätigkeit der Christen sehen zu wollen: Dadurch würde leicht
vergessen, daß "die Arbeiter und Slumbewohner die Personen sind, die nach
der Imago Dei dazu fähig geschaffen sind, ihre Lebensprobleme mit eigener
Kraft zu überwinden".[65]
Diese kritische Korrektur der Wohltätigkeitsmission der Kirchen scheint
wenigstens drei Punkte verdeutlichen zu wollen: Erstens soll die Missionsarbeit der UIM von der kirchlichen Wohltätigkeitsmission, die die Wohltä-
tigkeitsempfänger für zur Selbsthilfe unfähig hält und sogar dazu unfähig
macht, kritisch distanziert werden. Zweitens sollen die Arbeiter in keine

---

heißung des Reiches Gottes für sie, wieder zur Geltung gebracht werden
    müßten (vgl. Cho Hwasun, a.a.O. S.431f.).
64 Ebd. An die Kirchen, die die Arbeiter nur in die Kirche eingliedern
    wollen, ohne ihre Arbeits- und Alltagsprobleme zur Kenntnis zu nehmen,
    stellt Cho die kritische Frage, "wie man den Arbeitern das Evangelium
    predigen kann, ohne die Alltagsnot der Arbeiter konkret miterlebt zu
    haben".
65 Cho, a.a.O. S.431: "Es ist problematisch, daß die Kirche und die Chri-
    sten die Arbeiter und Slumbewohner nur als ein Objekt betrachten, an dem
    sie mit einem Mitleidgefühl ihre Wohltätigkeit leisten können. Sie glau-
    ben sogar, das sei eine christliche Mission. Der Grund für diesen Fehler
    besteht darin, daß sie wegen ihrer hochmütigen Einstellung in ihrer
    Wohltätigkeit, 'für jemanden (etwas, was von Jesus gefordert ist; d.
    Verf.) zu leisten', nicht einsehen können, daß auch die Arbeiter und
    Slumbewohner die Personen sind, die nach der Imago Dei dazu fähig ge-
    schaffen sind, ihre Lebensprobleme mit eigener Kraft zu überwinden."

Form von Abhängigkeit geraten, weil sie von Gott zur Selbstbestimmung be-
fähigt worden sind. Drittens besteht also die Aufgabe der christlichen Mission für die Arbeiter darin, dieser Schöpfungsrealität entsprechend den Arbeitern zur Selbständigkeit zu verhelfen, damit sie ihre Lebensprobleme unabhängig von allen äußeren Mächten aus eigener Kraft überwinden.

Aus diesen Überlegungen hat die UIM Mitte der 60er Jahre die gewerkschaftliche Ausbildung von Arbeitern angefangen. Sie ging nicht bloß vom
Willen zur Selbstständigkeit der Arbeiter aus; zugleich lag auch die Glau-
bensmotivation zugrunde, die schöpfungstheologisch verstandene Menschenwürde der Arbeiter, die in ihrem Imago-Dei-Sein wurzelt, dem Willen Gottes
entsprechend, d.h. aus eigener Kraft der Arbeiter als den dazu fähig ge-
schaffenen Personen, zu verwirklichen.[66]

Mit der gewerkschaftlichen Ausbildung von Arbeitern standen die UIM-
Pfarrer den Arbeitern mehr mit der Beratung für die Probleme von Arbeitskonflikten als mit den eher traditionellen seelsorgerlichen Gesprächen
bei.[67] Dadurch begannen sie sich selbst direkt in die Arbeitskonflikte zwischen Unternehmern und Arbeitern zu verwickeln.[68] Vor allem in der Zeit von
1967 bis 1972 trat die UIM in eine enge Zusammenarbeit mit den bestehenden
Gewerkschaften ein.

Gleichzeitig wurde 1968 der Name von "Industrial Evangelism" in "Urban
Industrial Mission" geändert. Damit distanzierten sich die UIM-Pfarrer endgültig in ihrer Glaubensrichtung von den konservativ-evangelikalen Mutter-
kirchen, die jetzt der Arbeit der UIM mehr oder weniger kritisch bzw. indifferent gegenüberstanden. Die UIM-Pfarrer vertraten seit dieser Zeit die
religiöse und soziale Überzeugung, daß das Reich Gottes auf dieser Erde
aufgerichtet werden soll, und zwar durch die Verwirklichung der politisch-
sozialen Gerechtigkeit für die unterprivilegierten Volksmassen und die armen Arbeiter.

*A.4.4 Die Weiterentwicklung vom Arbeitskampf zum politischen Widerstand
gegen das Yushin-System*: Bei ihrer gewerkschaftlichen Ausbildung von Arbeitern versuchten die UIM-Pfarrer, die Auszubildenden nicht nur über die ge-

---

66 Deshalb ist die Ansicht S. Gunderts, nach der die UIM die gewerkschaftliche Ausbildung von Arbeitern deshalb angefangen habe, weil "die Arbeiter durch die Fürsorgemaßnahmen der UIM in eine neue Form von Abhängigkeit gerieten" (a.a.O. S.29), nicht ganz zutreffend.
67 In dieser Zeit begann die "Christ's Presbyterian Church", der progressive und sozial engagierte Flügel der presbyterianischen Kirche, an der
   Missionstätigkeit der UIM teilzunehmen. Vgl. oben Anm.60 dieser Arbeit.
68 Vgl. Choe Jaehyeon, The Range of Voluntary Association Activity in South
   Korea. The Case of the Urban Industrial Mission. in: Journal of Voluntary Action Research Vol.9 No.1-4 1980, S.124-130, vor allem S.126f.

werkschaftlichen Sachverhalte wie z.B. Arbeits- und Gewerkschaftsrechte, Methoden gewerkschaftlicher Organisation und des Arbeitskampfes zu unterrichten. Sie bemühten sich - vor allem seit Anfang der 70er Jahre - ebenso intensiv, um die *politisch-soziale Bewußtseinsbildung* der Arbeiter. D.h.: sie machten den Arbeitern die Tatsache bewußt, daß sie von den Unternehmern ausgebeutet würden, daß dafür letztendlich das politisch-soziale System der diktatorischen Regierung verantwortlich sei und daß die Betroffenen selbst dieses "strukturelle Übel" überwinden müßten und könnten.[69] Als Textgrundlagen verwendete man u.a. auch Materialien aus der lateinamerikanischen Befreiungsbewegung wie die Bücher von Saul Alinski, Dom Helder Camara und Paolo Freire.[70]

Seitdem die UIM-Pfarrer und die von ihnen ausgebildeten Gewerkschaftsführer[71] an den Arbeitskonflikten durch demonstrative Aktionen oder Hungerstreiks aktiv teilzunehmen und das diktatorische Wirtschaftssystem der Regierung zu kritisieren begannen, versuchten sich die Unternehmer gegen die Missionstätigkeit der UIM zu wehren: Sie beschuldigten die UIM-Pfarrer, für die Organisation und Anstiftung von Arbeiterunruhen verantwortlich zu sein. Sie behaupteten auch, die UIM-Pfarrer infiltrierten die Arbeiter kom-

---

69 Vgl. Cho Hwasun, a.a.O. S.430: "Seit Anfang der 70er Jahre haben die UIM-Pfarrer, während sie auf der Seite der Arbeiter tätig waren, erkannt, daß die Arbeitskonflikte nicht nur mit den Unternehmern zu tun haben, sondern vielmehr in die Probleme des politisch-sozialen Systems tief verwickelt sind".
70 Vgl. Choe Jaehyeon, a.a.O. S.127. Da sich die UIM-Pfarrer mit den Schriften der lateinamerikanischen Befreiungsbewegung eher aus einem praxisbezogenen Interesse beschäftigten, dabei aber kaum etwas darüber schrieben, woraus man ihre Bewertung dieser Befreiungsbewegung herauslesen kann, ist es ziemlich schwer zu beurteilen, wie sie diese aufgenommen haben. Ebenfalls keine Bewertung erlaubt der Umstand, daß die UIM, als sie von der Regierung Park einer kommunistischen Beeinflussung durch die lateinamerikanische Befreiungsbewegung verdächtigt wurde, einen Einfluß dieser Bewegung ausdrücklich verneinte. Jedoch kann man vermuten, daß die lateinamerikanische Befreiungsbewegung und -theologie die UIM-Pfarrer zunächst deshalb angesprochen hat, weil sie von ihnen so verstanden wurde, daß sie in einer mit der politisch-sozialen Situation der südkoreanischen Gesellschaft vergleichbaren Situation entstanden sei. Das heißt: Die UIM-Pfarrer glaubten, am Beispiel jener Befreiungsbewegung und -theologie feststellen zu können, daß in einer politisch und sozial ungerechten Gesellschaft unter einem diktatorischen Militärregime eine *Befreiungsbewegung von unten theologisch zu motivieren und zu legitimieren sei.* Diese Vermutung wird auch dadurch gestützt, daß die UIM-Pfarrer ihre gewerkschaftlichen Proteste und ihren politischen Widerstand einige Jahre später nicht mehr auf die lateinamerikanische Befreiungsthelogie stützten, sondern auf die Minjungtheologie, die ihrerseits die politisch-soziale Minjungbewegung zu legitimieren versuchte.
71 Vgl. Choe Jaechyeun, a.a.O. S.127: "In 1974 alone, UIM organisations trained more than 80,000 idustrial workers in 1,400 educational meetings. Also, UIM bodies trained 2,000 to 2,500 trade union core-leaders in leadership training, consciousness-raising and small group training."

munistisch.[72] Durch diesen kommunistischen Verdacht geriet die UIM in die
Reichweite der antikommunistischen Gesetze der Regierung Park.

Um die gewerkschaftliche Tätigkeit der UIM und der von ihr ausgebildeten
Gewerkschaftsführer effektiv zu verhindern, ließen die Unternehmer die Regierung, die ohnehin schon die Führung des zentralen Gewerkschaftsbundes
(FKTU) unter starkem staatlichen Einfluß hielt, in die Arbeitskonflikte
immer stärker eingreifen. Schließlich wurde von Präsident Park 1971 eine
wirtschaftliche Notverordnung erlassen, die das bestehende Arbeitnehmer-
schutzrecht grundlegend beschränkte: Die drei Grundrechte der Arbeiter (Ko-
alitions-, Tarifverhandlungs- und Streikrecht) wurden dadurch ausgesetzt.[73]
Und ein Jahr später mußte die FKTU auf Druck der Regierung ihre offiziellen
Verbindungen zur UIM abbrechen.[74] Gleichzeitig wurden die UIM-Pfarrer und -
Mitarbeiter vom koreanischen Geheimdienst (KCIA) immer stärker überwacht,
und nach der Inkraftsetzung der Yushin-Verfassung 1972 begannen mit der
Verhaftung des UIM-Pfarrers Eun Myungki (1973)[75] die Verhaftungen und Ent-
lassungen von UIM-Pfarrern und -Mitarbeitern, die bis in die 80er Jahre
hinein andauerten. Sie wurden unter dem Verdacht verhaftet, z.B. die
Yushin-Verfassung trotz Verbotes kritisiert zu haben, einen gewaltsamen
Umsturz der Regierung geplant zu haben, eine Veränderung der Yushin-Verfassung trotz Verbotes gefordert zu haben oder kommunistische Agitation
gegen die Regierung zur Beeinflußung der Arbeiter zu betreiben.[76]

A.4.5 *Das Verhältnis der UIM zur Minjungbewegung*: Der politische Widerstand der UIM gegen die Yushin-Regierung begann Anfang der 70er Jahre zunächst unabhängig von den anderen Widerstandsgruppen, d.h. von den antidiktatorischen Intellektuellen und Studenten: Diese hatten zwar ihrerseits
schon seit den 60er Jahren die wirtschaftliche Politik der Regierung kritisiert, aber dabei wurden nur die Probleme "großen Stils" wie z.B. die
hohe Auslandsverschuldung, einseitige Akkumulation des Kapitals bei einigen
großen Konzernen oder die Entwicklungstendenz zu einer konsumorientierten
Gesellschaft thematisiert. Das heißt: Die Existenzprobleme der "kleinen
Arbeiter" kamen noch nicht in das politisch-soziale Blickfeld der Intellek-

---

72 Vgl. Samuel Lee, Mission an den Rändern der Gesellschaft (UIM.), in:
    Korea. Texte und Fragen, hg. vom Evangelischen Missionswerk im Bereich
    der Bundesrepublik Deutschland und Berlin West e.V., Hamburg 1981, S.49-
    51.
73 Vgl. Kim Changnack, Arbeitskämpfe in der dritten Welt - am Beispiel der
    Arbeitsbewegung in Südkorea, in: Mitarbeiter der Schöpfung, hg. von
    Luise und Willy Schottroff, München 1983, S.307-319, hier S.312.
74 Vgl. S. Gundert, a.a.O. S.29.
75 Siehe oben A.3.1.
76 Dazu oben A.3.1. und A.3.6.

tuellen und Studenten. Gleichwohl versuchten sie, ihre Proteste gegen die Regierung mit nationalistischen und liberalistischen Argumenten, die für die ganze Nation und Gesellschaft gelten sollten, zu legitimieren. Außerdem hatten sie in dieser Anfangsphase ihrer Widerstandsbewegung das "niedrige" Minjung, also vor allem die Arbeiter, nur als ein Objekt gesehen, das durch die liberalistisch-demokratischen Ideen der Gebildetenschicht aufgeklärt und somit zur Teilnahme an der Widerstandsbewegung der Intellektuellen gegen die Diktatur motiviert werden sollte.

Im Lauf der Zeit erkannten aber die Intellektuellen und die Studenten, daß sie mit ihrer wohlgemeinten Aufklärungsabsicht das Volk zu einem von außen bestimmten Objekt gerade in der Gestaltung seiner eigenen Geschichte machten, und zwar in sehr ähnlicher Weise wie die Regierenden. Beispielsweise hatte die Regierung Park versucht, das Volk durch ihre nationalistisch-militaristische Ideologie, die nach dem Militärputsch Parks Anfang der 60er Jahre von der jüngeren Offiziersgeneration der Militär-Akademie entwickelt wurde und eine politisch-soziale Neuorientierung für das lange Zeit falsch geführte Volk sein wollte, zur Teilnahme an einem entsprechenden Revolutionsprogramm zu überreden. Sie wollte also das Volk zu einem passiven Objekt in der Gestaltung der sog. "neuen Geschichte" Koreas machen, zum glücklichen Volk mit nationalem Stolz in einer Wohlstandsgesellschaft ohne jede politisch-soziale Selbstbestimmung.[77]

Zu dieser selbstkritischen Erkenntnis gelangten aber die Intellektuellen und Studenten nicht aufgrund irgendeiner Selbstbesinnung, sondern durch die erstaunliche Tatsache, daß das Minjung, d.h. besonders die Arbeiter, die in der UIM mitarbeiteten, unabhängig von den Intellektuellen und Studenten und deren liberalistisch-demokratischen Ideen aus eigenem Bewußtsein und aus eigener Kraft dem Yushin-System widerstand, um eine gerechte und menschenwürdige Gesellschaft zu schaffen. Aus einer selbstkritischen Aufnahme dieser Tatsache ergab sich eine grundlegende **Korrektur der Sichtweise** in der politisch-sozialen Wahrnehmung der Intellektuellen und Studenten: Sie sahen nun in dem Minjung nicht mehr ein Objekt ihrer liberalistisch-demokratischen Aufklärung, sondern das Subjekt der Gestaltung einer Minjung-orientierten neuen Gesellschaft Koreas. Sie entdeckten also in dem Minjung das Subjekt seiner eigenen Geschichte und damit zugleich der Geschichte des ganzen koreanischen Volkes.[78]

---

77 Ein Musterbeispiel für diese nationalistisch-militaristische Ideologie ist zu sehen in der oben Anm. 16 genannten Propagandaschrift des ehemaligen Präsidenten Park.
78 Diese neue Sichtweise der Intellektuellen, die im koreanischen "Minjung Sidschua" genannt wird und sinngemäß mit "Sichtweise vom Minjung her" bzw. "Sichtweise von unten her" übersetzt werden kann, wird schon einige

Erst nachdem die beiden Widerstandsgruppen, d.h. die UIM-Pfarrer und ihre Gewerkschaftsführer einerseits und die Intellektuellen und Studenten andererseits, Mitte der 70er Jahre wegen ihres jeweiligen Widerstandes gegen das Yushin-System inhaftiert und wieder entlassen worden waren, setzten sie nun ihren Widerstand als einen Kampf gegen den gemeinsamen Gegner miteinander solidarisch fort,[79] und zwar mit einem *neu entdeckten gemeinsamen Identitätsbewußtsein*, das mit der oben genannten Korrektur der politisch-sozialen Wahrnehmungsweise bei den Intellektuellen in einem unmittelbaren Zusammenhang steht: Ihr Widerstand sollte sich nun gemeinsam auf den Willen des Minjung, des unterdrückten, ausgebeuteten und entfremdeten Volkes, berufen und dessen Willen einer gerechten und demokratischen, also menschenwürdigen Gesellschaft vertreten. Damit sollte eine Widerstandsbewegung *vom, durch und für das Minjung selbst* erweckt und gefördert werden, weil das Minjung als das Subjekt seiner eigenen Geschichte aus eigener Kraft seinen Objekt-Zustand, d.h. die politisch-soziale Fremdbestimmung und Unterdrückung durch das diktatorische Yushin-System, überwinden sollte.

Jahre später nicht mehr nur im politisch-sozialen Bereich, sondern in allen Bereichen der menschlichen Wahrnehmungen und Handlungen einen totalitären Anspruch erheben. Als ein Musterbeispiel dafür ist unter anderen Handlungsbereichen, wie z.B. Literatur, Musik, Malerei und Theater, eben die Minjungtheologie zu nennen, wie später zu zeigen sein wird.
79 Dazu oben A.3.12.

B. Ahn Byungmus Ansätze vor der Entstehung der Minjungtheologie und die Hauptgedanken seiner Minjungtheologie in ihrer Entwicklung

B.0.1 *Quellentexte*:

Ahn hat bisher über 100 theologische Aufsätze geschrieben und die meisten davon in drei Sammelbänden veröffentlicht.[1] Die ersten beiden Sammelbände wurden vor seiner Hinwendung zur Minjungtheologie veröffentlicht und enthalten insgesamt 70 Aufsätze aus den Jahren 1967 bis 1977. Der dritte und bislang letzte wurde nach der Entstehung seiner Minjungtheologie publiziert und enthält 28 Beiträge, die er von 1972 bis 1986 hauptsächlich über das Thema "Minjung" geschrieben hat.

Außerdem hat Ahn bis 1983 drei theologische Monographien veröffentlicht.[2] Bei der ersten, "Geschichte und Zeugnis. Die Welt der Bibel", handelt es sich um eine theologisch orientierte Bibelkunde für Studenten und intellektuelle Laien. Bei der zweiten Monographie "Geschichte und Interpretation" handelt es sich um eine erweiterte Ausgabe der ersten Bibelkunde, die Ahn nach der Entstehung seiner Minjungtheologie veröffentlichte. Die beiden Bibelkunden wiederholen bzw. variieren die Aussagen, die er in seinen oben genannten Aufsätzen entdeckte und zu begründen versuchte. Aus diesem Grund schließen wir sie aus unserer Darstellung zwar nicht aus, aber gehen auf sie nicht im einzelnen ein. Die dritte und letzte Monographie "Der historische Jesus" ist eine Darstellung des Lebens Jesu, die Ahn gemäß seiner minjungtheologischen Auffassung des Markusevangeliums geschrieben hat.

Schließlich sind noch zwei Sammelbände Ahns zu nennen[3]: Der eine, "Gegenwart und unser Zeugnis", enthält 85 Essays, die Ahn von 1969 bis 1976 aus verschiedenen Anlässen und über verschiedene Themen geschrieben hat.

---

1 Ahn Byungmu, Haebangdscha Jesu (Der Befreier Jesus; im folgenden abgekürzt BJ), Seoul 1975, 3. Aufl. 1983.
  Ders,   Seungseu-dscheuk Sildschon (Biblische Existenz; im folgenden abgekürzt BE), Seoul 1977, 4. Aufl. 1986.
  Ders,   Yeuksa ape Minjung gua deuburue (Vor der Geschichte mit dem Minjung ; im folgenden abgekürzt GM), Seoul 1986.
2 Ahn Byungmu, Yeugsa uwa Zeungun (Geschichte und Zeugnis. Die Welt der Bibel; im folgenden abgekürzt GZ), Seoul 1972, 14.Aufl. 1986.
  Ders,   Yeugsa uwa Haesug (Geschichte und Interpretation; im folgenden abgekürzt GI), Seoul 1982, 6. Aufl. 1986.
  Ders,   Yeugsa eui Jesu (Der historische Jesus; im folgenden abgekürzt HJ), Seoul 1983.
3 Ahn Byungmu, Sidae uwa Zeungun (Gegenwart und unser Zeugnis. Eine Essaysammlung; im folgenden abgekürzt GU), Seoul 1978, 5. Aufl. 1983.
  Ders,   Orun Min-Dschok - Orun Yieuksa (Aufrechtes Min-Dschok - Aufrechte Geschichte; im folgenden abgekürzt AM), Seoul 1985.

Der andere, "Aufrechtes Min-Dschok[4] - Aufrechte Geschichte", enthält 12 Essays, in welchen Ahn politisch-ethische bzw. sozialkritische Themen von einem volksaufklärerischen Gesichtspunkt her behandelt.

B.0.2 *Lebenslauf Ahn Byungmus*[5]:

Ahn wurde 1922 in Shinanju, einer Kleinstadt der heutigen nordkoreanischen Provinz Pyungannamdo, als erster Sohn eines Dorfarztes geboren. Nach seiner Geburt zog die Familie in die Mandschurei um, wohin koreanische Bauern von der japanischen Kolonialmacht umgesiedelt worden waren.

Im theologischen Denken und politischen Handeln Ahns spielt seine "Liebe zum koreanischen Volk" eine entscheidende Rolle. Sie bildet, wie er selbst sagt, zusammen mit der "Leidenschaft für Jesus" den entscheidenden Zusammenhang seines ganzen Denkens und Handelns.[6] Es darf vermutet werden, daß die schmerzlichen Eindrücke des jungen Ahn von den schweren Lebensbedingungen der von den Japanern zwangsumgesiedelten koreanischen Bauern biographisch im Hintergrund seiner "Liebe zum koreanischen Volk" stehen.[7]

Im 5. Schuljahr begann Ahn gegen den Willen seines konfuzianisch geprägten Vaters in die Kirche zu gehen.[8] Er besuchte die Mittelschule der kanadischen Mission in Yongchong/Mandschurei.[9]

Ahn begegnete in dieser Mittelschule Lehrern und Schulkameraden, die sich später wie Ahn selbst mit christlich inspiriertem Patriotismus für die politisch-soziale Verbesserung der koreanischen Gesellschaft, vor allem für die Demokratisierung der politischen Macht und die Wiedervereinigung der Nation, einsetzten. Unter den Lehrern sind zu nennen Ham Sokhon, ein volksaufklärerisch engagierter Quäker, der schon zu seinen Lebzeiten (1901-1989) ein koreanischer Gandhi genannt wurde, und Kim Chaechoon, der Theologieprofessor an der theologischen Hochschule Hankuk-Shinhak-Daihak (abgekürzt: Hanshin) und später Herausgeber der Zeitschrift "Minju Dongji. International Christian Network for Democracy in Korea" war, die sich für Kim Daejung, den Gegenkandidaten Parks in der Präsidentschaftswahl, einsetzte. Unter den Schulkameraden ist Moon Donghwan zu nennen, der später Theologieprofessor ebenfalls an der theologischen Hochschule Hanshin war und 1975 mit Ahn die sogenannte "Galiläagemeinde" gründete.

---

4 Dieses sinokoreanische Wort kann zwar mit "Volk" bzw. "Nation" übersetzt werden. Ahn schreibt ihm aber eine Bedeutung zu, die es wegen der ethnischen und geschichtlichen Eigentümlichkeit des koreanischen Volkes nicht übersetzbar macht. Vgl. dazu unten B.4.1.2 und C.3.2.b.
5 Andreas Hoffmann-Richter hat in seinem Nachwort für den Aufsatzsammelband Ahn Byungmus "Draußen vor dem Tor. Kirche und Minjung in Korea" (hg. v. Winfried Glüer, Göttingen 1986) den Lebenslauf Ahn Byungmus kurz dargestellt und in seiner Heidelberger Dissertation "Ahn Byung-Mu als Minjung-Theologe" (Heidelberg 1988) einen hilfreichen Beitrag zum Verständnis der Minjungtheologie Ahn Byungmus vor allem in Verknüpfung mit biographischen Aspekten geleistet. Einige biographische Daten des Lebenslaufs Ahns sind Hoffmann-Richters Dissertation entnommen.
6 Vgl. AM, S.1f.
7 Vgl. GU, S.65f.
8 Vgl. A. Hoffmann-Richter, Ahn Byung-Mu als Minjung-Theologe, a.a.O. S.3.
9 Vgl. a.a.O. S.4.

Nach dem Schulabschluß ging Ahn 1941, noch in der Zeit der japanischen
Kolonialherrschaft über Korea, nach Japan, um dort zu studieren. Dort besuchte er von 1941 bis 1943 an der Taisho-Universität den Vorbereitungskurs
für das Universitätsstudium und studierte dann an der Yaseda-Universität
Philosophie. Dort beschäftigte er sich mit großer Begeisterung vor allem
mit Kierkegaard.[10] Gleichzeitig betrieb er Theologie im Selbststudium: Er
las Martin Luther und Albert Schweitzer und besuchte regelmäßig einen theologischen Diskussionskreis von japanischen Freunden.[11] Noch vor dem Abschluß seines Philosophiestudiums floh er 1944 in die Nordmandschurei, weil
für die japanische Kriegsführung auch alle koreanischen Studenten rekru-
tiert wurden. In einem Dorf bei Yongchong war er für die dortige christliche Gemeinde als Laienprediger tätig, bis er 1946 wiederum vor der Gewalt-
herrschaft der einmarschierten Siegertruppen der Sowjetunion nach Seoul
fliehen mußte.

In Seoul studierte Ahn von 1946 bis 1950 an der "Seoul National University" Soziologie und als Nebenfach Religionswissenschaft. Während dieser
Zeit war er Vorsitzender des Koreanischen Christlichen Studentenbundes.

Nach dem Soziologiestudium gründete er zusammen mit anderen theologisch
interessierten Laien das denominationell unabhängige Chungang-Seminar (Cen-
tral Theological Seminary) in Seoul, das sich auf die theologische Ausbildung von Laien konzentrierte. Während des Koreakrieges (1950 bis 1953) gab
er die Zeitschrift "Stimme in der Wüste" (Jasung) heraus, mit der er, Johannes dem Täufer ähnlich, die Rolle einer auf den kommenden Messias Jesus
hinweisenden Stimme für das unter dem Kriege leidende koreanische Volk
spielen wollte. Während dieser Zeit unterrichtete er weiter an dem Chungang-Seminar Theologie, vor allem Neues Testament, und setzte gleichzeitig
sein theologisches Selbststudium fort, so daß er am selben Seminar 1953
eine theologische Abschlußprüfung ablegen konnte.

Die Gründung eines Laien-Seminars wie die Herausgabe einer volksaufklärerischen Zeitschrift aus einer christlichen Perspektive zeigt, daß Ahn sich
schon früh für eine christliche Bewußtseinsbildung einerseits der Laien

---

10 Vgl. BE, S.1. Ahn schildert in dem autobiographischen Vorwort dieses
   Buches, wie er in seiner Studienzeit in Japan von Kierkegaard begeistert
   wurde: "Ich begegnete Kierkegaard. Er faszinierte mich, einen jungen
   Mann in seinen frühen Zwanzigern. Mit ihm rang ich mehrere Jahre um
   'Existenz' und lernte dabei Jahr für Jahr, was der Mensch ist."
11 Vgl. A. Hoffmann-Richter, a.a.O. S.4. Daß Ahn bis zu seiner Promotion an
   der Universität Heidelberg Theologie nur als Autodidakt studiert hatte,
   hängt vermutlich mit seiner Grundeinstellung dem klerikalen System der
   etablierten Kirchen gegenüber zusammen: Er lehnt bis heute für sich
   selbst jede konfessionell oder denominationell gebundene Ordination ab.

innerhalb der Kirche und andererseits des Volkes außerhalb der Kirche mit
großem Interesse engagierte. Dieses christliche Engagement für das koreanische Volk ist ein Ausdruck seiner "Liebe zum koreanischen Volk" in Einheit
mit seiner "Leidenschaft für Jesus". Diese Einheit ist sozusagen der rote
Faden in seinem *Theologie-Treiben* (doing theology) einschließlich seiner
Minjungtheologie.

Während dieser Zeit strebte Ahn nach einer Glaubensgemeinschaft, wo man
streng nach dem Vorbild des historischen Jesus, d.h. ehelos und ohne Pri-
vatbesitz und familiäre Bindungen, für die Nächstenliebe leben könne.[12] Er
gründete eine Kommunität von ledigen christlichen Akademikern, die die
Nachfolge Jesu nach diesem Prinzip praktizieren wollten, also "glaubwür-
diger als dies die religiös anerkannten Pfarrer und Kirchengemeinden taten"[13]. Dieses Experiment scheiterte jedoch nach wenigen Jahren, weil alle
Mitglieder außer Ahn selbst heirateten. (Jahre später heiratete er selbst.)
Nach diesem Scheitern kam er 1956 nach Heidelberg, um sich in der neutestamentlichen Wissenschaft fortzubilden.

Die von Ahn initiierte Kommunität zeigt die kirchenaufklärerische Grundeinstellung seines Handelns: Die bestehenden Kirchen, vor allem die funda-
mentalistisch orientierten Gemeinden in Korea, sollen nach dem von Ahn ver-
standenen Vorbild des historischen Jesus neu gestaltet werden. Das Vorbild
Jesu kann nicht rational interpretiert, sondern nur streng im wortwörtli-
chen Sinn in das Handeln der Nachfolge umgesetzt werden. Seine Minjungtheologie ist dann ein weiterer Versuch, das Handeln und die Lehre Jesu in eigenes Handeln umzusetzen bzw. diese Praxis jesuanisch zu legitimieren.

An der Universität Heidelberg verfolgte Ahn von 1956 bis 1965 bei dem
Neutestamentler Günther Bornkamm sein Interesse am historischen Jesus in
den synoptischen Evangelien weiter und setzte sich gleichzeitig mit Konfu-
zius auseinander. 1965 promovierte er mit dem Thema "Das Verständnis der
Liebe bei K'ung-tse und bei Jesus".

Nach seiner Rückkehr nach Seoul 1965 nahm Ahn seine Tätigkeit an dem
Chungang-Seminar wieder auf. Er versuchte, eine existentiale Interpretation
neutestamentlicher Texte zu vermitteln, die er von R. Bultmann gelernt hatte und mit seinem Verständnis der Existenz bei Kierkegaard verband.

Von 1969 an gab er die Zeitschrift "Dasein" (Hyundschon) heraus. Ihre
Adressaten waren christliche Laien, vor allem Studenten und Intellektuelle,
die sich in der oppositionellen Bewegung gegen die diktatorische Regierung
engagierten. Wie schon in seiner ersten Zeitschrift war Ahn wiederum be-
strebt, die Rolle einer im Sinne der politischen Bewußtseinsbildung volksaufklärerischen Stimme zu spielen, indem er mit biblischen Argumenten die

---

12 Vgl. a.a.O. S.9.
13 A.a.O. S.10.

Widerstandsbewegung der Christen gegen die Diktatur ermutigte. In dieser Zeitschrift veröffentlichte Ahn vor allem von 1975 an auch seine minjungtheologischen Aufsätze, bis das "Dasein" 1981 von der Regierung Chon Doohwan verboten wurde.

1971 wurde Ahn als Professor für Neues Testament an die theologische Hanshin-Hochschule der Presbyterianischen Kirche der Republik Korea (PROK) berufen.

1973 gründete Ahn mit Unterstützung der deutschen Ostasien-Mission das "Koreanische Theologische Forschungsinstitut" in Seoul. Ahns Anliegen bestand darin, zur theologischen Förderung der koreanischen Christenheit beizutragen. Er sah ihre theologische Rückständigkeit vor allem durch die fundamentalistische Bibelauffassung und die dogmatischen Glaubenseinstellungen charakterisiert. Zur Bekämpfung dieser Rückständigkeit bietet er einerseits in der theologischen Fachzeitschrift des Instituts, "Theologisches Denken" (Shinhak Sasang), ein Forum für offene Gespräche nicht nur zwischen verschiedenen theologischen Richtungen, sondern auch zwischen Christenheit und politisch-sozialen Ideologien. Dadurch spielte diese Zeitschrift in der Entstehung und der weiteren Entwicklung der Minjungtheologie eine wichtige Rolle. Andererseits versucht er, die historisch-kritische Bibelexegese in breitere Leserkreise einzuführen, indem er seit Anfang der 80er Jahre koreanische Übersetzungen von Bibelkommentaren wie KEK, EKK, ATD, NTD, HNT oder Anchor Bible veröffentlicht.

Seit seiner Rückkehr 1965 hatte Ahn sich in der antidiktatorischen Widerstandsbewegung von Studenten und Intellektuellen mit seinen Predigten, Vorträgen und durch Unterschreiben von Erklärungen engagiert. Als er 1975 unter dem Druck der Regierung Park mit seinem Kollegen Professor Moon Donghwan und mit zwölf Studenten von der Hanshin-Hochschule entlassen wurde, gründete er mit ihnen die sog. Galiläagemeinde in Seoul. Mit der Gründung dieser Gemeinde wollte er ein symbolisches Zeichen setzen: In der Situation der politischen Unterdrückung sollte die Nachfolge Jesu in der Solidarität mit den unter dieser Unterdrückung leidenden Mitmenschen praktiziert werden, denn Jesus selbst habe sich mit den politisch unterdrückten und vernachlässigten Menschen in Galiläa identifiziert und solidarisiert, bis er am Kreuz getötet wurde.

Im März 1976 unterschrieb Ahn mit elf anderen prominenten Oppositionspolitikern, Kirchenführern und Theologen die sog. "Erklärung zur Demokratischen Rettung der Nation 1. März 1976".[14] In dieser Erklärung forderten die

---

14 Der ins Deutsche übersetzte Text dieser Erklärung findet sich in epd-
   Dokumentation 43/77 S.11-15. Vgl. A. Hoffmann-Richter, Ahn Byung-Mu als
   Minjung-Theologe, a.a.O. S.45-47.

Unterzeichner von der Regierung, die freiheitlich-demokratische Gewaltenteilung wiederherzustellen, die nur auf dem Rücken der Armen durchführbare
Wirtschaftspolitik zu überprüfen und die Wiedervereinigung zwischen Nord-
und Südkorea zu realisieren.[15] Nach dem Gottesdienst in der katholischen
Myongdong-Kathedrale, wo die Erklärung vorgelesen wurde, wurden alle Unterzeichner festgenommen. Von März bis Dezember 1976 mußte Ahn im Gefängnis
sitzen. Während dieser Zeit machte er seine "Minjungerfahrung im Gefängnis", die bei seiner Identifizierung mit dem Minjung und bei seinem Erler-
nen der Sichtweise des Minjung[16] eine entscheidende Rolle spielte.

Nach seiner Entlassung begann er sich mit dem Thema "Minjung" intensiv
zu beschäftigen. Seitdem bemüht er sich, die Minjungbewegung und die
Minjungtheologie durch seine Interpretation des historischen Jesus vor
allem auf der Basis des Markusevangeliums zu unterstützen.

B.1. *Die Grundstimmungen in Ahn Byungmus Theologie-Treiben (doing theology)*

Wie im oben skizzierten Lebenslauf schon angedeutet, sieht Ahn seine
Hauptaufgabe als Christ und Theologe darin, seine "Liebe zum koreanischen
Volk" und seine "Leidenschaft für Jesus" in seinem Denken und Handeln zur
Einheit zu bringen:

"Obwohl ich aus verschiedenen Anlässen und über verschiedene Themen geschrieben habe, habe ich immer dabei ein großes Thema in meinem Herzen
gehabt, das bei mir einen Zusammenhang bildet. Das ist: Liebe zum koreanischen Volk und Leidenschaft für Jesus. Diese beiden sind bei mir nicht
zwei verschiedene 'Dinge'. Sie zwingen mich nicht, mich nur für eine
Seite von den beiden zu entscheiden. Im Gegenteil: Ich lebe und denke
nur, indem die beiden sich bei mir zur Einheit vereinigen"[17].

Diese Einheit hat Ahn nicht in einem besonderen Aufsatz zur Geltung gebracht, vielmehr will sein gesamtes theologisches Schreiben als Engagement
für das koreanische Volk diese Einheit zum Ausdruck bringen. Aus diesem
Grund müssen wir von seinen frühen Schriften an die Spuren verfolgen, die
dieses Bemühen in seinem Werdegang hinterlassen hat.

Wir versuchen zunächst zu erschließen, wie die "Liebe zum koreanischen
Volk" bei Ahn entstanden ist, und was sie bedeutet (B.1.1). Dann beschäfti-

---

15 Diese Forderungen waren für die beiden Seiten, die Regierung und die Op-
   positionsgruppen, zwar nicht neu, aber die Unterzeichner wollten mit
   dieser symbolischen Aktion auf die Entschiedenheit der Widerstandsbewegung aufmerksam machen.
16 Vgl. oben A.4.5 bes. Anm. 78.
17 AM, S.1 im Vorwort dieses Essaysammelbandes.

gen wir uns im gleichen Zusammenhang mit seiner "Leidenschaft für Jesus"
(B.1.2).[18] Schließlich versuchen wir zu zeigen, wie beide konvergieren, und
welche Funktion dies in seiner Theologie hat (B.1.3).

B.1.1 *Die "Liebe zum koreanischen Volk": Die "Liebe zum koreanischen
Volk" bei Ahn ist eine volkspädagogisch bestimmte Grundstimmung in seinem
Denken und Handeln dem koreanischen Volk gegenüber. Sie beruht auf seiner
als "Traurigkeit" bezeichneten Betroffenheit von dem Schmerz des "Nicht-
Sprechen-Könnens" der sprachlos Leidenden in einem doppelten Sinne, d.h.
einerseits der unterdrückten Wahrheit und andererseits der die Wahrheit
Unterdrückenden. Sie bewegt sich zur Entschiedenheit, mittels seines durch
seine Treue zur Wahrheit und sein Mitleid mit dem Leidensschicksal des
koreanischen Volkes motivierten Einsatzes dieses Volk zur authentischen
Existenz vor Gott zu rufen.*

Um die Bedeutung der "Liebe zum koreanischen Volk" bei Ahn zu erschließen, beginnen wir mit der Analyse einer Kindheitserfahrung, die er wahrscheinlich in seiner Jugendzeit in dem Umsiedlungsgebiet koreanischer
Bauern in der Mandschurei gemacht hat[19], und die später seinen volkspädago-
gischen Einsatz für das koreanische Volk sozusagen als eine Urerfahrung
ständig begleitete.

"Als ich Kind war, sah ich einmal, wie einer Kuh die Tränen rollten,
während sie ein Kalb zur Welt brachte. Das Tier konnte bei den Tränen
doch keinen Laut hervorbringen. Die sprachlosen Tränen trafen mich wie
ein Pfeil in mein Herz. ...Das ist der Schmerz des Sprachlosen, der seine Schmerzen nicht aussprechen kann!"[20]

In dieser Kindheitserfahrung zeigt Ahn eine große Sensibilität des Mitleidens mit den Schmerzen anderer. Der Schmerz des Leidenden wird um so sen-
sibler wahrgenommen, je mehr der Leidende nicht in der Lage ist, seine
Schmerzen und seine Leiden auszusprechen. "Man sagt, daß man einen unsag-
baren Schmerz hat. Das bedeutet aber, daß man deshalb den Schmerz hat, weil
man nicht sprechen kann."[21] Diese weinende Sprachlosigkeit des Leidenden
macht ihn tief betroffen.

---

18 Unter der "Entstehung" der Liebe zum koreanischen Volk und der Leidenschaft für Jesus verstehen wir nicht nur ein historisches oder ein psy-
   chologisches Datum. Wir verstehen darunter vor allem einen entscheidenden Ausgangspunkt des theologischen Werdeganges bei Ahn.
19 Vgl. B.0.2.
20 Ahn Byungmu, "Gandhi und die Kuh", in: AM, S.111-134, hier S.131. Diese
   Erfahrung ist auch in einem anderen Essay mit dem Titel "Die Tränen"
   erzählt, der 1971 entstand und jetzt in dem Essaysammelband GU, S.21f.
   enthalten ist. Daran wird deutlich, daß diese Erfahrung schon vor seiner
   Minjungtheologie, d.h. bevor Ahn sie auf das Minjung bezogen hat, die
   Rolle einer Urerfahrung spielte.
21 Ahn Byungmu, Die Tränen, a.a.O. S.22.

Ahn bringt diese Kindheitserfahrung mit seiner Wahrnehmung des Leidens
des Minjung in Zusammenhang:

"Irgendwann fiel mir auf, wie ähnlich das sprachlose Minjung jener Kuh
ist! Die Klasse, die nicht sprechen kann, wenn sie auch geschlagen, ausgebeutet und mit Füßen getreten wird! ...Die namenlosen Kleinen Leute,
die sich ihrer Menschenwürde und -rechte beraubt sehen und doch kein
Wort dagegen hervorbringen können, diese schweigende Masse ist jener Kuh
gleich!...Wenn wir das schweigende Minjung nicht respektieren, verraten
wir Gott und das koreanische Volk."[22]

Ahns Betroffenheit geht so weit, daß er in einer Indifferenz gegenüber dem
Leiden des Minjung sogar einen Verrat an Gott und am koreanischen Volk
sieht. Dies erlaubt den Rückschluß, daß für ihn die mitleidende Betroffenheit von dem Schmerz des sprachlos leidenden Minjung mit der Treue zu Gott
und zugleich mit der "Liebe zum koreanischen Volk" zu tun hat. In der Gestaltung seiner "Liebe zum koreanischen Volk" spielt in der Tat nicht nur
seine Betroffenheit von dem Leiden des sprachlos Leidenden, sondern auch
seine Auffassung von der authentischen Existenz des Menschen, der sich in
der verkehrten Welt vor Gott verantworten soll, eine entscheidende Rolle.

Über seine Betroffenheit von dem Schmerz des sprachlos Leidenden reflektierte Ahn schon vor seiner Wende zur Minjungtheologie, beeindruckt von dem
außerordentlichen Leben und Schicksal Gandhis und Kierkegaards. Er sah diese beiden als Personen, die von einem jeweils anders bestimmbaren, doch im
Grunde durch die Verkehrtheit der Menschenwelt gleich verursachten Leiden
des Menschen betroffen waren und sich eingesetzt haben, um die Verkehrtheit
der Welt zu verändern und die Leiden des Menschen zu überwinden. In Ahns
Sicht haben sie trotz oder gerade wegen ihres Einsatzes gegen die Verkehrtheit der Menschenwelt unter der Unveränderbarkeit des Menschen gelitten. Er
findet in diesen leidensvollen Kämpfen gegen das Leidensschicksal des Menschen noch einen anderen Schmerz des "Nicht-Sprechen-Könnens". Dieser
Schmerz entsteht aus der Wahrnehmung, daß der Ruf zur authentischen Existenz des Menschen vor Gott in dieser verkehrten Welt von den unveränderbaren Menschen nicht gehört und dadurch zur Sprachlosigkeit lahmgelegt wird.

Die Betroffenheit von diesem Schmerz des "Nicht-Sprechen-Könnens" - als
Folge des vergeblichen Rufens zur authentischen Existenz - äußert sich bei
Ahn in Weinen und Tränen. Er weint mit Gandhi und Kierkegaard zusammen über
die verkehrte Menschenwelt und über die unveränderbaren Menschen: "Da die
Lage, über die Gandhi weinen mußte, und das Christentum, über das Kierke-
gaard weinen mußte, unverändert bleiben, müssen diejenigen, die ihnen heute

---

22 Ahn Byungmu, Gandhi und die Kuh, a.a.O. S.132f.

in ihrer Sache nachfolgen, auch weinen."[23] Das Weinen ist also auch ein
Zeichen für die Entschiedenheit, sich mit der Stimme zu solidarisieren, die
den Menschen zur Umkehr ruft.

Aber dieses Weinen bezieht sich darüber hinaus auf den unveränderbaren
Menschen selbst, der in Wirklichkeit ebenfalls unter seinem Schicksal
sprachlos leidet: Der Mensch kann sich trotz des Rufes zur authentischen
Existenz doch von seiner verkehrten Welt, wie gelähmt, nicht abkehren. Der
unveränderbare Mensch leidet also auch unter dem Schmerz des "Nicht-Sprechen-Könnens", das darin besteht, seine Unfähigkeit zur Umkehr nicht richtig aussprechen zu können. Der Mensch geht zugrunde, weil er seine Unfähigkeit zur Umkehr nicht wahrnehmen kann und will. Auch dieses Leidensschicksal des unveränderbaren Menschen macht Ahn betroffen.

Ahn bezeichnet seine Betroffenheit von dem doppelten Schmerz des "Nicht-
Sprechen-Könnens" als Traurigkeit. Sie ist keine bloße Emotion, sondern
vielmehr eine disziplinierte Sensibilität, die sich von der Betroffenheit
angesichts der Verkehrtheit der Welt und der Unveränderbarkeit des Menschen
über die Ohnmächtigkeit der unterdrückten Wahrheit hin zu der Entschiedenheit bewegt, sich dafür einzusetzen, den Menschen von seinem Leidensschicksal zu befreien und ihm damit die authentische Existenz vor Gott zu ermöglichen.[24]

---

23 Ahn Byungmu, Die Tränen, a.a.O. S.21.
24 Diese Traurigkeit als disziplinierte Sensibilität für das Leiden des
   sprachlos leidenden Menschen und für die Entschiedenheit, ihn von seinem
   Leiden zu befreien, ist in den größeren Traditionszusammenhang des Krei-
   ses koreanischer Volksaufklärer einzuordnen. Bezeichnend hierfür ist
   eine Episode um Kim Kyoshin, der Zentralfigur des Volksaufklärungskrei-
   ses in der Zeit der japanischen Besetzung; als Hauptvertreter der sog.
   "Ohne-Kirche-Bewegung" in Korea wollte er durch seine Zeitschrift "Bibel
   und Korea" (Sungsu-Dschosun) vor allem koreanische Intellektuelle mit
   seiner biblisch inspirierten Vaterlandsliebe ansprechen. Er war damals
   Lehrer für Naturwissenschaften an einer Oberschule und zugleich Trainer
   von Sohn Keejung, dem koreanischen Marathonsieger der Berliner Olympiade
   1936. Kim zeigte bei den Übungen seinem Schüler Sohn nur schweigend seine über die Wangen rollenden Tränen, während er auf der Ladefläche eines
   Geländewagens sitzend vor ihm herfuhr. So blickte sein Schüler Sohn
   immer auf das weinende Gesicht seines Lehrers, während er rannte. Kim
   zeigte auch im Klassenzimmer, wenn er unter den Schülern z.B. bei einer
   Prüfung Unehrlichkeit entdeckte, seinen Schülern nur schweigend seine
   Tränen, um ihnen jenes richtige Verhalten beizubringen, mit dem die Unabhängigkeit Koreas durch die Kraft von Koreanern wiederhergestellt werden kann. Dem Volksaufklärerkreis gehörte auch Ham Sokhon an, ein Mit-
   telschullehrer von Ahn. Bevor Ham später zum Quäker wurde, war auch er
   ein Hauptvertreter der "Ohne-Kirche-Bewegung" in Korea. Ham schrieb Anfang der 70er Jahre an Ahn: "Ich bin in Ashram angekommen. Als ich das
   Zimmer Gandhis betrat und mich auf seinen Platz setzte, weinte ich" (Ahn
   Byungmu, Die Tränen, a.a.O. S.21). Dieses Schreiben war eigentlich der
   Anlaß für Ahn, über seine Kindheitserfahrung mit der weinenden Kuh und
   seine Erfahrung, daß er selber Jahre vorher vor dem Grab Kierkegaards
   geweint hatte, nachzudenken (vgl. ebd.).

An diesem Punkt konvergiert nun in Ahns Traurigkeit sein mitleidender
Einsatz für die Befreiung des Menschen mit dem Leiden Jesu:

"Ich bin immer bereit, zu weinen, wenn ich an Jesus denke. Wenn ich um
Jesus weine, der historisch gesehen so nebelhaft ist, dann können meine
Tränen nicht für ihn selbst sein. Meine Tränen rollen vor allem wegen
einer schmerzhaften Traurigkeit, die ähnlich ist der Traurigkeit einer
Witwe, die sich vor dem Grab ihres schon längst gestorbenen Mannes wegen
ihrer eigenen Traurigkeit ausweint. Meine Tränen kommen jedoch nicht allein aus meiner Traurigkeit. Sie können auch die Tränen sein, die Jesus
selbst vergossen hat. Seine Tränen lassen mich meine Tränen vergießen.
Das könnte mysteriös sein. Es ist aber ein Zeichen dafür, daß ich in ihm
bin und er in mir ist."[25]

Für Ahn ist die von dem Leidensschicksal des Menschen betroffene Traurigkeit auch bei Jesus die Grundmotivation, die ihn zu seinem leidensvollen
Einsatz für die Rettung des Menschen führte. Aufgrund dieser gleichartigen
Traurigkeit zwischen Jesus und ihm selbst, die auch die historische Distanz
überwindet, kann Ahn feststellen, daß er heute die Sache Jesu in Einheit
mit ihm vertritt.

Die so bestimmte Traurigkeit ist bei Ahn die Grundmotivation und -stim-
mung in der Gestaltung und Ausübung seiner "Liebe zum koreanischen Volk":

"Angesichts der Lage unseres Landes fühle ich mich wirklich im Herzen
bedrückt. Das kommt daher, weil man nicht sprechen kann. Wir haben unsere Sprache verloren. Unsere Sprache ist gestoppt. Ich bin mir nicht bewußt, Korea zu lieben. Dennoch weinte ich, als ich an unsere Lage dach-
te. Ich glaube nicht, daß ich aus Patriotismus weinte. Was für Tränen
waren das? Ob sich das, was das koreanische Volk nicht aussprechen kann,
in meinen Tränen ausgedrückt hat?!"[26]

Ahn ist betroffen einerseits von der Sprachlosigkeit des koreanischen Volkes, die darin besteht, seine eigene Sprache und damit auch seine eigene
Identität bzw. authentische Existenz verloren zu haben. Andererseits sieht
er gleichzeitig angesichts der Sprachlosigkeit des Volkes seine Aufgabe
darin, diesem Volk seine eigene Sprache zurückzugeben und dadurch ihm zu
ermöglichen, vor Gott seine authentische Existenz zu verantworten.

B.1.2 *Die "Leidenschaft für Jesus"*: *Die "Leidenschaft für Jesus" bei Ahn
bedeutet seinen Willen, sein Denken und Handeln als Existenz vor Gott trotz
der Verborgenheit Gottes in dieser Welt nach dem Willen Gottes an der Gestalt des historischen Jesus rigoros zu orientieren, um den Willen Gottes
trotz der Neigung des Menschen zur Bequemlichkeit des Denkens und Handelns
und den dämonischen Mächten in der politisch-sozialen Wirklichkeit gegenüber durch die authentische Existenz des Menschen zur Geltung zu bringen.*

---

25 Ahn Byungmu, Die Tränen, a.a.O. S.21.
26 A.a.O. S.22.

In dem Vorwort seines ersten Aufsatzsammelbandes "Biblische Existenz"
weist Ahn darauf hin, daß sein Denken und Handeln durch die Bibel bestimmt
und gestaltet worden ist.[27] Seine intensive Beschäftigung mit der Bibel
begann schon in seiner frühen Studienzeit. Beim Bibellesen lehnte er jede
Hilfe von Bibelkommentaren ab, um "die Einfältigkeit eines Kindes für das
Wort der Bibel zu bewahren"[28]. Das heißt: Er lehnt jede Interpretation des
Bibelwortes ab, die ein zugunsten der menschlichen Neigung zur Bequemlichkeit von dem Wort der Bibel abweichendes Handeln durch hermeneutische Tech-
niken legitimieren will. Statt dessen konzentriert er sich auf das gehor-
same Hören auf das Wort, um es auch dann ins Handeln umzusetzen, wenn es
der menschlichen Neigung zur Bequemlichkeit widerspricht. Die rigorose Umsetzung des von der Bibel Gehörten bestimmt demnach seine Lebensorientie-
rung.

Aber es ist ihm bewußt, daß die Bibel "schweigt, wenn man sie nicht interpretiert oder einfach nur wiedergibt. Sie antwortet nur dann, wenn man
sie fragt"[29]. Es geht also darum, wie man sie fragen soll, um das Wort hören zu können. Auf diese Frage fand Ahn zunächst bei Kierkegaard eine Antwort. Er lernte bei ihm vor allem, was der Mensch als Existenz ist: nämlich
"der Einzelne", der sich von jeder ethischen und weltanschaulichen Bestimmung des Menschen distanziert, um nicht in der Welt zu wohnen, wenn er auch
in der Welt ist.[30] Ein authentisches und wahrhaftes Leben des Menschen als
Existenz ist erst dann möglich, wenn man sich nicht den in der Welt gewöhnlich akzeptierten Normen von Denken und Handeln anpaßt oder unterwirft,
sondern ganz im Gegenteil nach dem von diesen Normen vergessenen eigentlichen Ich sucht und dementsprechend zu existieren versucht. Entsprechend
versuchte Ahn, auch beim Bibellesen nicht irgendwelche ethischen Normen
oder Weltanschauungen zu finden, sondern nach der persönlichen "Existenz"

---

27 BE, S.1: "Wenn ich gebeten werde, ein Buch zu nennen, das mein Denken
und meinen Weg bestimmt und entschieden hat, antworte ich: Das ist die
Bibel." Das Vorwort, aus dem dieser Satz zitiert ist, hat Ahn 1977, d.h.
nachdem er in die minjungtheologische Phase eingetreten war, geschrieben. Der Satz gilt also auch für seine Minjungtheologie.
28 Ebd.
29 GI, S.5.
30 A.a.O. S.3: "Meine Existenz hat mit dem von außen her definierten Ich
gar nichts zu tun. Kierkegaard nennt diese Existenz den 'Einzelnen'. Die
Existenz ist nicht etwas Allgemeines in der Welt. Deshalb entspricht
meine Existenz dem 'Leben des Menschen' gar nicht, das unter einer bestimmten Weltanschauung definiert wird. Dies ist nur ein 'Bild im Bild'
und kein 'Leben'. Die Welt der Weltanschauung ist für meine Existenz
kein Haus, um darin zu leben. Die Existenz ist ein Dasein, das in der
Welt ist, aber nicht darin wohnt!"

zu fragen. Er lernte, die Bibel als die Frage nach der persönlichen Existenz zu lesen.[31]

Die Existenz, auf die die Bibel hinweist, ist das "Ich vor Gott"[32]. Dieses "vor Gott" ist ein Verhältnis Gottes zu mir, dem ich nie entfliehen kann. Gott zeigt mir aber sich selbst nicht. "Auf meine Frage, 'Wer bist Du', antwortet er nur, 'Ich bin'. Meine Existenz steht vor diesem Verborgenen. Dieser Verborgene ist keine Maske, die ich irgendwann enthüllen könnte, auch kein tieferes Ich, das ich erforschen könnte. Vor diesem Verborgenen habe ich 'Furcht und Zittern' im Sinne Kierkegaards".[33] Das heißt: Ich kann Gott niemals in einer Definition einfangen, aufgrund derer ich dann mein Denken und Handeln gestalten könnte.

Trotz der Verborgenheit Gottes darf aber die Existenz, wie die Bibel sie zeigt, nicht im Nichtstun nur darauf warten, daß Gott aus seiner Verborgenheit heraustritt. Im Gegenteil dazu muß ich um so ernster danach fragen und suchen, was Gott will, damit ich vor ihm mein Denken und Handeln verantworten kann. Indessen sind der Existenz schon Befehle Gottes als Imperativ vorgegeben. Dieser Imperativ ist kein allgemeines ethisches Gebot, weil er allgemeinen ethischen Kategorien nicht entspricht, sondern manchmal sogar zu ihnen in krassem Gegensatz steht. Z.B. wurde Abraham geboten, seinen Sohn Gott zu opfern, oder von einem Jünger gefordert, seinen gestorbenen Vater zurückzulassen und Jesus nachzufolgen.[34] Gottes Gebote weisen insofern darauf hin, daß der Mensch exklusiv vor dem verborgenen Gott seine Existenz verantworten soll. Seine Aufgabe bestehe nicht darin, den verborgenen Gott selbst zu erforschen, sondern darin, "zu erkennen, wer ich bin, und wo ich stehe"[35], um den Befehlen Gottes zu folgen. Diese Fragestellung hat mit der eines gerecht gesprochenen Sünders in der Rechtfertigungslehre Luthers nichts zu tun, obwohl ihre Formulierungen ganz ähnlich sind.[36] Die Frage Ahns wird von einem Christen gestellt, der mit dem Bewußtsein, vor Gott zu stehen, der doch in dieser Welt verborgen ist, die Befehle Gottes in dieser gottlosen Welt um so rigoroser ins Handeln umsetzen will, damit die göttlichen Befehle trotz der Verborgenheit Gottes zur Geltung kommen können und er sich selbst dadurch vor Gott verantworten kann.

Wo kann ich aber diese Erkenntnis gewinnen? "Wenn irgendein logisches System da ist, das mich nicht zu dieser Erkenntnis führt, ist es für mich

---

31 A.a.O. S.1.
32 Ebd.
33 Ebd.
34 Vgl. a.a.O. S.2f unter Bezug auf Gen 22,1ff bzw. Mt 8,21f.
35 A.a.O. S.3.
36 Vgl. G. Sauter, Einführung, in: Ders. (Hg.), Rechtfertigung als Grundbegriff evangelischer Theologie, München 1989, S.23f.

nichts: Nur das, was mich zum Leben führt, ist wahr."[37] Diese Wahrheit kann
keine allgemeine sein, die von jedem akzeptiert wird, und von der deshalb
niemand betroffen sein kann, sondern sie muß "die Wahrheit pro me" sein.[38]
Diese Wahrheit pro me ist Jesus, dem ich als Existenz vor Gott nachfolgen
soll. Es bleibt nur noch die Frage zu klären, "wer dieser Jesus ist, wie er
lebte, lehrte und starb"[39], damit ich möglichst genau nach seinem Leben und
seiner Lehre mein Denken und Handeln orientieren kann.

Als Ahn sich mit der Frage nach dieser Wahrheit pro me beschäftigte,
fand er in Rudolf Bultmann denjenigen Theologen, der "gegen die metaphysischen Dogmen kämpft und eine dieser Wahrheit pro me entsprechende Interpretation (sc.: des Neuen Testamentes; d.Verf.) durchsetzt"[40]. Bultmann objek-
tiviere Jesus nicht, sondern setze ihn als die Frage nach meiner Existenz
voraus. Dennoch war Ahn grundsätzlich gegen die Bultmannsche Methode, "in
der Analyse der Überlieferungsgeschichte der synoptischen Evangelien beim
Kerygma haltzumachen"[41]. Ahn meinte, Bultmann habe sein ursprüngliches Interesse am historischen Jesus vergessen und sich in die Erforschung der
literarischen Formen der Evangelien verloren.[42] Bultmann habe also seine
ursprüngliche Voraussetzung, Jesus sei die Frage nach meiner Existenz, vergessen, weil er seiner wissenschaftlichen Methode treu bleiben wollte. Diese Feststellung führte Ahn dazu, jede wissenschaftliche Methode abzulehnen,
die ihren Gegenstand nur objektiv erforschen will, ohne dabei nach "meiner
Existenz" zu fragen.[43]

Ahn strebte unbeirrt weiter danach, über das Kerygma hinaus zum historischen Jesus selbst zu kommen, auch wenn dieser nur fragmentarisch rekonstruiert werden könne. Denn "die Suche nach Jesus ist identisch mit der
Suche nach meiner Existenz, und meine existenzielle Frage darf nicht stehen
bleiben"[44].

Bei der Suche nach Jesus gilt dasselbe, was bei der Suche nach meiner
Existenz gilt: Keine Dogmen und keine Weltanschauungen dürfen ihr im Wege
stehen. Es muß möglichst der historische Jesus selbst rekonstruiert werden,
damit ich mein Denken und Handeln allein an ihm orientieren kann. Denn "ich
will nicht mehr von Bekenntnissen anderer Menschen abhängig bleiben, son-

---

37 Ahn Byungmu, a.a.O. S.3.
38 Ebd.
39 HJ, S.11.
40 BE, S.3
41 A.a.O. S.4.
42 A.a.O. S.5.
43 Ebd.
44 Ebd.

dern den historischen Jesus unvermittelt kennenlernen und direkt von mir
aus ihn selbst bekennen"[45].

Ahn sieht die Möglichkeit einer Rekonstruktion des historischen Jesus
darin, daß "der historische Jesus insoweit in die Reichweite unserer Erkenntnis kommt, als er in demselben Bereich der Geschichte, in dem auch wir
heute leben, lebte, lehrte und starb"[46]. Seine Rekonstruktion des historischen Jesus beruht also auf der wesentlichen Gleichheit der Lebensbedingungen des Menschen in der Geschichte trotz verschiedener Zeiten und
Kulturen.[47]

Was Ahn mit dieser Gleichheit der Lebensbedingungen meint, tritt später
während seines verstärkten Engagements in der antidiktatorischen Bewegung
klarer hervor. Zunehmend empfand er als Problem, daß das biblische Menschenverständnis, "der Mensch ist ein Dasein in der Welt", bei Kierkegaard
und Bultmann nicht richtig interpretiert worden sei.[48] Das "In-der-Welt-
Sein" ist in der Bibel keine ontologische Prädikation menschlichen Seins,
sondern bezeichnet die politisch-soziale Realität dämonischer Mächte.[49] Angesichts dieser Realität muß sich der Mensch entweder für oder gegen seine
authentische Existenz in der Welt entscheiden. Kierkegaard habe diese Realität der Mächte einfach ignoriert, und Bultmann habe von dieser Realität
abstrahiert, indem er in der Geschichte nur die Geschichtlichkeit sehen
wollte.[50] "Der biblische Ausdruck 'Satan' bezeichnet genau das, was man
heute das 'strukturelle Übel' nennt. Die Erlösung des Menschen ist deshalb
mit dem Kampf gegen diesen Satan in der Welt eng verbunden."[51]

---

45 HJ, S.9.
46 A.a.O. S.11.
47 Es ist nicht zu übersehen, daß dieser Rekonstruktionstheorie die wissenssoziologische Grundannahme der sog. "Seinsverbundenheit des Denkens"
   (vgl. K. Mannheim, Ideologie und Utopie, Frankfurt/Main 6. Aufl. 1978,
   S.227-241) zugrunde liegt und daß diese Annahme bei Ahn auf den Bereich
   des Handelns erweitert worden ist: Das Denken und Handeln Jesu ist von
   seiner Seinslage bestimmt. Deshalb klärt die Erkenntnis seiner Seinslage
   auch sein Denken und Handeln. Die Erkenntnis der Seinslage Jesu wird
   durch die Erkenntnis unserer Seinslage gewonnen. Hier liegt die Gefahr,
   unsere Seinslage in diejenige Jesu hineinzuprojizieren und dem Denken
   und Handeln Jesu das unsere zu unterlegen. Daß Ahn dieser Gefahr in
   seiner Minjungtheologie tatsächlich nicht entgeht, wird noch zu zeigen
   sein.
48 A.a.O. S.6.
49 Ebd.: "Die Bibel sagt eindeutig aus, daß über 'diese Welt' die Dämonen
   herrschen. Diese Aussage ist keine Aufnahme einer mythischen Weltanschauung. Sie bezeichnet genau die Realität dieser Welt."
50 Ebd.
51 Ebd.

B.1.3 *Die Einheit der "Leidenschaft für Jesus" und der "Liebe zum korea-*
nischen Volk" in Ahns Denken und Handeln: Die Einheit der "Leidenschaft für
Jesus" und der "Liebe zum koreanischen Volk" bedeutet bei Ahn den Zusammen-
hang seines Denkens und Handelns, der unter der Voraussetzung der mensch-
heitsgeschichtlichen Strukturgleichheit der verkehrten Welt als des Ortes
des Handelns für die authentische Existenz des Menschen vor Gott das lei-
dende Handeln Jesu als das Vorbild für die authentische Existenz und das
Leiden des koreanischen Volkes als die Nachfolge Jesu miteinander so ver-
bindet, daß dadurch die Vergegenwärtigung des Ereignisses "Jesus" sowohl im
Denken und Handeln von Ahn selbst als auch durch das koreanische Volk voll-
zogen wird.

Wie die "Leidenschaft für Jesus" und die "Liebe zum koreanischen Volk"
bei Ahn in seinem Denken und Handeln zu einer Einheit werden, wurde bei der
Analyse dieser beiden bereits angedeutet. Die "Liebe zum koreanischen Volk"
setzt eine bestimmte Weltauffassung voraus, die, genauer besehen, eigentlich auch der "Leidenschaft für Jesus" zugrunde liegt: Die Welt des Menschen ist in der Weise verkehrt, daß die Menschen unter den von ihnen
selbst verursachten, die Wahrheit unterdrückenden dämonischen Mächten des
politisch-sozialen Systems leiden und sich doch wegen ihrer Bequemlichkeit
des Denkens und Handelns von diesen Mächten nicht befreien. Diese soziolo-
gisch-anthropologische Weltauffassung zielt implizit schon auf ein ethisches und gesellschaftliches Handeln, das die Verkehrtheit der Welt überwinden soll, damit sich die Wahrheit in Form der authentischen Existenz des
Menschen vor Gott in der Welt durchsetzen kann. Ahn versucht, diese in seiner Weltauffassung implizierte ethisch-pädagogische Zielsetzung für das
Handeln des Menschen durch seine theologisch-ethische (genauer: von Theodi-
zee-Fragen bestimmte) Auffassung des Willens und Leidens Jesu inhaltlich
näher zu bestimmen und zugleich zu legitimieren: Der Wille und das Leiden
Jesu als das Vorbild für unser Handeln zeigen, daß die Verkehrtheit der
Welt nur überwunden werden soll und kann, indem die Wahrheit in der Gestalt
des Willens Gottes für die authentische Existenz des Menschen trotz der
Verborgenheit Gottes in dieser gott-losen Welt durch die Nachfolge Jesu und
mit dem begleitenden Leiden zur Geltung gebracht wird.

Ahn versucht zu zeigen, wie dieses Vorbild "Jesus" heute in der politisch-sozialen Situation Koreas ins Handeln umgesetzt werden kann. Dies geschieht bei Ahn in Form sowohl der Vereinigung der "Leidenschaft für Jesus"
und der "Liebe zum koreanischen Volk" als auch eines Volksaufstandes gegen
die ungerechte politische Macht, die die Verkehrtheit der Welt verkörpert.
Die Vereinigung der beiden Grundstimmungen wie auch der Volksaufstand sind
als eine Vergegenwärtigung des Ereignisses "Jesus" bzw. Wiederholung des

Urereignisses "Jesus" zu bezeichnen.[52] Ahn will mit der Einheit der beiden
Grundstimmungen in seinem Denken und Handeln das Jesus-Ereignis sozusagen
vorbildhaft vergegenwärtigen, damit es dann im Denken und Handeln des Volkes nachvollzogen werden kann. Um dies zu belegen, muß Ahns Vorstellung von
der Vergegenwärtigung des Jesus-Ereignisses in seinem Denken und Handeln
noch genauer geklärt werden.

Beim Gedanken der Vergegenwärtigung des Ereignisses "Jesus" spielt eine
Urerfahrung Ahns eine entscheidende Rolle, die er (wahrscheinlich während
seines Heidelberger Aufenthaltes) durch eine Vision beim Nachdenken über
die Bedeutung des Leidens und der Auferstehung Jesu gemacht hat[53], und die
danach ständig sein Identitätsbewußtsein als ein jesuanischer Volkspädagoge
für das koreanische Volk begleitet. Diese Urerfahrung gibt zu erkennen, aus
welchem Grund und in welcher Weise für Ahn das Leiden und die Auferstehung
Jesu mit dem Leiden des koreanischen Volkes und dessen Überwindung durch
das Volk selbst zu tun hat, d.h. wie die Vergegenwärtigung des Ereignisses
"Jesus" heute bei dem koreanischen Volk vollzogen werden kann.

Von dieser Vision gibt Ahn selbst zwei Darstellungen.[54] Die erste Fassung ist wesentlich ausführlicher und differenzierter dargestellt als die

---

52 Diesen Gedanken der Vergegenwärtigung bzw. Wiederholung des Urereignisses "Jesus" vertritt Ahn in seiner Minjungtheologie noch deutlicher.
   Vgl. Ahn Byungmu, "Koreanische Theologie", in: K. Müller/Th. Sundermeier
   (Hg.), Lexikon missionstheologischer Grundbegriffe, Berlin 1987, S.230-
   235, hier: 233: "In der Sache und der Geschichte des Minjung wirkt das
   Ereignis Jesu fort und wiederholt sich."
53 Ahn gibt keine Auskunft darüber, wann und wo er diese Vision gesehen
   hat. Doch kann man vermuten, daß er sie in seiner Heidelberger Zeit gesehen haben könnte. Diese Vermutung hat insofern hohe Wahrscheinlichkeit, als man wenigstens folgendes feststellen kann: Ahn hat diese Vision immer im Zusammenhang mit der Diktatur Parks dargestellt und reflektiert; zum ersten Mal 1973 (vgl. Anm. 54), als Ahn in mehreren Aufsätzen an das koreanische Volk appellierte, sich für den Widerstand gegen die Diktatur Parks zu entscheiden (angesichts des gerade eingeführten "Yushin-System"); ein weiteres Mal im Mai 1976, als Ahn wegen der
   sog. "Myungdong-Erklärung" im Gefängnis saß. Diese Sachlage erlaubt zu
   vermuten, daß er die Vision ursprünglich nach dem erfolgreichen Putsch-
   versuch Parks 1961 gesehen hat, als er noch in Heidelberg war. Diese
   Vermutung wird noch dadurch unterstützt, daß Ahn in den beiden Fassungen
   das Moment betont, daß sich die Hoffnung auf die Erneuerung der politischen Lage durch einen gerechten Aufstand nach dem Scheitern eines solchen Aufstandes zur bitteren, sogar zornigen Enttäuschung verwandelt.
   Dieses Moment deutet nämlich auf die durch den Putsch Parks zum Scheitern geführte "April-Revolution" (siehe A.1.2 und A.1.3) hin. Die Vermutung, daß Ahn selber in seiner Hoffnung auf eine Erneuerung der politischen Lage durch die "April-Revolution" enttäuscht war, wird wiederum
   dadurch unterstützt, daß Ahn die Vision mit seiner "Traurigkeit" in Verbindung bringt, die, wie oben (B.1.1) gezeigt wurde, seine Betroffenheit
   von der Ohnmacht der Wahrheit bedeutet und gleichzeitig seine Entschiedenheit, die Wahrheit durchzusetzen: "Ich weinte bei dieser Vision" (BE,
   S.317).

zweite, verrät aber mit ihrer Struktur und ihren Kernpunkten, daß Ahn hier seine ursprüngliche Vision nach seinem Verständnis der Botschaft des Markusevangeliums bearbeitet hat.[55] Die zweite Fassung ist zwar eine verkürzte Form der ersten, gibt aber zu erkennen, was Ahn von seiner ursprünglichen Vision als Kerninhalt beibehalten hat. Die erste Fassung ist jedoch insofern hilfreich, als sie ahnen läßt, wie Ahn seine Vision selber versteht und interpretiert. Aus diesem Grund versuchen wir, die Vision aus den beiden Fassungen so zu rekonstruieren, daß sowohl der Kernpunkt der Vision an sich als auch die nachfolgende Interpretation von Ahn selbst zur Geltung kommen. Wir beginnen mit der zweiten Fassung:

"Ich habe einmal eine Vision dargestellt und veröffentlicht, die ich bei meinem intensiven Nachdenken über die Bedeutung des Leidens und der Auferstehung Jesu gesehen hatte: ...Ein Fürst unterwarf ein Königreich und machte sich zum König mit absoluter Macht. Er tyrannisierte das Volk wie ein Gott. Als er ein großes Fest für sein Krönungsjubiläum vorbereiten ließ, wurde ihm berichtet, daß ein namenloser junger Mann mit seinen Männern in die Stadt des Königs eindrang, um der Macht des Königs zu widerstehen. Der König ließ ihn festnehmen und kreuzigen. Seine Gefolgsleute erwarteten, daß die Sache durch ein Wunder eine andere Wendung nehmen würde. Der junge Mann starb aber, ohne daß ein Wunder geschah. Seine Gefolgsleute wurden enttäuscht, sogar zornig über den jungen Mann. Das Volk unterwarf sich wieder der göttlichen Macht des Königs. Die Loyalität des Volkes dem König gegenüber erhöhte sich sogar. Das Volk machte eine Prozession, um den König zu verherrlichen, eine Prozession des glorreichen Sieges. Da kam dieser Prozession eine kleine Menge von Leuten entgegen, die die Leiche des jungen Mannes trugen – eine Prozession der Niederlage und des Todes. Das Volk verspottete nochmals die Leiche des Geschlagenen: 'Das Ende eines Toren!'
Da begann aber die Leiche dem Volk merkwürdig auszusehen: Obwohl sie wirklich nur eine Leiche war, war sie doch nicht bloß ein toter Körper, sondern erschien plötzlich wie die Leiche der unzähligen Menschen, die der Tyrannei des Königs geopfert worden waren. Es wurde die Leiche der eigenen Eltern, Geschwister und Kinder, die unter der Unterdrückung des Königs gestorben waren. Sie verwandelte sich weiter zu der Leiche aller Menschen, die unter den Füßen aller Sieger der Welt gestorben waren. Sie zeigte als Leiche alle Sünden, Schmerzen, Leiden, Ängste und Verzweiflungen der Menschheit.

---

54 Die eine entstand 1973 und findet sich jetzt unter dem Titel "Eine Prozession des Todes" in dem Essayband GU (S.193-196), und ihre deutsche Übersetzung findet sich unter dem Titel "Die Todesprozession" in: Theo Sundermeier, Das Kreuz als Befreiung: Kreuzesinterpretationen in Asien und Afrika, München 1985, S.11-16. Die andere entstand 1976 und findet sich in dem Aufsatzsammelband BE in verkürzter Form als ein Abschnitt des Aufsatzes "Der auferstandene Christus und sein Ort" (S.316f).
55 Diese Fassung der Vision ist als ein Prototyp seines Jesusbuches "Der historische Jesus" zu bezeichnen: Ahns Jesusbuch ist ein Ergebnis seines Versuches, diese Vision im Markusevangelium wiederzufinden und vor allem mittels der sozial-geschichtlichen Daten über die politisch-soziale Lage Israels zur Zeit Jesu zu bearbeiten, um die Minjungbewegung, deren politisch-sozialer Hintergrund demjenigen der Jesus-Bewegung analog vorgestellt ist, durch das somit gewonnene Jesusbild zu unterstützen.

Da wurden die Augen des Volkes geöffnet wie durch eine Offenbarung:
'Diese Leiche ist meine eigene, ist das Ich, das verloren gegangen war.'
Zur gleichen Zeit begann das Volk seine bisherige Überzeugung in Frage
zu stellen, daß nur ein Sieger ihr König und Gott mit der absoluten
Macht sein kann. 'Ob nicht der König vielmehr uns tyrannisiert und aus-
beutet?! Ob nicht unser wirklicher Gott dieser junge Mann ist, der alle
unsere Niederlagen, Leiden, Beleidigungen und den Fluch auf sich selbst
genommen hat?!'
Endlich begann das Volk zu schreien: 'Der ohnmächtig Leidende ist
unser Gott!' Die Volksmenge, die an der Prozession des Siegers teilnahm,
begann an der Prozession des Todes teilzunehmen. Deren Zahl nahm mehr
und mehr zu."

Die Vision kann folgendermaßen gegliedert werden: (1) die Herrschaft der
ungerechten politischen Macht über das Volk, (2) die Ohnmacht eines gerechten Widerstandes gegen die ungerechte Macht, (3) die Enttäuschung des Volkes in der Hoffnung auf die Überwindung der ungerechten Macht durch den gerechten Widerstand und damit die Verherrlichung des Sieges der ungerechten
Macht durch das Volk, (4) die Identitätsfindung des Volkes durch die Bewußtwerdung von der Bedeutung der Ohnmacht des Gerechten und die dadurch
ermöglichte Leidensbereitschaft zur Überwindung der ungerechten Macht durch
die eigene Kraft des Volkes.

Wir versuchen nun, die Vision nach dieser Gliederung zu erläutern, indem
zugleich Ahns Bearbeitung der Vision gemäß dem Markusevangelium zu Rate gezogen wird:

(1) Ahn sieht sich mit der Realität einer Herrschaft der ungerechten
politischen Macht über das Volk konfrontiert: Er sieht, daß sich die ungerechte Macht dem Volk gegenüber geschickt durch Gewalt und Selbstvergött-
lichung durchsetzt. Er sieht gleichzeitig, daß das Volk, auch wenn es unter
der Gewalttätigkeit der Macht leidet, seine Hoffnung auf die Macht setzt,
die verspricht, die Sehnsucht des Volkes nach einem besseren Leben zu verwirklichen.[56] Wegen der Vergöttlichung der Macht und wegen der eigenen
Sehnsucht nach einem besseren Leben kann sich das Volk der ungerechten
Macht nicht widersetzen. Wegen seiner Hilflosigkeit nimmt das Volk das Leiden unter der Gewalt der ungerechten Macht als ein Schicksal hin.

---

56 Ahn Byungmu, "Eine Prozession des Todes", S.193: "Er (der König) versprach dem Volk, die Zukunft so zu gestalten, daß das Volk immer besser
lebt, und das Volk träumte von dieser Zukunft."

(2) "Ein namenloser junger Mann"[57] erhebt sich gegen die ungerechte
Macht: Er hat das dämonische Gesicht der Macht hinter ihrer Selbstvergött-
lichung und die Blindheit der Sehnsucht des Volkes gegenüber dem falschen
Versprechen der Macht durchschaut. Er will dem Volk die Augen öffnen für
das Reich Gottes, in dem Gott allein herrscht.[58] Wer unter dem Volk unter
der ungerechten Macht am meisten leidet und deshalb die größte Sensibilität
für die Gerechtigkeit besitzt, solidarisiert sich mit dem Widerstand des
jungen Mannes um des Gottesreiches willen.[59] Aber außer dieser an der Grenze der Existenz stehenden kleinen Minderheit bleibt die absolute Mehrheit
des Volkes zunächst unentschieden. Denn das Prinzip verhindert seine Entscheidung zum Widerstand: Der Sieger, der ein besseres Leben verspricht,

---

57 Mit diesem "namenlosen jungen Mann" meint Ahn in seiner ersten Darstellung der Vision eindeutig den Jesus des Markusevangeliums. In der zweiten Darstellung setzt er voraus, daß er diese Vision, wie oben erwähnt,
bei seinem Nachdenken über die Bedeutung des Leidens und der Auferstehung Jesu gesehen hat. Dennoch nennt er diesen "jungen Mann" in den beiden Darstellungen der Vision nicht namentlich. Dieser Sachverhalt ist
u.E. so zu verstehen: Hier geht es für Ahn nicht um die Person Jesu,
sondern um das Ereignis, das in jeder Zeit und an jedem Ort geschehen
kann und soll, wenn die politische Konstellation analog ist. Der historische Jesus ist also ein Symbol für dieses Ereignis, das auch heute in
Korea geschehen soll und kann, und zwar durch die jungen Menschen, die
durch ihre von der politischen Machtergreifung unabhängige Handlungsmotivation und -zielsetzung die Politik verändern können.
58 Ahn Byungmu, "Eine Prozession des Todes", S.194: "Er (sc.: der namenlose
junge Mann) sagte, daß ein neues Reich kommt, und daß man sich darauf
vorbereiten soll. Auf die Frage, was für ein Reich das sein soll,
antwortete er offen: Das ist das Reich Gottes." Die Verkündigung des
Reiches Gottes scheint für Ahn insofern eine politisch-aufklärerische
Bedeutung zu haben, als er den jungen Mann auf die weitere Frage des
Volkes, "warum noch ein Reich Gottes kommen kann, wenn über unser Reich
schon ein Gott herrscht?", antworten läßt: "Der König eures Reiches ist
nicht Gott, sondern ein Mensch wie ihr. Auf dem Thron macht er sich zum
Dämon, der euch unterdrückt."
59 Die Sympathisanten des jungen Mannes sind folgendermaßen geschildert:
"diejenigen, die von den Gefolgsleuten des Königs gefoltert worden sind,
die entlassenen politischen Gefangenen, die in ihrem Personalausweis als
'Sünder' abgestempelt worden sind, diejenigen, die in diesem angeblich
reichen und friedlichen Reich hungern müssen, trotzdem aber ihre eigene
Unfähigkeit dafür verantwortlich machen, und vor allem viele Frauen"
(ebd.). Diese politisch-soziale Charakterisierung der Engagierten in der
Widerstandsbewegung entspricht genau dem Bild des oben A.3 und A.4 dargestellten Kontextes der Entstehung der Minjungtheologie. Da Ahn diese
Aufzählung 1973 gemacht hat, kann man feststellen, daß er schon vor seiner minjungtheologischen Phase (seit 1975) und vor der offiziellen Be-
nennung der "Minjungbewegung" (1975; vgl. A.3.12) ein minjungtheologisch
relevantes Bild der politisch-gesellschaftlichen Lage Südkoreas in den
70er Jahren vor Augen hatte. Bemerkenswert ist dabei, daß er trotzdem
betont, er habe diese Sichtweise der Gesellschaft von dem Minjung her
und aus seiner Erfahrung mit dem Minjung im Gefängnis gewonnen. Außerdem
ist nicht zu übersehen, daß er auch hier dieses Bild der Politik und Gesellschaft Südkoreas in den 70er Jahren ohne weiteres dem Leben und Leiden Jesu unterlegt.

darf "unser König und Gott" bleiben. Mit diesem Prinzip will das Volk seine zugunsten der Bequemlichkeit des Denkens und Handelns in Kauf genommene Mutlosigkeit gegenüber der ungerechten Macht rechtfertigen. Durch diese Unentschiedenheit des Volkes wird der gerechte Widerstand von vornherein zur Ohnmacht und Niederlage verurteilt. Das Volk wünscht sich zwar eine gerechte Politik und setzt seine Hoffnung darauf, daß sie durch den Sieg des gerechten Widerstandes herbeigeführt werden könne. Diese Hoffnung drückt sich aber in einer unverantwortlichen Weise aus, die der mutlosen Unentschiedenheit des Volkes entspricht: Der Ohnmacht des gerechten Widerstandes sollte doch durch ein Wunder vom Himmel (durch ein Eingreifen Gottes!) geholfen werden.

(3) Der Kampf zwischen dem Ungerechten und dem Gerechten wird immer durch Macht, Gewalt, Stimmung und Strategie zugunsten des Ungerechten entschieden. Das Volk glaubt, daß dadurch einerseits die Torheit der Hoffnung auf den Sieg der Gerechtigkeit und andererseits die Sicherheit des Prinzips, daß der Sieger "unser König und Gott" bleiben soll, bestätigt worden sind. Diese Bestätigung führt das Volk zur Verherrlichung der Macht des Siegers: Weil sie die Macht des Siegers ist, darf sie das Schicksal des Volkes bestimmen und soll die Sehnsucht des Volkes nach einem besseren Leben verwirklichen. Die politische Weltgeschichte der Menschheit ist für Ahn eigentlich eine Prozession des Sieges der ungerechten Macht und ihrer Verherrlichung durch das Volk.

(4) Der Versuch des "namenlosen jungen Mannes", die politische Geschichte der Menschheit, in der die ungerechte Macht allein herrscht, aufzuhalten und eine neue Geschichte des Reiches Gottes in die Politik der Menschheit einzuführen, scheint endgültig gescheitert zu sein. Das ist aber nur ein trügerischer Schein auf der Oberfläche des Verhältnisses von Macht und Wahrheit in der Geschichte der Politik. Denn die von der ungerechten Macht vernichtete Wahrheit spricht sich trotzdem noch weiter und lebendiger aus. Dies geschieht in einer sowohl für die Macht als auch für das Volk höchst unerwarteten Weise: Gerade wenn die Macht glaubt, die Wahrheit endgültig vernichtet zu haben, und wenn das Volk glaubt, die Ohnmacht der Wahrheit und der Gerechtigkeit sei durch ihren Tod bestätigt, spricht sich die vernichtete Wahrheit am lebendigsten aus, und zwar durch die Bewußtwerdung des Volkes von seiner eigentlichen Identität, die bisher durch die Vergöttlichung der Macht und die eigene Sehnsucht nach einem besseren Leben verdrängt worden war. Das Volk erkennt in der von der Macht zum Schweigen gezwungenen Wahrheit und in der von der Ungerechtigkeit lahmgelegten Gerech-

tigkeit die ursprüngliche Gestalt der eigenen Identität[60] wieder. Dieses
Wiedererkennen geschieht in einer Wechselbeziehung von geoffenbarter Wirklichkeit und dem Augenöffnen des Volkes. Deshalb besteht die wiederentdeck-
te Identität des Volkes darin, sich um der Wahrheit und der Gerechtigkeit
in der Politik willen, d.h. um der Herrschaft Gottes in der Welt willen,
der Herrschaft der ungerechten Macht mit entschiedener Leidensbereitschaft
zu widersetzen, damit sich allein die gottgewollte authentische Existenz
des Menschen in der Welt durchsetzen kann.

Mit der Bewußtwerdung seiner eigentlichen Identität entdeckt das Volk
gleichzeitig, wer eigentlich Gott ist: "Unser wirklicher Gott ist derjenige, der Niederlagen, Leiden, Beleidigungen und den Fluch selbst trägt."
Gott findet sich weder im Sieg der Macht noch im Sieg des gerechten Widerstandes. Ganz im Gegenteil läßt er sich nur dort entdecken, wo das Volk den
gerechten Widerstand des "namenlosen jungen Mannes" fortsetzt, auch wenn es
von der ungerechten Macht immer wieder niedergeschlagen wird. Der Träger
dieser Niederlagen des Volkes ist Gott selbst. Das heißt: Gott handelt selber als "der ohnmächtig Leidende" im ohnmächtigen Widerstand des Volkes.
Gott identifiziert sich nicht mit dem Sieger, sondern mit dem von der Macht
geschlagenen Volk. Deshalb ist Widerstand und Ohnmacht des Volkes nicht
mehr ein Leidensschicksal, das sich in der Geschichte der Politik hilflos
wiederholt, sondern ein göttliches Ereignis, in dem Gott selbst handelt,
und zwar durch das Jesus-Ereignis, das eine neue Geschichte des Reiches
Gottes eingeführt hat, und durch das Handeln des Volkes mit dem Ziel, die
neue Geschichte des Reiches Gottes in der Geschichte Koreas durchzusetzen.

Aus unserer Analyse der Vision Ahns ergibt sich folgende Schlußfolgerung: Das Wesentliche ist die Überzeugung, daß das Leiden Jesu ein politisches Ereignis ist; die Verkündigung des Reiches Gottes geschah als Widerstand gegen die Herrschaft der ungerechten Macht und kann und soll in einer
analogen politischen Situation durch den Willen zur Nachfolge Jesu immer
wieder geschehen, und zwar in Form eines Volksaufstandes gegen die ungerechte politische Macht. Dieser Volksaufstand ist die Vergegenwärtigung des
Ereignisses "Jesus" bzw. die Auferstehung Jesu[61], in der das Handeln Gottes
und die authentische Existenz des Volkes zusammentreffen.[62]

---

60 A.a.O. S.196: "Die Leiche ist meine eigene, das Ich, das verloren gegangen ist, meine ursprüngliche Gestalt."
61 Ahn bringt in seiner Minjungtheologie diese Auffassung des Volksaufstandes als Auferstehung Jesu noch deutlicher zum Ausdruck. Vgl. seinen in
Anm.52 genannten Artikel: "Jesus Christus ist da im Leiden, im Getötet-
werden des Minjung, und in der Auferstehung, dem Aufstand des Minjung"
(S.233f.).
62 Diese Auffassung der Vergegenwärtigung des Ereignisses "Jesus" bleibt
unverändert als ein Kernpunkt der Theologie Ahns sowohl in seiner vor-

B.2. Die gedanklichen Ansätze Ahn Byungmus vor seiner Minjungtheologie

B.2.1 Anthropologischer Ansatz. *Das sogenannte "Aus-Auf-Dasein":* Die *authentische Existenz des Menschen vor Gott in der Welt wird im "Aus-Auf-Dasein" zum Ausdruck gebracht: Die Daseinsweise des von kausal bestimmten Weltanschauungen durch Christus befreiten Menschen ist so strukturiert, daß er trotz aller Widerstände ständig die Vergangenheit verläßt, indem er mit freiem Willen Gottes Befehlen gehorcht, und sich auf die Zukunft ausrichtet, um dort sein eigentliches Ich zu erreichen.*

Ahn beschäftigte sich schon in der frühen Zeit seiner theologischen Arbeit (spätestens seit 1967) mit der Entwicklung seiner anthropologischen Gedanken, die sich als die eigentliche Grundlage seiner Theologie im ganzen erweisen werden. Dabei geht es ihm darum, auf die Frage zu antworten, wie sich der Mensch zur authentischen Existenz erneuern kann, um das in der Menschenwelt herrschende Böse, für das schließlich der Mensch selbst verantwortlich ist, durch das eigene Sein und Handeln zu überwinden. Mit dem Bösen meint Ahn hier dasjenige Böse, das vor allem durch die Mißstände in den zwischenmenschlichen Verhältnissen des politisch-gesellschaftlichen Zusammenlebens des Menschen verursacht wird. Diese Mißstände erscheinen in Form von politischen und gesellschaftlichen Ordnungen, die das Kommen der "neuen Zukunft"[63] ablehnen, und in Form von Ideologien, die ihre Durchsetzung legitimieren wollen. Ihre menschenunwürdigen Auswirkungen sieht Ahn vor allem darin, daß sich der Mensch, diesen Ordnungen und Ideologien verhaftet, der kommenden Zukunft Gottes verschließt, sei es, weil er als ein konservativer Mensch[64] diese Ordnungen bewahren will, oder sei es, weil er

---

als auch in seiner minjungtheologischen Phase. Vgl. seinen in Anm. 52 genannten Artikel: "Gott handelt in den Minjung-Ereignissen; nur durch aktive Teilnahme an diesen Ereignissen können Christen heute Gott und Christus konkret begegnen." (S.233).

63 Mit der "neuen Zukunft" meint Ahn nicht bloß ein zeitliches Phänomen. Sonst wäre dieser Ausdruck eine Tautologie. Mit der "Neuheit" der Zukunft meint er eine neue Dimension der Welt des Menschen, die bisher noch nicht realisiert wurde und vor allem durch die politisch-ethische Neuheit des menschlichen Handelns ausgezeichnet ist. Das wahrhaft "menschliche" Handeln bestehe in dem sog. Aus-Auf-Dasein, das im folgenden dargestellt wird. Deshalb nennt Ahn diese "neue Zukunft" sowohl das kommende Reich Gottes als auch die Erscheinung von neuen Menschen.

64 Die Begriffe "konservativ" und "progressiv" sind bei Ahn keine soziologisch oder politologisch genau definierbaren Begriffe. Er gebraucht dieses Begriffspaar, um die beiden Haltungen der "neuen Zukunft" gegenüber zu unterscheiden, die er mit dem kommenden Reich Gottes identifiziert und die im Vergleich mit der Gegenwart ganz anders geschaffen und gestaltet werden soll. Er bezeichnet diejenigen Gruppen von Menschen als konservativ oder "alte Menschen", die sich dieser Zukunft verschließen und die Gegenwart bewahren wollen, und diejenigen als progressiv oder

die Möglichkeiten zur Veränderung der Ordnungen aus Verzweiflung aufgegeben
hat.

Ahn sieht jedoch außer dieser äußerlichen Realität der Menschenwelt die
verborgene eigentliche Wirklichkeit des Menschen, die darin besteht, daß
der Mensch ein offenes Wesen ist, das sich eigentlich an der kommenden Zukunft Gottes orientieren und sie durch seine aktive Teilnahme mitgestalten
kann und soll. Deshalb fordert Ahn von dem koreanischen Volk, sich von der
Abgeschlossenheit in den alten Ordnungen und ihren Ideologien zu befreien
und der kommenden Zukunft Gottes zu öffnen, um dieser entsprechend die Zukunft Koreas mitzugestalten.

Ahn versucht, diese volksaufklärerisch motivierte Anthropologie auf verschiedene Weise zu begründen. Wir wollen seine Begründungsversuche chrono-
logisch darstellen, um zu zeigen, wie er seine anthropologischen Gedanken
(wie seine Theologie überhaupt) als Antworten auf die jeweiligen aktuellen
Fragen entwickelt hat.

(a) *Existenztheologischer Begründungsversuch*: In seinem Aufsatz "Angst,
Glaube und Begegnung" (1967)[65] sieht Ahn die aktuelle Frage, auf die er mit
seiner Anthropologie antworten will, in einer soziopsychologischen Stim-
mungslage und in der politisch-ethischen Verhaltensweise des koreanischen
Volkes. Er meint, daß die beiden durch die (autoritäre) Politik der Regierung Park verursacht worden und durch die Angst vor der Zukunft der Nation,
Verzweiflung oder unverantwortliche Apathie gegenüber der politischen Lage
der Nation charakterisiert seien:

"Die Lage unserer Nation ist unsicher. Wir schämen uns unserer Ver-
gangenheit, die wir lieber für nicht geschehen halten möchten.[66] ...
Deshalb wird unsere Gegenwart immer noch von der Vergangenheit bestimmt.
Unsere Zukunft ist auch der Zukunftsvision geopfert, die die Regierung

---

"neue Menschen", die die Gegenwart verwerfen und an der Gestaltung dieser Zukunft aktiv teilnehmen. Der ersten Gruppe gehören hauptsächlich
die politischen Machthaber und die diesen gefügigen religiösen Gruppierungen an, der zweiten die politischen Aktivisten, die sich ersteren
widersetzen (vgl. Ahn Byungmu, "Seht diesen Menschen", in: BJ, S.303-
312). Ahn meint, daß "die Weltgeschichte die Geschichte des Kampfes zwischen den Konservativen und den Progressiven ist" (Ahn Byungmu, "Einla-
dung in die neue Welt", in: BJ, S.273-283, hier: S.278). Diese Klassifi-
zierung wird in seiner Minjungtheologie mit der Unterscheidung "Jerusalem gegen Galiläa" bezeichnet werden.
65 In: BE, S.87-93. Im folgenden beziehen sich die Seitenzahlen in Klammern
auf diese Quelle.
66 Es ist zwar nicht deutlich, was Ahn hier mit der beschämenden Vergangenheit meint. Da er gleich darauf die Regierung Park erwähnt, läßt sich
aber mit großer Wahrscheinlichkeit vermuten, daß er damit das Scheitern
der April-Revolution durch den Militärputsch Parks (1961) meint.

uns mit ihrem Fünf-Jahres-Plan der Wirtschaft verspricht.[67] Deshalb herrschen bei der verzweifelten Masse Angst vor der Zukunft und gegenseitiges Mißtrauen, und es herrscht auch das Prinzip 'Der Weise distanziert sich von der aktuellen Lage'. Aber die Sehnsucht nach dem Exodus aus unserer gegenwärtigen Lage ist noch nicht völlig ausgelöscht." (92)

Daß "wir uns unserer eigenen Vergangenheit schämen", ist der Ausgangspunkt für Ahns Problembewußtsein, das dem ganzen koreanischen Volke gilt. Doch sieht Ahn ein Hoffnungszeichen: Die Sehnsucht nach dem Exodus aus dieser Vergangenheit ist bei dem Volk noch vorhanden. Es geht ihm nun darum, daß diese Sehnsucht des Volkes nicht nur zu Stoßseufzern führt, sondern zur Motivation verantwortlichen Handelns entwickelt wird, so daß das Volk mit seinem eigenen Handeln eine neue Geschichte schafft, auf die es stolz sein kann. Wie kann man aber das Volk für diese Möglichkeit gewinnen?

Ahn versucht auf diese Frage mit seiner Anthropologie zu antworten, die er zunächst existenztheologisch entwickelt.

Die Verfassung des Menschen sei so strukturiert, daß er zwischen der Vergangenheit und der Zukunft existiert, und zwar in der Weise, ständig die Vergangenheit zu verlassen und sich auf die Zukunft hin zu bewegen. Der Mensch habe jedoch die Gewohnheit, in der Vergangenheit zu verharren, weil er sich darin sicher fühlt. Diese Bequemlichkeit widerspricht aber der Grundstruktur der Verfassung des Menschen und erweist sich als ethisch unverantwortlich: Sie macht dem Menschen seine authentische Existenz unmöglich.

Der Ausweg aus dieser Trägheit sei aber in der Natur des Menschen selbst zu suchen: Man brauche nur die Natur des Menschen ihrer wirklichen Grundstruktur entsprechend wirken zu lassen. Dies geschieht in der Entscheidung, sich selbst der kommenden Zukunft zu öffnen. Und diese Entscheidung ist durch den Glauben möglich, daß dabei die Begegnung geschehen wird, in der sich der Entscheidende zur authentischen Existenz erneuert: "Der Glaube ist der einzige Ausweg, der den Auszug aus der Vergangenheit und die Teilnahme an der neuen Zukunft ermöglicht" (93). Dieser neue Mensch schaffe durch seine Teilnahme an der Zukunft eine neue Geschichte.

(b) *Christologisch-existenzieller Begründungsversuch am Beispiel des Paulus*: Zwei Jahre später (1969) machte Ahn den Versuch, seine Anthropologie biblisch und christologisch zu begründen. In seinem Aufsatz "Daseinsverständnis bei Paulus"[68] versucht er, den eben dargestellten anthropologischen Ansatz zu präzisieren, indem er den paulinischen Begriff "in Chri-

---

67 Vgl. A.1.4.(a).
68 In: BE, S.15-26. Im folgenden beziehen sich die Seitenzahlen in Klammern auf diese Quelle.

stus" so interpretiert, daß er daraus eine christologische Begründung für
seinen anthropologischen Ansatz gewinnt.

Auch diesem Aufsatz liegt eine aktuelle Frage zugrunde. Sie stellt sich
für Ahn vor allem angesichts der Verhaltensweise der konservativen Christen
in Korea. Er meint, daß sich die konservativen Christen selbstzufrieden
jedem Veränderungsversuch sowohl in der Kirche als auch in der Politik verschließen und daß der Grund dafür in ihrem Mißverständnis des Christseins
bestehe:

> "Wir sehen, daß man das eigentliche Ich und das, was man ist oder hat,
> verwechselt. Wir sehen auch bei den Christen dasselbe Phänomen. Man
> sagt: 'Ich bin in einer christlichen Familie geboren, bin seit Jahrzehn-
> ten Kirchgänger, ich kenne Dogmen und handle danach und habe so und so
> Erfahrungen und Verdienste gemacht. Deshalb bin ich Christ'. Stimmt das
> wirklich?" (25)

Ahn vergleicht diese Auffassung des Christseins mit der altgriechischen
Kosmos-Weltanschauung einerseits und mit der buddhistischen Lebensanschau-
ung andererseits. Er meint, daß alle drei Ansichten im Grunde auf demselben
Prinzip beruhen, daß nämlich das Ich ein Teil eines kausal bestimmten Ganzen und Ergebnis des diesem Ganzen entsprechend ebenso kausal bestimmten
Handelns sei, das der für selbstverständlich gehaltenen ewigen Bewegung des
Ganzen ohne Änderung und ohne Ausflucht gehorcht. "In dieser Welt herrscht
nur die Notwendigkeit. Es gibt keinen Zufall. Das heißt: Es gibt in dieser
Welt kein Ereignis" (19). Ahn folgert daraus, daß es deshalb für die konservativen Christen unmöglich sei, sich von der Vergangenheit zu befreien
und an der Gestaltung der Zukunft mit Verantwortungsbewußtsein teilzunehmen.

Diesen statischen und kausal bestimmten Welt- und Lebensanschauungen
setzt Ahn das Daseinsverständnis des Paulus entgegen: Paulus hat um Christi
willen alles aufgegeben und hält es "für Unrat, um Christus zu gewinnen"
(Phil. 3,8b). Er befindet sich also zwischen der von ihm schon verlassenen
Vergangenheit und der noch nicht erreichten Zukunft, wie auch Phil. 3.13f.
bestätige. Ahn stellt an diesen Stellen nochmals die Grundstruktur des
menschlichen Daseins fest, die durch das ständige Verlassen des schon Erreichten und durch die ständige Bewegung nach der Zukunft hin charakterisiert sei. Ahn nennt dieses eigentliche Dasein des Menschen das **"Aus-Auf-
Dasein"** (22).

Ahn meint, daß für Paulus die Bewegung nach vorne deshalb möglich sei,
"weil er sich durch die Teilnahme an dem Tod Christi von dem Tod unter dem
Gesetz befreit hat, das heißt: Er ist der Welt der Gesetze, der Welt der

kausalen Notwendigkeit, gestorben. Deshalb ist er aus dem Bereich, wo nur
die kausale Notwendigkeit herrscht, ausgebrochen" (23).

Ahn konzentriert sich auf die Zielbestimmung der Bewegung des Aus-Auf-
Daseins nach vorne:

> "Das, was im Vorne zu erreichen ist, ist bei Paulus mit verschiedenen
> Ausdrücken wie 'im Glauben an Christus', 'damit ich in Christus gefunden
> werde', 'nicht meine Gerechtigkeit, sondern die Gerechtigkeit durch den
> Glauben an Christus', 'damit ich an dem Tod und an der Auferstehung Jesu
> teilnehme' usw. beschrieben. Das, was im Vorne zu erreichen ist, ist mit
> einem Wort das eigentliche Ich. Paulus meint, daß er die Vergangenheit
> wie Unrat weggeworfen hat, um dieses eigentliche Ich zu entdecken. Er
> sah, daß das eigentliche Ich 'in Christus', 'im Glauben an ihn' und
> 'durch die Teilnahme an seinem Tod und seiner Auferstehung' wiederge-
> funden werden kann." (16)

Das eigentliche Ich, das Ziel des Aus-Auf-Daseins, könne aber ohne meine
selbständige Teilnahme an der kommenden Zukunft nicht erreicht werden. Denn
das Ich, weil es durch die Teilnahme an dem Tod Christi dem Gesetz der Notwendigkeit gestorben ist, sei jetzt nicht mehr "ein Teilchen der Natur,
dessen Zukunft als etwas Selbstverständliches vorbestimmt ist, sondern es
ist ein verantwortliches Dasein geworden, das sein Leben durch Auseinandersetzung mit dem kommenden Unbekannten schöpferisch gestalten muß" (23).

In diesem Sinne "ist das Leben des Menschen Ereignis" (23). Das heißt:
"Das Dasein des Menschen entwickelt sich nicht kontinuierlich aus der Vergangenheit, sondern geschieht vielmehr in der Beziehung zur Zukunft" (ebd).
Denn das von der Welt der kausalen Notwendigkeit befreite Dasein habe sich
von der kausal bestimmten Vergangenheit abgelöst und beziehe sich allein
auf die Zukunft. Die Zukunft könne aber niemals eingeholt werden. Sonst wäre sie keine Zukunft mehr, und das Dasein des Menschen würde der eigenen
Grundstruktur widersprechen. Deshalb dürfe das Aus-Auf-Dasein nicht an einer Position stillstehen, indem es meint, daß die Zukunft mit der Position
erreicht worden sei: "Wenn Paulus gemeint hätte, durch irgendwelche Erfahrung Christus oder das Ich in Christus schon gewonnen zu haben, hätte er
eine religiöse Lehre oder Lebensanschauung entwickeln können, aber dann
hätte er sowohl Christus als auch seine Existenz für immer verloren" (24).
Deshalb gilt: "Das Dasein des Menschen kann nur gewonnen werden, wenn es
sich ununterbrochen nach vorne bewegt, aber es verliert sich, wenn es an
dem Erreichten hängenbleibt" (ebd).

Diese ständige Bewegung des Aus-Auf-Daseins nach vorne sei "nur aufgrund
der Überzeugung möglich, das Ich in Christus finden zu können, wie Paulus
sagt: 'ich strebe danach, es zu ergreifen, weil ich von Christus Jesus ergriffen worden bin' (Phil. 3,12b)" (24). Das Ergreifen bedeute hier "nicht

Besitzen, sondern Begegnung" (ebd). Diese Begegnung sei nur möglich, weil das echte Dasein, wenn es auch das schon Erreichte ständig verläßt, nicht verzweifelt, sondern an neue Begegnungen glaubt.

(c) *Ein weiterer Begründungsversuch aufgrund der Dialektik von "Sollen und Können"*: Einen Monat nach dem Aufsatz, den wir eben dargestellt haben, unternahm Ahn in dem Aufsatz "Von der Freiheit zum Glauben. Das Menschenverständnis in der Schöpfungsgeschichte"[69] einen weiteren Versuch, denselben anthropologischen Ansatz mit der Interpretation des Verhältnisses von Adam zu Gott in der Schöpfungsgeschichte zu begründen.

In diesem Aufsatz behandelt Ahn die Problematik des freien Willens des Menschen, und zwar im Zusammenhang mit der Tatsache des Bösen in der Welt. Im Hintergrund steht die aktuelle Problemstellung, daß in der ethischen Urteilsbildung einerseits bei den konservativen Christen ein "Ursünde-Fatalismus" (43) und andererseits, wie Ahn andeutet, bei den Intellektuellen eine Art subjektivistischer Liberalismus herrscht.

Der Ursünde-Fatalismus meint, daß das Böse wegen des Vergehens Adams, des Urahnen der Menschheit, als Strafe Gottes in die Welt hineingekommen ist und daß dadurch das Paradies auf der Erde für immer verlorengegangen ist, so daß der Mensch, solange er auf der Erde lebt, das Böse erleiden muß. Das ist das Schicksal des Menschen, denn es gilt unabhängig davon, wieviel besser oder schlechter der Mensch wird, weil seit Adam dem Menschen von Geburt an das Böse innewohnt.[70]

Der subjektivistische Liberalismus meint dagegen, daß Gott den Menschen als ein Wesen mit freiem Willen geschaffen hat, so daß "der Mensch die Freiheit hat, nur selbstgefällig zu denken und handeln" (40), und zwar soweit, daß "er als ein freies Wesen wie Gott selbständig entscheiden kann, was gut und böse ist" (ebd). Der subjektivistische Liberalismus ist "dem Prozeß der Menschheitsgeschichte gegenüber grundsätzlich optimistisch und feiert den Sündenfall Adams als den großen revolutionären Moment, in dem der Mensch von Gott die Rolle des Herrn über die Welt übernommen hat" (43).

Ahn versucht eine Antwort zu finden, mit der er die beiden Positionen entkräften und zugleich seinen eigenen anthropologischen Ansatz verteidigen kann. Der Mensch sei zwar als ein Wesen mit freiem Willen geschaffen, aber "er mißbraucht seinen freien Willen und übertritt seine Grenze" (41). Das führe dazu, daß "der Mensch, der den Maßstab zum Urteil über Gut und Böse in seiner Hand zu haben glaubt, auf den Bruch mit sich selbst (er schämt

---

69 In: Ahn Byungmu, BE, S.35-47. Im folgenden beziehen sich die Seitenzahlen in Klammern auf diese Quelle.
70 Vgl. a.a.O. S.42f.

sich seiner Nacktheit), mit Gott (er fürchtet und versteckt sich vor Gott)
und mit dem Nächsten (er schiebt die Verantwortung auf andere) stößt" (40).
Dies erkläre, warum "der Mensch im Alltagsleben in selbstwidersprüchlichen
Möglichkeiten gespalten lebt: gewinnen oder verlieren, fressen oder gefres-
sen werden, lieben oder hassen, leben oder sterben!" (41) Dies antworte
aber gleichzeitig auf die Frage, wer der Mensch jetzt ist: "Der Mensch ist
in dieser Realität ein Dasein geworden, das die Verantwortung übernehmen
muß, unter diesen Möglichkeiten richtig zu wählen. Das Paradies ist nicht
mehr vorhanden. Er steht 'mitten in der Welt', wo er sein Leben durch Aben-
teuer und Kampf selbst schaffen muß" (ebd).

Daraus folgert Ahn, daß "der Mensch in seinem Wesen weder gut noch böse
ist, sondern einfach seinen von Gott gegebenen freien Willen mißbraucht,
und daß das Böse in der Welt durch den Mißbrauch des freien Willens vom
Menschen selbst sozusagen falsch ausgewählt worden ist" (42). Das heißt:
"Das Böse ist keine selbständige Substanz, sondern eine Realität, die sich
aus den Verhältnissen, die der Mensch selbst gestaltet, ergibt. Für das Böse ist also nicht Gott, sondern der Mensch selbst verantwortlich" (ebd).

Ahn verfällt damit aber nicht einem ähnlich pessimistischen Menschenbild
wie der Ursünde-Fatalismus. Er will vielmehr den Menschen daraufhin aufklä-
ren, seinen freien Willen nicht zu mißbrauchen, sondern innerhalb der Grenze von Gebot und Verbot Gottes richtig zu gebrauchen[71], um damit weder das
Böse selbst zu verursachen noch die Freiheit des Willens aufzugeben. Die
Möglichkeit, innerhalb dieser Grenze zu bleiben, sieht Ahn darin, daß "die
Freiheit und ihre Begrenzung, d.h. das Sollen, zwar voneinander unterschieden, aber nicht getrennt gewesen sind" (46). Das Paradies sei also der Urzustand, wo "die beiden einander nicht widersprechen, wo Gott dem Menschen
gleichzeitig die Freiheit und das Sollen gegeben hat" (ebd).

Nun bestehe die Möglichkeit, diesen Urzustand wiederherzustellen, im
Glauben. Denn Glauben heiße: "dem Befehl Gottes zu gehorchen, 'Ziehe hinweg
aus deinem Vaterlande und aus deiner Verwandtschaft und aus deines Vaters
Hause in das Land, das ich dir zeigen werde' (Gen 12,1), d.h. dem Befehl,
aus dem Haus Adams auszuziehen[72], und in ein unbekanntes Land zu marschieren" (46). Die Freiheit und das Gebot verhalten sich also in dem Sinne dia-
lektisch zueinander, daß die Freiheit des von der Vergangenheit befreiten
Menschen durch das Gehorchen gegenüber dem Befehl Gottes ermöglicht wird,
und daß die Freiheit dem befreiten Menschen ermöglicht, dem Befehl Gottes

71 Vgl. a.a.O. S.45: "Das Können besteht nur mit dem Sollen. Nur mit dem
   Verbot besteht die echte Freiheit zum Gebot."
72 Ahn parallelisiert Adam und Abraham unter der Voraussetzung, daß "die
   Geschichte Adams als eine Einleitung für Gen 12 zu verstehen ist"
   (a.a.O. S.46).

zu gehorchen und sich auf die Zukunft Gottes hin zu öffnen. Damit werde die Aus-Auf-Struktur des menschlichen Daseins nochmals bestätigt: "Der Mensch befindet sich zwischen dem ersten Adam, in dem das eigentliche Ich verschüttet ist, und dem zweiten Adam, der zu ihm kommt. Der zweite Adam fordert von ihm, sich dieser kommenden Zukunft zu öffnen" (44). Der Mensch brauche sich nur zu entscheiden, dieser Forderung Folge zu leisten, indem er allen Widersprüchen gegen diese Entscheidung, auf die er in seinem Alltagsleben stößt, vom Glauben her widersteht.

(d) *Ein voluntaristischer Begründungsversuch am Beispiel Abrahams*: Wieder einen Monat nach dem eben dargestellten Aufsatz versuchte Ahn in dem Aufsatz "Das hebräische Menschenbild. Die Existenz Abrahams"[73], den dynamischen Aspekt des menschlichen Willens hervorzuheben und damit den sich durchsetzenden Charakter des Aus-Auf-Daseins deutlich zu machen, um zu zeigen, daß der Wille, der sich dazu verpflichtet, in Freiheit dem Befehl Gottes zu gehorchen, allen Erfahrungen, die der Aus-Auf-Struktur des menschlichen Daseins widersprechen, widerstehen soll.

Im Hintergrund steht die aktuelle Frage, wie das koreanische Volk die Willenskraft gewinnen kann, den Fatalismus bzw. die Indifferenz gegenüber der Lage der Nation zu überwinden. Ahn findet die Wurzel des Problems in der statischen und passiven Mentalität des koreanischen Volkes und will diesem Volk eine ganz andere dynamische Mentalität beibringen, die sich, wie Ahn glaubt, in Abraham verkörpert.[74]

Ahn interessiert sich nicht für die Frage, ob Abraham eine historische Person war oder nicht,[75] sondern für die Tatsache, daß "Abraham das Menschenbild ist, das bei der Bildung der Mentalität Israels Tausende von Jahren die entscheidende Rolle gespielt hat"; "Auch das Neue Testament hat diesen Abraham als den Ahnen des Glaubens und damit als das neue Menschenbild aufgenommen" (28).

Das neue Menschenbild "Abraham" sei wiederum durch die Aus-Auf-Struktur des menschlichen Daseins charakterisiert: "Das Leben Abrahams beginnt, indem er den Ort, wo er alle Versicherungen seines Lebens hatte, verläßt... Dieses Entfliehen ist keine Flucht, sondern der erste Schritt, um das verlorene Ich wiederzufinden" (28f.).

Das Aus-Auf-Dasein Abrahams beruhe allein auf dem Befehl Gottes, das schon Erreichte in seiner Vergangenheit zu verlassen, und auf der Verhei-

---

73 In: BE, S.27-36. Im folgenden beziehen sich die Seitenzahlen in Klammern auf diese Quelle.
74 Vgl. a.a.O. S.27f.
75 Vgl. a.a.O. S.28.

ßung Gottes, ihn in das neue Land zu führen. Aber diese Verheißung weise auf eine Zukunft, "deren Was, Wann und Wie gar nicht bestimmt und versichert worden ist" (29). "Abraham marschiert vorwärts, indem er sich dieser unbekannten und nicht verfügbaren Zukunft öffnet" (ebd).

Abraham wird aber mitten in der Welt der Verheißung Gottes unsicher: "Seine Hoffnung auf die Erfüllung der Verheißung Gottes verwandelt sich in Zweifel, denn er sieht kein Zeichen dafür, daß die Verheißung erfüllt wird" (30). Vielmehr ist er mit der Realität konfrontiert, die dieser Verheißung Gottes direkt widerspricht: "Obwohl er aus seiner Vergangenheit ausgebrochen ist, scheint der Weg zur Zukunft abgesperrt" (31). Die Absperrung der Zukunft sehe Abraham nicht nur darin, daß Gott sich gar nicht darum kümmert, die Vorbedingung zur Erfüllung seiner Verheißung zu schaffen (Gen 15,2-3), sondern auch darin, daß er selbst die Verheißung Gottes seiner jeweiligen Realität anzupassen versucht, weil er mitten in der Welt keine Hoffnung mehr hat und sich der Begrenztheit seiner Existenz beugt.

Der Ausweg aus dieser Verzweiflung bestehe allein im Glauben. Denn Glauben heiße, "der Verheißung Gottes als dem Bund zwischen Gott und dem Menschen treu zu bleiben, ohne die Verheißung der Realität anpassen zu wollen, um damit das Problem zu lösen" (31). Dieser Glaube motiviere den Willen, mit dem der aus der Vergangenheit befreite neue Mensch der der Verheißung widersprechenden Realität widersteht: "Der Glaube ist die Basis für den Kampf, in dem der Mensch zwar die Begrenztheit seiner Existenz offen anerkennt, aber trotzdem dieser Begrenztheit nicht gehorchen will. Der Glaube ist die Basis des Willens, die deutlich erkennbare Unmöglichkeit, das Aus-Auf-Dasein zu leben, unbedingt zu überwinden. Hier zeigt sich der Charakter des Glaubens, der mit dem Wort 'Trotzdem' bezeichnet werden kann" (32).

B.2.2 *Ethische Anwendung des anthropologischen Ansatzes*: *Die vom Bösen beherrschte Welt wird durch das Kommen des Gottesreiches verändert, und zwar in der Weise, daß der Mensch die alte Ordnung verläßt und sein Sein und Handeln an der kommenden Ordnung Gottes ausrichtet, indem er in eschatologischer Erwartung Sünde und Ideologien überwindet.*

Ahn versuchte schon früh (spätestens seit 1967) mit seinem anthropologischen Modell ethische Probleme zu lösen. Er behandelte zunächst (1967 bis 1969) Themen wie die Reform der Religion und Gesellschaft und soziale Gerechtigkeit.

(a) *Reform von Religion und Gesellschaft*: In seinem Aufsatz "Reform von Religion und Gesellschaft" (1967)[76] versucht Ahn auf die Frage zu antworten, wie in Südkorea die Gesellschaft und die Religion, vor allem die christliche, reformiert werden können. Diese Frage ist eine der Fragen, die am Ende der 60er Jahre in Südkorea vor allem unter den regierungskritisch engagierten Christen viel diskutiert wurden. In dieser Frage ist eine Kritik intendiert sowohl an der Regierung Park als auch an den konservativen Christen, die politisch indifferent bleiben wollen.

Ahn stellt zunächst verschiedene Modelle vor, mit denen die protestantischen Kirchen Europas das Verhältnis von Kirche und Gesellschaft bzw. Staat bestimmten, wie z.B. den religiösen Sozialismus in der Schweiz, die lutherische Zwei-Reiche-Lehre sowie Karl Barths Auffassung von der Königsherrschaft Christi. Ahn lehnt alle diese Modelle ab, weil "die Situation der europäischen Theologie anders ist als die gegenwärtige Lage bei uns" (210): "In Europa hat die Kirche eine lange Tradition und großen Einfluß im politisch-gesellschaftlichen Bereich, so daß sie die Rolle eines Machtfaktors neben dem Staat spielt. Aber die Lage der Kirche bei uns bildet genau das Gegenteil dazu" (ebd). Ahn lehnt diese Modelle auch aus dem Grund ab, weil sie "die Antwort nicht in der Bibel suchen" (ebd). Ahn dagegen will dies tun, indem er Jesus als eine historische Figur präsentiert, deren Verhalten die Christen zu jeder Zeit und an jedem Ort verbindet.

Ahn findet, daß "Jesus weder ein religiöser noch ein sozialer Reformer war" (211). Jesus wollte keine neue Religion stiften und hatte kein politisch-soziales Programm. Aber das bedeute nicht, daß er vom Bösen in seiner Gesellschaft nichts gewußt hätte. Im Gegenteil spiegeln seine Gleichnisse das Böse der Gesellschaft zu seiner Zeit, und seine Kritik an den religiösen Führer des jüdischen Volkes zeige, daß er zutiefst die Wurzel des von der jüdischen Religion verursachten Bösen erkannte.

---

76 In: BJ, S.201-214. Im folgenden beziehen sich die Seitenzahlen in Klammern auf diese Quelle. In der Dissertation von Andreas Hoffmann-Richter (siehe oben Anm. 5) ist der Titel dieses Aufsatzes mit "Religious Reformation versus Social Transformation" übersetzt (S.211). Diese Übersetzung ist u.E. insofern mißverständlich, als Ahn in diesem Aufsatz gar nicht versucht, "Religious Reformation" und "Social Transformation" in Gegensatz zu stellen, sondern vielmehr sozusagen eine dritte Position vorzustellen, die neutestamentlich, oder genauer gesagt, jesuanisch und Aus-Auf-anthropologisch begründet ist und die beiden anderen Positionen aufhebt: "Daß man zunächst die Religion und dann weiter die Gesellschaft reformiert oder umgekehrt durch die Reform der Gesellschaft die Religion reformiert, ist nicht im Neuen Testament zu finden... Vielmehr zeigt das NT, daß man aus der veralteten Religion und aus der veralteten Gesellschaft herauskommt, indem man die Basis seines Lebens auf eine höhere Ebene verlegt" (a.a.O. S.214).

Deshalb wurden "trotzdem durch Jesus die Religion und die Gesellschaft reformiert" (212). Ahn nennt folgende Beispiele dafür: "Jesus hat die nationale Exklusivität des jüdischen Volkes abgeschafft, von der Polygamie zur Monogamie geführt, die Klassenmauer zwischen den Gerechten und den entfremdeten Sündern[77] abgerissen, und Frauen und Kindern, die für Dinge gehalten wurden, ihre Menschenwürde zurückgegeben" (ebd).

Ahn sucht den Grund dafür in der eschatologischen Erwartung Jesu des kommenden Reiches Gottes auf der Erde: "Jesus interessierte sich weder für Religion noch für die Gesellschaft, sondern für das Reich Gottes. Er hatte keine Absicht, die vorhandene Religion und die vorhandene Gesellschaft zu verbessern, weil das Reich Gottes das Ende all dessen, was jetzt ist, bedeutet" (212). Diese eschatologische Erwartung ermögliche dem Menschen, "sich selbst zu dem Ausgangspunkt vor dem Begehen der Sünde zurückzuführen durch die Erkenntnis, daß angesichts des kommenden Reiches Gottes alle gegenwärtigen Ordnungen gleich wie nichts sind" (213). "Der Ausgangspunkt vor dem Begehen der Sünde" sei ein solcher Zustand, in dem der Mensch "von den herrschenden Wertmaßstäben, den bestehenden Ideologien und den religiösen Vorschriften, die das Handeln aus der echten Liebe verhindern" (ebd), befreit worden ist. Diese Befreiung aus den bestehenden Ordnungen zum Handeln aus der echten Liebe sei bei Jesus der Grund für die Reformation der Religion und der Gesellschaft. Dadurch werde bestätigt, daß die Religion und die Gesellschaft reformiert werden können, indem der Mensch seinem Aus-Auf-Dasein entsprechend handelt, wie dies durch das Verhalten Jesu vorbildlich gezeigt worden ist.

(b) *Soziale Gerechtigkeit*: Ahn versucht in seinem Aufsatz "Zwei Ordnungen" (1969)[78] zu zeigen, wie die neue Ordnung des Reiches Gottes aussieht und in welcher Weise sie sich gegen die bestehenden Ordnungen durchsetzt.

Als ein Beispiel für die bestehende Ordnung versteht er die "soziale Gerechtigkeit", wie sie vor allem die kommunistischen Revolutionäre im Konflikt zwischen Reichen und Armen vertreten. Nach Ansicht Ahns wollen diese Revolutionäre die soziale Gerechtigkeit mit der Anstrengung realisieren, "die Habenden zu zwingen oder zu überreden, ihre Habe den Nichtshabenden zu übergeben" (184). Sie behaupten, daß es hier auf die gerechte Verteilung

---

77 Ahn hielt vor seiner Minjungtheologie (seit 1975) schon in diesem Aufsatz (1967) die "Sünder" im Neuen Testament, die in Beziehung zu Jesus standen, für eine gesellschaftlich entfremdete Klasse. Die Sünder als ein soziologisches Phänomen: Das ist bei Ahn also keine minjungtheologische Entdeckung. Deshalb wird an späterer Stelle die Herkunft dieser Ansicht bei ihm nicht minjungtheologisch zu erklären sein.
78 In: BE, S.179-190. Im folgenden beziehen sich die Seitenzahlen in Klammern auf diese Quelle.

von Arbeit und Gütern ankomme. Aber Ahn sieht ihren eigentlichen Beweggrund anders: Es handele sich hier um eine soziopsychologische "Unzufriedenheit aus der Selbstsucht der Revolutionäre selbst" (186), die sie motiviere, "für die Nichtshabenden zu agitieren und ihre Unzufriedenheit, die ebenfalls aus der Selbstsucht herrührt, als Waffe auszunutzen, um die Habenden zu berauben" (187).

Im Gegensatz dazu bestehe die neue Ordnung des Reiches Gottes darin, daß "man seinen eigenen Besitz nur aus Freiheit und Liebe den anderen gibt, ohne dabei durch Ideologien oder Wertmaßstäbe motiviert zu werden, sondern nur aufgrund des gegenseitigen Vertrauens und der Liebe zwischen den Personen" (183). Diese neue Ordnung beruhe auf der "Gnade Gottes, die unabhängig vom Verdienst aus der Freiheit und der Liebe Gottes gegeben wird" (184).

Die Verkündigung Jesu vom Reich Gottes zeige, daß "in dieser neuen Wirklichkeit das Reich Gottes den Armen, den Hungernden, den Trauernden und den Gehaßten gehört (LK 6,20ff.)". Ahn folgert daraus: "Das Reich Gottes gehört also den Menschen, die der gegenwärtigen Gesellschaft als Taugenichtse entfremdet sind"[79].

Es sei unvermeidlich, daß die beiden Ordnungen einander widersprechen, denn die "soziale Gerechtigkeit" widerstehe der Freiheit, die eigene Habe nur aus Liebe und umsonst den anderen zu geben: "Die gegenwärtige Welt ist voller Widerspruch zwischen Liebe und Gerechtigkeit, Gnade und Gesetz!" (185) In dieser Welt setze sich jedoch die neue Ordnung des Reiches Gottes durch, aber weder durch Agitation und Vernichtung der "alten Ordnung" (184) noch durch Koexistenz der alten und der "neuen Ordnung" (186). Sie setze sich vielmehr durch, indem "sie als die Ordnung der bedingungslosen Gnade Gottes den Menschen, der in der alten Ordnung sicher und bequem bleiben will, provoziert, die alte Ordnung zu verlassen und sich für die Teilnahme an der neuen Ordnung zu entscheiden" (186).

Ahn sieht in den Christen die Menschen, die "die kommende neue Ordnung vorwegnehmend praktizieren" (189): "Die Christen kämpfen gegen die sich verabsolutierende Ordnung der bestehenden Gesellschaft und bezeugen die

---

79 A.a.O. S.183. Es ist zu bemerken, daß Ahn schon vor seiner Minjungtheologie in diesem Aufsatz (1969) die Meinung vertrat, daß Lk 6,20ff. soziologisch so zu interpretieren sei, daß das Reich Gottes bestimmten sozialen Gruppen gehöre, die von den Maßstäben der bestehenden Gesellschaft entfremdet sind. Die Kernaussage seiner gesamten Minjungtheologie, daß das Minjung das Subjekt der Geschichte und der neuen Ordnung sei, ist also keine neue Aussage, die erst in der Minjungtheologie entdeckt worden ist, wie Ahn behauptet. Es wird später sehr interessant sein zu rekonstruieren, wie Ahn mit einer Art "ehrlicher Faszination der Entdeckung" zu dieser Behauptung gelangt.

kommende neue Ordnung, indem sie gegen das Prinzip 'Leben durch Habe' und
für das Prinzip 'Leben durch Gabe' an der Gestaltung der neuen Gesellschaft
teilnehmen. Sie geben diesen Kampf nicht auf, weil sie glauben, daß das
Reich Gottes trotz aller Widerstände kommt" (189f.).

B.2.3 Soteriologischer Ansatz: *Die Erlösung ist das Eintreten eines
"neuen Himmels und einer neuen Erde" sowie eines neuen Menschen in diese
Geschichte. Sie wird nur dadurch zur Wirklichkeit, daß der Mensch Ideologien aller Art einschließlich ethischer und religiöser Dogmen verläßt und
allein auf Gottes kommende Zukunft sein Vertrauen setzt.*

Ahns anthropologischen Gedanken liegt außer der ethischen Motivation und
Zielsetzung noch eine entscheidende Frage zugrunde, die als die eigentliche
Frage in seinem Denken und Handeln bezeichnet werden kann. Es ist die Frage, wie die Erlösung des Menschen und seiner Welt aussieht und verwirklicht
wird. Diese Frage zieht sich wie ein roter Faden durch seine ganze Theologie, wobei Ahn sie immer differenzierter und präziser zu beantworten versucht.

Den ersten Ansatz seiner Soteriologie präsentierte Ahn 1970 in dem Aufsatz " Biblische Erlösungslehre"[80]. Der aktuelle Anlaß bestand darin, "anhand der Erlösungslehre in der Bibel, vor allem bei Jesus[81], kritisch zu
überprüfen, ob die herkömmliche Erlösungslehre der koreanischen Kirche
richtig (d.h. biblisch begründet oder der Erlösungslehre Jesu entsprechend;
d.Verf.) ist" (85). Mit der Erlösungslehre der koreanischen Kirche meint er
die "pietistisch geprägte Erlösungslehre, die durch Weltflucht und Jenseitsglauben charakterisiert ist" (95). Ahn lehnt sie ab, weil sie "nicht
biblisch begründet ist, sondern auf John Bunyans Erbauungsschrift 'Pil-
grim's Progress' beruht" (ebd). Als biblisch begründete Alternative dazu
entwickelt Ahn eine eigene Erlösungslehre.

Er beginnt mit der Interpretation der alttestamentlichen Begriffe "Pādā"
und "Gāal". Er meint, daß "die beiden Begriffe keine spekulative Erlösungslehre vertreten, sondern auf der historischen Tatsache der Rettung Israels
durch Gott aus Ägypten beruhen" (87). Die Erlösung bedeute deshalb im Alten
Testament "Rettung aus einer äußerlichen Situation und von einer unterdrük-
kenden Macht" (ebd). Dabei handele es sich "nicht um die Rettung des Individuums aus innerlicher Sünde, sondern um die Rettung der Nation, und einen
Schritt weiter um die Rettung der ganzen Menschheit" (ebd).

---

80 In: BE, S.85-95. Im folgenden beziehen sich die Seitenzahlen in Klammern
   auf diese Quelle.
81 Mit der "Erlösungslehre bei Jesus" meint Ahn die Erlösungslehre, wie sie
   durch die Analyse der auf Jesus zurückzuführenden Worte und Verhaltens-
   weisen in den synoptischen Evangelien zu rekonstruieren sei.

Bei Paulus stellt Ahn fest, daß "der Verdienstgedanke des jüdischen Vol-
kes abgelehnt und statt dessen die Wirklichkeit betont wird, daß die Erlö-
sung allein durch die freie Gnade Gottes ermöglicht wird" (88). Bei dieser
Erlösung handele es sich aber "weder um die Befreiung der Seele aus dem
Körper noch um die körperliche Auferstehung der Toten" (89), sondern um die
Erlösung der ganzen Menschheit innerhalb der Geschichte, und zwar in der
Weise, daß "die Menschenwelt, wo das Böse herrscht, in die Erlösung des
Menschen eingeschlossen wird (Röm 8, 19)" (ebd). Diese universale Erlösung
sei möglich durch das "Offenbarwerden der Söhne Gottes", die "die Vollendung des Menschen bedeutet in dem Sinne, daß das neue Dasein des Menschen
in volle Erscheinung tritt"[82]. "Das Ereignis der universalen Erlösung hat
schon in dem Kreuz Christi begonnen und wird durch die Teilnahme der Christen daran fortgesetzt (vgl. Röm 10,14; 2 Kor 5,19; 6,2)." (90)

Im Johannesevangelium findet Ahn einen weiteren entscheidenden Aspekt
der biblischen Erlösungslehre: "Die Erlösung kommt zwar von Gott. Ob der
Mensch gerettet wird oder nicht, hängt aber von dem Menschen selbst ab.
Denn wenn er die neue Möglichkeit empfängt, wird er die Erlösung erreichen,
aber wenn er sich ihr verschließt, hat er den entgegengesetzten Weg gewählt" (92).

Die Erlösungslehre in den synoptischen Evangelien oder die Erlösung bei
Jesus sei "durchaus eschatologisch" (93). Mit dem Wort "eschatologisch"
meint Ahn auch hier die Struktur der Erlösung, die dem oben dargestellten
Aus-Auf-Schema seiner Anthropologie entspricht: "Die Erlösung wird nicht
durch die eigenwilligen Versuche des Menschen erreicht, sondern kommt nur
von Gott her" (ebd). Diese Aussage schließt ein, daß die bestehenden Ordnungen, die der Mensch selbst gemacht hat, keine Erlösung ermöglichen und
deshalb verlassen werden sollen, damit die Erlösung von Gott her eintritt.
"Eschatologisch" bedeutet also zunächst die Verneinung des Bestehenden.
Daran schließt sich sogleich die Forderung an, sich der Zukunft, d.h. dem
bisher noch nicht Vorhandenen, zu öffnen. "Das Reich Gottes ist die kommende Erlösung. Diese kommt als ein Ereignis. Deshalb sagt Jesus nicht, was
die Erlösung für und an sich ist. Statt dessen fordert er, keine andere
Bedingung zu erfüllen als nur diese: sich selbst dieser Zukunft zu öffnen"
(ebd). Jesus nahm die Wirklichkeit der Erlösung vorweg, indem "er sich mit
den Sündern und Entfremdeten befreundete und dadurch die durch die Religion
verursachte Klassenmauer der Gesellschaft zu seiner Zeit abgerissen hat,
als ob die Erlösung schon verwirklicht worden wäre" (ebd).

Nun folgert Ahn daraus ein Gesamtbild der biblischen Erlösungslehre:

---

82 A.a.O. S.90. Dies erinnert an das Aus-Auf-Dasein des Menschen in der An-
    thropologie Ahns.

(a) "Die Erlösung ist die Sache Gottes" (94). Das heißt: "Die Möglichkeit der Erlösung ist nicht in dem Menschen selbst zu finden. Deshalb kann weder die ethische noch die religiöse Bemühung die Erlösung erreichen" (ebd).[83]

(b) "Die Erlösung ist in der Zukunft zu erreichen" (94). Das heißt: "Alles, was es bisher gab und was vorhanden ist, kann nicht die Erlösung sichern. Deshalb hat das Ereignis des Kreuzes Christi (als ein Ereignis in der Vergangenheit; d.Verf.) insofern Sinn für die Erlösung, als es uns den Weg eröffnet hat, uns aus der Vergangenheit (d.h. der Sünde) zu befreien und auf die Zukunft auszurichten; das Kreuz Christi ist keine Erlösung selbst, die wir zurückgreifend zur Verfügung hätten" (ebd). Ahn meint hier mit dem Zukunftscharakter der Erlösung das "Aus"-Moment des Aus-Auf-Modells seiner Anthropologie: Weil die Erlösung erst in der Zukunft zu erreichen ist, sei das Bestehende zu verneinen, denn es täusche vor, die Erlösung erreichen zu können oder sogar die verwirklichte Erlösung zu sein. Dieser Sachverhalt wird auch dadurch bestätigt, daß Ahn in dem Kreuz Christi eine in diesem Sinne ideologiekritische Funktion sieht.

(c) "Die Erlösung ist nur durch den Glauben möglich" (94). Das heißt: "Der Glaube bedeutet die Überzeugung, daß die neue Möglichkeit auf alle Fälle kommt. Der Glaube ist mit anderen Worten das Handeln des Vertrauens, das sich der Zukunft öffnet" (ebd). Das bedeute zugleich, daß "die bestehende Kirche und die Dogmen kein Glaubensgegenstand sind, der die Erlösung sichert" (95). Ahn meint hier mit dem "sola-fide"-Charakter der Erlösung das "Auf"-Moment des Aus-Auf-Modells seiner Anthropologie: Weil die Erlösung erst in der Zukunft zu erreichen und deshalb das Bestehende zu verneinen ist, sei es notwendig, sich allein auf die Zukunft auszurichten, und zwar mit der Überzeugung, daß die Zukunft sicher kommt. Denn ohne diese Überzeugung werde der Mensch wieder durch falsche Sicherungsversuche, z.B. "die bestehende Kirche und die Dogmen", verführt. Hier zeigt sich wiederum, daß das "Auf"-Moment seiner Anthropologie eine ideologiekritische Intention hat.

(d) "Die Erlösung tritt als umfassende Wirklichkeit ein" (95). Das heißt: "Die Erlösung betrifft nicht einen bestimmten Teil des Menschen (z.B. die Seele) oder das Individuum. Sie bedeutet auch nicht eine Flucht aus dieser Welt. Sie bedeutet vielmehr das Eintreten von 'neuem Himmel und neuer Erde' und von 'neuen Menschen' in diese Geschichte" (ebd).

---

83 Damit wird klar, daß Ahn mit der Erlösung als der "Sache Gottes" seine Erlösungslehre von anderen ethischen oder religiösen Erlösungslehren ideologiekritisch abgrenzen will.

B.2.4 Das Problem des Leidens der Gerechten und "Gott im Leiden des Aus-Auf-Daseins". Die aus Jesu Verhalten abgeleitete Theodizee: Das Leiden des Aus-Auf-Daseins in der gott-losen Welt ist analog dem Leiden Jesu am Kreuz. Die Gottverlassenheit des Aus-Auf-Daseins unterstützt keineswegs den Atheismus und braucht andererseits auch nicht vom Theismus unterstützt zu werden. Gott offenbart sich vielmehr in der Entscheidung zum Handeln für die leidenden Nächsten.

Wie wir oben gesehen haben, entwickelt Ahn seine Anthropologie des sog. Aus-Auf-Daseins, um auf die Frage zu antworten, wie sich der Mensch zur authentischen Existenz erneuern und die verkehrte Welt zur menschlichen Welt verändern kann. Das Aus-Auf-Dasein stößt aber in seinem Willen zur Vermenschlichung der Welt unvermeidlich auf die Widerstände der alten Welt. Die Frage der Theodizee bricht auf, wenn das Aus-Auf-Dasein allein dem Befehl Gottes gehorcht und der Verheißung Gottes treu bleibt, um die Welt zu erneuern, und trotzdem oder eben aus diesem Grund unter den Widerständen der alten Welt (vor allem in Form der listigen Strategien und nackten Gewalttaten der politischen Macht) leiden muß, während die Mehrheit der Christen angesichts der Ohnmacht des Volkes unter der willkürlichen Macht schweigend indifferent bleibt: Wo bleibt die Verheißung Gottes, die Welt durch das Aus-Auf-Dasein zu erneuern, wenn doch die alte Welt immer das Aus-Auf-Dasein besiegt?

Die Theodizeefrage kann man in der gesamten Theologie Ahns als diejenige Frage bezeichnen, die sein theologisches Denken wie eine Unterströmung ständig begleitet und immer wieder auftaucht, wenn das Problembewußtsein des Leidens der Gerechten durch die aktuelle politische Lage (vor allem während der Amtszeit des Präsidenten Park) besonders akut wird. Die Regelmäßigkeit, mit der die Theodizeefrage in den Aufsätzen Ahns auftaucht, steht eindeutig in einem Zusammenhang mit den Niederlagen von Studenten und Intellektuellen in ihrem Widerstand gegen die Diktatur Parks. Als die Demonstration von Studenten und Intellektuellen gegen die Verfassungsänderung zur dritten Wiederwahl Parks 1969 gescheitert war[84], begann Ahn 1970 über die Frage des Leidens der Gerechten zu schreiben.[85] Dann griff er 1974 das Thema wieder auf, als die Regierung Park den Widerstand gegen die Yushin-Verfassung (Okt.1972) mit List und Gewalt systematisch unterdrückte.[86] Zu-

---

84 Vgl. A.1.4.(c).
85 Beispiele dafür sind folgende Aufsätze: "Der Leidende" (Febr. 1970, BJ, S.9-18); "Auferstehungsglaube und Revolution" (März 1970, BJ, S.75-82); "Atheismus und der christliche Glaube" (April 1970, BJ, S.166-176); "Der Weg zur Freiheit" (Juli 1970, BJ, S.124-133); "Der bettelnde Transzendente" (Aug. 1970, BE, S.251-259).
86 Vgl. A.3.5. Beispiele dafür sind die folgenden Aufsätze: "Das Lachen Gottes" (Jan. 1974, BE, S.303-310); "Die Malzeichen Jesu" (März 1974, BE, S.94-101); "Entkommen aus dem Schicksal" (April 1974, BE, S.71-78); "Transformation des Menschen" (Mai 1974, BJ, S.293-302).

letzt setzte sich Ahn 1976 mit der Theodizeefrage auseinander, als er mit anderen zusammen die sog. "Myongdong-Erklärung" gegen das Yushin-System Parks in der Öffentlichkeit vorgelesen hatte und daraufhin verhaftet wurde. Allerdings hatte er sich mit dem Thema der Theodizee bereits in den beiden vorangegangenen Monaten intensiv beschäftigt.[87]

Der Grund für die regelmäßige Auseinandersetzung Ahns mit der Theodizeefrage besteht aber nicht nur in der politischen Lage zu den jeweiligen Zeitpunkten, sondern vielmehr in der Struktur seines Denkens, die sich schon in den oben dargestellten Grundstimmungen seiner theologischen Arbeit deutlich zeigte: Der Mensch als Existenz vor Gott soll den Willen Gottes *trotz der Verborgenheit Gottes in der gottlosen Welt* rigoros im Sinne des Aus-Auf-Daseins durchsetzen. Das leidende Sich-Durchsetzen des Aus-Auf-Daseins nennt Ahn das Ereignis Jesu heute, das durch die Nachfolge Jesu, des Vorbildes für das leidensvolle Aus-Auf-Dasein, innerhalb der Geschichte geschieht.

In dem Motiv der Nachfolge Jesu findet Ahn die Antwort auf die Theodizeefrage angesichts des Leidens der Gerechten. Und Ahn meint aufgrund seines Verständnisses des Markusevangeliums, daß seine Antwort auf die Theodizeefrage durch die Beziehung zwischen Jesus und seinen Jüngern begründet sei. Diese sei das Vorbild für die Beziehung zwischen Jesus und den Christen von heute, und zwar durch die leidensvolle Nachfolge: "Markus verbindet das Leidensschicksal Jesu mit dem Weg, den seine Jünger gehen sollen. Der Ausgangspunkt dieses Weges ist die Frage 'Ihr aber, für wen haltet ihr mich?'. Und Markus zeigt, welchen Weg die Jünger gehen sollen, indem er ihre Mißverständnisse des Christusbekenntnisses korrigiert: Der Christus ist der Knecht des Leidens, bevor er verherrlicht wird, und der Weg der Jünger ist demzufolge zum Weg des Leidens bestimmt."[88]

Wir wollen nun die einzelnen Argumente Ahns darstellen, mit denen er seine Antworten auf die Theodizeefrage zu begründen versucht.[89] Wie bei der ethischen Anwendung seiner Anthropologie und bei der Entwicklung der auf seiner Anthropologie beruhenden Soteriologie begründet er auch seine Theodizee mit dem Schema des Aus-Auf-Daseins, das diesmal in den folgenden The-

---

87 Vgl. B.0.2. Beispiele dafür sind die folgenden Aufsätze: "Befreiung von Furcht" (Jan. 1976, BE, S.347-355); "Gott in der Niederlage" (Febr. 1976, BE, S.269-277); "Theologie der Ereignisse" (29. Febr. 1976, eine Predigt in der Galiläagemeinde vor dem Tag der "Myongdong-Erklärung" am 1. März 1976, in: Ahn Byungmu, Draußen vor dem Tor, S.21-25); "Berufung" (März 1976, BE, S.154-162); "Der auferstandene Jesus und der Ort" (Mai 1976, BE, S.311-319).
88 Ahn Byungmu, "Der Leidende", in: BJ, S.9-18, hier: S.10 Anm.1.
89 Wir beschränken unsere Darstellung hier auf die vor-minjungtheologische Phase, d.h. auf die zwischen Februar und August 1970 entstandenen Aufsätze.

men variiert wird: in dem Verhalten Jesu auf seinem Leidensweg und in der
Nachfolge Jesu (a), in der Bedeutung des Kreuzes Jesu in Auseinandersetzung
mit dem metaphysischen Theismus (b) und in der politisch-ethischen Wahrnehmung der Gegenwart Gottes in dem Leidensruf von Mitmenschen (c).

(a) In seinem Aufsatz "Der Leidende"[90] versucht Ahn, auf die Theodizeefrage zu antworten, die sich aus dem Problembewußtsein stellt, daß der Widerstand gegen die ungerechte Macht unter ihrer Unterdrückung so ohnmächtig leidet, daß die Widerstandleistenden verzweifeln. Ahn meint, daß diese
Verzweiflung durch die Voraussetzung eines falschen Prinzips verursacht
wird: "Wenn man aus der Überzeugung, daß die Gerechtigkeit die Ungerechtigkeit immer besiege, an dem Widerstand teilnimmt, muß man unvermeidlich
verzweifeln. Denn in der Realität gewinnt die Gerechtigkeit nicht immer"
(17).

Ahn meint, daß man angesichts des ohnmächtigen Leidens der Gerechten
unter der ungerechten Macht jedoch nicht verzweifeln muß, wenn man von dem
Leiden Jesu verstehen lernt, was das Leiden des Aus-Auf-Daseins bedeutet,
und wie man mit ihm umgehen soll.

Das Leiden Jesu sei "dasjenige, dem man begegnet, indem man selbstbewußt
ein eindeutiges Ziel verfolgt und dabei auf Widerstände stößt" (11). Das
Leiden Jesu sei aber "nicht dasjenige, das man als ein Mittel freiwillig
auswählt, um damit sein Ziel gegen Widerstände durchzusetzen, sondern dasjenige, das man wegen des böswilligen oder unaufgeklärten Mißverständnisses
der Gegner dem verfolgten Ziel gegenüber erleidet" (ebd). Das Leiden Jesu
sei letztendlich auch nicht dasjenige, das als eine Heldentat von den anderen Menschen gelobt und respektiert wird, weil man dabei sinnvoll leidet,
um z.B. durch eigenes Leiden anderen Menschen zu helfen, sondern eher "ein
beschämendes Leiden, das den Augenzeugen seines Leidens nichts anderes als
eine Niederlage zu sein scheint und bei ihnen Enttäuschung oder Zweifel
bewirkt: Seine Gegner halten es für die Strafe für seine Sünde, und seine
Anhänger halten es für ein Zeichen seiner Unfähigkeit" (11f.). Daraus, daß
"Jesus nicht nur litt, sondern auch von den anderen Menschen verlassen
starb" (12), folgert Ahn, daß "bei den ersten Christen das Motiv 'Verlassen-Sein' eine entscheidende Rolle spielte, um das Kreuz zu verstehen"
(ebd).

Ahn meint, daß der Grund für die Enttäuschung der Anhänger Jesu in einem
Mißverständnis der Messianität Jesu bestehe. In Mk 8,27ff. zeige sich, was
für ein Mißverständnis das sei, und wie es korrigiert werde: "Petrus wollte

---

90 Im folgenden beziehen sich die Seitenzahlen in Klammern auf diese Quelle.

(Mk 8,32; d.Verf.) in Christus nur den Herrn von Herrlichkeit und Sieg sehen. Dies ist ein Rest des von der jüdischen Tradition beeinflußten Mes-
siasverständnisses und verhindert, das Leiden Jesu zu verstehen."[91] Mk 8,
33ff. sei diese jüdische Messiasauffassung abgelehnt, und "somit konnten
die ersten Christen gerade in dem 'Verlassen-Sein und Getötet-Werden'[92] den
Erlöser des Menschen finden" (13). Damit haben sie "bekannt, daß nicht der
Messias-Gott[93], der jenseits und mit Abstand von der Geschichte diese kontrolliert oder richtet, sondern der Christus, der mitten in der Geschichte
die Menschen rettet, der Erlöser ist, also allein derjenige der Erlöser
ist, der selbst in die reale Welt hineinkommt[94], um die Menschen zu retten,
die in dieser realen Welt leben, wo Ungerechtigkeit, Sünde, Lüge, Verrat,
menschliche Schwäche usw. herrschen".

Auf die Frage, "warum Jesus sich entscheiden mußte, zu leiden" (ebd),
antwortet Ahn zunächst negativ, daß "im Text (Mk 8,27ff.; d.Verf.) nichts
darauf hindeutet, daß das Leiden Jesu zur Befreiung der Menschheit von
ihrer Sünde oder der Seelenangst erfolgte" (14). Die positive Antwort ergebe sich daraus, daß "im Markusevangelium das Blut Jesu bei dem letzten
Mahl 'das Blut des Bundes, das für alle Menschen[95] vergossen wird', heißt"
(ebd): "'Das Blut für alle Menschen' verweist darauf, daß das Leiden Jesu
nicht zur Stiftung einer neuen Religionsgemeinschaft, sondern vielmehr für
die ganze Menschheit, d.h. für die Geschichte[96], bestimmt ist. Das Blut

---

91 A.a.O. S.13. Ahn geht davon aus, daß "im Judentum die Auffassung des
   leidenden Messias erst ab 150 nach Christus festzustellen ist" (ebd.).
92 Die Auffassung des Kreuzes Jesu als eines "Getötet-Werdens" ist keine
   minjungtheologische Entdeckung, wie man gewöhnlich behauptet. Sie ist
   jedenfalls bei Ahn schon in der vor-minjungtheologischen Phase aufzufin-
   den, und zwar im Zusammenhang der Theodizeefrage angesichts des Leidens
   der Gerechten, nämlich der Studenten und Intellektuellen, die Ende 1969
   gegen die Diktatur Parks ergebnislos und verzweifelt Widerstand leisteten.
93 Es ist ziemlich unklar, was Ahn hier mit dem "Messias-Gott" meint. Viel-
   leicht meint er damit das Gottesbild der fundamentalistischen Christen
   in Südkorea, demzufolge, jedenfalls nach Ahns Meinung, Gott von den Ereignissen der menschlichen Geschichte unberührt bleibt und die Taten des
   Menschen richtet, indem er die Geschichte sowohl nach seinem eigenen
   Willen, d.h. unabhängig von dem, was der Mensch will, lenkt als auch am
   Ende der Geschichte vom Himmel her kommend endgültig richten wird.
94 Ahn gebraucht hier für "hineinkommen" ein koreanisches Wort, das zugleich "sich für etwas aktiv engagieren" bedeutet.
95 Mk 14,24 heißt es eigentlich: "das Blut des Bundes, das für viele vergossen wird". Warum Ahn hier "für viele" als "für alle" übersetzt, ist
   aus dem folgenden zu erklären: Er will die Bedeutung des Leidens Jesu
   nicht auf eine bestimmte, vor allem christlich-fundamentalistische, Religionsgemeinschaft beschränken, sondern auf die Geschichte der ganzen
   Menschheit beziehen.
96 Ahns Identifikation "der ganzen Menschheit" und "der Geschichte" liegen
   seine Kirchen- und Geschichtsauffassung zugrunde: Für Ahn ist die Kirche, jedenfalls in Südkorea, wo die fundamentalistischen und politisch

Jesu ist jedoch nicht als ein Mittel zur Reinigung der vergangenen Sünde
der Menschheit aufgefaßt, sondern ist für das kommende 'Reich Gottes' bestimmt: Der Geburtsschmerz für die neue Geschichte, für die Auferstehung
und für das Reich Gottes! Das ist die Bedeutung des Leidens Jesu. Um dieses
Neue herbeizuführen, mußte er sich mit dem Alten auseinandersetzen. Und Jerusalem war der Ort, wo man das Alte unter dem Namen Gottes bewahren wollte" (ebd).[97]

Ahn zeigt nun, "was es bedeutet, Christus zu folgen" (15). "Die Nachfolge Jesu[98] bedeutet nicht, daß wir erwarten dürften, durch seinen Verdienst ohne weiteres in die Herrlichkeit hineinzukommen, da er für uns gelitten hätte" (16). Sie bedeute vielmehr, daß "wir an seinem Leiden teilnehmen" (ebd): "Es ist selbstverständlich, daß wir uns für das Leiden entscheiden müssen, weil Jesus gelitten hat!" (ebd)

Ahn unterscheidet zwei Hauptmerkmale, die die Nachfolge Jesu konstituie-
ren: "Die Teilnahme an dem Weg Jesu besteht aus Sich-Verneinen und Eigenes-
Kreuz-Tragen" (16). Das Sich-Verneinen bedeute, daß "wir unsere Zukunftsvision, Wertmaßstäbe und Wünsche, die wir von uns her haben, aufgeben" (ebd),
und daß "wir das Kriterium für unser Denken und Handeln nicht in uns
selbst, sondern in Jesus finden sollen" (ebd). Dieses Sich-Verneinen führe
zur "Bereitschaft, alles Leid auf dem Weg der Nachfolge Jesu auf sich zu
nehmen, bis zum Tode"[99]. "Eigenes-Kreuz-Tragen" bedeute nicht, daß "man das

---

indifferenten Denominationen herrschen, eine soziologische Größe, die
nicht diejenige politische Bedeutung für alle Menschen hat, die sie
eigentlich haben sollte. Denn die Kirche hat nur die Funktion der sog.
Seelenerlösung, die nur für bestimmte Typen von Menschen Geltung hat.
Dies bedeute, daß die Kirche ihre Bedeutung für die ganze Menschheit
verloren hat. Das heißt zugleich, daß sie auch für die Geschichte irrelevant geworden ist. Denn die Geschichte ist für Ahn ein Totalbegriff
für die ganze Wirklichkeit, in der die Ereignisse des Aus-Auf-Daseins
zur Erneuerung bzw. Vermenschlichung der Welt geschehen.
97 Ebd. "Jerusalem" als ein Symbol für die politischen und die religiösen
Mächte, die sich gegen das Aus-Auf-Dasein wehren, wird später als theologische Legitimierung der antagonistischen Gesellschaftsauffassung in
seiner Minjungtheologie dienen.
98 Für Ahn ist der historische Jesus mit dem Christus in dem Sinne identisch, daß der historische Jesus das Aus-Auf-Dasein einzigartigerweise
bis zum Tode vorbildhaft praktiziert hat und deshalb auch für uns heute
der Erlöser ist.
99 A.a.O. S.17. Es ist hier nicht überzusehen, daß die Struktur des "Sich-
Verneinens" bei Ahn an die beiden Motive "Aus" und "Auf" seiner Anthropologie erinnert. Indem das Aus-Auf-Dasein den Leidensweg Jesu zum Vorbild nimmt, kommt zu dieser Daseinsweise ein weiteres konstitutives Moment hinzu, das in der "Bereitschaft zum Leiden bis zum Tode" besteht.
Dieser Hinweis ist insofern wichtig, als das koreanische Wort "Dan"
(wörtlich übersetzt: "Abschneiden", sinngemäß bedeutet es in der
Minjungtheologie Ahns "den Teufelskreis von Gewalt und Sich-Rächen durch
mein eigenes Leiden zum Stillstand bringen") als ein Hauptbegriff in der
Minjungtheologie Ahns schon hier, d.h. 1970, gedanklich verarbeitet wor-

Kreuz Jesu wiederhole". Das eigene Kreuz ist vielmehr im "Hier und Jetzt" zu tragen, in "dem Staat und der Gesellschaft, wo wir leben, an unserem Arbeitsplatz oder in der eigenen Familie" (18). Denn "wenn man seiner Umwelt kompromislos den rechten Weg halten will, führt dies zu Golgatha innerhalb von Jerusalem" (ebd).

(b) Zwei Monate nach dem eben dargestellten Aufsatz versuchte Ahn in seinem Aufsatz "Atheismus und der christliche Glaube"[100] (April 1970) nochmals auf die Theodizeefrage zu antworten. Ahn beginnt, indem er eine seiner Ansicht nach übliche Überzeugung von Christen in Frage stellt: "Der christliche Glaube ist theistisch. Der Atheismus widerspricht dem Theismus. Also widerspricht der Atheismus dem christlichen Glauben. Aber stimmt das wirklich?" (166) Mit 'Theismus' meint Ahn hier eine metaphysisch oder biblizistisch bestimmte Gottesvorstellung, die sich gegen jede des Atheismus verdächtige Spur wehrt, wie sie z.B. Ahns Verständnis des Leidens Jesu in der Gottverlassenheit hinterläßt.[101] Mit 'Atheismus' meint er eine Gottesvorstellung, die jede Theodizeefrage zum Beweis der Abwesenheit Gottes in der Welt benutzt.

Ahn lehnt aber sowohl den Theismus als auch den Atheismus ab, weil beide dem christlichen Glauben an den Gott der Bibel nicht entsprechen. Denn der Gott des christlichen Glaubens bzw. der Bibel habe mit den beiden metaphysischen Aussagensystemen und ihrer rationalen Argumentation nichts zu tun, sondern sei in der Geschichte, d.h. in dem Zusammenhang des politisch-ethischen Handelns des Menschen mitten in der Welt, zu suchen.

In der Welt herrsche aber die ungerechte Macht und besiege immer den gerechten Widerstand. Daraus ergebe sich die Frage, warum der gerechte Gott die Ungerechtigkeit der Welt zulasse bzw. ob der gerechte Gott überhaupt existiere. Der Atheismus könne die Tatsache der Herrschaft der Ungerechtigkeit in der Welt als Beweis für die eigene Position benutzen, und der The-

---

den ist und seine Wurzel darin hat, daß sich das Aus-Auf-Dasein mit dem Leiden Jesu verbindet. Das heißt zugleich, daß Ahn den Begriff "Dan" nicht einfach von dem Minjungdichter Kim Chiha gelernt hat, wie man gewöhnlich annimmt, obwohl das Wort in diesem Sinne zuerst von Kim im Zusammenhang der Minjungbewegung dichterisch gebraucht und dann in die minjungtheologische Diskussion eingeführt worden ist.

100 In: BJ, S.166-176. Im folgenden beziehen sich die Seitenzahlen in Klammern auf diese Quelle.

101 Vgl. a.a.O. S.173: "Das Christentum (d.h. der Biblizismus; d.Verf.) hält die Bibel für ein Lehrbuch, in dem man allgemeine Gesetze entdekken und objektivieren könne. Aufgrund dieses Prinzips sieht es in der Bibel eine Lehre über Gott und macht daraus eine Gotteslehre. Um sie zu verteidigen, entwickelt es eine Theodizee und somit eine theistische Weltanschauung. Der Atheismus ist eine Reaktion, die dieser theistischen Weltanschauung notwendigerweise nachfolgt."

ismus entwickle eine metaphysische Theodizee, um ebenfalls die eigene Position zu verteidigen. Ahn meint, daß sich die beiden Positionen einander wi-
dersprächen und somit gegenseitig entkräfteten.[102] Auf die Theodizeefrage
sei aber in der Bibel, vor allem durch das Kreuz Jesu, anders geantwortet
worden:

Ahn stellt zunächst fest, daß die Passionsgeschichte Jesu durch die Abwesenheit Gottes charakterisiert sei: Sowohl beim Beten Jesu in Gethsemane
(Mk 14,36a) als auch bei seinem Ruf am Kreuz (Mk 15,34) "reagiert der
'Abba-Vater', der 'mein Gott' gar nicht: als sei er das Schweigen selbst"
(167). Doch herrsche in diesem Schweigen nur "die Realität, in der sich die
konkreten Ereignisse allein durch Verrat, Ränkeschmieden, List und Macht-
mißbrauch durchsetzen" (ebd). Es gebe dazwischen keinen Eingriff von außen.

Ahn vermerkt mit noch größerem Erstaunen, daß "auch Jesus selbst dabei
den Menschen gegenüber schwieg, obwohl er ungerecht zum Tode verurteilt und
hingerichtet wurde: Er reagierte auf die Untaten des Menschen gar nicht:
als ob dies alles überhaupt nicht mit den Menschen zu tun hätte!" (167)
Jesus rief am Kreuz nur: "Mein Gott, mein Gott, warum hast du mich verlassen?" (Mk 15,34), "als ob er gegen das Schweigen auf sein Gebet in Gethsemane seinen letzten Protest erhöbe" (168).

Weder der Theismus noch der Atheismus könne verstehen, was dieser Ruf
Jesu am Kreuz bedeutet. Der Grund dafür bestehe in der Sichtweise, die den
beiden Positionen gemeinsam zugrunde liege: "Der Theismus wie der Atheismus beruht auf einem 'Deshalb'. Das ist eine Position, die den Gegenstand
objektiviert. Dieses Objektivieren bedeutet, daß man Subjekt und Objekt
streng voneinander trennt und beide parallelisiert. Insofern kann das Subjekt dem Objekt nie begegnen" (171f.).

Ahn hält dagegen, daß "die Frage nach Gott nicht von der Frage nach
meinem eigenen Leben getrennt bleibt" (172). Denn "das Leben bleibt nicht
stehen. Deshalb setzt sich Fragen und Antworten immer fort. Das heißt: Man
darf nicht eine Antwort objektivieren und axiomatisieren" (ebd); "wie das
Leben nicht selbstverständlich ist, ist auch Gott nicht selbstverständlich"
(173).

In diesem Zusammenhang bedeuten das Gebet Jesu in Gethsemane und der Ruf
Jesu am Kreuz, daß "man im Leiden kämpft, weil Gott nicht selbstverständlich ist" (173). Sie begünstigen weder Theismus noch Atheismus: "Jesus interessiert sich nicht für die Frage, ob Gott ist oder nicht. 'Mein Gott,

---

102 Hier zeigt sich ein logischer Bruch in Ahns Argumentation. Logisch ge-
    sehen entkräften sich die beiden Positionen noch nicht allein dadurch
    gegenseitig, daß sie einander widersprechen, denn es besteht die Mög-
    lichkeit, daß sie deshalb einander widersprechen, weil die eine wahr
    und die andere falsch ist.

mein Gott, warum hast mich verlassen?' ist keine Schlußfolgerung, sondern eine große Frage, die er vor seinem Tod stellt. Sein Tod ist deshalb kein Ende, sondern eine Frage, die auf die Antwort wartet" (173f).

Ahn meint, daß Jesus diese Frage jedoch im Vertrauen auf Gott gestellt habe: "Lukas hat recht interpretiert, wenn er statt dieser Frage schreibt: 'Vater, in deine Hände lege ich meinen Geist'" (174). Nach Ahns Ansicht bedeutet das Vertrauen Jesu auf Gott in seinem Ruf am Kreuz, daß Jesus, obwohl er von Gott verlassen worden sei, diesen Gott seinerseits nicht verlassen habe: "Jesus ruft *mein* Gott': Obwohl Gott ihn verläßt, ist dieser Gott dennoch *mein* Gott'... Das heißt: 'Obwohl ich von Dir verlassen worden bin, bist Du mein Gott (mein Vater), und ich verlasse mich als mit Dir fest Verbundener (Dein Sohn) auf Dich. Hieraus wird der Glaube, von dem die Bibel redet, geboren" (174f).

Ahn interpretiert diesen Glauben nach dem Modell des Aus-Auf-Daseins: "Der Glaube bedeutet nicht, eine theistische Weltanschauung festzuhalten, sondern auf die unbekannte Zukunft zu vertrauen. Das heißt nicht, sich aufzugeben, sondern sich für das 'Daß' der Zukunft zu entscheiden. Der Ruf Jesu am Kreuz bedeutet, auf die Zukunft zu vertrauen, die wie das Nichts, d.h. wie durch das Schweigen vom Jetzt abgeschnitten zu sein scheint. Der Glaube beruht also nicht auf einem 'Deshalb', sondern ist das Aus-Auf-Handeln, das auf einem 'Trotzdem' beruht" (175).

Ahn folgert daraus seine Antwort auf die Frage nach Gott angesichts der Herrschaft der Ungerechtigkeit in der Welt: "Wir dürfen vor diesem Ereignis (nämlich dem Ruf Jesu am Kreuz und jedem diesem analogen Ereignis; d.Verf.) nicht fragen, wo denn Gott sei. Gott ist in diesem Ereignis selbst. Sonst gibt es keinen anderen Weg, Ihn zu finden... Wenn wir aber dieses vergangene Ereignis (d.h. den Ruf Jesu am Kreuz; d.Verf.) objektivieren, können wir daraus keinen Weg schaffen, Gott zu finden. Dieses Ereignis ist für uns vielmehr die Forderung, hier und jetzt uns zu entscheiden. Nur wenn wir das erkennen, offenbart sich darin Gott" (175). Ahn sagt hier nicht explizit, wofür wir uns entscheiden sollen. Es ist aber von seinem Argumentationsduktus her eindeutig, daß er damit meint, sich für das Aus-Auf-Dasein zu entscheiden. Das Aus-Auf-Dasein soll als die authentische Daseinsweise des Menschen den Willen Gottes gegenüber der Gottverlassenheit in der gottlosen Welt zur Geltung bringen.

(c) Ahns Versuche, die Theodizeefrage zu beantworten, münden in einen ethisch-solidarischen Begründungsversuch, indem er seine Antwort auf die Theodizeefrage, daß man Gott in dem Aus-Auf-Dasein begegnen könne, dadurch zu kräftigen versucht, daß er eine Theorie der ethischen Urteilsbildung für das Aus-Auf-Dasein angesichts der Hilferufe seiner Mitmenschen entwickelt.

In seinem Aufsatz "Der Weg zur Freiheit. Über das Verhältnis von Unterwerfung und Freiheit" (Juli 1970)[103] unterscheidet Ahn zwei Weisen, den Willen Gottes wahrzunehmen und durchzuführen. Den beiden sei es zwar gemeinsam, dem Willen Gottes gehorchen zu wollen. Der Unterschied zwischen den beiden bestehe aber darin, was man unter dem Gehorsam dem Willen Gottes gegenüber versteht. Die eine verstehe diesen Gehorsam als eine knechtische Unterwerfung unter den Willen Gottes in Form von gesetzlich festgelegten Geboten. Die andere verstehe unter dem Gehorsam die Freiheit eines mündigen Sohnes, in der er das Warum und Wozu des Willens des Vaters durch eigene Urteilsbildung wahrnimmt und dementsprechend handelt.

Deshalb sei das Handeln aus der "Freiheit des mündigen Sohnes" zwar Gehorsam dem Willen des Vaters gegenüber. "Der Sohn verantwortet aber das Ergebnis seines Handelns und wird somit zum verantwortlichen Handlungssubjekt vor dem Vater" (ebd).

Nach Ahns Ansicht macht Paulus Gal 4,1-10 klar, daß "der Mensch vor Gott nicht mehr Knecht, sondern Sohn ist" (127). Paulus gelange zu dieser Aussage "weder durch Spekulation, noch aufgrund einer Lehre des menschlichen Wesens" (ebd), sondern durch das Christus-Ereignis: "Durch ein geschichtliches Ereignis wurde der Mensch zum Mündigen, zum erwachsenen Sohn. Dieses geschichtliche Ereignis ist das Christus-Ereignis. Dadurch hat der Mensch die Freiheit des Sohnes vor dem Vater gewonnen" (128).

Ahn meint, daß "der Mensch, weil er durch Christus zum Sohn geworden ist, keine Pädagogen wie z.B. Gesetze (gemeint sind die des Mose; d.Verf.), das Natur- oder das Gewohnheitsrecht mehr braucht" (ebd). Ahn dehnt gleichzeitig diese "Freiheit des Sohnes von den Pädagogen" auch auf "die Freiheit des Sohnes von dem Willen des Vaters" aus:

"Diese (die Freiheit des Sohnes von den Pädagogen; d.Verf.) bedeutet aber zugleich die Freiheit von dem Willen des Vaters. Jetzt wird der Wille des Vaters durch die Situation, in der der Sohn steht, gegeben, und der Sohn handelt durch eigene Urteilsbildung als ein selbständiges Handlungssubjekt. Damit bleiben das Objekt und das Subjekt nicht mehr getrennt, und Heteronomie und Autonomie sind eins geworden" (ebd).

Ahn begründet diese "Freiheit des Sohnes von dem Willen des Vaters" mit dem Vertrauen Gottes zu dem durch das Christus-Ereignis zum mündigen Handlungssubjekt befreiten Menschen, denn aus dem Vertrauen Gottes ergebe sich ein Nicht-Mehr-Eingreifen Gottes in die Situation des Menschen:

---

103 In: BJ, S.124-133. Im folgenden beziehen sich die Seitenzahlen in Klammern auf diese Quelle.

"Der Vater sagt nur, 'Ich will, daß du recht handelst. Handle nach deinen guten Urteilen.' Der Sohn antwortet gehorchend, 'Ja, Vater. Ich werde als dein Sohn handeln, indem ich deinem Willen entsprechend urteile.' Der Vater diktiert nicht mehr, was und wie es der Sohn tun soll, um recht zu handeln. Das muß der Sohn selbst in der Situation entscheiden" (128f.).

Ahn versucht nun, indem er den "Befehl zur Liebe des Nächsten" (132) interpretiert, näher zu bestimmen, was es bedeutet, in der Situation gemäß Gottes Willen zu entscheiden:

"Jesu Lehre 'Du sollst deinen Nächsten lieben wie dich selbst' ist der Gotteswille. Dieser Gotteswille ist mit dem Nächsten verbunden. Der Nächste ist meine Situation... Indem ich den Hilferuf meines Nächsten höre, höre ich das Wort 'Du sollst deinen Nächsten lieben wie dich selbst'. Dieses Wort sagt aber auch 'wie dich selbst'... Das heißt: Ich soll selbständig entscheiden, wie ich angesichts des Hilferufs des Nächsten handeln soll... Wenn man von diesem Wort 'den Nächsten' und 'wie dich selbst' wegnimmt, bleibt nur noch 'Du sollst lieben'. Dieses 'Du sollst lieben' ist eben der Wille Gottes. Aber dieser Wille Gottes ist etwas Selbstverständliches, was sich von meinem Dasein nicht trennt: Wer fragt, was die Liebe bedeutet, der versteht schon, was die Liebe bedeutet. Sonst verstände er nie, was die Liebe bedeutet, auch wenn man sie ihm erklärte (Bultmann)" (133).

Was der Gotteswille bei der Nächstenliebe bedeutet, soll also für das durch das Christus-Ereignis befreite Handlungssubjekt etwas Selbstverständliches sein. Denn dessen Aus-Auf-Dasein identifiziere den eigenen Willen mit dem Willen Gottes. Das bedeutet, daß es bei der Bestimmung des Willens Gottes in der jeweiligen Situation eigentlich darum geht, den selbstverständlichen Willen des Aus-Auf-Daseins in der Situation, d.h. angesichts des Hilferufs des Nächsten, durch die Entscheidung für ein diesen Willen realisierendes Handeln als den Willen Gottes deutlich zu demonstrieren.[104]

Insofern besteht für Ahn die Beziehung zwischen Gott und Mensch aus drei Konstituenten, nämlich dem Willen Gottes, dem Willen des Aus-Auf-Daseins (Entscheidung zum Handeln) und dem Hilferuf des Nächsten (Situation).[105] Durch das Ineins-Setzen des Willens des Aus-Auf-Daseins mit dem Hilferuf des Nächsten werden die drei Bestandteile der Beziehung zwischen Gott und Mensch in einen Zusammenhang gebracht. Das heißt wiederum, daß trotz des

---

104 Vgl. a.a.O. S.129: "Der Gotteswille wird dem Menschen durch die Situation mitgeteilt. Das heißt: Durch die Situation wird der Mensch vor die Entscheidung eines Entweder-Oder (d.h. für oder gegen den Willen Gottes; d.Verf.) gestellt. Indem er sich in dieser Situation selbständig entscheidet, handelt er. Mit anderen Worten: Er erkennt den Willen Gottes, indem er sich zum Handeln entscheidet" (129).

105 Vgl. ebd.: "Nach Bultmann sind für die Beziehung zwischen Gott und Mensch Gotteswille, Situation und Entscheidung konstitutiv."

Nicht-Mehr-Eingreifens Gottes in das menschliche Handeln die Beziehung
zwischen Gott und Mensch durch das Solidarisieren des Aus-Auf-Daseins mit
dem um Hilfe rufenden Mitmenschen bestätigt und aktiviert wird. Daraus ist
zu folgern, daß man Gott allein bei den Hilfe suchenden Mitmenschen begegnen könne, wie Ahn es in einem anderen Aufsatz ausdrücklich bestätigt: "Die
Mitmenschen, die von uns Hilfe suchen und uns zum Handeln auffordern, stellen den einzigen Ort und die einzige Zeit dar, wo und wann wir dem Transzendenten begegnen können"[106].

B.2.5 *Die ideologiekritische Anwendung des Aus-Auf-Daseins bzw. die so-*
ziologische Theodizee: *Gott richtet die ungerechte Menschenwelt, wo Herr-*
schende und Habende ihre Macht mit ungerechten Mitteln erhalten wollen,
durch das Leiden der Menschen entschiedenen Aus-Auf-Daseins. Diese vernei-
nen die alte Welt und öffnen sich der Zukunft Gottes, indem sie dem Aus-
Auf-Handeln Gottes in der Geschichte entsprechen.

Nachdem Ahn die Problematik des Leidens, die sich aus der ethisch-sote-
riologischen Umsetzung seiner Anthropologie des Aus-Auf-Daseins ins Handeln
ergab, als Theodizeefrage verstanden und mit dem Hinweis auf "Gott im Leiden des Aus-Auf-Daseins" beantwortet hatte, beschäftigte er sich auch in
den folgenden Jahren (1970 bis 1973) mit derselben Problematik. Er versuchte jetzt aber, sie als eine soziologische Frage zu verstehen und von einer
ideologiekritischen Perspektive her zu beantworten. Das heißt: Während Ahn
zunächst eine Antwort auf die Frage gesucht hatte, warum Gott angesichts
des Leidens des Aus-Auf-Daseins schweigt, geht es ihm nun darum, auf die
soziologisch umformulierte Frage derselben Problematik zu antworten: Warum
wollen nicht alle Menschen, sogar unter den Christen, auf den Ruf zum Aus-
Auf-Dasein reagieren? Warum entscheidet sich nur eine für die kommende Zukunft Gottes offene kleine Minderheit von Menschen (wie sich in der jüdischen Gesellschaft zur Zeit Jesu urbildlich gezeigt habe)[107] für das Aus-
Auf-Dasein und leidet unter der absoluten Mehrheit von Menschen, die sich
der kommenden Zukunft Gottes verschließt und die bestehenden alten Ordnungen erhalten will?

---

106 Ahn Byungmu, "Der bettelnde Transzendente" (Aug. 1970), in: BE, S.251-
    259, hier: S.258.
107 Daß bei Ahn die jüdische Gesellschaft zur Zeit Jesu als ein Urbild für
    jede Gesellschaft, wo die ungerechte Macht herrscht, implizit voraus-
    gesetzt ist, zeigt sich daran, daß Ahn seine Analyse des strukturellen
    Übels gesellschaftlicher Macht mit einer Rekonstruktion der Machtver-
    hältnisse in Palästina zur Zeit Jesu zu begründen versucht. Diese Re-
    konstruktion wird in seiner Minjungtheologie sozial-geschichtlich
    präzisiert werden.

Diese Frage wird durch Ahns apologetische Absicht motiviert, seine Anthropologie des Aus-Auf-Daseins gegen Zweifel an ihrer Wahrheit zu verteidigen, die sich angesichts des ohnmächtigen Leidens unter der ungerechten
Macht erheben und die gesellschaftspolitischen Auswirkungen seiner Anthropologie beeinträchtigen. Es soll gezeigt werden, daß die Wahrheit des Aus-
Auf-Daseins trotzdem oder gerade deswegen Bestand habe, und zwar aus einem
soziologischen und zugleich theologischen Grund: Das Aus-Auf-Dasein habe
gerade wegen seines leidenden Widerstandes gegen die die ganze Gesellschaft
beherrschende ungerechte Macht, die sich der kommenden Zukunft Gottes widersetzt und deshalb "für die trübe Strömung der Geschichte verantwortlich
ist"[108], in der Gesellschaft als der Stellvertreter des Willens Gottes für
eine gerechte Politik und Gesellschaft zu gelten, genau wie Jesus selbst
der einzigartige Stellvertreter des Willens Gottes gewesen sei und deshalb
das Urbild für den leidenden Widerstand des Aus-Auf-Daseins darstelle.

Ahn entwickelt seine soziologische Konstruktion der politisch-gesellschaftlichen Realität aus einem dualistischen bzw. antagonistischen Ansatz:
Die Gesellschaft bestehe aus zwei gegensätzlichen Gruppen. Die eine ist die
konservative, die sich dem Willen Gottes widersetzt, um sich selbst zu behaupten. Die andere ist die progressive, die dem Willen Gottes gehorcht und
sich deshalb dem Willen der Selbstbehauptung der konservativen Gruppe widersetzt.

Der Wille der konservativen Menschen setze sich in Form von Macht durch.
Deshalb analysiert Ahn das strukturelle Übel der Macht, um zu zeigen, wie
und warum die konservative Macht in Ungerechtigkeit münden muß und wie und
wozu das Aus-Auf-Dasein der progressiven Menschen unter der Ungerechtigkeit
der Macht leiden muß. Die theologische Soziologie Ahns ist deshalb als eine
Soziologie der Macht des Konservativismus zu charakterisieren.

Ahn entdeckt das strukturelle Übel der Macht des Konservativismus sowohl
in der Politik als auch in der dieser gefügigen Religion. Hier setzt seine
Ideologiekritik ein, die zeigen will, wie jede Macht der beiden Bereiche in
einen unvermeidlichen Selbstwiderspruch gerät, indem sie sich mit allen
Mitteln und um jeden Preis zu behaupten versucht und eben dadurch der kommenden Zukunft Gottes widerspricht.

Der ideologiekritischen Machtsoziologie Ahns liegt eine gesellschafts-
therapeutische Zielsetzung zugrunde: Die Gesellschaft soll von ihrem konservativen und deshalb unvermeidlich selbstwidersprüchlichen und ungerechten Zustand geheilt werden, indem die Ursache der Ungerechtigkeit diagno-
stiziert und ein Rezept verordnet wird. Dieses ist in dem Aus-Auf-Dasein,

---

108 Ahn Byungmu, "Seht diesen Menschen!", in: BJ, S.303-312, hier: S.308.

d.h. dem wahrhaft gerechten und menschlichen Zustand, zu finden. Weil das
Aus-Auf-Dasein zugleich aber auch der Anlaß für die Entwicklung seiner ge-
sellschaftstherapeutischen Soziologie gewesen ist, sucht Ahn eine Legiti-
mationsbasis für das Aus-Auf-Dasein einerseits in dem Aus-Auf-Charakter des
Handelns Gottes selbst[109] und andererseits in der Alternativ-Bewegung, die
sich aus der westeuropäischen und nordamerikanischen Studentenbewegung in
den späten 60er Jahren entwickelt hat und nach Ahns Ansicht ähnlich wie
seine Aus-Auf-Anthropologie an der Ideologiekritik der konservativen Macht
orientiert ist.[110]

Wir wollen nun einzelne Argumente der theologischen Soziologie Ahns in
chronologischer Reihenfolge darstellen. Ahn entwickelte sie in den Jahren
1970 und 1971, also lange vor seinem Übergang zur Minjungtheologie (zwischen 1973 und April 1975), die er als soziologische Ausformung seiner
Aus-Auf-Anthropologie ansah.

(a) *Das strukturelle Übel der Macht und die Ideologiekritik an der
Macht*: In seinem Aufsatz "Seht diesen Menschen!" (Nov. 1970)[111] versucht
Ahn, anhand der Gerichtsszene der johanneischen Passionsgeschichte (Joh 18,
19-19,16) die ungerechte Macht der Politik wie der Religion in Palästina
zur Zeit Jesu zu analysieren und daraus einen allgemeinen Mechanismus der
ungerechten Macht in Politik wie Religion abzuleiten. Ahns Interpretation
der Gerichtsszene Jesu will also nicht nur eine historische Rekonstruktion
der Machtstruktur zur Zeit Jesu sein, sondern vielmehr im Sinne einer über-

---

109 Vgl. vor allem Ahn Byungmu, "Diesen Tempel abbrechen", in: BE, S.229-
    237 bzw. in: DVT, S.47-51.
110 Vgl. vor allem Ahn Byungmu, "Die Zukunft gehört den Armen", in: BJ,
    S.64-74 bzw. in: DVT, S.52-59 unter dem Titel "Selig seid ihr Armen".
    In der letztgenannten deutschen Übersetzung sind einige wichtige Stel-
    len kommentarlos gestrichen worden, die den eigentlichen Entdeckungs-
    zusammenhang des Aufsatzes zu erkennen geben. Trotzdem weist der Argu-
    mentationsduktus des Aufsatzes immer noch deutlich auf diesen Entde-
    kungszusammenhang hin. (Wir werden darauf in unserer Darstellung noch
    zurückkommen.) Um das mögliche Mißverständnis zu vermeiden, als sei
    Ahns Minjungtheologie unter einem unmittelbaren Einfluß der Alterna-
    tiv-Bewegung der sog. Ersten Welt entstanden, ist auf Folgendes hinzu-
    weisen: Die Minjungtheologie Ahns hat nicht alle Begründungsaussagen
    aus der vor-minjungtheologischen Phase direkt aufgenommen. Seine
    Minjungtheologie versteht sich z.B. nicht mehr in der Tradition der
    Alternativ-Bewegung der Ersten Welt, sondern bewußt ausschließlich in
    der einheimischen Tradition. Es scheint, daß dies mit einer Tendenz
    seiner Minjungtheologie wie auch der Minjungbewegung insgesamt, die
    als "nationales Selbstbewußtsein" bezeichnet werden kann, zu tun hat.
    Ob die Berufung der Minjungtheologie auf die einheimische Minjung-
    bewegung tatsächlich ihre theoretische und praktische Selbständigkeit
    begründet, wird noch zu untersuchen sein.
111 In: BJ, S.303-312. Im folgenden beziehen sich die Seitenzahlen in
    Klammern auf diese Quelle.

greifenden Machtsoziologie auf die aktuelle (und unter der Voraussetzung
einer Strukturgleichheit der ungerechten Macht zu jeder Zeit zugleich
strukturelle) Frage der ungerechten Macht antworten:

"Wir leben auch heute in dem Gerichtshof des Pilatus. Dieses Gericht
fand nicht nur vor 2000 Jahren statt, sondern geschieht auch heute.
Jesus wurde in diesem Gerichtshof ungerecht verurteilt. Derselbe Jesus
wird heute noch schweigend ohne Sünde als Sünder verurteilt, und zwar in
denjenigen, die von den Machthabenden getreten und hingerichtet werden.
Sie werden hingerichtet, ohne ein Wort aussprechen zu können vor der
riesigen Festungsmauer von 'Staat' und 'Religion', obwohl ihre Menschenrechte verletzt werden. In dieser Lage dienen die Menschen, die der
'Welt' gehören, der Macht als willenlose Werkzeuge, indem sie der Macht
schmeicheln und der von ihr manipulierten öffentlichen Meinung zustim-
men. Dagegen sehen die Menschen, die der Wahrheit gehören, in denjenigen, die im Gerichtshof des Pilatus geopfert werden, ohne sich gegen die
Verletzung ihrer Menschenrechte verteidigen zu können, Jesus, wie er
auch heute noch verurteilt wird." (312)[112]

Wie auch dieses Zitat zeigt, ist Ahns Bild einer Gesellschaft, wo die
Ungerechtigkeit der politischen und religiösen Macht herrscht, folgendermaßen strukturiert: Die Gesellschaft teile sich in Herrschende und Beherrschte. Die Herrschenden teilen sich wiederum in zwei Gruppen: Die eine hat die
politische Macht, und die andere die religiöse. Die religiöse Machtgruppe
schließt mit der politischen Kompromisse oder ordnet sich dieser unter, um
ihre Macht zu erhalten. Die Beherrschten sind "Minjung"[113]. Diese teilen
sich ebenfalls in zwei Gruppen: Die eine sei das "ungerechte Minjung", die
andere das "unterdrückte Minjung" (306). Das ungerechte Minjung läßt sich
von der Macht zum ungerechten Handeln verführen und somit in die Ungerech-

---

112 Zum zeitgeschichtlichen Kontext dieses Zitates vgl. oben A.1.4.(c):
    Einigen Studenten und Intellektuellen, die an den Demonstrationen
    gegen die Verfassungsänderung 1969 teilgenommen hatten, erging es vor
    Gericht ähnlich wie Ahn es hier schildert.
113 Ahn gebraucht schon 1970, d.h. etwa fünf Jahre vor der Entstehung sei-
    ner Minjungtheologie, den Begriff "Minjung". Die Grundbedeutung dieses
    Begriffs, daß das Minjung, die von den Machthabern unterdrückte Mehr-
    heit des Volkes, das eigentliche Subjekt der Macht sei, ist bei ihm
    schon zu dieser Zeit völlig gleich wie in seiner Minjungtheologie, bis
    auf einen Punkt: In der Minjungtheologie kommt der Ausdruck "ungerech-
    tes Minjung" nicht mehr vor, auch wenn dieses Minjung noch als "mani-
    pulierbar" bezeichnet wird. Es scheint, daß dies mit der Tendenz sei-
    ner Minjungtheologie zusammenhängt, das Minjung zu idealisieren. Ahn
    hat also den Begriff "Minjung" bereits im Zusammenhang mit seiner
    theologischen Soziologie gebildet, ihn dann in seiner Minjungtheologie
    präzisiert und vor allem jesuanisch und sozialgeschichtlich zu begrün-
    den versucht. Die Behauptung von Na Yongwha (in: Ders., Kritik der
    Minjungtheologie [Minjung-Shinhak Bipan], Seoul 1984, S.41-43), daß
    die Minjungtheologen den Begriff Minjung von der marxistisch orien-
    tierten Theologie japanischer Theologen wie Genzo Tagawa und Arai
    Sasaku aufgenommen haben, ist also nicht ganz zutreffend.

tigkeit der Macht verwickeln.[114] Das unterdrückte Minjung sei zwar das eigentliche Subjekt der Macht, weil es seine Macht den Herrschenden übertragen hat, werde aber trotzdem von diesen unterdrückt (ebd). Die ganze Gesellschaft teile sich schließlich in zwei gegensätzliche "Typen von Menschen" (308), nämlich diejenigen, die sich mit der Macht behaupten und erhalten wollen und somit sich als "der 'Welt' gehörend" erweisen, und diejenigen, die mit der ungerechten Macht nichts zu tun haben wollen bzw. sich ihr widersetzen und somit sich als "der Wahrheit gehörend" erweisen.

Die Macht der Politik geht, wie nach Meinung Ahns allgemein anerkannt ist, von dem Minjung aus. "Man zwingt deshalb das Minjung durch Bedrohung oder Manipulation, auch die Macht anzuerkennen, die man durch Gewalt ergriffen hat, wie es bei jedem Diktator der Fall war und ist" (306). Wenn einmal die Macht aber in dieser Weise vom Minjung legitimiert worden ist, "macht sie sich vom Minjung unabhängig und verwandelt sich zum Mittel der Unterdrückung des Minjung" (ebd). Die Macht brauche jedoch zur Unterdrückung des Minjung ihre Anhänger. "Deshalb verteilt sich die Macht nach unten, um durch die Unterstützung derjenigen, die die Macht zugeteilt bekommen haben, sich selbst zu erhalten" (ebd). Und die Anhänger der Macht, "die sich der Macht verkauft haben, verteidigen die Macht auf Leben und Tod, um sie auf immer zu erhalten. In dieser Weise verabsolutiert sich die Macht und zerstört dadurch das Recht, das sie legitimiert hat. Damit wird das Recht zum Diener der Macht, und daran geht das Land zugrunde" (ebd)[115].

---

114 Ahn findet das "ungerechte Minjung" urbildlich in der Masse repräsentiert, die, von der religiösen Macht manipuliert, von Pilatus fordert, Jesus zu kreuzigen (Mk 15,6ff. und Par.). Vgl. a.a.O. S.306: "Er (sc.: Pilatus) hat sich entschieden, Jesus hinzurichten, um zu zeigen, daß er ein treuer Diener des Kaisers ist. Ob er aber dabei wirklich ein treuer Diener des Kaisers ist und nicht vielmehr der falschen Masse dient? ... Er enthüllt, daß er zu einer Marionette des ungerechten Minjung geworden ist, um seine Macht zu erhalten."
115 Ahn schließt diese Machtauffassung direkt an seine Analyse der listigen Vorgehensweise des Pilatus bei der Verurteilung Jesu an, so daß der Eindruck entsteht, als ob er sie direkt aus dieser Analyse gewonnen hätte. Es ist jedoch wahrscheinlicher, daß Ahn diese Machtauffassung besonders zu dem Zweck konstruiert hat, um auf die Verfassungsänderung zur dritten Wiederwahl Parks 1969 (vgl. oben A.1.4.c) zu reagieren, d.h. die List Parks zu entlarven und das Volk über die rechtswidrige Willkür der Macht Parks und seiner Anhänger aufzuklären. Denn das Bild der ungerechten Macht, das Ahn hier beschreibt, entspricht besser dem Parks als dem des Pilatus, denn das Bild des Pilatus dient im Johannesevangelium, wie Ahn selbst deutlich macht, eher dem Zweck, "die römische Herrschaft als zur Verurteilung Jesu gezwungen zu beschreiben und die Juden dafür verantwortlich zu machen" (303). Ahn bemerkt allerdings anschließend, daß "die so beschriebene Verhaltensweise der römischen Regierung doch letztlich das wahre Gesicht der Struktur der politischen Macht entlarvt" (ebd). Auf seinen methodischen Fehler, aktuelle Problemstellungen in die Bibel hineinzulegen, werden wir im Zu-

Bei der Ideologiekritik an der Religion geht Ahn von dem Selbstverständnis der Religion aus, das, wie das Judentum zur Zeit Jesu, darin bestehe, "das Ganze der Ethik, der Religion und der Wertauffassung zu vertreten und deshalb sich selbst als Wächter des Willens Gottes zu verstehen" (307)[116]. Das heißt: "Die Religion hat die Grundlage ihrer Entstehung weder im Recht noch in der Macht, sondern im Transzendenten, das den ihm Vertrauenden die Freiheit von der Welt gibt" (ebd). "Wenn die Religion aber dazu gekommen ist, in der Geschichte einen Platz einzunehmen und eine eigene Tradition zu bilden, relativiert sie ihre Grundlage. Dies bewirkt im Judentum das Gesetz und in anderen Religionen die Dogmen. Gott wird durch das Gesetz oder durch Dogmen ersetzt. Es folgt dann die Festigung der religiösen Macht, die das Gesetz oder die Dogmen verwaltet. Die Macht der Religion muß aber, um ihre eigene Autorität zu erhalten, mit der Macht des Staates in unerlaubter Weise zusammenarbeiten bzw. wird von ihr zu politischen Zwecken mißbraucht" (ebd).

Ahn wendet sich gegen die Verkehrtheit der politischen und der religiösen Macht: "Soll die Welt Ordnung haben, muß die Gerechtigkeit bestehen. Die Gerechtigkeit kann im Grunde allein auf der Grundlage einer religiösen Wertauffassung ent- und bestehen. Aufgrund der so bestimmten Auffassung der Gerechtigkeit soll das Recht gestaltet werden, und die Macht soll dieses Recht durchführen" (311). Hier zeigt sich das Idealbild Ahns für eine gerechte Gestalt des politisch-gesellschaftlichen Zusammenlebens der Menschen: Die Religion, d.h. das Sprachsystem, das für "Ethik, Religion und Wertauffassung" der betreffenden Gesellschaft zuständig ist, bestimme die Grundlage für eine gerechte Politik und Gesellschaft und soll demzufolge die Gerechtigkeit des Rechts- und des Verwaltungssystems überprüfen und darüber wachen.

"Die Gerechtigkeit ist aber keine Substanz, sondern muß in geschichtlichen Verhältnissen immer neu gestaltet werden. Um die Gerechtigkeit immer neu zu gestalten, soll die Religion dem Verlauf der Geschichte vorangehen. Wenn sie auf die Strömung der Geschichte nicht sensibel reagiert und statt dessen an dem, was schon gestaltet ist, hängenbleibt, dient sie nicht mehr

---

sammenhang mit Ahns minjungtheologischer Deutung der markinischen Theologie näher eingehen.
116 Um Mißverständnisse zu vermeiden, sei darauf hingewiesen, daß Ahn nicht dieses Selbstverständnis der Religion an sich, sondern nur falsche Konsequenzen, die sich aus dem Willen zur Selbstbehauptung und -erhaltung der Religion ergeben, kritisieren will. Ahn selbst vertritt die Auffassung: Die Religion sei die Stellvertreterin des Willens Gottes, der in Form von Ethik und Wertauffassungen erscheine und somit entscheide, was (im Licht des Willens Gottes, d.h. aber zugleich allgemein) gerecht oder ungerecht ist.

der Menschheit, sondern wird zur Unterstützung der Privilegien der Etablierten ausgenutzt und verkommt zum religiösen Übel, das nur noch neue
Sprosse vergiftet." (311)

"Die Macht soll eigentlich das Recht und demzufolge die Gerechtigkeit
schützen. Wenn die Macht aber vergißt, daß sie 'von oben her gegeben'[117]
ist, und von der Selbstsucht einer Person oder einer Gruppe mißbraucht
wird, verkommt sie zum politischen Übel und widersetzt sich dem Recht und
der Gerechtigkeit mit Kanonen." (311)

Aufgrund dieser Ideologiekritik an der Macht interpretiert Ahn das Leiden des Aus-Auf-Daseins unter der ungerechten Macht. Ahn geht davon aus,
daß Jesus im Gerichtshof des Pilatus das Urbild für das Leiden des Aus-Auf-
Daseins sei. "Wenn sein (sc.: Jesu) Leben ein Zeugnis der Wahrheit ist[118],
dann ist auch sein Leiden ein Zeugnis der Wahrheit. Daß er in seiner Niederlage, Ohnmacht und in seinem Schweigen verurteilt wurde, ist Zeugnis der
Wahrheit. ...Diese ist die Wahrheit für das neue Reich. Das heißt: Für die
neue Welt kann nur gezeugt werden, indem man niedergeschlagen und verurteilt wird und leidet." (310) Dieses Zeugnis wirkt zugleich zurück auf seine Richter: "Was ist in diesem Gerichtshof bezeugt worden? Es ist enthüllt
worden, daß die Macht der Politik und der Religion auf Lüge beruht." (ebd)

Ahn leitet aus der so interpretierten Gerichtsszene vor Pilatus eine
eschatologische Bedeutung des Leidens des Aus-Auf-Daseins ab, die in der
Verheißung einer Herrschaft des Aus-Auf-Daseins in der neuen Welt bestehe:
"Diejenigen, die der Wahrheit gehören, erkennen in diesem Gericht die
letztgültige Tatsache: Derjenige, der so verurteilt wird, wird die Welt
richten und in der neuen Welt der Wahrheit als König herrschen" (312). Ahn
macht hier bewußt nicht deutlich, wer genau gemeint ist.[119] Seine Absicht
besteht jedoch eindeutig darin, Jesus und diejenigen, die von der ungerechten Macht verurteilt werden, nicht nur in ihrem Leiden unter der Macht,
sondern auch in ihrer eschatologischen Herrschaft zu identifizieren.

Aus dieser eschatologischen Herrschaft der von der ungerechten Macht
Verurteilten leitet Ahn schließlich eine theologisch-soziologische Antwort
auf die Theodizeefrage des Aus-Auf-Daseins ab: Dessen Verurteilt-Werden
durch die ungerechte Macht sei die Erscheinungsform des Gerichtes Gottes
über die Macht: "Gott handelt schweigend in diesem ungerechten Gericht. Das
rettende Handeln Gottes ist inmitten dieses weltlichen Geschehnisses wahrzunehmen, in dem die Ungerechtigkeit die Gerechtigkeit vergewaltigt und das

---

117 Ahn bezieht sich hier auf Joh 19,11. Vgl. a.a.O. S.310.
118 Ahn bezieht sich hier auf Joh 18,37. Vgl. a.a.O. S.310.
119 Diese Art einer apokalyptischen Andeutungsmethode bei Ahn haben wir
    schon oben B.1.3, vor allem Anm. 57, kennengelernt.

Böse das Gute mit Füßen tritt. Denn Gott richtet durch die Verurteilten die
Verurteilenden, weil Gott den Verurteilten zum König erhöht hat. Deshalb
hören diejenigen, die der Wahrheit gehören, in diesem widersprüchlichen
Geschehnis seine (sc.: Gottes) Stimme" (312).

(b) *Ideologiekritik am Fundamentalismus in der christlichen Kirche
Südkoreas*: Einige Monate nach dem eben dargestellten Aufsatz versucht Ahn
in seinem Aufsatz "Diesen Tempel abbrechen!" (März 1971)[120], ein Doppeltes
zu erreichen: Er will mit Hilfe des "Aus-Auf-Handelns Gottes in der Geschichte"[121] einerseits die politische Indifferenz bzw. die Gefügigkeit der
Macht gegenüber und die dogmatistisch verschlossene Selbstgefälligkeit der
fundamentalistischen Gruppen in der Kirche Südkoreas[122] kritisieren und sie
zum "politisch-sozialen Engagement" (BE, 236) auffordern; andererseits will
er seine Antwort auf die Theodizeefrage des Aus-Auf-Daseins bekräftigen,
und zwar mit dem Argument, daß das Aus-Auf-Dasein die Form des "gegenwärtigen Christus" in der Geschichte (BE 234; DVT 50) sei.

Das aktuelle Problembewußtsein besteht darin, daß "die Christen, die
sich dem Minjung angeschlossen haben, ...die schwere Aufgabe haben, in zwei
Richtungen kämpfen zu müssen: gegen die Bollwerke einer unmenschlichen politischen Macht und gegen die heiligen Schanzen eines gegen die Geschichte
gerichteten Dogmatismus der christlichen Kirche" (DVT 50f.).

---

120 In: BE, S.229-237 bzw. in: DVT, S.47-51. Im folgenden werden die Zitate
aus den beiden Quellen jeweils mit der Abkürzung BE oder DVT und mit
den entsprechenden Seitenzahlen bezeichnet, denn die deutsche Übersetzung hat einige wichtige Stellen korrigiert, hinzugefügt bzw. wegge-
strichen, ohne darauf ausdrücklich hinzuweisen.
121 Ahn drückt dies in seinem Aufsatz verschieden aus, z.B.: "Jahwe ist
nicht an einen Ort gebunden" (DVT 47); "Die Mobilität Jahwes" (DVT
48); "Er (sc.: Jahwe) geht in der Geschichte voran" (DVT 48); "Gott
wirkt frei in der Geschichte" (DVT 49); "Gott wird nicht im Tempel
bleiben" (DVT 51).
122 Die fundamentalistischen Gruppen in der Kirche Südkoreas sind zahlenmä-
ßig die größte Gruppierung unter den Christen, organisatorisch aber
nicht vereinigt, weil sie verschiedenen Denominationen (hauptsächlich
aus den USA) angehören. Die Glaubenslehren sind deshalb auch je nach
Gruppe unterschiedlich, abgesehen von einigen allgemeinen Hauptlehren
wie z.B. die Unfehlbarkeit der Bibel, die Jungfrauengeburt, die leib-
liche Auferstehung und das Jüngste Gericht. Sie waren sich aber, jedenfalls zu der Zeit, als Ahn diesen Aufsatz schrieb, einig in dem
Dogmatismus ihrer Glaubenslehre und in ihrer prinzipiellen Indifferenz
und praktischen Gefügigkeit der politischen Macht gegenüber um ihrer
Missionspolitik willen. Ahns Kritik an den "heiligen Schanzen eines
gegen die Geschichte gerichteten Dogmatismus der christlichen Kirche"
(DVT 50f.) bezieht sich eigentlich allein auf diese beiden Gemeinsam-
keiten der fundamentalistischen Gruppen.

Exkurs: Der Anfangssatz des Zitates ist zwar nach der Entstehung der Minjungtheologie Ahns deren Grundthese "Subjekt-Sein des Minjung" entsprechend korrigiert worden, und die folgenden Sätze sind erst in der deutschen Übersetzung hinzugefügt worden. Das Zitat entspricht aber dem Argumentationszusammenhang des Originaltextes und macht sehr gut deutlich, welches Problembewußtsein schon der Originalvorlage zugrunde lag.

Worauf beruht jedoch die Kontinuität zwischen der vor-minjungtheologischen und der minjungtheologischen Phase in der Theologie Ahns, die durch diese Korrektur unberührt bleibt? Ahn scheint nämlich vorauszusetzen, daß der Aufsatz trotz der Ersetzung des Begriffes "soziales Engagement", der in seinem der vor-minjungtheologischen Phase zugehörenden Aufsatz eine entscheidende Rolle spielte, durch den minjungtheologischen Grundbegriff "sich dem Minjung anschließen" in seinen Hauptgedanken unverändert bleibt.

Die Extension der beiden Begriffe bezieht sich zwar auf einander ähnliche Phänomene, die man als politisch motivierte "soziale Bewegung"[123] zusammenfassen kann. Sie zeigen aber jeweils einen voneinander deutlich zu unterscheidenden zeitgeschichtlichen Hintergrund und eine ebenfalls unterschiedliche Intension: Das "soziale Engagement" ist zu verstehen auf dem Hintergrund der sozialethisch motivierten Theologie seit den 60er Jahren in Nordamerika und Westeuropa. Ahn selbst verweist im Originaltext (BE 235f.) auf die "Gott-ist-tot-Theologie" als das neueste Zeichen für den "Befehl des Herrn, diesen Tempel abzubrechen" (BE 237); diese Hinweise sind in der deutschen Übersetzung kommentarlos weggelassen worden. Der Begriff "soz. Engagement" bedeutet in dem koreanischen Kontext seit den 70er Jahren, daß die unter dem Einfluß aus den westlichen Ländern politisch-sozial bewußt gewordenen Intellektuellen sich aufklärerisch der Widerstandsbewegung gegen die diktatorische Regierung anschlossen. Der Begriff "sich dem Minjung anschließen" hat dagegen die Minjungbewegung zum Hintergrund und bedeutet die entschiedene Bereitschaft der politisch-sozial engagierten Christen und Nichtchristen einschließlich der Minjungtheologen, sich der angeblich aus dem Selbstbewußtsein des Minjung motivierten Bewegung anzuschließen, um "von dem Minjung zu lernen" (vgl. dazu oben A.4.5.).

Daß Ahn den Begriff "soziales Engagement", der, wie eben gesehen, unter nordamerikanisch-westeuropäischem Einfluß aufgenommen worden war, nach der Entstehung seiner Minjungtheologie durch einen Begriff aus der einheimischen Minjungbewegung ersetzt hat, beruht vermutlich auf dem neugewonnenen "Selbstbewußtsein des Minjung". Diese Vermutung läßt sich durch eine Grundtendenz der Theologie Ahns bestätigen, die man die "Sehnsucht nach der Verwirklichung der Identität des koreanischen Volkes als authentische Existenz" nennen kann, welche bereits in den Grundstimmungen seiner theologischen Arbeit festzustellen war (vgl. B.1.).

Die am Beispiel des behandelten Aufsatzes aufgewiesene Kontinuität zwischen Ahns vor-minjungtheologischen und seinen minjungtheologischen Gedanken bestätigt erneut unsere Arbeitshypothese, daß die Minjungtheologie Ahns nicht erst und allein durch das Selbstbewußtsein des Minjung, das in der Minjungbewegung zum Ausdruck kam, motiviert worden ist, wie man oft behauptet, sondern vielmehr durch seine eigenen anthropologisch-theologischen Ansätze, besonders seine Aus-Auf-Anthropologie, entscheidend vorbereitet worden ist.

Ahns Problembewußtsein liegt letztlich die soziologisch verstandene Theodizeefrage zugrunde, die folgendermaßen formuliert werden kann: Warum unterdrückt die politische und die religiöse Machtgruppe die wenigen Chri-

---

123 Zu diesem Begriff vgl. O. Rammstedt, "Bewegung, soziale", in: B. Schäfers (Hg.), Grundbegriffe der Soziologie, Leverkusen 1986, S.38-40.

sten, die sich in der politischen Widerstandsbewegung engagieren? Wer steht
dabei auf der Seite der Wahrheit? Die politisch indifferenten Christen, die
von der Macht verschont bleiben, oder die politisch engagierten Christen,
die von der Macht unterdrückt werden?[124]

Die Antwort auf diese Frage lautet: Die politisch engagierten Christen
stehen auf der Seite der Wahrheit, wie Ahn es mit der Bezeichnung "die der
Wahrheit Gehörenden" zum Ausdruck bringen will. Ahn versucht nun diese Antwort mit dem "Aus-Auf-Handeln Gottes in der Geschichte" zu begründen. In
diesem Begründungsversuch ist implizit die Wahrheitsidee vorausgesetzt, daß
die Wahrheit mit dem kollektiven Handeln der Menschen zu tun hat, und daß
die Wahrheit des menschlichen Handelns darin besteht, dem Handeln Gottes zu
entsprechen. Diese Entsprechung besteht darin, daß das Handeln des Menschen
und das Handeln Gottes gleich strukturiert sind und in dem gleichen Handlungsraum, d.h. in der Geschichte, geschehen. Ahn hatte bisher unermüdlich
auf die Aus-Auf-Struktur der authentischen Existenz des Menschen hingewiesen, die durch das verantwortliche Handeln des koreanischen Volkes und inmitten der Geschichte verwirklicht werden sollte. Er will nun zeigen, daß
auch das Handeln Gottes diese Aus-Auf-Struktur hat und in der Geschichte
geschieht. Und zugleich will er zeigen, wie die konservativen Mächte vor
allem in der christlichen Religion diesem Aus-Auf-Handeln Gottes widerstan-
den haben und widerstehen.

---

124 In der deutschen Übersetzung deutet sich das Problembewußtsein Ahns in
den folgenden Sätzen an: "Aber das Geschrei draußen wurde immer stärker, so daß Christen sich nicht mehr in einen gesonderten Bereich der
Religion zurückziehen können. Wer Ohren hat zu hören, kann den Auf-
schrei nach Brot, Freiheit, Gleichheit, Gerechtigkeit und Menschenwürde vernehmen. Wenige Christen, die glauben, sie hätten in diesem Auf-
schrei die Stimme ihres Herrn gehört, haben die Tür des Tempels geöffnet und haben sich in die Strömung des draußen schreienden Minjung
geworfen" (DVT 50). Das sozialkritische Problembewußtsein, das in diesen erst in die deutsche Übersetzung eingefügten Sätzen geschildert
wird, ist jedoch in der allgemeinen Öffentlichkeit erst seit 1975
(vgl. oben A.3.12) und bei Ahn frühestens seit 1974 (z.B. in seinem
Aufsatz "Säer und Mäher", BE, S.185-191, Okt. 1974) festzustellen. Und
der Begriff "Minjung", der sozialkritisch ausgeprägt ist, kommt bei
Ahn frühestens seit 1975 (z.B. in seinem Aufsatz "Kampf gegen den Teufel", BE, S.260-268, April 1975) vor, obwohl der Begriff "Minjung",
der macht- und ideologiekritisch orientiert ist, schon 1970 in dem
oben dargestellten Aufsatz "Seht diesen Menschen!" auftaucht. Das sozialkritisch orientierte Problembewußtsein des "Minjung" ist in diesem
uns jetzt beschäftigenden Aufsatz, als dessen Entstehungsjahr 1971 an-
gegeben ist (DVT 47), aus diesem Grund anachronistisch. A. Hoffmann-
Richter geht in seinem Nachwort zu DVT (S.151-156) mit seinem Kommen-
tar zu diesem Aufsatz (153: "Im Schreien des 'Minjung' auf der Straße
hört er die Stimme Jesu") aus dem gleichen Grund fehl, weil er sich
nur auf die nachträglich korrigierte Fassung bezieht.

Ahn beginnt mit dem alttestamentlichen Gottesbild, das durch die "Mobilität Jahwes" (BE 230; DVT 48) charakterisiert sei: "Jahwe ist nicht an einen Ort gebunden. Jahwe ist ein Gott der Wanderung[125] ...Jahwe steht nicht still; er geht in der Geschichte voran" (DVT 47f.). Im Originaltext heißt es: "Er (sc.: Jahwe) ist als derjenige beschrieben, der in der Ortsveränderung der Geschichte uns vorangeht" (BE 230). Hier sind die beiden Ausdrücke "Ortsveränderung der Geschichte" und "uns vorangehen" entscheidend wichtig, um zu verstehen, was Ahn mit der Mobilität Gottes meint. Mit der "Ortsveränderung der Geschichte" will er sagen, daß die Geschichte selbst als die ganze Wirklichkeit[126] etwas Dynamisches ist, das sich nach der Aus-Auf-Struktur vorwärts bewegt. Diese Bewegung der Geschichte erscheint in Form einer "Ortsveränderung". Will man Stationen in der Geschichte markieren, so beginnen diese jeweils damit, dem Handeln Gottes in der Geschichte entsprechen zu wollen, aber wegen ihrer "Beschmutzung" (BE 231; DVT 48) im Verlauf der Geschichte und gemäß der Aus-Auf-Struktur der geschichtlichen Bewegung werden sie von der jeweils nächsten kommenden Station abgelöst. Daß Jahwe in dieser Geschichte uns vorangeht, bedeutet, daß das jeweils neueste Stadium der Geschichtsbewegung das Zeichen für das gegenwärtige Handeln Gottes an der Spitze der Geschichte sei, was Ahn auch "den gegenwärtigen Christus" nennen kann (BE 234; DVT 50).

Die "Tempelreligion" (BE 230; DVT 47) ist eine Bezeichnung für solche Stationen in der Geschichte, in denen die christliche Religion dem Handeln Gottes entsprechen wollte, aber im Gegenteil dazu in einen krassen Widerspruch gegen das Aus-Auf-Handeln Gottes in der Geschichte geraten ist. Der Grund dafür bestehe, wie es schon in der Geschichte des jüdischen Tempels in Jerusalem zu sehen sei, darin, daß man "Jahwe, den Herrn der Geschichte" (DVT 48), an den Tempel (d.h. an das, "was mit den Händen des Menschen gemacht worden ist" [BE 235][127]), binden und das Verhältnis zu Gott durch re-

---

125 Dieser Satz lautet im Originaltext: "Jahwe ist ein Gott von Nomaden." Und im nächsten Abschnitt heißt es, daß dieser Jahwe ein ansässiger Gott geworden sei, der an bestimmte Orte gebunden bleibt, nachdem Israel ansässig geworden war. Das Gottesbild wird also von den Lebensbedingungen des Menschen bestimmt. Hier zeigt sich wiederum eindeutig die wissenssoziologische Denkweise Ahns (vgl. Anm.47 in Teil B).

126 Die "Geschichte als die ganze Wirklichkeit" ist in diesem der vorminjungtheologischen Phase zugehörenden Aufsatz noch als eine Art Handlungsraum für das Handeln Gottes und zugleich des Menschen aufzufassen.

127 Ahn begründet diese Definition des Tempels mit Apg 17,24 (BE, S.235). Und er bezieht diese Bibelstelle nicht nur auf griechische Tempel, sondern auch auf "die allgemeine Tempelreligion" (ebd). Es scheint, daß Ahn damit die sog. natürliche Religion und die sog. natürliche Theologie ungültig macht. Wenn dies stimmt, dann stellt sich die Frage, inwiefern er vor allem in seiner Aus-Auf-Anthropologie und in seiner Minjungtheologie mit dieser Verneinung der natürlichen Theo-

ligiöse Institutionen ritualisieren wolle (DVT 48), so daß "der dynamische, geschichtliche Gott zu einem an einen Ort gebundenen Gott, einem Gott
der Wiederholung, geworden ist" (BE 231).

Jesus fordere deshalb, "diesen Tempel abzubrechen" (Joh 2,19a). Der
Grund für die Forderung Jesu bestehe darin, daß "der Glaube an Gott, weil
er an den Tempel fest gebunden worden ist, die Rolle der letzten Basis dafür spielt, die Vergangenheit zu erhalten und die Zukunft abzulehnen, so
daß er die Beziehung zu dem Gott, der in der dynamischen Geschichte voraus
geht, abschneidet und somit der neuen Möglichkeit im Wege steht" (BE 231f).

Damit die "Tempelreligion" beseitigt werden kann, muß die "Religiosität"
(BE 232; DVT 48) beseitigt werden. Denn sie sei der Grund, aus dem die Tempelreligion entsteht und auf dem sie besteht. Sie bedeutet bei Ahn nämlich
die Ideologie der religiösen Machtgruppe, die sich im Namen Gottes sich
selbst behaupten und erhalten will: "Die Religiosität des Menschen ver-
sperrt ihm immer wieder den Zugang zur Wirklichkeit der Geschichte. Dadurch
kommt es im Leben des Menschen zu einer Trennung von Glaube und Geschichte
in voneinander abgesonderte Bereiche." (DVT 48f)

Die "Aus-dem-Tempel-heraus-Bewegung von heute" (BE 235) müsse das Aus-
Auf-Dasein des Menschen sein, das dem Aus-Auf-Handeln Gottes in der Geschichte entspricht. Deshalb versucht Ahn, die christliche Religion oder,
genauer gesagt, den Glauben an den "Herrn der Geschichte" (DVT 48) aus der
Tempelreligion, die auch noch in der neuesten Kritik an der theistischen
Tempelreligion potentiell vorhanden sei, zu befreien. Diese Tempelreligion,
die sogar die "Gott-ist-tot-Theologie" in sich enthält, sei "eine Weltanschauung, die nur die Tempel von anderen durch den eigenen Tempel ersetzt
hat" (BE 236) und schließlich dazu führen werde, daß "man sich selbst an
die Stelle Gottes setzt, indem man sagt 'Gott ist tot' und zugleich die
Stimme Gottes nicht hört, 'Du sollst dich selbst verneinen'" (ebd). Der
Weg, der wirklich zur Befreiung von der Tempelreligion führe, bestehe deshalb darin, daß "man den Tempel zerstört und zugleich sich selbst verneint"
(ebd).

Die Selbstverneinung des Menschen vor Gott ist deshalb die authentische
Weise, in der der Mensch dem Handeln Gottes, der uns in der Geschichte vorangeht, wirklich entsprechen kann. Denn sie ist eben das Aus-Auf-Dasein,

---

logie konsequent bleibt. Denn er hat seine Aus-Auf-Anthropologie eigentlich zu dem Zweck entwickelt, die Sehnsucht nach der eigenen Identität des koreanischen Volkes zu verwirklichen, die in seiner Minjungtheologie mit dem "Subjektsein des Minjung in der Geschichte" zum Ausdruck gebracht worden ist. Dieses Subjektsein des Minjung könne ohne
Bibel und christliche Dogmen schon durch die koreanische Geschichte
begründet werden, wie Ahn selbst mit anderen Minjungtheologen behauptet. (Darauf kommen wir später zurück.)

das das schon Erreichte ständig überschreitet, um sich allein an der kommenden Zukunft Gottes zu orientieren[128].

Die Selbstverneinung gelte auch "dem Wunsch der Christen, Gott am historischen Jesus, d.h. an einem vergangenen Zeitpunkt, festzumachen. Auch der historische Jesus muß abgebrochen werden, damit Gott immer der gegenwärtige Gott sein kann" (BE 234). Daraus folgert Ahn in der Verbindung mit der Verheißung Jesu über das Kommen des Trösters (Joh 16,7): "Jesus bleibt also nicht an einen vergangenen Zeitpunkt gebunden. Wir glauben allein an den gegenwärtigen Christus" (ebd; DVT 49f). Daraus folgert Ahn weiter, daß "die christliche Religion keine Tempelreligion ist" (BE 235). Deshalb heißt es: "Diejenigen, die im Haus mit Namen 'Religion' versteckt bleiben wollen, sollen in die Realität inmitten der Geschichte hineinkommen. Denn der rechte Ort der Gottesanbetung ist die Geschichte selbst" (BE 235; DVT 50). Diese Gottesanbetung sieht Ahn schon im "sozialen Engagement" verwirklicht (BE 236).

(c) *Die Zukunft gehört den Armen bzw. den Menschen des Aus-Auf-Daseins*: Einige Monate nach dem eben dargestellten Aufsatz versucht Ahn in seinem Aufsatz "Die Zukunft gehört den Armen" (Aug. 1971)[129] nochmals deutlich zu machen, daß die Menschen des Aus-Auf-Daseins auf der Seite der Wahrheit stehen, indem sie sich dem etablierten Macht- und Wertsystem widersetzen, mit dem die konservativen Machtgruppen die bestehende Gesellschaft beherrschen.

Ahn versucht diese Behauptung mit den Seligpreisungen und Weherufen Jesu (Lk 6,20-26) zu begründen: Die Seligpreisungen bezögen sich auf die Menschen des Aus-Auf-Daseins, und die Weherufe auf die konservativen Menschen.[130]

Ahn lehnt die Unterscheidung zwischen "der geistigen und der materiellen Armut" (BE 68; DVT 54) ab, weil "die Unterscheidung zwischen Geist und Körper der Bibel fremd ist. Sie nimmt den Menschen als ganzen" (ebd). Daraus folgert Ahn, daß "die Unterscheidung von Armen und Reichen bei Jesus ... von dem Sein als solchem bestimmt sei" (BE 68; DVT 54f). Ahn meint damit die Existenzweise des Menschen, die er nach dem Kriterium des "Aus-Auf-Daseins", d.h. je nachdem, ob man sich durch ständige Selbstverneinung allein an dem Willen und der Verheißung Gottes orientiert, in eine authenti-

---

128 Vgl. B.2.1.
129 In: BJ, S.64-74. Ebenfalls in: DVT, S.52-59 mit der veränderten Überschrift "Selig seid ihr Armen (Lk 6,20-26)". Im folgenden beziehen sich die Seitenzahlen in Klammern auf diese Quellen (zitiert als BJ bzw. DVT).
130 Vgl. BJ, S.74 bzw. DVT, S.59.

sche oder unauthentische unterteilt. Deshalb fügt er sogleich hinzu, daß
"sie (sc.: die Unterscheidung von Armen und Reichen) nicht in die Dimensionen der Soziologie gehört, sondern sich im Licht der kommenden neuen Welt,
des Reiches Gottes, offenbart" (BE 68; DVT 55).

Exkurs: Es ist unklar, was Ahn hier damit meint, daß "die Unterscheidung
von Armen und Reichen *nicht in die Dimensionen der Soziologie* gehört",
oder, wie es im Originaltext heißt, daß "die Unterscheidung von Armen und
Reichen *nicht durch soziologisches Verstehen* begriffen werden kann". Denn
er selbst nimmt in diesem Aufsatz soziologische Begriffe in seine Argumentation auf wie z.B. "gesellschaftlich marginalisiert sein" (BE 70; DVT 56)
für die Armen und "im Mittelpunkt der Gesellschaft stehen" (BE 71; DVT 56)
für die Reichen. Der Grund für diese Inkonsequenz besteht nicht nur in dem
verwirrenden Sprachgebrauch Ahns, sondern, genau besehen, vielmehr in dem
logisch nicht durchdachten Grundgedanken seiner theologischen Methode.
Trotz der sprachlichen Verwirrung wird man den oben genannten Satz so
verstehen dürfen, daß in der Unterscheidung von Armen und Reichen zwar soziologische Merkmale keineswegs ausgeschlossen werden, aber das entscheidende Kriterium darin bestehe, ob man sich allein an der neuen Zukunft,
nämlich am Reich Gottes, orientiert, d.h. das Aus-Auf-Dasein praktiziert
oder nicht. Es bleibt die methodologische Frage zu beantworten, ob Ahn diese Reihenfolge, nach der zuerst das Reich Gottes und dann die soziologischen Merkmale die Unterscheidung von Armen und Reichen entscheiden sollen,
in seiner Argumentation wirklich durchhält. Diese Frage stellt sich, weil
sich die Armen in der Argumentation Ahns nicht aufgrund der Kundgebung des
Reiches Gottes, sondern deshalb für das Reich Gottes entscheiden, weil sie
nicht glauben, "die Antwort auf die Frage, ...wozu sie leben, ...innerhalb
des Wertsystems der heutigen Gesellschaft finden zu werden". Das heißt im
Sinne Ahns: Die Armen sind deshalb arm, weil sie "das Verlangen und die
Sehnsucht" in bezug auf die Frage, "'wozu' sie leben", haben, aber "auf
diese Frage keine Antwort zu finden vermögen" (BE 73; DVT 58). Dies besagt:
Die Armen sind schon wegen ihrer Sehnsucht nach einer Antwort auf die Sinnfrage arm (sie haben also "Seins-Armut", BE 73; DVT 58), bevor sich ihnen
das Reich Gottes kundgibt. Nicht das Reich Gottes bestimmt, wer arm oder
reich ist, sondern die Sehnsucht nach der Antwort auf die soziologisch bestimmte Sinnfrage, die sich aus der Sinnlosigkeit oder der Ausweglosigkeit
"der heutigen Gesellschaft" stellt, entscheidet die Unterscheidung von Armen und Reichen. Das Reich Gottes hat dabei nur die Funktion, diese soziologische Tatsache nachträglich zu bestätigen. Denn "die Armen sind die, die
warten. *Darum* öffnen sie sich der kommenden Zukunft mit ihrem ganzen Wesen"
(BE 74; DVT 58. Hervorhebung vom Verf.).

Ahn leitet aus der Seligpreisung Jesu für die Armen ab, daß "die jetzt
Armen ... in Zukunft in das Reich Gottes hineingehen werden" (BE 69; DVT
55). Daraus folgert Ahn, daß "dieses Reich (sc.: das Reich Gottes) die Welt
(in DVT: eine Wirklichkeit) ist, an der die Armen teilnehmen können[131] und

---

131 Die deutsche Übersetzung "die den Armen gegeben ist" entspricht sach-
   lich nicht dem, was Ahn meint. Denn Ahn will sagen, daß das Reich Gottes das *kommende* Reich ist, und daß gerade deswegen "diese Seligkeit
   und dieses Wehe, die Jesus über die Armen und die Reichen ausruft",
   "in der Spannung zwischen 'jetzt' und 'in Zukunft' steht" (BE 69; DVT
   55).

die den Reichen verschlossen ist" (ebd). Aus dieser Auffassung des Reiches Gottes ergeben sich die Ideologiekritik an der bestehenden Gesellschaft und die ethische Forderung, die Existenzweise zu ändern: "Dieser Sachverhalt[132] stellt die unverhüllte Realität des Menschen, wie sie 'jetzt' ist, bloß und zeigt, wie der Mensch sein soll" (ebd).

Aufgrund dieser ideologiekritischen und ethischen Funktion des Reiches Gottes schließt Ahn die beiden konservativen Gottesreichvorstellungen aus, es handele sich um eine "seelische oder geistige Welt" oder um "eine Welt, die sich (in materieller Hinsicht; BE 69) in allmählicher Evolution verwirklicht" bzw. "eine Wohlfahrtsgesellschaft" (ebd). Denn "diese Art der Hoffnung ist nicht auf die echte, neue Zukunft gerichtet. ... Eine solche Zukunft ist doch nichts anderes als die Ausdehnung der Gegenwart; denn hier wie dort gelten die gleichen Werte." (BE 69f; DVT 55)

Statt dessen sei das Reich Gottes "die kommende Wirklichkeit und somit eine absolut neue Möglichkeit. Es ist die Zukunft Gottes und nur so die des Menschen" (ebd). Deshalb bleibe "für den Menschen, der in der Hoffnung auf eine völlig neue Zukunft lebt, als einziger Zugang die wartende Offenheit gegenüber der Zukunft, und zugleich verbietet diese Zukunft ihm, irgendwelchen bestehenden Werten oder Ordnungen eine Absolutheit beizumessen[133]" (BE 70; vgl. DVT 56).

---

132 In der deutschen Übersetzung heißt es an dieser Stelle "Dieses Reich (sc.: das Reich Gottes)...". Im Originaltext steht aber "Dies...". Es kann hier erstens aus einem stilistischen Grund wohl kaum das Reich Gottes bedeuten, denn Ahn benutzt in dem Abschnitt, aus dem unser Zitat stammt, das zusammengesetzte Wort "das Reich" oder "jenes Reich", um das Reich Gottes zu bezeichnen (BE 69; vgl. DVT 55). Zweitens kann "dies" aus einem sachlichen Grund gar nicht das Reich Gottes bedeuten. Denn Ahn meint im Zusammenhang des Zitates, daß "dem Wort nach das Reich Gottes Gottes Herrschaft ist, in der Gottes Souveränität vollkommen verwirklicht wird. Man findet aber nirgends eine nähere inhaltliche Bestimmung. Folglich darf man das Reich Gottes auch nicht in Umrissen schildern" (BE 69; DVT 55). Ahn weiß über das Reich Gottes nur zwei Sachverhalte: Im Reich Gottes werde die Souveränität Gottes vollkommen verwirklicht (was dies genau bedeutet, führt Ahn nicht aus), und an diesem Reich Gottes könnten die Armen teilnehmen, wie Jesus es verheißen habe. Das heißt: Ahn weiß nicht, ob "dieses Reich Gottes" die jetzige Realität des Menschen bloßstellt oder nicht, denn aus dem genannten Sachverhalten läßt sich diese Aussage nicht ableiten. Was Ahn meint, kann vielmehr nur folgendes sein: Der aus der Seligpreisung Jesu abgeleitete Sachverhalt, daß "das Reich Gottes die Welt (oder eine Wirklichkeit) ist, an der die Armen teilnehmen können und die den Reichen verschlossen ist", stellt die jetzige Realität des Menschen bloß und zeigt, wie der Mensch sein soll.
133 Der letzte Teil des Satzes ist in der deutschen Übersetzung nicht zu finden.

Ahn versucht nun die Anwendung seiner Unterscheidung antagonistischer
Gottesreichvorstellungen und -hoffnungen auf die ebenfalls antagonistisch
vorgestellten Gesellschaftsgruppen jesuanisch zu begründen.

Ahn klassifiziert dazu die Zuhörer Jesu im Sinne seiner oben dargestellten Machtsoziologie. Die Armen, die Jesus in seiner Seligpreisung meint,
seien die "gesellschaftlich marginalisierte" Gruppe, d.h. "die Zöllner,
Dirnen und die von den Zeitgenossen als Sünder bezeichneten Menschen, denen
Jesus begegnete" (BE 71; DVT 56). "Sie leben in (materieller; BE 70) Armut,
in religiöser Isolation und in Angst, die von ihrem Ausgestoßensein herrührt" (BE 70; DVT 56). Deshalb "ermöglicht allein Hoffnung ihr Leben"
(ebd). Aus diesem Grund "stehen sie der Zukunft gegenüber offen. Doch können sie über die Zukunft nicht verfügen. Sie sind arm auch der Zukunft gegenüber. Darum sehnen sie sich in Hoffnung nach ihr und können sich dem
jetzt nicht anpassen" (ebd). Die Reichen, die Jesus in seinem Weheruf
meint, seien dagegen die "im Mittelpunkt der Gesellschaft stehende" Gruppe.
Sie seien "die (sowohl ökonomisch als auch in ihrer Stellung im Beruf; BE
71) führenden Kreise, die über alle Bereiche der Gesellschaft, auch über
die Religionen bestimmen. Sie sind satt und halten ihr Leben für vollkommen
gesichert. Eben deshalb sind sie dem echt Neuen gegenüber verschlossen und
beziehen im *jetzt* eine konservative Position" (BE 71; DVT 56).

Wenn Jesus also der jetzt gesellschaftlich marginalisierten Gruppe die
Seligkeit im kommenden Reich Gottes verheißen und über der jetzt im Mittelpunkt der Gesellschaft stehenden Gruppe ein 'Wehe in der Zukunft' ausgerufen habe, dann leite sich daraus eine allgemeine Regel in der Unterscheidung von Armen und Reichen ab: "Ob einer zu den Reichen oder den Armen gehört, läßt sich daran entlarven[134], ob er sich der kommenden Zukunft gegenüber offen hält oder nicht" (BE 71; DVT 57).

Ahn wendet nun diese Regel auf die heutige Gesellschaft an. In der heutigen Gesellschaft, sowohl in den "fortgeschrittenen Ländern" als auch "in
unserem Land, einem Entwicklungsland" (BE 72; DVT 57), herrsche die "Trieb-
kraft des 'noch mehr'" (BE 72; DVT 57). Dadurch würden "eigene Interessen
verfolgt" und dabei international und sozial "Friede und Gerechtigkeit zerstört" (ebd), und auch die "ökologische Krise unserer Welt" (BE 73; DVT 58)
beruhe auf diesem Zustand. "Weil die Reichen aber ihren Trost schon in der
jetzigen Gesellschaft genießen, versuchen sie alle Probleme dadurch zu
lösen, noch mehr zu haben und mit allen Kräften die bestehenden Gesell-
schaftsstrukturen zu erhalten" (BE 73; DVT 58). Diesen Reichen der heutigen

---

134 In der deutschen Übersetzung steht "erkennen" statt "entlarven". Aber
   im Originaltext steht ein sinokoreanisches Wort (pok-no), das "entlarven", "bloßstellen" "demaskieren" oder "aufdecken" bedeutet.

Gesellschaft gelten aber die Weherufen Jesu, d.h. das Reich Gottes ist ihnen verschlossen[135].

Bei den Armen gehe es "nicht um die Frage, 'wovon' sie leben, sondern
'wozu' sie leben. ...Sie tragen die Antwort nicht in sich. Sie glauben auch
nicht, daß sie die Anrwort innerhalb des Wertsystems der heutigen Gesellschaft finden werden. Deshalb warten sie auf die Zukunft" (BE 74; DVT 58).
"Die Armen widerstehen darum diesem Zeitalter. Sie widerstehen ihm, weil
die Gesellschaft dieses Zeitalters lügenhaft eine Sicherung des Lebens verspricht und dabei die Strukturen eine absolute Herrschaft ausüben. ... Gerade solchen Menschen ist die zukünftige Seligkeit verheißen. Ihnen ist
verheißen, an der Zukunft, dem Reich Gottes, teilzunehmen." (BE 74; DVT
58f)

**B.3. *Die Übergangsphase zur Minjungtheologie bei Ahn Byungmu (von Anfang
1973 bis Anfang 1975):***

Anfang 1973, als der UIM-Pfarrer Eun Myungki unter dem Verdacht, die
Yushin-Verfassung kritisiert zu haben, verhaftet worden war[136], begann Ahn,
auf die Unterdrückung durch das diktatorische Yushin-System nicht mehr nur
ideologiekritisch zu reagieren, sondern auch mit dem Ruf zum Kampf gegen
die Diktatur des Yushin-Systems. Um diesen Kampf biblisch-theologisch zu
begründen, stellte er die Widerstand leistenden Christen als "gerechte Vorhut" dar, die Jesus, "dem einzigen Gerechten", nachfolgte, und wies auf
ihre Aufgabe hin, "als Glieder Christi ... selber den gerechten Weg zu gehen".[137] Dieser Kampfruf setzte sich, von verschiedenen Begründungsversuchen begleitet, bis Mai 1974 fort[138] (B.3.1).

Seit Oktober 1974 versuchte Ahn, das strukturelle Übel des Yushin-Systems anschaulicher zu kritisieren, indem er auf die "ausgebeutete arme
Klasse"[139] als soziales Phänomen aufmerksam machte: Die Ausbeutung und
Entfremdung der armen Klasse sei durch die auf dem Prinzip "immer reicher
leben" statt "gemeinsam leben" beruhende Wirtschaftspolitik des Yushin-
Regimes verursacht worden.[140] Seitdem spielt diese sozialkritische Perspektive in der theologischen Arbeit Ahns eine entscheidende Rolle (B.3.2).

---

135 Vgl. BE 69; DVT 55 u. oben Anm. 132.
136 Vgl. dazu A.3.1 und A.4.4.
137 Vgl. Ahn Byungmu, "Wenn es nur zehn gerechte Menschen gäbe" (Febr.
      1973), in: BE, S.356-363, hier S.360f und 362f.
138 Nämlich bis zu dem Aufsatz "Die Transformation des Menschen", in: BJ,
      S.293-302.
139 Ahn Byungmu, "Säer und Mäher" (Okt. 1974), in: BE, S.185-191, hier:
      S.190.
140 A.a.O. S.190f.

An die sozialkritische Perspektive schloß sich dann Anfang 1975 das Thema "Menschenrechte" an. Ahn wollte damit die Argumente, die die politisch
engagierten Studenten und Intellektuellen gegen das willkürliche Gerichts-
verfahren des Yushin-Regimes im Zusammenhang mit der sog. "Nationalen Ju-
gend- und Studentenliga für Demokratie"[141] vertraten, biblisch-theologisch,
vor allem jesuanisch, unterstützen[142] (B.3.3).

Ahn verband schließlich in seinem Aufsatz "Aus dem Tempeltor heraus -
die Bedeutung der Missio Dei" (März 1975)[143] die sozialkritische Perspektive mit der des Menschenrechtsgedankens, und zwar mittels seiner bereits
dargestellten theologischen Soziologie[144]. Dabei wurde ein vom Menschenrechtsgedanken geprägter, politisch-sozialkritischer Begriff, das "Min-
Tscho"[145], herausgestellt, und die unter dem Yushin-System am meisten entfremdeten und leidenden Gesellschaftsgruppen rückten in die Mitte von Ahns
Gesellschaftsbild. Ahn wollte dieses politisch-sozialkritisch neu akzentu-
ierte Gesellschaftsbild Südkoreas unter dem Yushin-System jesuanisch begründen, indem er das Gesellschaftsbild zur Zeit Jesu in Palästina ebenfalls sozialkritisch und dem Menschenrechtsgedanken gemäß zu rekonstruieren versuchte, um somit die Strukturgleichheit zwischen den beiden Gesellschaftsformen zu zeigen. Damit gewann Ahn einen wichtigen methodischen Ansatz, den er später zur sog. "sozialgeschichtlichen" oder "sozio-ökonomi-
schen" Methode entwickelt und als die Methode seiner Minjungtheologie überhaupt präsentiert[146] (B.3.4).

Wir wollen nun wichtige Argumente darstellen, die Ahn in der Übergangsphase zur Minjungtheologie entwickelt hat. Dabei gehen wir wiederum chro-

---

141 Vgl. dazu A.3.7.
142 Vor allem in den beiden Aufsätzen: "Die christliche Religion und die
    Menschenrechte - bei Jesus gesehen" (Jan. 1975), in: BJ, S.231-240
    bzw. in: DVT, S.66-71 mit dem veränderten Titel "Jesus und die Men-
    schenrechte"; "Die Erlösung heute - von der biblischen Perspektive
    her" (Febr. 1975), in: BJ, S.96-110 bzw. in: GM, S.315-326.
143 In: BJ, S.264-272 bzw. in: DVT, S.40-45 (ohne den Untertitel).
144 Vgl. B.2.5.
145 BJ, S.265. Dieser sinokoreanische Begriff besteht aus zwei Wörtern, die
    jeweils eigene Bedeutung haben: "Min" bedeutet das Volk, und "Tscho"
    Gras, Kraut oder Unkraut. "Min-Tscho" bedeutet also: das Volk, das
    Gras oder Unkraut ähnlich ist. Gras (bzw.: Unkraut) symbolisiert bei
    diesem politisch-sozialkritisch benutzten Begriff die Eigenschaft des
    unterdrückten Volkes, trotz aller Unterdrückung nicht zugrunde zu
    gehen, weil es, wie Gras oder Unkraut, sich zwar unter dem Wind der
    Macht beugt, aber danach sich wieder aufrecht stellt. Der Begriff
    "Min-Tscho" wurde vor dem Begriff "Minjung" gebraucht, konnte sich
    aber nicht durchsetzen. Der Grund liegt u.E. darin, daß diesem Begriff
    die einer politisch-sozialkritischen Bewegung wesentliche kollektive
    Dynamik fehlt, die der Begriff "Minjung" deutlich ausstrahlt.
146 Ahn Byungmu, "Was ist die Minjung-Theologie?", in: epd-Dokumentation
    Nr. 6a/82, Evangelischer Pressedienst 1982, S.7-16, hier: S.9.

nologisch vor, um den eben geschilderten Entwicklungsprozeß deutlicher zu
machen.

B.3.1 *Der Kampfruf gegen das Yushin-System*: *Die Christen sollen im Kampf
gegen die ungerechte politische Macht Jesus nachfolgen und gerade darin
eine gerechte Vorhut sein (a), damit Jesus durch ihr leidendes Handeln vergegenwärtigt wird (b).*

(a) In seinem Aufsatz "Wenn es nur zehn gerechte Menschen gäbe" (Febr.
1973)[147] findet Ahn angesichts weniger der Unterdrückung Widerstand leistenden Christen das Christsein der politisch Indifferenten dadurch bedroht, daß sie an dem Widerstand nicht teilnehmen:

> "Wir sagen, daß in die Mauer der Burg, in der wir leben, eine Bresche
> geschlagen worden ist, und daß wir deshalb in die Krise geraten sind.
> Wenn wir trotzdem weder die Mauer wieder aufbauen noch in die Bresche
> springen würden, dann würden wir von dem wahrhaften Glaubensweg der
> Christen abfallen" (362).[148]

Diese warnende Forderung an alle Christen zur Teilnahme am Widerstand
versucht Ahn mit dem biblischen Gedanken der Gerechtigkeit zu begründen:
"Der Gerechte heißt derjenige, der die zerstörte Mauer der Burg wieder aufbaut, indem er mit seinem eigenen Körper in die Bresche tritt, um somit den
Zorn Gottes (für die ganze Burg; d.Verf.) zu verhindern. Genau einen solchen Gerechten sucht Gott." (361)

Ahn meint, daß "es am Anfang der Geschichte Israels die Überzeugung und
die Erwartung gab, das ganze Volk Israel werde ein gerechtes Volk. ...Das
Volk Israel hatte es aber nicht geschafft. Deshalb wurde seit dem siebten
Jahrhundert vor Christus der sog. 'Rest'-Gedanke vertreten. Die gerechte
Vorhut, die wie eine kleine Gruppe aussehen wird, war aber auch noch nicht
erschienen. ...Da rief vor 2000 Jahren in Palästina eine kleine Gruppe aus,
der eine Gerechte, der bisher gesucht worden war, sei endlich gekommen.
Dies waren die ersten Christen." (360f) Im Kreuz Jesu sei die Bedingung
Gottes zur Vergebung der zu strafenden Menschheit endlich erfüllt worden,
und die ersten Christen hätten diese Tatsache entdeckt; deshalb bezeichneten sie "Christus in seinem Tod als 'denjenigen, der den Zorn mit seinem
eigenen Körper verhindert hat'" (362).

Die Glaubensidentität aller Christen mit Christus zwinge zum Widerstand
gegen die diktatorische Yushin-Regierung, denn der Widerstand bestehe dar-

---

147 Vgl. oben Anm. 137. Im folgenden beziehen sich die Seitenzahlen in
    Klammern auf diese Quelle.
148 Ahn bezieht sich in diesem Zitat auf Ez 22, 29-31. Vgl. a.a.O. S.361.

in, "für die Burg in die Bresche zu treten", d.h. Christus nachzufolgen, weil "Paulus zufolge Christus der Körper ist und wir dessen Glieder sind, die in ihrem Tun dem Körper folgen" (362).

(b) Seinen Ruf zum Widerstand gegen die Yushin-Regierung versucht Ahn in seinem Aufsatz "Die Malzeichen Jesu" (März 1974)[149] angesichts der durch die Theodizeefrage bedrohten Lage der politisch engagierten Christen[150] mit der Behauptung zu kräftigen, daß das leidende Handeln der Christen dem Kreuz Jesu entspreche: "Wenn das Ereignis des Kreuzes Jesu dadurch charakterisiert ist, ungerecht stigmatisiert, verraten, verfolgt, ins Gefängnis geworfen und hingerichtet zu werden, dann nimmt man an seinem Leiden am Kreuz teil, indem man selbst in die gleiche Lage gerät." (100)

Im Sinne dieser Analogisierung versteht Ahn die "Malzeichen Jesu an meinem Leibe" im Selbstzeugnis des Paulus Gal 6,17: Bei Paulus seien diese Malzeichen "die Spuren des Leidens, das ein Gerechter wegen seines gerechten Handelns durch die Hände der Ungerechten erleidet" (97). Insofern werde deutlich, daß "Paulus das Stigma seines Leidens als das Zeichen dafür versteht, daß Christus in sein Leben eingreift" (98). Ahn versteht unter dem Leiden Christi vorrangig ein körperliches Leiden, im Gegensatz zu den konservativen Christen, die ihre Teilnahme am Leiden Christi allein als seelisches (=passives) Erleiden verstehen.

Ahn gewinnt aus dieser Interpretation der Malzeichen Jesu bei Paulus die Antwort auf die Frage, die auch "unsere Lage heute betrifft": "Wie können wir den Jesus, der vor 2000 Jahren lebte, im persönlichen Leben als eine gegenwärtige Wirklichkeit erfahren?" (98)

B.3.2 *Die Einführung einer sozialkritischen Perspektive in die theologische Argumentation: Gottes gemeinsames Leben mit uns steht im Gegensatz zur Leistungs- und Wettbewerbsgesellschaft (a). Christus identifizierte sich nämlich mit den Entfremdeten und ist deshalb auch heute in der messianischen Sehnsucht der Entfremdeten nach einer neuen Welt gegenwärtig (b).*

(a) In der zweiten Hälfte 1974 beginnt Ahn, z.B. in seinem Aufsatz "Säer und Mäher"[151], die Gesellschaft Südkoreas unter dem Yushin-System ausdrücklich aus einer sozialkritischen Perspektive heraus zu kritisieren, die er theologisch zu begründen versucht.

---

149 In: BE, S.94-101. Im folgenden beziehen sich die Seitenzahlen in Klammern auf diese Quelle.
150 Vgl.a.a.O. S.101: "Wir sind vor die Realität gestellt, daß wir leiden müssen, wenn wir als wahrhafte Christen leben wollen."
151 Vgl. oben Anm. 139. Im folgenden beziehen sich die Seitenzahlen in Klammern auf diese Quelle.

Das aktuellste und ernsteste Problem dieser Gesellschaft sieht Ahn in der krassen Differenz zwischen Reichen und Armen und der Entfremdung der armen Klasse. Der Grund für diesen Mißstand bestehe in dem falschen Prinzip "Leistung" (189) bzw. "Wettbewerb" (190), das die ganze Gesellschaft beherrsche.

Für die Überhitzung dieses Leistungs- und Wettbewerbsbewußtseins, woraus das "gegenseitige Mißtrauen unter dem Volk" (190) resultiere, macht Ahn die Wirtschaftspolitik des Yushin-Regimes verantwortlich. "In diesem Wettbewerb gewinnen jedoch immer nur die Privilegierten, und es ist deshalb unvermeidlich, daß die Reichen immer reicher und die Armen immer ärmer werden. Hier gibt es keine Lebensfreude für beide Seiten." Der Grundfehler in dieser Wirtschaftspolitik bestehe darin, daß "man hier 'gut leben' nur mit Haben und Besitzen in Verbindung bringt, so daß unser Lebensraum dadurch immer unmenschlicher wird" (ebd).

Ahn setzt diesem 'gut leben' das 'gemeinsam leben' entgegen, das auf dem "Koexistenzprinzip" (191) beruhe. Danach wolle man nicht unbedingt das, was man selbst gesät hat, zum eigenen Besitz ernten, sondern freue sich eher, indem man schenkt: "Es gibt die Freude zu schenken, gegenüber der Freude zu ernten. ...Das ist die Freude des 'gemeinsam leben'." (187) Diese Freude werde dadurch noch vertieft, daß man nicht nur schenkt, sondern sogar für andere sät (188)[152].

Ahn versucht die Korrelation zwischen dem "gemeinsam leben gemäß dem Koexistenzprinzip" und der Freude des Schenkens und des Säens für andere biblisch-theologisch aus Joh 4,31-38 zu begründen: "Während die Jünger das Leben immer nur in einem kausalen Naturzusammenhang sehen wollen, sieht Jesus das Leben im Maße des Willens Gottes. Dies ist die eschatologische Sichtweise." (185) Mit dieser Lebensgrundhaltung Jesu im Hintergrund interpretiert Ahn Joh 4,38: "Diese Worte besagen, daß ich mein Leben und meinen Besitz empfangen und nicht selbst gesät habe. Mein Leben ist ein Geschenk dessen, der mich gesät hat. Deshalb ist mein Leben keine kausale Notwendigkeit, so daß ich unbedingt das ernte, was ich säe, sondern ein unverhofftes Geschenk." (188) Die Erkenntnis des Lebens als eines unverhofften Ge-

---

152 Dieses naiv klingende Idealbild für das wirtschaftliche Leben des koreanischen Volkes ist bei Ahn kein illusionäres Gegenbild zu der von der Yushin-Regierung versprochenen Leistungs- und Wohlstandsgesellschaft. Ahn hat in seiner Minjungtheologie, z.B. in seinem Aufsatz "Ein Entwurf eines koreanischen Christenbildes" (1986, in: GM, S.13-34), dieses "gemeinsam leben gemäß dem Koexistenzprinzip" als sog. "Minjungkultur" konkretisiert: "Die richtige Kultur ist die Minjungkultur. ... Die Basis dieser Kultur ist die körperliche Arbeit und das gemeinsame Leben. ... Das Dorf ist eine 'kooperative Produktionsgemeinschaft', die den gemeinsam produzierten Reis gemeinsam besitzt und teilt." (S.20 und 22)

schenkes führe zur Erkenntnis, daß "das Leben aus Gnade gegeben ist". Aus dieser Erkenntnis der Gnade komme die Ergriffenheit des Lebens, und "die echte Freude kommt aus dieser Ergriffenheit des Lebens" (187). Aus dieser Freude, das Leben als Geschenk empfangen zu haben, entstehe schließlich die Bereitschaft, für andere zu säen (188).

Ahn verbindet diese biblisch-theologische Begründung mit den "schönen Volksüberlieferungen unseres Landes" (188). Diese erzählen von anonymen guten Taten für das Gemeinwohl. Aus dieser Verbindung ergibt sich für Ahn eine theologische Entdeckung: "Wenn man erkennt, daß man diesen anonymen guten Taten das eigene 'Heute' verdankt, macht man, sofern sie absolut anonym bleiben, die Erfahrung des 'Gott mit uns'." (189)

(b) In seiner Weihnachtsmeditation "Das Weihnachten von heute"[153] versucht Ahn auf "die Frage nach dem gegenwärtigen Christus" (300) zu antworten. Ahn beginnt mit einer sozialkritischen Betrachtung der lukanischen Weihnachtsgeschichte:

"Daß ein neugeborenes Kind in eine Krippe gelegt werden mußte, besagt auf jeden Fall, daß es verdrängt worden ist. Warum und von wem wurde es verdrängt? Es war, wie Lukas berichtet, deshalb, weil das Kind keinen Raum in der Herberge bekommen hatte. Die Privilegierten hatten es verdrängt, weil sie ihre Privilegien nicht aufgeben wollten. ...Mit dieser Geschichte will Lukas sagen, daß Christus sein Leben an dem gleichen Ort wie dem der Entfremdeten begann, damit er ihr Herr werden sollte. Christus identifizierte sich somit mit den Entfremdeten." (296)

Aufgrund dieser sozialkritischen Betrachtung bestimmt Ahn die Bedeutung des "Messias": "Wer das jämmerliche Elend, die Trauer und Klage der von der Ungerechtigkeit in der Geschichte Unterdrückten im eigenen Körper versammelt und somit sich selbst zum Symbol für dies alles macht, ist der Messias." (299)

Aus dieser Bedeutung des Messias ergebe sich auch die Bedeutung von Weihnachten: "Weihnachten ist das Ereignis, das zu dem Zeitpunkt, wo die Geschichte der Menschheit wegen der tobenden Ungerechtigkeit ihr Ende erreicht hat, von außen her in die Geschichte, in die Mitte derjenigen eindringt, die unter der Unterdrückung durch ungerechte Mächte ohnmächtig leiden und sich in Todesangst klagend nach einer neuen Welt, nach einem neuen Herrn sehnen." (298)

Ahn sieht, daß die Wiederholung des Ereignisses von Weihnachten auch in der südkoreanischen Gesellschaft von heute stattfindet:

---

153 In: BE, S.296-302. Im folgenden beziehen sich die Seitenzahlen in Klammern auf diese Quelle.

"Die Krippe von heute findet sich auch bei uns in dem Ort der Entfremdeten. Die heutige Gesellschaft ist auch von den Privilegierten besetzt,
die jede Veränderung zum Neuen ablehnen, um ihre Privilegien zu erhalten.
... Deshalb sind die Schwächeren von der Ideologie und dem System, die
sich verabsolutieren, verdrängt worden. ...Sie sehnen sich deshalb nach
dem Erlöser." (300)

Ahn behauptet damit, daß "Christus heute im Leiden der Entfremdeten gegenwärtig ist" (300). Er verstärkt diese Behauptung, indem er Mt 25,37-40
als die Selbstidentifikation Christi mit den Entfremdeten interpretiert.
Insofern fordert Ahn von den Christen, "sich zu entscheiden, dem Herrn, der
im Weihnachten heute zur Welt kommt, treu zu sein" (302), und zwar auch
deshalb, weil "das echte Weihnachten nirgendwo nötiger ist als in der Realität, wo das Gewissen, die Wahrheit, die Gerechtigkeit ins Gefängnis verdrängt worden sind und die Ungerechtigkeit das ganze Wohnzimmer in Besitz
genommen hat" (301).

B.3.3 Einführung von Menschenrechtsgedanken in die theologische Argumen-
tation: *Die Menschenrechte sind in der Menschenwürde begründet, die ihrerseits auf der Gottesebenbildlichkeit des Menschen beruht. Gegen das strukturelle Böse innerhalb der Politik und der Gesellschaft, das die Menschenrechte verletzt, zu kämpfen gehört zum Wesen des Glaubens. Jesus wandte
sich gegen Menschenrechtsverletzungen, indem er sich mit entfremdeten und
verachteten Menschen identifizierte.*

In seinem Aufsatz "Die christliche Religion und die Menschenrechte - bei
Jesus gesehen"[154] fordert Ahn von den Christen, sich für die Menschenrechte
einzusetzen, mit dem Argument, daß "das Eintreten für die Menschenrechte
zum Wesen des christlichen Glaubens gehört" (DVT 71).

Ahn vertritt die Auffassung, daß die Menschenrechte in der Menschenwürde
begründet seien. Diese wiederum sieht er biblisch darin begründet, daß
"sein (sc.: des Menschen) Wesen im Ebenbild Gottes beruht", weil "Gott den
Menschen zu seinem Bilde schuf (Gen 1,27)[155]" (DVT 66). Ahn leitet daraus
als Grundsatz den Schutz der Menschenrechte als Gottes Gebot ab, das seinerseits auf dem Recht Gottes auf den Menschen beruhe: "Das grundlegende
Recht des Menschen gehört allein Gott. Gott straft deshalb denjenigen, der

---

154 Vgl. oben Anm. 142. Dieser Aufsatz findet sich auch in DVT (S.66-71)
    unter dem Titel "Jesus und die Menschenrechte". Die Zitate im folgen-
    den sind aus dem koreanischen Aufsatz übersetzt worden, da die deut-
    sche Fassung nicht sehr wörtlich und außerdem verkürzt ist. Für die
    Neuübersetzung wurde die DVT-Übersetzung hinzugezogen. Im folgenden
    beziehen sich die Seitenzahlen in Klammern auf diese Quelle aus BJ
    bzw. DVT.
155 Im Originaltext ist der biblische Beleg aus Ps 8,6 genommen.

dieses Recht des Menschen verletzt. Aber niemand darf dem Menschen sein
Recht auf das Leben wegnehmen, wie groß sein Verbrechen auch sein mag" (BJ
232)[156].

Ahn meint, daß auch Jesus den Grundsatz der Menschenwürde aufgenommen
habe.[157] Vor allem habe Jesus die Menschenwürde "in dem Begriff 'Lebenskern' (psyché)[158]" zum Ausdruck gebracht und mit den Menschenrechten in
Verbindung gebracht: "Der menschliche Lebenskern ist unersetzbar. ...Er ist
etwas Wesenhaftes, das man auch beim Töten des Leibes nicht auslöschen
kann.[159] ...Lukas drückt das, was das Wort psyché besagt, mit dem Ausdruck
'die Ganzheit des Selbst' (holon [h]eauton) aus. Diese bedeutet die 'Person', und auf dieser beruhen die Menschenrechte." (BJ 234)

Wenn die Menschenrechte, die aus diesem "selbstverständlichen" Grund
"Gott gehören, von anderen Mächten außer Gott verletzt werden, muß man
immer wieder nicht nur auf den Grund der Menschenrechte aufmerksam machen,
... sondern auch klarstellen, wo konkret eine Menschenrechtsverletzung erfolgt, wo ihre eigentliche Ursache liegt, um diese Ursache zu bekämpfen und
somit die Menschenrechte zu schützen" (BJ 234).

Ahn zeigt nun am Beispiel Jesu, wie dieser die gestellten Aufgaben löste: Jesus wandte sich gegen die Verletzung der Menschenrechte bestimmter
"sozialer Gruppen", die zu seiner Zeit in Palästina mit der Bezeichnung
"Sünder" abgestempelt wurden, wie "die Armen, die Gefangenen, die Weinenden, die Gehaßten". Sie seien die "ausgestoßenen und unterdrückten Schichten, zu denen Jesus gekommen ist (Lk 4,18f), zu denen er das Evangelium
predigt (Lk 6,20-25) und mit denen er sich identifiziert (Mt 25,35f)" (BJ

156 Es ist ziemlich eindeutig, daß Ahn mit dieser Begründung der Menschenwürde und -rechte die Vermessenheit der politischen Macht Parks im Ge-
   richtsverfahren gegen die protestierenden Studenten und Intellektuellen (vgl. A.3.7) vor der "Strafe Gottes" warnen will.
157 Er nennt als Belege Mk 10,6; Mt 10,29-31; Mt 12,12; Mt 16,26 (vgl. DVT
   67).
158 Ahn hat im Originaltext das Wort psyché absichtlich nicht mit "Seele"
   übersetzt, um das dualistische Mißverständnis des Menschseins zu vermeiden. Insofern ist die deutsche Übersetzung (DVT 67) hier ungenau.
   Er hat das Wort in das koreanische "mok-sum" (wörtlich: "Atem im
   Hals") übersetzt, das man nur schwer deutsch wiedergeben kann. Ahn
   meint, daß das Wort psyché in Mt 10,28 und 16,26 mit "mok-sum" übersetzt werden kann (vgl. BJ 234). Jedenfalls will Ahn mit dem Wort
   "mok-sum" etwas, was der Mensch an seiner eigenen Person oder der
   eines anderen unbedingt nicht berühren oder verletzen darf, zum Ausdruck bringen.
159 Die deutsche Übersetzung dieses Satzes (DVT 67) kann die Intention Ahns
   nicht klar genug zum Ausdruck bringen, die darin besteht, die ungerechte Macht des Yushin-Regimes vor dem törichten Mißverständnis zu
   warnen, als ob ein Mensch durch die Tötung seines Leibes erledigt werden könnte. Ahn denkt hier an die gefangenen Widerstand Leistenden,
   die zu jener Zeit bedroht waren, durch Sondermilitärgerichte zum Tode
   verurteilt zu werden (vgl. A.3.5 bis A.3.7).

234f). Jesus habe ihnen nicht bloß gepredigt, "sondern ergriff für sie Partei ohne jegliche Bedingung und mußte deshalb leiden" (BJ 235)[160].

Die Antwort auf die Frage, was zur Aufhebung der Menschenrechte der erwähnten sozialen Gruppen führe, meint Ahn in der Sicht Jesu von "dieser Generation" zu finden, die er "unter der Herrschaft des Satans sieht" (BJ 235), wie es sich darin zeige, daß "für Jesus das Kommen des Reiches Gottes und das Ausgetrieben-Sein des Satans ein gleichzeitiges Ereignis sind (Lk 11, 20)". Der Satan bedeute zweifellos "eine Macht, die wirklich über den Menschen herrscht". Der Satan könne deshalb "in den heutigen Begriff 'das strukturelle Böse' übersetzt werden, das unmittelbar mit der Machtstruktur verbunden ist" (BJ 236). Ein Beispiel dafür sei das Sabbatgesetz des Judentums, das Jesus "deshalb als böse erklärt, weil es, auch wenn es sich mit dem Namen Gottes legitimiert hat, verhindert, Menschenleben zu retten" (BJ 236).

Ahn meint deshalb, daß das Wort Jesu gegen das Sabbatgesetz (Mk 2,27f) "eine große Menschenrechtserklärung angesichts einer den Menschen unterdrückenden Ordnung ist" (DVT 69). Daraus leitet er als erste Regel für den Menschenrechtsschutz ab: "Jede Ordnung soll nicht erlaubt werden, wenn sie die Menschenrechte unterdrückt. Dies gilt sowohl für die staatlichen Ordnungen und Gesetze wie auch für gesellschaftliche Normen." Die Begründung lautet: "Ihr Zweck ist es, dem Menschen zu nützen und die Menschenrechte zu schützen. Wenn sie sich nur noch um ihrer selbst willen behaupten, werden sie zu einem Abgott und stehen Gottes Herrschaft entgegen." (BJ 236)

Die zweite Regel für den Menschenrechtsschutz laute: "Wo immer Menschen ihrer Rechte beraubt werden, gibt es auch diejenigen, die sie berauben. Um die Beraubten vor ihnen zu retten, muß man sich ihnen in den Weg stellen." (DVT 69) Diese zweite Regel ergibt sich für Ahn aus dem Verhalten Jesu gegenüber der bestehenden Machtstruktur der Politik wie der Religion zu seiner Zeit: "Jesus steht auf Seiten der Unterdrückten und der Armen; seine Kritik greift die Privilegierten an. Am Ende ist er von ihnen hingerichtet worden" (ebd). Denn "diese Tatsachen sind nicht allein religiös zu interpretieren; sie sind nachdrücklich durch den Kampf für die Menschenrechte bestimmt" (DVT 70).

---

160 Mit diesem Satz deutet Ahn im Zusammenhang der Menschenrechtsverletzung durch das Yushin-Regime eine Kritik an den konservativen Christen an, die nur innerhalb der Kirche über die Menschenrechte predigen - wenn dies überhaupt geschieht - und nicht durch das Handeln für die Betroffenen Partei ergreifen wollen, weil sie die brutale Reaktion der Regierung fürchten oder weil sie bei den Betroffenen die Bedingung "Glauben" nicht erfüllt finden.

Die dritte Regel für den Menschenrechtsschutz laute: "Das Eintreten für
die Menschenrechte der Unterdrückten kann nicht aufgrund einer Ideologie
oder eines politischen Programms erfolgen. ...Es ist die Aufgabe, die man
nur mit der Folge nicht tut, daß man damit sein Menschsein verliert." (BJ
240) Auch diese Regel ergebe sich aus dem Verhalten Jesu in seinem "Kampf
um die Menschenrechte": Jesus "setzt sich deshalb für die Menschenrechte
ein, weil die Menschenrechte Gott zugehören. So will er Gottes Liebe zu den
Menschen verwirklichen" (DVT 70). Dies sei die Praxis der Nächstenliebe bei
Jesus, die aber "nicht eine allgemeine, philanthropische Liebe", sondern
"auf das 'Du' gerichtet ist, dessen Menschenrechte unterdrückt oder beseitigt werden" (DVT 70f). Hier zeige es sich, worin "der letzte Grund liegt,
aufgrund dessen sich Jesus für die Menschenrechte einsetzt, und auf dem der
Einsatz der Christen für die Menschenrechte beruhen muß": "Das tiefste Geheimnis liegt darin, daß Jesus sich mit denjenigen identifiziert, deren
Menschenrechte mit Füßen getreten werden." (DVT 71)

B.3.4 Der Ansatz der sog. sozialgeschichtlichen Methode: *Christus ist
heute "draußen vor dem Tor" gegenwärtig bei den ausgestoßenen, entfremdeten, verachteten und gefangenen Menschen, die von der vorherrschenden Politik und Gesellschaft vertrieben und von der etablierten Kirche verlassen
wurden.*

In seinem Aufsatz "Aus dem Tempeltor heraus - die Bedeutung der Missio
Dei" (März 1975)[161] fordert Ahn von den Christen, aus der apolitischen Abgeschlossenheit der Kirche herauszukommen und sich "mit den entrechteten
und verdrängten Gruppen 'am Rande' zu solidarisieren" (BJ 272). Ahn bestimmt den Ort der Ausgestoßenen als den "Ort der Gegenwart Christi" (BJ
270): "Die Entrechteten, die Entlassenen, die Ausgestoßenen, die schuldlos
Geschmähten, sie sind alle draußen vor dem Tor, außerhalb des Lagers. Eben
dort ist Christus gegenwärtig." (DVT 43) Um dieses Argument biblisch zu begründen, interpretiert Ahn Heb 13,11-13 als den Hinweis auf den Ort Christi
"außerhalb des Lagers" und als eine Forderung, "aus der bestehenden Gesellschaftsstruktur herauszutreten" (BJ 268), unter der Voraussetzung, daß die
Ortsbestimmung "außerhalb des Lagers" im Hebräerbrief eine politisch-soziale Bedeutung habe. Um diese Voraussetzung und die Interpretation der ge-

---

161 Vgl. oben Anm. 143. Die Zitate im folgenden sind aus dem koreanischen
    Aufsatz übersetzt worden, da die deutsche Fassung nicht sehr wörtlich
    und außerdem verkürzt ist. Für die Neuübersetzung wurde die DVT-Über-
    setzung hinzugezogen. Im folgenden beziehen sich die Seitenzahlen in
    Klammern auf diese Quelle BJ bzw. DVT. Zu dem Begriff "Missio Dei" und
    seinem zeitgeschichtlichen Hintergrund vgl. A.3.9.

nannten Bibelstelle zu unterstützen, rekonstruiert Ahn die Gesellschaftsstruktur Palästinas vor und nach der Zeit Jesu sozialgeschichtlich.

Diesem Unternehmen legt er die beiden Hauptmethoden seiner theologischen
Arbeit zugrunde, nämlich das Aus-Auf-Denkschema seiner Anthropologie[162] und
die antagonistische Methode der Gesellschaftsanalyse, die seiner ideologiekritischen Soziologie entstammt[163]. Die sozialkritische Perspektive wie
auch die Menschenrechtsgedanken, die er in den oben dargestellten Aufsätzen[164] in seine theologische Argumentation einführte, spielen hier die
Rolle des Horizontes für ein Problembewußtsein, in dessen Mitte das "Min-
Tscho"[165] und die "Entrechteten und Ausgestoßenen", d.h. "die als Sünder
abgestempelten Gruppen unter dem Min-Tscho" (BJ 268), stehen.

In Heb 13,11f haben das Schicksal der Opfertiere und das Leidensschicksal Jesu nach Ahns Interpretation eine analoge Bedeutung: "Der Verfasser
des Hebräerbriefes hat im Schicksal der so zum Sündopfer geschlachteten
Tiere den Sinn des Leidens Jesu gesehen." (DVT 40) Denn "die Tiere, die die
Sünde und Ungerechtigkeit von Menschen tragen und in die Wüste vertrieben
werden, sind ähnlich wie 'das Lamm Gottes, das der Welt Sünde trägt' (Joh
1,29b; d.Verf.)" (BJ 265). Die Bedeutung der beiden Leidensschicksale bestehe darin, daß beide, die "sprachlosen" Opfertiere und Jesus, "um der
Sünde des Menschen willen, an seiner Statt und ohne ein Wort der Rechen-
schaft, ganz und restlos geopfert werden, während der Opfernde, der sprechen kann, beharrlich sich selbst zu rechtfertigen versucht" (BJ 265).

In diese Analogie zwischen den Leidensschicksalen der Opfertiere und
Jesu schließt Ahn auch das Leidensschicksal der "Entrechteten und Ausgestoßenen" unter dem Yushin-System ein, und zwar aufgrund der Struktur- und
Bedeutungsgleichheit ihres Leidens. Dabei wird vorausgesetzt, daß die bestehende Gesellschaftsstruktur, die die Privilegierten unbedingt erhalten
wollen, für das Leidensschicksal derer, die schuldlos die Ungerechtigkeit
dieses Gesellschaftssystems ertragen, verantwortlich sei.

Die jüdische Gesellschaft zur Zeit Jesu sei um den Tempel zu Jerusalem
in ihrer Mitte strukturiert gewesen. Diese Struktur ist nach Ahns Rekonstruktion ein Ergebnis der Strategie zur Machterhaltung der Privilegierten
im Prozeß der Geschichte des jüdischen Volkes: Die politische Macht, vor
allem seit König David, nutzte den Jerusalemer Tempel als Mittel zur Legitimation des Throns aus und die religiösen Privilegierten machten mit. Dies
veränderte sich auch nicht nach dem Exil. Seitdem "erwies sich die dreifa-

---

162 Vgl. B.2.1.
163 Vgl. B.2.5.
164 Vgl. B.3.3 und B.3.4.
165 Vgl. oben Anm. 145.

che Beziehung zwischen dem Tempel, Jerusalem und Judäa als eine stabile Konstruktion zum Schutz der Rechte der herrschenden Schicht" (DVT 41).

Die Gesellschafts- und Machtstruktur des jüdischen Volkes setze sich zur Zeit Jesu aus zwei antagonistischen Klassen zusammen, nämlich der herrschenden und der beherrschten. Die erste bestehe aus drei Schichten: den "Eliten der Hohepriester und Königsfamilie, die von der römischen Macht unterstützt wurden[166], der Oberschicht des Priestertums und der Mittelschicht aus Großgrundbesitzern und reichen Kaufleuten"; die zweite Klasse bestehe aus der "Unterschicht des *'Am ha-Ares*, nämlich Min-Tscho[167], und den besonderen Gruppen verachteter Menschen unter diesem Min-Tscho, die als Sünder bezeichnet wurden". Diesen verachteten "Sünder"-Gruppen wurden "rechtlicher Schutz und alle religiösen Rechte verwehrt. So waren sie aus der Lebensgemeinschaft ausgestoßen." (BJ 268) Bei den herrschenden Schichten waren aufgrund von "Machtkämpfen und Intrigen" wie auch ihrer Anpassung an "die fremden Großmächte" "verderbliche Folgen" unvermeidlich, so daß diejenigen, die "aufrichtig leben wollten, Jerusalem verließen und nach Möglichkeiten suchten, diese Stadt von ihren verderblichen Einflüssen zu reinigen" (BJ 267).

Ahn weist darauf hin, daß "Jesus vor allem mit dem *'Am ha-Ares* und mit den Sündern verkehrt hat, im entlegenen Galiläa unter den niederen, verlassenen Menschen tätig war und ... in Jerusalem ... von der herrschenden Schicht verhaftet, vor das Lager hinausgeführt und dort hingerichtet wurde" (BJ 268).

Ahn wendet sich dann der Gesellschaftsstruktur unter dem Yushin-System zu, und zwar mit der Fragestellung, "wo das 'Draußen-vor-dem-Tor' heute ist, wo Christus heute gegenwärtig ist" (BJ 269). Um die gestellte Frage zu beantworten, macht er besonders auf die entrechteten und ausgestoßenen Gruppen aufmerksam, während er als die den ausgestoßenen Gesellschaftsgruppen gegenüberstehenden Gruppen die "Universitäten, die Kirchen und die Gruppen mit der politischen Macht" (BJ 269) nur andeutet. Für diese Schichten lehnt er den Anspruch ab, der Ort der Gegenwart Christi heute zu sein. Das Kriterium für diesen Anspruch sieht Ahn darin, "aus der Gesellschaft, deren Reichtum zunimmt, nicht nur ausgestoßen zu sein, sondern auch die Schmach zu tragen, 'Taugenichtse zu sein'" (BJ 269). Als die Gesellschafts-

---

166 In der deutschen Übersetzung ist dieser Relativsatz über die "römische Unterstützung" gestrichen. Im Originaltext kann er die Sachlage andeuten wollen, daß das Yushin-Regime durch die politische und militärische Macht der USA unterstützt wurde.
167 In der deutschen Übersetzung ist das Wort "Min-Tscho" gestrichen. Zu dem wahrscheinlichen Grund dafür vgl. oben Anm. 143.

gruppen, die diesem Kriterium entsprechen, zählt Ahn die folgenden vier
Gruppen auf:

(1) die Gruppe derjenigen Arbeiter und Arbeiterinnen, die "mit einem zu
niedrigen Lohn, um das Existenzminimum zu erreichen, gearbeitet hatten,
trotzdem ohne Frist und in ungerechter Weise schmachbeladen entlassen und
sogar des Rechtes zu sprechen beraubt worden sind" (BJ 269)[168];

(2) die Gruppe der "jungen Frauen, die wegen der (sozialen; d.Verf.) Ab-
surdität geopfert wurde, deshalb ihren eigenen Körper verkaufen müssen und
trotzdem wie Abfälle verachtet werden" (BJ 269);

(3) die Gruppe derjenigen Gefangenen, die sich " für die Gerechtigkeit
aufrichtig ausgesprochen haben, weil sie unser Land lieben, und trotzdem,
als Verräter abgestempelt, im Gefängnis sitzen" (BJ 270)[169];

(4) die Gruppe derjenigen Masse, die "ohne rechtlichen Schutz alles dessen, was sie hat, beraubt worden ist, obwohl es Gesetze gibt, vor denen alle Menschen gleich sind" (BJ 270)[170].

Ahn fordert von den Christen, sich mit diesen Gruppen zu solidarisieren.
Dies bedeute aber nicht, "die Randgruppen zu veranlassen, mit vereinten
Kräften die verlorenen Rechte in der verlassenen alten Heimat wieder herzu-
stellen" (DVT 44). Damit meint er, daß es nicht darum geht, unter dem
Yushin-System, das unverändert bleibt, nur Rechte zurückzugewinnen. Es gehe
vielmehr darum, "in eine ganz neue Welt einzugehen". Über diese neue Welt
sei zwar "schwer konkret etwas zu sagen. Sicher ist aber, daß diese Stadt
keineswegs 'jenseitig' ist". Ein Beispiel für den "Kampf um die kommende
Welt" sei "die Missio Dei" (BJ 270).

---

168 Mit dieser Gruppe meint Ahn ziemlich eindeutig die Arbeiter und Arbei-
    terinnen der UIM, die wegen ihrer (illegalen) Gewerkschaftstätigkeit
    entlassen worden waren (vgl. A.4.4).
169 Vgl. A.3.1; A.3.6; A.3.7.
170 Welche Gruppe Ahn mit dieser "Masse" meint, ist sowohl im Originaltext
    als auch in der deutschen Übersetzung unklar. Trotzdem kann man vermu-
    ten, daß Ahn damit eine bestimmte soziale Gruppe meint, nämlich dieje-
    nigen Menschen, deren Häuser, die in Slumgebieten in der Mitte der
    Hauptstadt ohne Genehmigung der Behörde gebaut worden waren, wegen der
    Stadtsanierung durch die Behörde massenweise abgerissen wurden. Sie
    konnten keinen Anspruch auf Entschädigung erheben und wurden in die
    Randgebiete der Hauptstadt vertrieben.

B.4. Die Minjungtheologie Ahn Byungmus

B.4.0. *Einführung.*

B.4.0.1 *Die Entwicklungsgeschichte der Bezeichnung "Minjungtheologie"*:

(a) *Problemlage*: In einem Diskussionsprotokoll[171] aus dem Jahre 1981 bestätigt Ahn rückblickend, daß "die Minjungtheologie so angefangen hat, indem ich 1975 aus Anlaß meiner Vortragsaufgabe vor den freigelassenen Gefangenen[172] in den Evangelien den *'ochlos'* entdeckte, und indem Suh Namdong
die Geschichte Koreas, die Geschichte der koreanischen Kirche und die Geschichte der Nation unter der Kolonialherrschaft erforschte". Wir müssen
zunächst klären, was Ahn damit meint. Denn die beiden Ereignisse, die Ahn
hier aufzählt, sind nicht gleichzeitig geschehen und können deshalb nicht
einen gleichzeitigen und einmaligen Anfang der Minjungtheologie bedeuten:
Einerseits entdeckte Ahn 1975, wie er behauptet, daß das neutestamentliche
Wort "*ochlos*" mit dem Begriff "Minjung" der Minjungbewegung vergleichbar
sei. Andererseits begann Suh seine Geschichtsforschung erst in dem Zeitraum
von 1976 bis 1978, also während er im Gefängnis war.[173] Ahn hat trotzdem
mit seiner Äußerung recht, weil diese beiden Ereignisse wirklich mit dem
Anfang der Minjungtheologie zu tun haben. Der "Anfang" ist hier also dop-
peldeutig: Einerseits begann die Minjungtheologie 1975, indem der Grundbegriff "Minjung" in die theologische Diskussion programmatisch eingeführt
wurde. Andererseits begann sie erst 1979 ein Gegenstand theologischer Diskussion zu werden, und zwar zum ersten Mal offiziell mit der Bezeichnung
"Minjungtheologie", als man über Suhs Geschichtsforschung unter diesem Titel diskutierte.

Dieser Sachverhalt eines "doppelten" Anfangs der Minjungtheologie beruht
sowohl auf dem zeitgeschichtlichen Zusammenhang als auch auf dem bei Ahn
und Suh jeweils unterschiedlich verlaufenen Entwicklungsprozeß ihrer
Minjungtheologien. Um dies zu klären, müssen wir uns zunächst mit der Entwicklungsgeschichte der Bezeichnung "Minjungtheologie" beschäftigen. Unsere
Beschreibung muß mit Suh beginnen, denn er hat in der Ausprägung wie auch

---

171 In: TD 34/1981, S.537-550 mit der Überschrift "Theologie in der Dritten
   Welt", hier: 546.
172 Damit meint er die "Gefangenen für die Wiederherstellung der Demokratie", die am 15./16. Februar 1975 freigelassen wurden (vgl. dazu
   A.3.12), und seinen Vortrag "Nation, Minjung und die Kirche" (März
   1975), in: MK, S.19-26 bzw. GM, S.215-222.
173 Vgl. das Diskussionsprotokoll unter dem Titel "Suh Namdong und die
   Minjungtheologie" in: TD 46/ 1984, S.517-535, hier: 523. Hyun Younghak
   meint: "... er (sc.: Suh) studierte im Gefängnis die Geschichte Koreas".

in der Festlegung der Bezeichnung "Minjungtheologie" die Initiative ergriffen und lange Zeit eine wichtige Rolle gespielt.

(b) *Die Entwicklungsgeschichte der Bezeichnung "Minjungtheologie"*: Die Bezeichnung "Minjungtheologie" wurde April 1975 (mit der Ausdrucksform "Theologie des Minjung") von Suh Namdong in seinem apologetischen Aufsatz "Über eine 'Theologie des Minjung'" zum ersten Mal gebraucht[174] und in die Öffentlichkeit gebracht. Er wollte mit dieser Bezeichnung die Position der politisch engagierten Christen und Theologen verteidigen, und zwar mit der Forderung, daß "die koreanische Kirche die Stimme des Minjung anhören und vertreten soll, wie Jesus sich mit dem Minjung identifizierte", und mit der Feststellung, daß "man diese Aufgabe schon zu ergreifen begonnen hat"[175]. Mit dieser Feststellung meinte er diejenigen Erklärungen der politisch engagierten Intellektuellen (einschließlich der Christen und Theologen), die seit der Freilassung der politischen Gefangenen im Februar 1975 veröffentlicht worden waren, außerdem einen sich auf diese Freilassung beziehenden Vortrag Ahn Byungmus[176] und eine eigene Predigt[177], in denen allen der Begriff "Minjung" als Schlüsselbegriff vorkommt. Es ist kein Wunder, daß Suh die Bezeichnung "Theologie des Minjung" nur in der Überschrift benutzte und dann kein Wort mehr darüber verlor, was diese von ihm selbst neu eingeführte Bezeichnung bedeuten sollte. Er hatte nämlich noch keinen genau bestimmten Gegenstand für diesen neuen Namen: Einige Erklärungen und Predigte hatten also noch keine neue Theologie zur Welt bringen können. Mit der Einführung dieser extensionslosen Bezeichnung mit ihrer vagen Intension signalisierte Suh nur seine Zielsetzung, den Begriff "Minjung" nicht nur theologisch zu verarbeiten, sondern daraus eine neue selbständige Theologie zu machen, die der Minjungbewegung besser entsprechen sollte.

Nach dieser voreiligen Ankündigung einer "Theologie des Minjung" versuchte Suh zunächst, eine Methode für diese neue Theologie zu entwikkeln.[178] Dieser Versuch wurde jedoch durch seine Festnahme im März 1976[179] unterbrochen, und zwar bis 1978, als er freigelassen wurde. In dem Zeitraum von 1975 bis 1978 mußte also Suhs "Theologie des Minjung" in ihrer Keimzelle bleiben, die nur aus dem aus der Minjungbewegung aufgenommenen Grundbe-

---

174 Jedenfalls behauptet das Suh in einer Anmerkung, die er dem Wiederabdruck des genannten Aufsatzes in: UMT, S.29-35 (hier: 30) hinzugefügt hat (im Jahre 1983).
175 A.a.O. S.29.
176 Vgl. oben Anm. 172.
177 "Jesus, Kirchengeschichte und die koreanische Kirche" in: UMT, S.11-27.
178 Z.B. in seinem Aufsatz "Das dritte Zeitalter des Heiligen Geistes", in: TTP, S.121-133.
179 Vgl. B.0.2.

griff "Minjung", der noch nicht begründeten Hauptthese, das Minjung sei das
Subjekt der Geschichte, und einigen methodischen Ansätzen bestand. Hatte
sie sich in der Gefängniszelle Suhs weiterentwickelt, so konnte sie jedenfalls nicht veröffentlicht werden.

Im Vergleich mit Suh zeigte Ahn in dem Zeitraum von Anfang 1975, als er
den Begriff "Minjung" und das Wort "ochlos" programmatisch zu gebrauchen
begann, bis März 1976, als er wie Suh festgenommen wurde, in seinen Aufsätzen keine deutliche Absicht, aus dem Begriff "Minjung" eine neue Theologie
zu machen. In dieser Zeit beschäftigte er sich hauptsächlich damit, von den
konservativen Christen mit ideologiekritischen Argumenten zu fordern, sich
mit dem Minjung zu solidarisieren, und die politisch engagierten Christen
mit Theodizee-Argumenten seelsorgerlich zu trösten und zu ermuntern.

Erst nachdem Ahn im Dezember 1976, also früher als Suh, aus dem Gefängnis entlassen worden war, gab er in seinem Vortrag "Die christliche Religion in Korea und Reformation" (Mai 1977)[180] der Öffentlichkeit bekannt,
daß er aus der sog. "neuen Entdeckung des Minjung" (61), die er im Gefängnis gemacht hatte, eine neue Orientierung der Theologie für die koreanische
Kirche, die bisher "ein von dem Leiden der Nation isolierter, überflüssiger
Auswuchs" (58) gewesen sei, gewinnen wollte. Er machte auf die Aufgabe der
Theologie aufmerksam, die theologische Arbeit nach dem Motto "gemeinsam mit
dem Minjung" und somit "für die Nation" neu zu gestalten. Ahn konnte aber
in diesem Vortrag noch nicht sagen, wie die neue Theologie aussehen soll.
Er wies nur auf die Aufgabe der koreanischen Kirche hin, "eine Minjung-
Gemeinde für das Minjung" (58) zu werden. Ahn nannte hier die zukünftige
Theologie für diese Art Kirche weder "Theologie des Minjung" noch "Minjung-
theologie".

Im März 1979, also nachdem auch Suh aus dem Gefängnis eine eigene
Minjungerfahrung, die hauptsächlich in seinen neuen Erkenntnissen über die
Aufstände des Volkes in der Geschichte Koreas bestand, mitgebracht und in
seinem Aufsatz "Die Theologie des Minjung" (März 1979)[181] theologisch bzw.
minjungtheologisch verarbeitet hatte, veranstalteten einige Theologen in
dem "Koreanischen Theologischen Forschungsinstitut"[182] ein Seminar[183]. In

---

180 In: GM, S.50-62. Im folgenden beziehen sich die Seitenzahlen in Klam-
    mern auf diese Quelle.
181 In: TD 24/1979, S.78-109. Dieser Aufsatz wurde dann 1983 ergänzt und
    mit der veränderten Überschrift "Zusammenfluß von zwei Erzählungen" in
    den Sammelband UMT aufgenommen. Die deutsche Fassung in dem Sammelband
    MTVG ist aus dieser ergänzten Fassung unter dem Titel "Zwei Traditio-
    nen fließen ineinander" übersetzt und wiederum ergänzt worden.
182 Vgl. B.0.2.
183 Für dieses Seminar wurden vier Aufsätze als Diskussionsunterlagen vor-
    bereitet. Diese Aufsätze erschienen in: TD 24/1979. Drei davon sind
    von den folgenden drei Minjungtheologen verfaßt: Kim Chungchoon, "Alt-

diesem Seminar diskutierten sie über die neue Theologie, die vor allem in dem eben genannten Aufsatz Suhs vertreten wurde. Suh konnte erst in diesem Aufsatz die sog. "sozio-ökonomische" Methode und umfassende geschichtstheologische Begründungen der neuen Theologie vorlegen, um seine Grundthese, das Minjung sei das Subjekt der Geschichte, zu bekräftigen. Damit erst löste er seine Ankündigung einer "Theologie des Minjung" ein, die er 1975 voreilig gemacht hatte. In diesem Seminar begannen die Teilnehmer die im Vergleich mit der früheren Ausdrucksform Suhs inzwischen näherbestimmte Bezeichnung "Minjungtheologie" zum ersten Mal als einen Fachterminus in der Öffentlichkeit zu gebrauchen, und zwar für die neue Art, eine Theologie zu treiben, die dem Sein und Handeln des Minjung als des Subjektes der Geschichte entsprechen sollte.

Ahn begann jedoch erst im September 1981 in dem bis dahin wichtigsten Aufsatz zu seiner Minjungtheologie "Die Minjungtheologie - im Licht des Markusevangeliums gesehen"[184], die Bezeichnung "Minjungtheologie" zu gebrauchen. Der Grund für seine zögernde Aufnahme dieser Bezeichnung scheint in dem - im Vergleich mit anderen Minjungtheologen - außerordentlich selbständigen Entwicklungsprozeß seiner theologischen Gedanken zu liegen:

Nachdem Ahn 1975 das Wort "ochlos" für das Minjung zum ersten Mal in die Öffentlichkeit gebracht hatte, forderte er 1977 zunächst, daß das Minjung das Subjekt der Kirche werden und die Theologie demgemäß neu orientiert werden soll.[185] Dann entdeckte er, daß Gott bei dem Minjung sei.[186] Diese Entdeckung schloß sich an die ausdrückliche Bestätigung der von ihm selbst und Suh schon 1975 aus der Kampfparole der Minjungbewegung in die theolo-

<hr />

testamentliche Begründung der Minjungtheologie" (S.5-32); Kim Yongbock, "Die Sozialbiographie des Minjung und die Theologie" (S.58-77); Suh Namdong, "Die Theologie des Minjung" (S.78-109). Und einer davon ist eine koreanische Übersetzung des Aufsatzes von Gerd Teißen, "Die Starken und Schwachen in Korinth. Soziologische Analyse eines theologischen Streites" (EvTh 35/1975, S.155-172). (Im Protokoll der Seminarsitzung findet sich keine Bemerkung über den Aufsatz Teißens.) Ahn Byungmu hatte ihn als neutestamentlichen Beitrag für die Seminarsitzung übersetzt. Es scheint, daß Ahn zu dieser Zeit noch nicht in der Lage war, als Neutestamentler seinen eigenen Beitrag zur Begründung der Minjungtheologie zu leisten. Er konnte aus unbekanntem Grund an der Seminarsitzung nicht teilnehmen. Andreas Hoffmann-Richters Nachbemerkung, daß die Zeitschrift "Theologisches Denken" "der Geburtsort der Minjungtheologie" sei (DVT 153), trifft insofern nur für einen beschränkten Bereich der Entstehung der Minjungtheologie zu.
184 In: TD 34/1981, S.504-536. Dieser Aufsatz findet sich auch in den folgenden beiden Sammelbänden: MK, S.151-184 mit dem veränderten Titel "Das Subjekt der Geschichte im Markusevangelium" und MTVG, S.134-169 ebenfalls mit diesem veränderten Titel.
185 Z.B. in seinem Aufsatz "Die Freiheitslehre des Paulus", in: BE, S.102-115.
186 Z.B. in seinem Aufsatz "Der gegenwärtige Gott", in: BE, S.320-334.

gische Diskussion aufgenommenen These an, daß das Minjung der Träger der
Geschichte sei.[187] Im April 1978 formulierte er dann als eine Art Bekenntnis, daß "das, was ich mit 'Geschichte' bezeichne, ein Pronomen für den
Gott ist, an den ich glaube, ...und das Minjung die Substanz dieser Geschichte ist"[188]. Seitdem beschäftigte er sich damit, die Bibel, vor allem
das Neue Testament, von der sog. "Sichtweise des Minjung" her neu zu lesen,
um "die ursprünglichste und eigentlichste Lehre Jesu" wiederzuentdecken.[189]
Gleichzeitig beschäftigte er sich intensiver damit, den Sprachgebrauch von
"ochlos" für das Minjung aus dem Markusevangelium her zu begründen. Das Ergebnis dieses Versuches konnte er erst im November 1979 veröffentlichen.[190]
Und 1980/1981 legte er eine neue Staats- und Politikauffassung für das koreanische Volk vor, die ebenfalls von der Sichtweise des Minjung ausgeht
und von Ahns Nationalismus geprägt ist.[191] Dann versuchte er 1981, endlich
ein umfassendes Bild der neuen Theologie zu konstruieren, die er schon 1977
angekündigt hatte. Das Ergebnis war der oben genannte Aufsatz "Die Minjungtheologie - im Licht des Markusevangeliums". In diesem Aufsatz konnte er
zeigen, wie er mit der sog. sozialgeschichtlichen Methode die Sozialge-
schichte Palästinas zur Zeit Jesu und des Markusevangeliums rekonstruiert,
wie diese sozialgeschichtliche Rekonstruktion die Bibelauslegung bestimmt,
und wie einige theologische Grundbegriffe wie z.B. das Reich Gottes und der
historische Jesus aufgrund der so bestimmten Bibelauslegung grundlegend neu
verstanden werden können, so daß die Grundthese seiner Minjungtheologie,
das Minjung sei das Subjekt der Geschichte, dadurch bestätigt werde.

Dieser Entwicklungsprozeß der theologischen Gedanken Ahns von 1975 bis
1981 zeigt, daß Ahn zur Gestaltung der Minjungtheologie zwar einerseits mit
anderen gleichgesinnten Theologen zusammenarbeitete, aber andererseits, unabhängig von ihnen, einen selbständigen Entdeckungs- und Begründungsprozeß
zur Gestaltung seiner Minjungtheologie durchlief, um somit zur Entwicklung
der gesamten Minjungtheologie einen eigenen Beitrag als Neutestamentler zu

---

187 Z.B. in seiner Predigt "Dann werden die Steine schreien", in: DVT,
S.73-78.
188 "Vor der Geschichte mit dem Minjung", in: GM, S.274-283, hier: 282f.
Übrigens wurde diese Überschrift als Buchtitel für den bisher letzten
Sammelband seiner minjungtheologischen Aufsätze von 1975 bis 1986
übernommen.
189 In seinem Aufsatz "Die Prediger des Minjung", in: GM, S.118-126, hier:
118.
190 In seinem Aufsatz "Jesus und ochlos - im Licht des Markusevangeliums
gesehen", in: MK, S.86-103 bzw. in: MTVG, S.110-132 mit einem kor-
rigierten und ergänzten Text und mit der veränderten Überschrift "Jesus und das Minjung im Markusevangelium".
191 Z.B. in seinen Aufsätzen "Die christliche Religion und der Staat", in:
GM, S.179-187 und "Die Frage der Wiedervereinigung der Nation im Licht
der Bibel", in: GM, S.264-273.

leisten. Es scheint, daß Ahn die Bezeichnung "Minjungtheologie" mit den durch seinen eigenen Begründungsprozeß gewonnenen, vor allem biblischen, Gründen gebrauchen wollte.

B.4.0.2 *Übersicht der Darstellung*:

Aufgrund dieses Entwicklungprozesses bei Ahn von 1975 bis 1981 können wir sagen, daß seine Minjungtheologie zwar 1975 durch die Einführung des Begriffs "Minjung" bzw. "ochlos" begann, aber durch die 'neue Entdeckung des Minjung im Gefängnis' erst seit 1977 bewußt getrieben wurde, bis er 1981 eine Zwischenbilanz, die er "Minjungtheologie" nannte, vorlegen konnte.

Die weitere Entwicklung seiner Minjungtheologie von 1982 bis 1986 besteht einerseits aus dem Versuch, mit der Entdeckung der "Sprache des Minjung" die sog. Kerygma-Theologie zur Minjungtheologie umzuwandeln, und andererseits aus dem Versuch, die bisher gewonnenen Minjung-Aussagen zur Veränderung der Politik und der Kirche in Korea anzuwenden.

Diesen Entwicklungsprozeß von 1975 bis 1986 werden wir im folgenden in seinen systematischen Grundlinien nachzeichnen.

B.4.1. *Die Einführung des Begriffs "Minjung" bzw. "ochlos" und das Konzept der "Theologie der Ereignisse" (1975-76)*:

B.4.1.1 *Das Minjung und die Aufgabe der Kirche: Das Minjung ist das beherrschte Volk, das durch die Obrigkeit unterdrückt wird, und zugleich das Subjekt des Volksaufstandes, durch den das Minjung seine Identität als das Subjekt der Nation wiederherstellt. Die Kirche soll an dieser Minjungbewegung teilnehmen.*

Wir beginnen in unserer Darstellung mit Ahns Vortrag "Nation, Minjung und die Kirche" (März 1975)[192], weil in diesem Vortrag der argumentative Anfang seiner Minjungtheologie zu sehen ist:

Erstens begann Ahn hier, den Begriff "Minjung" gezielt als einen festgelegten Ausdruck für das unterdrückte und entfremdete Volk im Gegensatz zu den regierenden und den privilegierten Schichten zu gebrauchen. Er verglich schon hier den Begriff "Minjung" mit dem Wort "ochlos" im Markusevangelium, und sein Versuch, diesen Vergleich im Verlauf der folgenden Jahre zu präzisieren und zu begründen, hat die argumentative Struktur seiner Minjungtheo-

---

192 Vgl. oben Anm. 172. Im folgenden beziehen sich die Seitenzahlen in Klammern auf den Text aus GM S.215-222, weil dieser mit den 1986 ergänzten Paragraphenüberschriften den Argumentationsgang des Vortrages klarer zeigt als der Text in KM.

logie bestimmt, die sich auch aus diesem Grund von den Minjungtheologien anderer wie z.B. Suh Namdongs unterscheidet.

Zweitens legte er in diesem Vortrag ein orientierendes Programm für die Teilnahme der koreanischen Kirche an der Minjungbewegung vor, das er in der weiteren Entwicklung seiner theologischen Gedanken (in unserer Darstellung bis 1986) implizit oder explizit kontinuierlich weiterverfolgen wird. Dieses Programm präzisiert sich im Verlauf der folgenden Jahre in verschiedener Weise und erweist sich schließlich als ein argumentativer Ausgangspunkt seiner Minjungtheologie im ganzen, das darauf zielt, die politisch-soziale Ordnung der koreanischen Nation wie auch die Struktur der Kirche Koreas so zu verändern, daß sie dem Subjekt-Sein des Minjung entsprechen.

Exkurs: Bevor wir weiter darstellen, was Ahn in diesem Vortrag unter dem Begriff "Minjung" versteht, sei eine Bemerkung vorausgeschickt, und zwar zu Ahns (angeblichem) Verzicht auf eine Definition des Begriffes "Minjung". In seinem Vortrag "Was ist die Minjung-Theologie?"[193] wollte Ahn sich nicht einlassen "auf die Frage, 'was oder wer Minjung ist'", denn aus dem Versuch, sie zu beantworten, entstehe eine Definition, und der Versuch einer Definition führe dazu, daß "wir dem Schema der westlichen Logik folgen, wodurch Minjung zum betrachteten Objekt gemacht wird, ohne 'Mich-Bezogenheit', d.h., daß wir uns selber nicht einbeziehen. Eine solche Definition wird aber ein unechtes Abbild schaffen vom realen Minjung". Deshalb schlägt er eine andere Möglichkeit vor, nämlich ein Sich-Solidarisieren mit dem Minjung, denn "Minjung ist selbstverständlich für den, der Minjung ist, oder mit Minjung zusammenlebt". Wir überprüfen zunächst seinen Alternativ-Vorschlag und dann seine Begründung des Verzichts auf eine Definition des Begriffes "Minjung".
(1) Die letztgenannte Aussage Ahns entzieht sich jeder Wahrheitsprüfung, denn man könnte nur durch eigenes Zusammenleben mit dem Minjung erfahren, ob Minjung "selbstverständlich" ist oder nicht. Insofern widerspricht diese Aussage der Minjung-Theologie Ahns, die voraussetzt, daß das, was sie in bezug auf das Minjung behauptet, in seiner Wahrheit überprüfbar ist. Deshalb hat dieser Vorschlag Ahns für seine Minjung-Theologie keinen Sinn. Eine Fehlerquelle liegt darin, daß Ahn hier die existentielle Erfahrung mit dem Minjung und den Versuch, Minjung-Aussagen zu machen und zu begründen (nämlich als Minjung-Theologie), miteinander verwechselt.
(2) Ahns Begründung für den Verzicht auf eine Definition des Begriffs "Minjung" ist insofern nicht plausibel, als sie ein logisches Mißverständnis enthält, das Verhältnis von Objektivieren und "Mich-Bezogenheit" falsch bestimmt und das Objektivieren mit einer Abbildungstheorie verwechselt: Erstens hat das Logik-Folgen nicht mit dem Objektivieren eines empirischen Objektes (z.B. des Minjung) zu tun, sondern mit der logischen Struktur der (objektivierenden) Sprache (wie der Minjung-Aussagen der Minjungtheologie). Zweitens ist eine "Mich-Bezogenheit" erst dann möglich, wenn ich ein Objekt (z.B. das Minjung) habe, auf das ich mich beziehen kann. Ohne ein "Objektivieren", das die Unterscheidung von 'Ich' und Objekt voraussetzt, wäre die "Mich-Bezogenheit" von einer Selbstbezogenheit nicht zu unterscheiden, das Ahn als Minjung-Theologe mit aller Kraft ablehnen würde. Schließlich bedeutet Objektivieren nicht "das Objekt abbilden", sondern 'über das Objekt Aussagen machen', die man Wahrheitsprüfungen unterziehen kann.

193 In: epd-Dokumentation 6a/82, S.7-16. Ahn schrieb den Vortrag anläßlich eines Besuches in Deutschland im Dezember 1981. Im folgenden stammen alle Zitate aus S.7 dieser Quelle.

Ahns Begründung verliert in der Tat ihre Plausibilität gerade durch das, was er in seiner Minjungtheologie wirklich tut, indem er nämlich bewußt oder unbewußt die Logik in dem eben geklärten Sinne verwendet, über das Minjung Aussagen macht (= das Minjung objektiviert) und versucht, sie zu begründen.

(3) Hinter dem (angeblichen) Verzicht Ahns auf eine präzise Definition von "Minjung" kann eine ganz andere Sorge versteckt sein: Nach Andreas Hoffmann-Richter begründet Ahn den Verzicht auf eine präzise Definition von Minjung "mit der Vorsicht gegenüber der Pressezensur, die nach einem Beleg für den Einfluß des Kommunismus auf die Minjung-Theologie sucht, etwa nach einer Gleichsetzung von Minjung und Proletariat"[194]. Diese Begründung ist jedoch insofern nicht überzeugend, als "eine präzise Definition von Minjung" eher den Verdacht eines kommunistischen Einflusses entkräften könnte, wenn das Minjung und das Proletariat wirklich nicht gleichzusetzen sind. Ahn versucht auch tatsächlich, das "Minjung" von dem "Proletariat" abzugrenzen, und zwar mit definitorischen Merkmalen des "Minjung":

"Weil die Minjungtheologie in denjenigen Menschen das Subjekt der Geschichte sieht, die nicht nur wegen der politisch-wirtschaftlichen Situation, sondern auch aus irgendwelchem Grund einschließlich politischen, ökonomischen und kulturellen Gründen verunmenschlicht oder entfremdet worden sind, ist das Minjung vom Proletariat zu unterscheiden."[195]

Diese Abgrenzung ist aber schon ein wichtiger Bestandteil einer präzisen Definition des Begriffes "Minjung".

(4) Eine weitere Sorge Ahns zeigt sich in seinem folgenden Begründungsversuch: "Das Minjung existiert wirklich. Wir wollen das Minjung nicht zu einem Begriff machen, um auch den Fehler zu vermeiden, daß das zum Begriff gewordene Minjung das wirklich existierende Minjung unterdrücken wird."[196] Hier scheint Ahn vor der Gefahr einer Ideologisierung des Minjung warnen zu wollen. Ein nicht definiertes oder sogar zu definieren verbotenes "Minjung" kann allerdings u.E. eher dazu führen, wegen des Mangels an Klarheit der Minjung-Aussagen jede Art Ideologisierung des Minjung nicht zu verhindern oder sogar zu provozieren. Deshalb kommt es auch hier darauf an, Versuche zu machen, den Begriff "Minjung" sachgemäß zu definieren und Wahrheitsprüfungen zu unterziehen.

(5) Aufs Ganze gesehen hat Ahn selber von Anfang an (d.h. in seinem jetzt darzustellenden Vortrag) mit einem bestimmten, d.h. schon definierten, Begriff "Minjung" gearbeitet und sich im Verlauf der folgenden Jahre ständig bemüht, seine eigene Definition des Begriffes "Minjung" zu schaffen, zu präzisieren und zu begründen. Seine unbegründete Zurückhaltung vor diesem Schlüsselbegriff seiner Minjungtheologie hat dazu geführt, daß er in seinen Texten leider nicht ausdrücklich und klar genug äußert, was er unter dem Begriff "Minjung" versteht, und einfach voraussetzt, daß die Leser schon wüßten, welche Definition des Begriffes "Minjung" er seinen Minjung-Aussagen zugrunde legt. Es gilt deshalb, die von ihm vorausgesetzte Bedeutung des Begriffes "Minjung" durch Textanalysen zu rekonstruieren.

Die Extension des Begriffes "Minjung" ist in dem bereits genannten Vortrag gleich wie in der oben erwähnten Erklärung der freigelassenen Gefangenen, auf die er sich bezieht, im Zusammenhang mit der Geschichte Koreas bestimmt: <u>Der Begriff "Minjung" bezeichnet das beherrschte Volksganze</u>

---

194 Vgl. a.a.O. (Anm. 5 in Teil B), S.56.
195 Diskussionsprotokoll, in: TD 34/1981, S.546.
196 Ebd.

Koreas im Gegensatz zu den es beherrschenden Obrigkeiten oder Regierungen
in der Geschichte der koreanischen Nation: "Das Minjung bildet die Nation
(koreanisch: Min-Dschok[197]) und hat der Regierung die Macht aufgetragen,
die Nation zu schützen" (215).

Die Intension des Begriffes "Minjung" ist deshalb auch bei Ahn (abgesehen von der Verbindung mit dem Wort "*ochlos*", auf die gleich einzugehen
sein wird) im Zusammenhang mit der Geschichte der koreanischen Nation zu
bestimmen:

> "In unserer (sc.: Koreas) Geschichte gab es das Minjung nicht, obwohl
> die Nation war und ist. Damit ist die Wirklichkeit auf den Kopf ge-
> stellt: Was wirklich existiert, ist das Minjung, und die Nation ist ein
> relativer Begriff, der sich erst im Verhältnis mit anderen Ländern bil-
> det. Trotzdem wurde und wird die Nation immer in den Vordergrund ge-
> stellt, und die Substanz dieser Nation, nämlich das Minjung, wurde und
> wird im Namen der Nation ausgebeutet und im Stich gelassen." (215)[198]

Die erste Eigenschaft des Begriffes "Minjung" bestehe darin, daß das
Minjung im Gegensatz zu den Regierenden das Subjekt der koreanischen Nation
ist, denn in der Geschichte der koreanischen Nation sei die Wirklichkeit
durch die "Geschichte ohne Minjung" (215), nämlich die Geschichte, in der
das Minjung trotz seiner Identität als der "Substanz der Nation" "von der
Regierung am meisten ignoriert wurde und wird"[199], auf den Kopf gestellt
worden.

Die zweite Eigenschaft des Begriffes "Minjung" bei Ahn ist in dem eben
angedeuteten Leidensschicksal des Minjung im Verhältnis zur politischen
Macht zu sehen. Der Grund für die "Geschichte ohne Minjung" bestehe darin,

---

197 Der Begriff "Min-Dschok" ist normalerweise mit "Nation" oder "Volk" zu
    übersetzen. Er hat jedoch bei Ahn vor allem im Zusammenhang mit seinem
    Nationalismus und der Minjungbewegung eine komplexe Bedeutung, die nur
    mit seinem Wortsinn nicht zu erklären ist. Außerdem unterscheidet Ahn
    in diesem Vortrag nicht klar zwischen "Volk", "Nation" und "Minjung",
    abgesehen von einer stillschweigenden Unterscheidung einer vom Yushin-
    Regime nationalistisch ideologisierten "Min-Dschok" vom "Minjung". Ge-
    rade in dieser Unterscheidung meldet sich eine Verwirrung in seinem
    Sprachgebrauch von "Min-Dschok" und "Minjung", denn das Minjung ist
    für Ahn "die Substanz des Min-Dschok". Er versucht, in seinem Aufsatz
    "Die nationale Aufgabe und die Kirche" (in: GM S.243-253 bzw. DVT
    S.79-84 mit einem verkürzten Text und unter der veränderten Über-
    schrift "Nation, Volk, Minjung und Kirche") diese Verwirrung zu klä-
    ren.
198 Mit dieser Entgegensetzung von "Minjung" und "Nation" wollte Ahn ei-
    gentlich die Frontstellung zwischen der Minjungbewegung und des
    Yushin-Regimes deutlich machen: Der Begriff "Nation" bezieht sich hier
    auf die Ideologie des Yushin-Systems, die sie zu der Zeit mit natio-
    nalistischen Parolen wie "Wiederbelebung der Nation" oder "Kapitalbil-
    dung der Nation" (vgl. A.2.3) propagierte.
199 In der ersten Fassung (KM, S.19). In der zweiten Fassung (GM) ist der
    Zusatz "von der Regierung" gestrichen.

daß "die Regierungen bis heute den Begriff 'Nation' ideologisierten und
ihre Ausbeutung des Minjung damit zu rechtfertigen versuchten, und zwar mit
der Macht, die das Minjung ihnen aufgetragen hat, um die Nation zu schützen" (215): Das Minjung wird ausgebeutet und im Stich gelassen als Knecht
der sich nationalistisch ideologisierenden politischen Macht der Regierenden.

Ahn macht aber zugleich auf die kontinuierlichen Versuche des Minjung im
Verlauf der Geschichte Koreas aufmerksam, sein Subjekt-Sein mit der Kraft
des "Geistes des Minjung" (217) wiederherzustellen. Dieser Geist des
Minjung sei in der Geschichte der Nation immer wieder in den Volksaufstän-
den gegen die politische Unterdrückung von innen wie auch von außen aufge-
brochen. Ahn nennt als Beispiele dafür den Donghak-Aufstand, die 1.-März-
Unabhängigkeitsbewegung und die April-Revolution.[200] Ahn charakterisiert
diese "selbständigen Revolutionen des Minjung" als die "Ereignisse", in
denen "die Wut des Minjung" aufbricht und "die Liebe des Minjung zur Nation, aus der das Minjung sich selbst und die Nation von der Tyrannei retten will" (216), zum Ausdruck gebracht wird. Die dritte Eigenschaft des Begriffes "Minjung" besteht deshalb darin, daß das Minjung das Subjekt des
Volksaufstandes sei, in dem das Minjung sich selbst und die Nation durch
eigenen Geist und eigene Kraft von der Tyrannei der politischen Macht zu
retten versucht.

Unter dem Yushin-System setzten sich die "Geschichte ohne Minjung" wie
auch die Geschichte des Aufstandes des Minjung fort: "Ein Teil des Minjung
war aufgestanden, um für das Minjung zu sprechen" (217). Ahn meint damit
die oppositionellen Intellektuellen unter den "ca. 200 Menschen, die wegen
angeblichen Hochverrates gefangengenommen wurden" (ebd). Dies sei "ein großer Anlaß für die Minjungbewegung" (218) gewesen.[201] Die Minjungbewegung
ist für Ahn also die aktuellste Erscheinung des "Geistes des Minjung", der
das Subjekt-Sein des Minjung als der "Substanz der Nation" wiederherstellen
will.

---

200 Vgl. zur Geschichte der politisch-sozialen Bewegungen in der Geschichte
Koreas, die in der Minjungtheologie als "Minjungbewegungen" bezeichnet
werden, den Aufsatz Suh Namdongs "Zwei Traditionen fließen ineinander", in: MTVG, S.173-213, vor allem S.196-200. Zur April-Revolution
vgl. A.1.2.
201 Diese Aussage über den Anlaß der Minjungbewegung verrät, daß Ahn in der
Anfangsphase seiner Minjungtheologie der Ansicht war, daß die Minjungbewegung nicht ganz von dem sog. Selbstbewußtsein des Minjung ausging,
sondern vielmehr vom Leiden der prominenten Intellektuellen, die für
das Minjung sprechen wollten, veranlaßt worden sei. Diese Ansicht wurde erst 1977 durch seine oben erwähnte sog. "neue Entdeckung des
Minjung", die er im Gefängnis gemacht hatte, korrigiert.

Daran schließt Ahn nun seine Kritik an der Kirche Koreas an. Sie richtet sich gegen die konservativen Kirchen, die meinen, daß "das politisch-soziale Engagement der Kirche Koreas eine Abweichung von ihrer Berufung ist" (219). Das politisch-soziale Engagement sei jedoch, so Ahn, ein Ausdruck der "Selbstkritik" der koreanischen Kirche an ihrer eigenen Vergangenheit: Die Kirche unter der Regierung Rhee Syngman[202] "ließ sich von der Parole 'Nation' verführen und schmeichelte der Regierung, während sie die Stimme des Minjung, das unter der Parole 'Nation' stöhnte, gar nicht hören wollte" (ebd). Diese Vergangenheit sei "ein feiger Verrat an Lehre und Verhalten Jesu" (ebd).

Diese "Selbstkritik" der koreanischen Kirche, die eindeutig als Kritik an den der Regierung gefügigen konservativen Christen und zugleich als Rechtfertigung der Regierung Widerstand leistenden Christen gemeint ist, versucht Ahn mit dem Verhalten Jesu zu begründen, das wesentlich durch seine Parteinahme für das Minjung charakterisiert sei:

"Jesus stand auf der Seite weder vorbildlicher Bürger noch der Schicht der Intellektuellen, geschweige denn auf der Seite der Machthabenden und der Reichen. Er stand auf der Seite des Minjung und fiel für das Minjung." (219)

Diese Aussage über die Parteinahme Jesu für das <u>Minjung</u> versucht Ahn mit einem griechischen Wort aus den Evangelien plausibel zu machen, nämlich mit dem Wort "*ochlos*". Denn er glaubt, daß dieses Wort die Menschen, denen sich Jesus zuwendet, nicht nur bezeichne, sondern auch zugleich deren Ausgestoßen-Sein aus ihrer Gesellschaft zum Ausdruck bringe. Ahn führt das Wort "*ochlos*" deshalb zusammen mit dem Wort "*laos*" ein:

"In der Bibel gibt es zwei Wörter, die das Minjung bezeichnen: Das eine ist '*laos*', und das andere '*ochlos*'. Der '*laos*' bedeutet im heutigen Begriff 'Staatsbürger' und bezeichnet diejenigen, die in einer Gesellschaft den Schutz des Gesetzes genießen. Dagegen bedeutet der '*ochlos*' die 'Masse außerhalb des Rechtes', nämlich diejenigen Gruppen, die in einer Gesellschaft die gegebenen Rechte nicht genießen können." (219)

Die Plausibilität der behaupteten Parteinahme <u>Jesu</u> für das <u>Minjung</u> beruht für Ahn auf der Beobachtung, daß "in dem allererst geschriebenen Markusevangelium diejenigen Menschen, auf deren Seite Jesus stand, und die ihrerseits Jesus bedingungslos folgten und auf ihn ihre Hoffnung setzten, nicht als laos, sondern als ochlos bezeichnet sind" (219). Dieser Begründungsversuch zeigt die vierte Eigenschaft des Begriffes "Minjung" bei Ahn, daß nämlich <u>das Minjung diejenige politisch-soziale Gruppe sei, die im Ge-</u>

---

202 Vgl. A.1.2.

gensatz zu den den Schutz des Gesetzes genießenden Staatsbürgern außerhalb des Schutzes des Gesetzes steht und für die Jesus deshalb Partei ergreift. In diesem Sinne seien das "Minjung" und "ochlos" intensionsgleich.[203]

Im Zusammenhang mit der Parteinahme Jesu für das Minjung weist Ahn nun auf den "Grund für die Ohnmacht der Kirche Koreas" unter dem Yushin-System hin, der in der Veränderung ihres politisch-sozialen Status und demzufolge in ihrer Haltung für die Erhaltung des Status quo bestehe:

"Die Kirche in Korea hat sich zu einem Ort verwandelt, wo sich die Schichten versammeln, die in der Lage sind, regelmäßig zu essen und sich umzuziehen. Demzufolge ist ihre Verhaltensweise daraufhin verändert, daß die Freunde Jesu, ochlos, gar nicht wagen, sich diesem Ort anzunähern. Dies hat schließlich dazu geführt, daß sich die Kirche sowohl von dem Minjung als auch von Jesus entfernte." (220)

Das politisch-soziale Engagement der Kirche für das Minjung sei deshalb "keine politische Bewegung zum Widerstand gegen die Regierung, sondern eher eine Umkehr der Kirche zur Selbstidentität mit dem inzwischen verlorengegangenen Geist Jesu" (ebd).

Ahn schlägt eine programmatische Richtlinie vor, nach der die koreanische Kirche handeln soll, um ihre "eigentliche Grundhaltung", d.h. ihre Selbstidentität mit dem Geist Jesu, aufrechtzuhalten:

(1) "Die Kirche ist keine politische Partei. Sie ist nicht daran interessiert, wer die Macht ergreift, sondern allein daran, daß das System und dessen Verwaltung für das Minjung gemacht und durchgeführt werden. Dies ist der Weg zur demokratischen Gesellschaft von dem Minung, durch das Minjung und für das Minjung" (221).

Es scheint, daß Ahn von der Kirche eine Funktion als politisch-moralische Instanz erwartet, über das politische und soziale Zusammenleben des koreanischen Volkes zu wachen, damit es dem Subjekt-Sein des Minjung als der "Substanz der Nation" entspricht.

(2) "Die Kirche soll eine neue Ethik gestalten, die auf dem neuen, aber ihrem eigentlichen Wertmaßstab, nämlich der Liebe, beruht. Die Liebe soll daraufhin konkretisiert werden, auf der Seite des Minjung zu stehen, mit dem Minjung zu leben und dem Minjung seine Rechte zurückzugeben. Dies ist der einzige Weg, das, was eigentlich Christliches gewesen war und inzwischen an den Kommunismus verlorengegangen ist, wiederzugewinnen und den Kommunismus damit zu entkräften." (221)

---

203 Hier meldet sich eine Unsicherheit bei der Extension des Begriffes "Minjung" bei Ahn: Im Zusammenhang der Geschichte der koreanischen Nation bezieht sich die Extension des "Minjung" auf das Volksganze Koreas im Gegensatz zu den Regierenden. In dem jesuanischen Begründungsversuche mit dem "ochlos" bezieht sie sich dagegen auf eine bestimmte soziale Gruppe außerhalb des Rechtes im Gegensatz zu den Staatsbürgern unter dem Schutz des Gesetzes.

Ahn erwartet von der koreanischen Kirche, in dem politisch-sozialen Handeln des koreanischen Volkes eine ethische Instanz zu sein. Die Glaubwürdigkeit der Kirche als ethische Instanz bestehe darin, daß sie die Liebe für das Minjung und mit dem Minjung konkretisiert. Ahns Verbindung dieser Art Konkretisierung der Liebe mit einer Entkräftung des Kommunismus liegt seine Intention zugrunde, die Minjungbewegung von dem Verdacht fernzuhalten, daß sie eine kommunistische Bewegung sei.

(3) "Diese Bewegung aus der Liebe zum ochlos soll organisiert werden, und ein Gesellschaftsbild soll vorgelegt werden, das die Verzweiflung des Minjung zur Hoffnung verwandeln kann: Dies ist keine 'Gesellschaft, wo man gut lebt', sondern eine 'Gesellschaft, wo man miteinander lebt'." (221)

Ahn schlägt der Kirche einen Weg zu dieser Gesellschaft vor: Die Kirche soll sich mit der Minjungbewegung solidarisieren, um damit die Verantwortung für das Leiden des Minjung zu übernehmen. Dieses Sich-Solidarisieren sei gerade deshalb notwendig, weil das Minjung durch das strukturelle Böse unterdrückt wird. Ahn erwartet also von der Kirche, das moralisch-ethische Zentrum einer organisierten Widerstandsbewegung gegen das Yushin-System zu sein.

(4) "Jede Bewegung der christlichen Kirche soll Gewaltanwendung ablehnen. ...Ein anderer Weg, diese Geschichte aus dem Teufelskreis der Gewalt zu retten, ... beruht auf dem Glauben an Gott, der die letzte Entscheidung der Geschichte trifft. Diesen Weg ist Jesus gegangen, der am Kreuz hingerichtet wurde. Auch wir nehmen diesen Weg des Leidens und werden dadurch Zeugen der Gerechtigkeit." (222)

Ahn wiederholt hier seine Antworten auf die Theodizeefrage, die wir bereits dargestellt haben.[204]

B.4.1.2 Das Minjung als das Subjekt der Min-Dschok-Gemeinschaft: *Das koreanische Min-Dschok (Volk) hat in seiner gemeinsamen Abstammung, Sprache, Kultur und Geschichte die Grundlage für die Bildung einer Min-Dschok-Gemeinschaft von Nord- und Südkorea. Diese Grundlage soll durch das Souveränitätsbewußtsein des Minjung als des Subjektes des Min-Dschok (Volk und Nation) ergänzt werden, damit sich das koreanische Min-Dschok (Volk) zur freien demokratischen Min-Dschok-Gemeinschaft ausbildet. Die Kirche hat die Aufgabe, an der Bildung des Souveränitätsbewußtseins des Minjung (einer "stillen Revolution") teilzunehmen und damit eine gewaltsame Revolution zu verhindern.*

---

204 Vgl. B.2.4.

In seinem Aufsatz "Die Aufgabe der Nation und die Kirche"[205] (April 1975) unterscheidet Ahn einige Grundbegriffe:

(1) Der Begriff "Min-Dschok" bedeutet bei Ahn "eine Gemeinschaft, die aufgrund ihrer gemeinsamen Abstammung, Sprache und Kultur in einer homogenen Einheit zum politischen Zusammenleben vereinigt worden ist" (243). Dieser Definition zufolge ist u.E. das "Min-Dschok" bei Ahn als ein Synonym sowohl für das "Volk" im ethnischen Sinne als auch für die "Nation" im politischen Sinne zu verstehen. Deshalb wird das Min-Dschok bei ihm als die Grundlage für die Bildung einer "freien demokratischen Min-Dschok-Gemeinschaft" (251) aufgefaßt. Wenn er sagt, daß "das Minjung das Subjekt der Min-Dschok-Gemeinschaft" (251) sei, bedeutet das "Min-Dschok" auch hier sowohl das Volk als auch die Nation Koreas. Allerdings ist gleich darauf hinzuweisen, daß Ahn seinen Begriff "Min-Dschok" (im Sinne von "Volk und Nation") von dem der vorausgegangenen Nationalismen in der modernen Geschichte Koreas unterscheidet:

Das "Min-Dschok" unterscheide sich einerseits von "Dschong-Dschok" ("race"). Ahn begründet diese Unterscheidung damit, daß "es zwar auch in westlichen Ländern den Begriff 'race' gibt, dieser aber mit unserem allgemein anerkannten Begriff 'Min-Dschok' nicht ganz übereinstimmt". Da diese Begründung nicht überzeugt[206], muß Ahn im Hintergrund dieser Unterscheidung eine nicht direkt geäußerte Intention haben.[207] Er scheint damit seinen Begriff "Min-Dschok" von einem sog. "sentimentalen Nationalismus" (250) abgrenzen zu wollen. Damit meint er sowohl den Nationalismus Rhee Syngmans[208] als auch den des Yushin-Systems[209], die s.E. nur auf "dem Gefühl des Min-

---

205 In: GM, S.243-253. Die DVT-Übersetzung unter dem veränderten Titel "Nation, Volk, Minjung und Kirche" (S.79-84) ist eine halbierte Fassung des Originaltextes und enthält einige wichtige Aussagen, die vom Originalaufsatz abweichen. Sie zeigt außerdem eine große Verwirrung im Sprachgebrauch der Schlüsselbegriffe des Aufsatzes. Beispielsweise ist das "Minjung" mit "Volk" (80) bzw. "Bevölkerung"(81), und "Guk-Min" (Staatsbürger) mit "Volk" (81), "Minjung" (81) bzw. "Nation" (81) übersetzt worden. Deshalb kann diese Übersetzung nicht als Quellentext herangezogen werden, und im folgenden beziehen sich die Seitenzahlen in Klammern allein auf die Quelle aus GM.

206 Das Wort "race" definiert z.B. das "Oxford Advanced Learner's Dictionary of Current English" (Oxford University Press 1974) als "group of people having a common culture, history and/or language" (S.701).

207 Dieser Versuch, in Ahns Aussagen eine nicht direkt geäußerte Intention herauszufinden, rechtfertigt sich dadurch, daß Ahn unter dem Yushin-System kaum wagen konnte, seine regierungskritische Intention direkt zu äußern. Dies muß sich allerdings darauf beschränken, die in denjenigen Aussagen versteckte Intention herauszufinden, die mit einer Art "non-sense-argumentation" eindeutig den betreffenden Aussagezusammenhang sprengen.

208 Vgl. A.1.2.

209 Vgl. dazu A.2.3 und die nationalistischen Parolen des Yushin-Regimes wie "Wiederbelebung (= Yushin) der Nation", "Kapitalbildung der Na-

Dschok (d.h. dem Gefühl gemeinsamer Abstammung; d.Verf.) ohne das Bewußtsein der Volkssouveränität" (249) beruhen. Die beiden Nationalismen berufen
sich tatsächlich darauf, daß das koreanische Volk ein einheitliches 'Gye-
Re' ('race' oder 'offspring of the same forefather') sei.

Andererseits unterscheide sich das "Min-Dschok" von dem Begriff "Nation". Ahn begündet diese Unterscheidung damit, daß "der Begriff 'Nation'
unter der Voraussetzung eines Staates auch den Staatsbürger bedeutet und
sich deshalb von 'Min-Dschok' unterscheidet" (243). Da Ahn, wie oben gesagt, den Begriff "Min-Dschok" auch im Sinne von "Nation" gebraucht, muß er
auch im Hintergrund dieser Unterscheidung eine nicht ausgesagte Intention
haben: Der eben genannten Begründung kann der Gedanke zugrunde liegen, daß
das koreanische Volk schon ein Min-Dschok (Volk) gewesen war, bevor es zu
einem Staat organisiert worden ist, und daß das Min-Dschok aus diesem Grund
nicht nur vom Staat zu unterscheiden ist, sondern auch die Priorität vor
ihm hat. Dieser Gedanke ist für Ahn, auch wenn er ihn nicht aussagt, insofern entscheidend wichtig, als er damit das koreanische Volk über die Anma-
ßung des Yushin-Systems aufzuklären versucht, das seine diktatorische Macht
mit nationalistischer Ideologie rechtfertigen will. Außerdem scheint Ahn
mit der Unterscheidung von Min-Dschok und Nation andeuten zu wollen, daß
das koreanische Min-Dschok (Volk) unter dem Yushin-System nicht als Nation
bzw. Staatsbürger respektiert wird. Dies bedeutet zugleich, daß die südkoreanische Regierung unter dem Yushin-System nicht zu legitimieren ist.
Aus dem gleichen Grund entlegitimiert Ahn auch die nordkoreanische Regierung, denn sie sei "nichts anderes als eine kleine Gruppe, die nur durch
die Fremdmächte an die Macht gekommen ist, gewaltsam eine feudalistische
Herrschaftsordnung bis heute durchsetzt und somit das Minjung (d.h. das
nicht als Staatsbürger respektierte Volk; d.Verf.) versklavt" (249). Diese
in seiner Unterscheidung von Min-Dschok und Nation verborgene kritische Intention Ahns gegenüber den beiden Regierungen zeigt sich noch deutlicher in
seinem Sprachgebrauch der Begriffe "Guk-Min" (Staatsbürger) und "Minjung".

(2) Der Begriff "Guk-Min" bedeutet bei Ahn "Staatsbürger", denen in
einem freien und demokratischen Staat "die Menschenrechte und das Recht auf
freie Wahl einer Regierung" (248) garantiert werden. Ahn deutet an, daß man
nur die Bevölkerung der Länder Westeuropas und der Vereinigten Staaten als
Staatsbürger in diesem Sinne bezeichnen kann.

(3) Ahn versteht auch in diesem Aufsatz unter dem Begriff "Minjung" ein
Volk, das praktisch weder die Menschenrechte noch das Recht auf freie Wahl
einer Regierung hat und ohne die Volkssouveränität von den Herrschenden

---

tion" oder "Schutz des Vaterlandes bzw. des Min-Dschok vor dem Kommunismus".

unterdrückt, ausgebeutet und im Stich gelassen wird. In diesem Sinne stehe
das "Minjung" im Gegensatz zum "Staatsbürger".

Mit dieser begrifflichen Rüstung setzt sich Ahn nun mit der "fatalen
Schwäche" des koreanischen Min-Dschok (als Volk und Nation) auseinander,
die darin bestehe, daß "bei uns nur das Min-Dschok (Volk; d.Verf.) da ist,
ohne daß es ein Minjung mit dem durchgreifenden Bewußtsein von der Volkssouveränität gibt" (248f). Ahn sieht den Grund dieser fatalen Schwäche in
der Rückständigkeit des koreanischen Volkes bei der Entwicklung einer
"'philosophy' für Staatsbildung":

> "Bei uns fehlt eine 'philosophy' für Staatsbildung, welche dem Guk-Min
> das Bewußtsein von den Menschenrechten und das Recht auf freie Wahl einer
> Regierung(sform)[210] beibringt, so daß jeder Staatsbürger freiwillig an
> der Staatsbildung teilnimmt. Statt dessen setzt sich bis heute die veral-
> tete Staatsauffassung durch, die nur das Verhältnis von Herrschenden und
> Beherrschten kennt." (248)

Ahn ist der Ansicht, daß eine solche "'philosophy' für Staatsbildung" in
der Entwicklungsgeschichte der Nationen der westeuropäischen Länder und der
Vereinigten Staaten zu sehen ist. Als Beispiele dafür nennt Ahn u.a. Rous-
seaus politische Philosophie, die französische Revolution und die Verfassung der Vereinigten Staaten. Die Gemeinsamkeit dieser Beispiele bestehe
darin, daß in diesen Nationen "dem Minjung[211] ermöglicht worden ist, eine
Gesellschaft freiwillig zu wählen, in der die Menschenrechte respektiert
und die Freiheit und die Gleichheit garantiert werden" (248).

Im Vergleich mit den westeuropäischen und nordamerikanischen Nationen,
die nach der Meinung Ahns kein homogenes Volk (Min-Dschok) haben, habe das
koreanische Volk "die entscheidende Grundlage" für die Bildung einer einheitlichen Min-Dschok-Gemeinschaft darin, daß es ein "einheitliches Volk"

---

210 Dieses Wort ist vom Verfasser ergänzt worden, da dem Ausdruck im Text
"das Recht, frei auszuwählen" das Objekt fehlt und der Textzusammenhang nahebringt, daß Ahn hier das Recht des Staatsbürgers meint, eine
Regierung oder eine Regierungsform frei auszuwählen.
211 Ahn verwendet hier den Begriff "Minjung" sowohl für die Menschen Westeuropas als auch für die Menschen der Vereinigten Staaten, und zwar in
dem Sinne, daß sie unter der Herrschaft der jeweiligen Regierung standen. Den entscheidenden Unterschied zwischen diesem Minjung und dem
koreanischen Minjung sieht Ahn im Anfang seiner Minjungtheologie darin, daß es jenes Minjung geschafft hat, sich von der Regierung die
Menschenrechte und das Recht auf freie Wahl einer Regierung garantieren zu lassen, und das koreanische Minjung noch nicht. Es wird noch zu
zeigen sein, daß der Begriff "Minjung" bei Ahn später eine völlig andere Bedeutung bekommt, indem er auf das koreanische Volk beschränkt
und biblisch-theologisch weiter reflektiert wird. Aus diesem Grund
werden z.B. die Nordamerikaner in der DVT-Übersetzung, die in der spä-
teren Phase seiner Minjungtheologie gemacht worden ist, nicht mehr
"Minjung", sondern "Bevölkerung" genannt (DVT 81).

(248) sei. Diesem Volk fehle also nur noch eine "'philosophy' für Staatsbildung", um auf der ethnisch einheitlichen Grundlage zu einem National-
staat in Form einer "Min-Dschok-Gemeinschaft" ausgebildet zu werden. Ahn
scheint der Ansicht zu sein, daß das koreanische Volk die westeuropäische
bzw. die nordamerikanische "philosophy für Staatsbildung" zwar aufnehmen,
aber sie durch die Eigentümlichkeit des koreanischen Volkes modifizieren
sollte. Solche Modifizierung wird z.B. in einer (hier nur vage formulier-
ten) Form des politisch-sozialen Zusammenlebens des koreanischen Min-Dschok
angedeutet, wie sie mit dem Ausdruck "die Min-Dschok-Gemeinschaft, deren
Subjekt das Minjung ist, in der die Menschenwürde und -rechte respektiert
und die Freiheit der Person garantiert werden" (251), vorgeschlagen ist. Es
scheint, daß Ahn mit dieser Form des politisch-sozialen Zusammenlebens ein
Modell meint, das spezifisch für das koreanische Volk angemessen sein kann,
das Ahn gerade wegen der im Vergleich mit den westlichen Ländern s.E. ein-
zigartigen ethnischen Homogenität für eine Art Sonderfall hält.[212] Ahn wird
zwar eine präzisere Vorstellung dieses Modells erst ab Mitte der 80er Jahre
zeigen.[213] Aber er deutet schon in diesem Aufsatz an, daß die westliche
"'philosophy' für Staatsbildung" durch das Konzept "Min-Dschok-Gemeinschaft" modifiziert werden soll, die auf der Grundlage des Min-Dschok als
eines ethnisch homogenen Volkes und des Minjung als dessen Subjektes beruhen soll.

Für diese dem koreanischen Min-Dschok entsprechend zu modifizierende
"'philosophy' für Staatsbildung" versucht Ahn zunächst die Kirche zu wer-
ben, damit die Kirche an der Bildung solcher "Min-Dschok-Gemeinschaft" mit
eigenen Beiträgen, nämlich mit der "Bewußtseinsbildung (des Minjung; d.
Verf.) einer Volkssouveränität" (252), teilnimmt.

Ahn geht davon aus, daß "die Kirche Koreas wuchs, indem sie sich am Leidensschicksal des Min-Dschok beteiligte". Da die Koreaner "die christliche
Religion und die westliche Kultur in einem Zusammenhang verstanden, und da
die Kolonialherrschaft aus einem nichtchristlichen Land kam, sahen sie in
der 'christlichen Kirche und westlichen Kultur' einen festen Standort zum
Widerstand gegen die Kolonialherrschaft". "Erst nachdem die japanische Ge-
waltherrschaft brutaler wurde, neigte die Kirche dazu, einem entweltlichten

---

212 Ahn meint in diesem Sinne, daß "in den westlichen Ländern die Bedeutung
    des Begriffes 'Min-Dschok' unklar geworden ist, weil sie keine Reali-
    tät für diesen Begriff mehr haben" (243). Im Gegensatz dazu habe das
    koreanische Volk in seiner Geschichte "niemals das Min-Dschok verlo-
    ren, obwohl es erfahren hat, den Staat oder die Regierung zu verlie-
    ren. Wir kennen deshalb das Min-Dschok als etwas für uns Schicksalhaf-
    tes" (245).
213 Z.B. in seinem Aufsatz "Ein Entwurf eines koreanischen Christenbildes"
    (1986), in: GM, S.13-34.

Individualismus sowie einem jenseitsorientierten Quietismus das Wort zu reden." Ahn betont, daß die Kirche in dieser Zeit jedoch "nicht das Identitätsbewußtsein mit dem Min-Dschok verlor". Er bedauert nur, daß "sich die entkräftete Kirche auf ein sentimentales Gefühl für das Min-Dschok zurückzog und sich darauf versteifte, nachdem das Souveränitätsbewußtsein des Min-Dschok geschwächt worden war" (249), das im Widerstand gegen die japanische Kolonialherrschaft zu erwachen begonnen hätte.

Nach der Befreiung Koreas von der japanischen Kolonialherrschaft seien die Christen im Nordteil Koreas wegen der "Teilung des Min-Dschok" mit der Tatsache konfrontiert worden, daß das bloße Gefühl des Min-Dschok nicht hilft, wenn es nicht klar ist, "wer das Subjekt des Min-Dschok ist". Die Christen Nordkoreas haben sich deshalb für Südkorea entschieden. Ahn sieht in dieser Handlung, eine Regierung selbst gewählt zu haben, "eine Handlung, der die Überzeugung zugrunde liegt, daß nur das Min-Dschok, dessen Subjekt das Minjung ist, das richtige Min-Dschok ist". Ahn bedauert jedoch, daß "die Handlung, die eigentlich von dieser Überzeugung stammte, noch nicht bis zu einem klaren Bewußtsein gewachsen ist" (249). Die Gründe dafür bestehen nach Ahns Ansicht darin, daß "die Kirche weiter bei der Vorstellung, die christliche Religion sei mit der westlichen Kultur identisch, geblieben ist, daß sie die Regierung der Liberalen Partei[214] für eine Verwirklichung dieser Kombination hielt[215], und daß sie bei dem einfachen Schema, der Antikommunismus sei mit dem Schutz des Min-Dschok identisch, geblieben ist, nachdem sie im Koreakrieg den Kommunismus wieder mit Wut und Zorn erfahren hat[216]". Diese falschen Vorstellungen hätten schließlich dazu geführt, daß die Kirche "das Subjekt des Min-Dschok übersieht und somit ihre Aufgabe für das Min-Dschok versäumt" (250).

Ahn weist aber gleich darauf hin, daß die koreanische Kirche seit 20 Jahren aus diesen Fehlern herauswachse. Er meint damit eigentlich allein die seit Ende des Koreakrieges politisch und später auch sozial engagierten Christen: "Sie haben entdeckt, daß die christliche Religion nicht mit der westlichen Kultur identisch ist, und daß das Wesen der christlichen Religion nicht mit dem Nationalismus übereinstimmt" (250). Mit der ersten "Ent-

---

214 Vgl. A.1.2.
215 Ahn kritisiert damit, daß die koreanische Kirche die Propaganda der sich als Stellvertreterin einer christlichen und westlichen (genauer: nordamerikanischen) Kultur verkauften Regierung der Liberalen Partei mitgemacht hat, mit der Hoffnung, daß die christliche Religion als Staatsreligion anerkannt und die Kirche dadurch privilegiert werde.
216 Ahn kritisiert damit, daß vor allem die konservativen Kirchen die sog. Antikommunismus-Gesetze der Regierung Park, die hauptsächlich zur Kontrolle von regierungskritischen Aussagen und Handlungen verfaßt und angewendet wurden, sanktionierten.

deckung" scheint Ahn die kritische Haltung der politisch engagierten Christen gegenüber den von den westlichen (hauptsächlich nordamerikanischen) Missionaren abhängigen konservativen Christen zu meinen. Mit der zweiten "Entdeckung" meint er die kritische Haltung jener Christen gegenüber dem Nationalismus von südkoreanischen Regierungen und den diesem gefügigen Christen und Kirchen. Ahn geht auf die zweite "Entdeckung" ausführlich ein, denn sie sei gemacht worden, indem "die Bibel in der politischen Situation neu gelesen wurde" (250).

Während der Zeit der japanischen Kolonialherrschaft sahen die Christen Koreas, so Ahn, in Mose "einen Helden, der sein Min-Dschok rettet". Diese Art Bibellesen sei ein Ausdruck des (bloß auf dem Gefühl des Min-Dschok beruhenden) Nationalismus gewesen. Sie sei aber durch die Entdeckung des "Geistes der Propheten, der das geistige Zentrum des Alten Testaments bildet", daraufhin korrigiert worden, daß "der bloße Nationalismus nicht hilft, sondern ein Min-Dschok sich als ein richtiges Min-Dschok aufrichten soll, indem das Minjung das Subjekt des Min-Dschok sein wird". Denn "die Propheten standen immer auf der Seite des Minjung und warnten die korrupten Machthaber vor dem Tod und riefen aus, daß ein nicht richtiges Min-Dschok von Gott gestraft wird" (250).

Diese Entdeckung des "Geistes der Propheten" stehe in einem Zusammenhang mit dem Neuen Testament, weil dieses seine Unabhängigkeit von jeglichem Nationalismus noch klarer zeige. Dies hänge damit zusammen, daß "die Universalität der christlichen Religion den Prozeß 'aus dem jüdischen Min-Dschok heraus und auf die Welt hin' beschleunigte und in diesem Prozeß die christliche Religion zum Freund des Minjung, nicht des Min-Dschok wurde" (250). Ahn meint, daß der eigentliche Grund für diesen Prozeß bei Jesus zu suchen ist:

> "Jesus predigte 'Welterlösung' (das Reich Gottes) und war der Freund der Unterdrückten, der Armen, und der Ausgestoßenen. Er erklärte, daß diese das Subjekt der Zukunft (des Reiches Gottes) und Söhne und Töchter Gottes sind. Er machte dadurch klar, daß der Einzelne Gott gehört, bevor er einem Min-Dschok oder einem Staat angehört. Somit befestigte er die Menschenwürde und die Unantastbarkeit der Menschenrechte, die sich von dem griechischen Polis-Gedanken völlig unterscheidet." (250)

Mit dem "griechischen Polis-Gedanken" deutet Ahn das Yushin-System an, und zwar aufgrund der s.E. gleichen Struktur der beiden Systeme, nach der "die Priorität des Staates vor dem Einzelnen betont wird" (246). Er unterscheidet also in diesem regierungskritischen Zusammenhang die Zugehörigkeit zum Min-Dschok (d.h. zu der "Nation des Yushin-Systems") und die Gotteskindschaft des Einzelnen. Deshalb zieht Ahn zwar aus den beiden "Entdeckungen"

Jesu, des 'Freundes des Minjung', und des 'Geistes der Propheten' die Schlußfolgerung, daß "der sentimentale Nationalismus durch die Wiederentdeckung der Bibel in Frage gestellt worden ist" (250). Aber er betont zugleich, daß dies "keine Infragestellung des Min-Dschok bedeutet", sondern im Gegenteil dazu habe "die Kirche Koreas die schicksalhafte Aufgabe, unser Min-Dschok zu einem aufrechten Min-Dschok zu bilden, denn dies ist unsere Realität und der Weg, sich mit der Sehnsucht des Min-Dschok zu identifizieren" (251).

Mit der "Sehnsucht des Min-Dschok" meint Ahn die Bildung einer "freien demokratischen Min-Dschok-Gemeinschaft"; diese hänge "direkt mit der Sehnsucht nach der Wiedervereinigung des Min-Dschok" zusammen. Ahn sieht den Weg, die beiden Probleme gleichzeitig zu lösen, darin, "die Überlegenheit des demokratischen Systems gegenüber dem kommunistischen dadurch zu zeigen, daß man dem Guk-Min ermöglicht, als Mitglied des Min-Dschok die Souveränität zu praktizieren und somit das stolze Bewußtsein des Subjektes zu haben". Dies alles sei darin ausgedrückt, daß "das Minjung das Subjekt der Min-Dschok-Gemeinschaft ist" (251).

Ahn fordert die koreanische Kirche auf, einerseits dem "Wesen der christlichen Religion" (250), die darin bestehe, auf der Seite des Minjung zu stehen, und andererseits der "Sehnsucht des Min-Dschok" zu entsprechen. In diesem Zusammenhang schlägt er vor, daß die Kirche ihre Aufgabe in der "Bewußtseinsbildung (des Minjung; d.Verf.) einer Volkssouveränität" (252) sehen soll. Dies sei eine "stille Revolution", mit der "eine gewaltsame Revolution verhindert wird" (ebd). Denn "die Kirche ist kein politischer, sondern ein religiöser Verband, der auf der Menschenliebe beruht". Ahn verbindet diese s.E. allgemeine Grundlage des kirchlichen Handelns gleich mit der "Liebe zum Min-Dschok": "Die Menschenliebe soll in der Liebe zum Min-Dschok intensiviert werden, und die Liebe zum Min-Dschok soll konkretisiert werden durch das Bewußtwerden der Tatsache, daß das Minjung die Söhne und Töchter Gottes umfaßt, und durch die Praxis, die Rechte und das Interesse des Minjung zu schützen." (253)

B.4.1.3 Das Konzept "Theologie der Ereignisse": *Gott kam in unsere Welt und tut hier sein Werk. Gott handelt nicht immer nur durch das Wort, sondern vollbringt sein Werk vor allem durch Ereignisse des Leidens der politisch-sozial Unterdrückten unter der ungerechten Macht. Hier gibt es keinen Unterschied zwischen einem Handeln in der Bibel oder außerhalb der Bibel, in der Kirche oder außerhalb. Es ist die Aufgabe der Theologie, das Handeln Gottes in solchen Ereignissen auszusagen.*

Ahn beschäftigte sich in dem Zeitraum von Januar bis März 1976, also in dem Zeitraum, wo er sich mit anderen für die sog. Myungdong-Erklärung vorbereitete und wahrscheinlich auch damit rechnete, danach festgenommen zu werden, in seinen Predigten für die Galiläagemeinde[217] und Aufsätzen[218] intensiv mit dem Thema 'Theodizeefrage angesichts des Leidens der politisch-sozial Ausgestoßenen und der Widerstand Leistenden unter der ungerechten Macht'. Die Fragestellungen und die Hauptargumente wurden zwar meistens aus seinen früheren Aufsätzen über das gleiche Thema wieder aufgenommen.[219] Er gewann aber diesmal aus seiner Auseinandersetzung mit diesem Thema ein (jedenfalls für ihn) neues Konzept theologischer Arbeitsweise, das er als "Theologie der Ereignisse" ("theology of events") bezeichnet[220] und für "eine gewisse Vorstufe zur Entfaltung der Minjung-Theologie"[221] hält.

(a) In seiner Predigt "Befreiung von Furcht" (Jan. 1976)[222] versucht Ahn, die politisch engagierten Christen, die vor der Gefahr stehen, von dem Yushin-Regime festgenommen und vor Gericht gestellt zu werden, seelsorgerlich zu trösten und zu ermutigen, und zwar mit dem Wort Mt 10,17f.26-31. Die Situation, vor der sich die politisch engagierten Christen fürchten, sei analog zu der Situation der Jünger Jesu, in die sie zur Verkündigung des Evangeliums ausgesendet wurden: "'Sie werden euch an die Gerichte überliefern, und in ihren Synagogen werden sie euch geisseln. Und auch vor Statthalter und Könige werdet ihr ... geführt werden.'" (348) Ahn charakterisiert die hier beschriebenen Täter mittels seiner ideologiekritischen Machtsoziologie[223] als "die herrschenden Klassen, bei denen sich die politische und die religiöse Macht zusammengeschlossen haben" (349), um damit

217 Vgl. B.0.2.
218 Vgl. Anm. 87 in Teil B.
219 Vgl. B.2.5.
220 Diese Bezeichnung benutzt Ahn zum ersten Mal in der Überschrift seiner (veröffentlichten) Predigt "Theologie der Ereignisse", die er am 29. Febr. 1976, also vor dem Tag der sog. Myungdong-Erklärung, in der Galiläagemeinde hielt, und gibt ihre deutsche und englische Übersetzung in seinem unten in Anm. 221 angegebenen Aufsatz.
221 Ahn Byungmu, "Was ist die Minjung-Theologie?" (Dez. 1981), in: epd-Dokumentation 6a/82, S.7-16, hier: S.7.
222 In: BE, S.347-355. Im folgenden beziehen sich die Seitenzahlen in Klammern auf diese Quelle.
223 Vgl. B.2.5.

die gemeinsame Front des Yushin-Regimes und der konservativen Christen gegen die politisch engagierten Christen anzudeuten. Aus dieser Charakterisierung leitet Ahn ab, daß das, wovor sich die Jünger Jesu wie auch die
politisch engagierten Christen fürchten, die "Welt der Menschen" sei, "in
der Gewalt und Mißtrauen herrschen" (349).

Ahn setzt dieser Furcht vor der "Welt der Menschen" die "Furcht vor
Gott" entgegen, die in "dem Glauben an Gott" bestehe, der als "der absolute
Herrscher der Welt" (351) "die Welt und die Menschen vor Gericht stellt"
(350). Unter dieser Furcht vor dem absoluten Richter der Welt versteht Ahn
auch eine Motivation zur authentischen Existenz des Menschen in dem Sinne
des Sich-Nicht-Unterwerfens unter die (ungerechte und gewalttätige) Macht
der Menschen: "Wer Gott als den absoluten Herrscher kennt, darf seine authentische Existenz nicht aufgeben." (ebd)

An diese Ermutigung zur authentischen Existenz schließt Ahn gleich eine
Tröstung an, die in Zusammenhang mit der Aussage über die absolute Herr-
schaft Gottes steht: "Alles, was geschieht, geschieht allein durch Gottes
Eingreifen" (352).

Aufgrund dieser Ermutigung und Tröstung fordert Ahn die politisch engagierten Christen auf, "sich von der Furcht vor der Welt der Menschen zu befreien und ihre Aufgabe mutig durchzuführen" (353). Ihre Aufgabe bestehe
analog zu der Aufgabe der Jünger Jesu, das Evangelium zu verkündigen, darin, "das, was man sich einander im Dunkeln zugeraunt hat, in der Öffentlichkeit auszusprechen und vor Königen und Gerichten die Wahrheit und die
Gerechtigkeit zu verkündigen" (354).

Ahn deutet also schon hier an, daß Gott nicht nur in der Kirche und
durch das Wort der Bibel, sondern auch in der Welt und durch Ereignisse
handele, d.h. außerhalb der Kirche und durch politische Ereignisse, in
denen die Widerstand Leistenden durch die ungerechte Macht vor Gericht gestellt werden und dort eben diese ungerechte Macht anprangern. Denn diese
Ereignisse geschähen schließlich allein durch Gottes Eingreifen.

(b) In seinem Aufsatz "Gott in der Niederlage" (Febr. 1976)[224] versucht
Ahn, deutlicher zu zeigen, wie Gott in die Welt eingreift, indem er aussagt, daß Gott selbst als der Leidende im Leiden der Leidenden gegenwärtig
sei, mit denen er sich identifiziere. Hinter dieser Aussage steht einerseits Ahns apologetische Intention, auf die Theodizeefrage zu antworten,
die sich aus dem Leiden der sozial entfremdeten Gruppen und aus den Niederlagen der politisch engagierten Christen in ihrem Widerstand gegen das

---

224 In: BE, S.269-277. Im folgenden beziehen sich die Seitenzahlen in Klam-
    mern auf diese Quelle.

Yushin-Regime ergibt. Andererseits steht dahinter auch seine polemische Intention, das Gottesverständnis der konservativen Christen in Frage zu stellen, mit dem sie solche Leiden und Niederlagen als ein Zeichen für die
Gottverlassenheit verstehen.

Um die genannte Polemik und Apologetik durchzuführen, macht Ahn zunächst
auf das "Rätsel des Markusevangeliums" aufmerksam, daß in der markinischen
Leidensgeschichte "kein religiöses oder übernatürliches Ereignis beschrieben worden ist", sondern nur von dem geredet werde, was "ganz gleich wie in
unserer Realität heute" geschieht: "Die Starken und Listigen besiegen die
Schwachen. ...Die Gewalt verdrängt die Wahrheit, und trotzdem greift in
diese Situation nichts ein" (269). Dieser Sachverhalt sei deshalb rätsel-
haft, weil der Verfasser des Markusevangeliums nicht von einem "endgültigen
Sieg" rede, "den man nur zu feiern bräuchte" (270), obwohl auch er ohne
Zweifel die Auferstehungsgeschichte gekannt hätte.

Ahn lehnt einige Modelle ab, mit denen man das "Rätsel" zu lösen versuchen könnte, z.B. das atheistische Modell von Jean Paul, das im Leiden
Jesu ohne Gottes Eingreifen eine tragische Enttäuschung des Glaubens an der
Existenz Gottes sehe; das Modell, das in Jesus am Kreuz einen bis zum tragischen Ende Gott treu gebliebenen Helden sehe, und das "uns zu einer festen Vorstellung gewordene" Modell, das in dem Tod Jesu "eine Sühne für unsere Sünde" (271) suche. Ahn lehnt sie ab, weil sie allesamt aus "voreingenommenen Dogmen" (272) stammten, die alle eigentlich auf einen theistischen
Grundgedanken zurückgeführt werden könnten:

> "Der Theismus beruht auf denjenigen Wertmaßstäben, die nur Sieg, Herr-
> lichkeit und Glück höchsten Wert zuschreiben. ...Er steht deshalb in
> einem Zusammenhang mit der Position 'Macht gleich Wahrheit'. Derzufolge
> stehe Gott auf der Seite der Sieger und der Reichen, während die Nieder-
> geschlagenen und die Leidenden wegen eigener Sünden Gottes Strafe ver-
> dient haben. Das heißt: Gott stehe nicht auf der Seite von diesen. Die
> Theisten können deshalb die Schmerzensrufe der Leidenden nicht hören.
> Dies hängt auch damit zusammen, daß für die Theisten Gott nicht in der
> Realität der Geschichte handelt, sondern außerhalb der Geschichte nur
> zuschaut, was in der Geschichte geschieht, um zu richten." (273)

Dieses Zitat zeigt eindeutig, daß Ahn mit dem "Theismus" eigentlich das
Gottesverständnis der konservativen Christen meint, mit dem sie s.E. einerseits ihre religiöse Selbstgefälligkeit und politische Indifferenz zu
rechtfertigen versuchen und andererseits das Leiden der sozial Entfremdeten
und der politisch engagierten Christen als Zeichen für die Gottverlassenheit zu sehen glauben. Ahn sieht den eigentlichen Grund für die eben genannten Fehler des "Theismus" darin, daß dieser das Handeln Gottes, das in
der Realität der Geschichte geschieht, übersehe.

Ahn will deshalb zeigen, daß Gott in der Geschichte handelt, und zwar
selbst als der Leidende in dem Leiden der Leidenden.

Ahn beginnt mit dem Hinweis, daß in der Bibel ein völlig anderes Gottesbild als das des "Theismus" zu sehen ist:

> "Deuterojesaja sieht gerade in dem Leidenden, der voller Krankheiten und
> Schmerzen ist und von den Menschen verachtet und gemieden wird - und des-
> halb für die Theisten ein Verfluchter Gottes wäre, eine andere Seite Got-
> tes, die darin besteht, daß der Leidende unsere Krankheiten, Schmerzen
> und Strafen auf sich nimmt. Dies ist ein neue Sichtweise, die in einem
> tragischen Schicksal das Handeln Gottes selbst sieht" (274).

Ahn sieht hier Gott als den, dem "nicht nur in Sieg und Herrlichkeit, sondern auch in tragischen Niederlagen zu begegnen ist" (273). Er nennt diesen
Gott deshalb "Gott in der Niederlage" (ebd).

Ahn versucht dann, deutlich zu machen, daß der "Gott in der Niederlage"
auf der Seite der politisch und sozial Ausgestoßenen und Entfremdeten stehe. Er gewinnt diese Aussage aus der Verkündigung Jesu vom Reich Gottes,
die wiederum "die veralteten Wertmaßstäbe und das theistische Gottesverständnis auf den Kopf stellt": "Es ist erklärt worden, daß die jetzt von
den anderen Menschen Entfremdeten, wie die sog. Sünder, die Prostituierten
und Zöllner, schneller als die Sieger in das Reich Gottes eintreten" (274).

Ahn meint, damit den "Theismus" endgültig zu entkräften: "Gott ist nicht
nur im Leiden der Leidenden gegenwärtig, mit denen er sich identifiziert,
sondern Gott ist selber der Leidende, und wir stehen vor diesem leidenden
Gott" (274f). Diese Aussage gewinnt er aus dem Gleichnis Mt 25,31-46: "Was
man der leidenden Stimme der Geringsten entsprechend getan hat, soll man
dem Richter (Jesus) selbst getan haben" (274).

Ahn gewinnt aus dem eben zitierten Satz eine weitere wichtige Aussage:
"Der Leidende (Jesus) fordert nicht, ihn als einen Gegenstand des Gottes-
dienstes zu verehren, sondern erkannt das Handeln an, mit dem man an seinem
Leiden teilnimmt" (275).[225]

Aus diesen beiden Aussagen leitet Ahn eine Aussage über die "Erlösung
heute" (275) bzw. den "gegenwärtigen Christus" ab: Man begegne heute gerade
in den "leidenden Aufschreien der Niedergeschlagenen" (276) dem "gegenwärtigen Christus" (275). Ahn verbindet diese Aussage mit der Erfahrung der
Leidenden, und zwar als die Antwort auf die "Sehnsucht nach einer hier und
jetzt als Ereignis gegenwärtigen Transzendenz" (275), die sich aus "der Er-

---

225 Ahn scheint mit dieser Aussage dem Gottesdienstverständnis der nicht
    politisch engagierten konservativen Christen, die den Gottesdienst für
    den einzig legitimen Weg halten, Gott zu dienen, das politische Enga-
    gement von Christen als ihren einzig legitimierbaren Gottes-Dienst
    entgegenstellen zu wollen.

fahrung der Sinnlosigkeit des Lebens angesichts der widerspruchsvollen Realität" (ebd) ergebe.

Mit dieser Schlußfolgerung beantwortet Ahn das "Rätsel des Markusevangeliums":

> "Das Markusevangelium läßt uns nicht erwarten, daß etwas in den Ort[226] der Leidenden von außen her eingreifen würde, noch erlaubt es uns, auf den Sieg der Auferstehung überzuspringen, sondern läßt uns uns auf die leidenden Aufschreie in der jetzigen Niederlage konzentrieren, ...damit wir der 'Transzendenz' in diesen Aufschreien im Horizontalen begegnen" (276).

Mit dieser Antwort auf das "Rätsel des Markusevangeliums" kritisiert Ahn das Predigtverständnis und die Predigtpraxis, die s.E. bei den konservativen Christen gängig sind:

> "Man behauptet, daß dem gegenwärtigen Christus in der Predigt zu begegnen sei. Das wäre möglich. Aber in den meisten Predigten von heute hört man nur Dogmen über das Kreuz, die das Kreuz enthistorisieren und zu einem Gegenstand des Gottesdienstes machen. Außerdem wird nur der Sieg der Auferstehung gepredigt, so daß die Niederlage an dem Ort dadurch verdeckt wird. Solche Predigten verdecken somit eher den gegenwärtigen Christus. ... Eine echte Predigt soll den Christus des Ortes, den Christus von heute bezeugen. ... Das heißt: Eine Predigt darf nicht nur Worte bleiben, sondern soll Zeugnis sein, das die Menschen zu dem Ort der Ereignisse führt" (276).

(c) In einer Predigt über 2.Kor 11,23-33 versucht Ahn, eine "Theologie der Ereignisse" vorzustellen[227], obwohl er sie "noch nicht systematisch darstellen" (21) könne. Mit dieser Bezeichnung meint er ein theologisches Konzept, mit dem er seine Wahrnehmung des Handelns Gottes in den politisch-sozialen Ereignissen theologisch und methodisch verarbeiten will. Insofern zeigt seine Predigt zumindest einen theologischen Grundsatz über

---

226 Das hier mit "Ort" übersetzte koreanische Wort "Hjon-Dschang" hat Ahn wahrscheinlich von der Minjungbewegung aufgenommen und verwendet es schon hier mit einer minjungtheologischen Bedeutung: Das Wort bezeichnet bei der Minjungbewegung solche Orte wie menschenunwürdige Arbeitsplätze oder Slums, wo sich das Leiden der sozial entfremdeten Gruppen repräsentativ zeigt, oder solche Stellen, wo die gegen das Yushin-Regime demonstrierenden Menschen von der Polizei niedergeschlagen werden. Ahn fügt dieser Bedeutung eine theologische hinzu: Das "Hjon-Dschang" bedeute den Ort, wo Gott selbst als Leidender im Leiden der Leidenden gegenwärtig ist und der Mensch vor diesem Gott bzw. vor der ethischen Aufforderung steht, sich mit den Leidenden zu solidarisieren. Später wird dieses Wort bei allen Minjungtheologen als eine Art Fachterminus verwendet, z.B. in den Ausdrücken wie "Hjon-Dschang-Gemeinde" oder "Theologie des Hjon-Dschang". Vgl. auch Anm. 5 in MTGV S.30.
227 In: DVT, S.21-25. Im folgenden beziehen sich die Seitenzahlen in Klammern auf diese Quelle.

das Handeln Gottes in den "Ereignissen" und eine methodische Unterscheidung
zur Erkenntnis dieses Handelns.

Sein Ansatzpunkt besteht darin, daß "wir oberflächlich viele Ereignisse
als negativ beurteilen. Aber Gott benutzt auch traurige Ereignisse, um sein
Werk zu tun" (21). Dieser Ansatz verrät, daß Ahn hier die beiden Aussagen
Gottes Herrschaft über und sein Eingreifen in die Welt (s.o. unter a) und
die Aussage über Gottes Gegenwart im Leiden der politisch-sozial Leidenden
(s.o. unter b) voraussetzt. Auch seine Kritik an Predigtverständnis und
Predigtpraxis der "Theisten" (s.o. unter b) ist vorausgesetzt: "Zuerst
kommt das Kreuz und dann das Wort" (21), und zwar unter der Annahme, daß
das Kreuz des "unschuldig gekreuzigten Jesus" (22) "ein Ereignis ist", und
daß sich die Urgemeinde bei ihrer Predigt "auf dieses Ereignis konzentriert" (21). Ahn stellt diesen Sachverhalt auch bei Paulus fest: "Dieses
Ereignis (sc.: das Kreuz Jesu) hat Priorität für Paulus vor den Worten
Jesu" (21). Diese Priorität sei bei Paulus soweit verwirklicht worden, daß
sein leidensvolles Leben sozusagen wie das Leben Jesu selbst "ein einziges
'Ereignis' war" (23), wie Ahn es durch die Analyse der Strukturähnlichkeit
zwischen dem Leben Jesu und dem des Paulus feststellen zu können glaubt.[228]

Ahn will nun zeigen, daß sich die Aussage über die Priorität von Ereignissen vor Worten nicht auf einige vergangene Ereignisse beschränkt, sondern sich auf eine kontinuierliche Abfolge von den Ereignissen bezieht,
durch die "Gott bis heute arbeitet". Beispiele dafür seien nicht nur die
Auferstehung und das Pfingstgeschehen, sondern auch schon "die Geschichte
des Mose, die Geschichte des Elia, der Exodus". Ahn ist der Ansicht, daß
diese "Geschichten" jeweils die nachkommenden Worte von realen Ereignissen
sind, durch die Gott handelte, um sein Werk zu vollbringen. Ahn verallgemeinert diesen Sachverhalt: Ereignisse aller Art seien Formen von "Gottes
eigenem Handeln", das hinter diesen Ereignissen voller menschlicher Schick-
sale verborgen kontinuierlich wirke, um sein Werk zu vollbringen. Deshalb

---

228 Ahn glaubt über Apg 21 feststellen zu können, daß "die Geschichte des
Paulus Ähnlichkeit mit der Geschichte Jesu aufweist" (23): Beide mar-
schierten, aufgrund des Hasses der Juden auf den Tod vorbereitet, nach
Jerusalem; beide wurden in den Verdacht verwickelt, für einen politischen Aufruhr verantwortlich zu sein, wobei "wie im Falle Jesu, es
auch bei Paulus ein Rätsel bleibt, warum er getötet worden ist" (ebd).
Geht es zu weit, wenn aufmerksame Hörer dieser Predigt Ahns in der
Galiläagemeinde auch eine Ähnlichkeit des Schicksals Ahns mit dem Jesu
und des Paulus assoziierten? Konnten sie doch ahnen, daß Ahn an dem
nächsten Tag nach dieser Predigt, sozusagen auf den Tod vorbereitet,
nach "Jerusalem" marschieren und dort verhaftet würde, und zwar unter
dem Verdacht, daß er mit anderen für einen politischen Aufruhr verantwortlich sei. Dadurch entsteht eine theologisch sehr problematische
Sukzession des leidensvollen Lebens!

gebe es hier "keinen Unterschied zwischen einem Handeln in der Bibel oder
außerhalb der Bibel, in der Kirche oder außerhalb" (24).

Ahn geht dann auf die Erläuterung seiner Methode zur Erkenntnis des Handelns Gottes in solchen Ereignissen ein. Er konzentriert sich dabei auf Ereignisse, die man gewöhnlich als negativ beurteilt, wie z.B. "Verlieren, Schläge, Blutvergießen, Gefängnis, Niederlage und Unglück" (24), um eine falsche Sichtweise zu korrigieren, die er als "oberflächlich und horizontal" (25) bezeichnet. Damit meint er eine "objektive Betrachtungsweise" (25), die dadurch charakterisiert sei, daß man mit ihr in den Ereignissen nur "Sieg oder Niederlage", "Gewinn oder Verlust", also nur ihre Oberfläche, unterscheidet und nur Siege feiern oder bei Niederlagen verzweifeln kann.

Ahn unterscheidet davon eine 'Betrachtungsweise der Bibel'. Nach ihr könne man die <u>Wirklichkeit</u> eines Ereignisses wahrnehmen, die darin bestehe, daß "<u>das Vertikale in das Horizontale einbricht</u>" (25). Damit meint Ahn, daß "es Gott war, der hier eingriff und daß Gott die Ursache des Ereignisses war" (ebd). Deshalb sei es die Aufgabe der "Theologie der Ereignisse", "die Ereignisse, von denen wir umgegeben sind, vom biblischen Gesichtspunkt aus zu sehen, nämlich daß Gott in diese, unsere Welt kam und hier sein Werk tut" (ebd).

B.4.2. Die sog. "Wiederentdeckung des Minjung" (1976-77)

**B.4.2.1 Das Minjung wurde als eine "Existenz ohne Gott vor Gott" wieder
entdeckt:** *Das Minjung ist eine "Existenz ohne Gott vor Gott", denn Gott erkennt das Minjung, wie es ohne Gott ist, als gerecht an. Wie auch Jesus das Minjung ohne Vorbedingung als Freund angenommen und mit dem Minjung gelebt und gelitten hat, soll die koreanische Kirche das Minjung als ihr Subjekt und zugleich das Subjekt des koreanischen Min-Dschok annehmen, damit sie ihre Identität als eine 'Gemeinschaft des Minjung für das koreanische Min-Dschok' zur politisch-sozialen Aktion wiederherstellen und verwirklichen kann.*

Während der Zeit, als Ahn im Gefängnis saß (März bis Dezember 1976), verstand er unter dem Minjung einerseits (immer noch) ein Gegenüber seines Mitleidens, für dessen menschenwürdige Freiheit er sich durch seinen Widerstand gegen das Yushin-System einsetzen will und soll, und zwar aufgrund seiner "Nachfolge als Identifikation mit Jesus".[229]

Andererseits machte Ahn während dieser Zeit mit seinen Mithäftlingen, d.h. mit denjenigen Menschengruppen, die s.E. in der radikalsten Form das

---

229 Dies hat er in seinem Aufsatz "Der Befreier Jesus (Lk 4,18-19)" (in: DVT, S.60-65), der während seiner Gefängniszeit erschien, besonders nachdrücklich zum Ausdruck gebracht.

Verachtet- und Verlassensein des Minjung repräsentieren, eine Schlüsselerfahrung, die ihn dazu führen wird, seine Haltung dem Minjung gegenüber zu
verändern: Sein volksaufklärerisch motivierter Einsatz für das Minjung wurde durch ein Respektieren des Minjung, wie es ist, bzw. durch das Respektieren des selbständigen Subjektseins des Minjung ergänzt. Über diese
Schlüsselerfahrung reflektierte er (wahrscheinlich erst nach seiner Entlassung[230]) theologisch weiter und bezeichnete sie dann als eine "<u>Wiederent-
deckung des Minjung</u>"[231].

Diese Erfahrung mit seinen Mithäftlingen hat sich in ihrer unmittelbaren und noch nicht theologisch reflektierten Form z.B. in Ahns Essay "Ein
Mensch soll als Mensch respektiert werden"[232] erhalten:

"Bevor ich selbst im Seodaimun-Gefängnis[233] die Häftlinge kennenlernte,
hatte ich gedacht, daß ein zum Tode Verurteilter oder ein wegen Diebstahl
oder Vergewaltigung Verurteilter besonders brutal und unmenschlich sei.
... Mich überraschte aber die Erfahrung, wie barmherzig und mitleidsvoll
sie waren: Sie versuchten, etwas zum Essen zu stehlen und mir zu geben,
wenn sie auch deswegen von den Wächtern geschlagen wurden. ... Sie konnten auch gut und böse unterscheiden. ... Mit einem Wort: sie haben gar
nicht deshalb Verbrechen begangen, weil sie schlechter als die Kinder der
reichen Familien wären."

Was Ahn mit dieser (teilweise naiv klingenden) Erfahrungsschilderung sagen will, und was in dieser Erfahrung die "Wiederentdeckung des Minjung"
oder wenigstens deren Ansatz sein soll, können wir erst erschließen, indem
wir auf seinen Aufsatz "Die christliche Religion in Korea und seine Reformation"[234] eingehen.

In diesem Aufsatz heißt es: "Die Wiederentdeckung des Minjung! Deren
theologische Verarbeitung wird unsere Zukunft bestimmen" (61). Mit der
"Wiederentdeckung des Minjung" meint Ahn hier die Entdeckung Dietrich
Bonhoeffers, der s.E. "im Gefängnis das Minjung entdeckt hat" (55), und die

---

230 In den Aufsätzen, die er in dem Zeitraum von März 1976 bis Mai 1977
veröffentlicht hat, gibt es keine eindeutige Spur einer solchen theologischen Reflexion.
231 Im Text des unten in Anm. 234 angegebenen Aufsatzes heißt der Ausdruck
"Wiederentdeckung des Minjung" wörtlich die "neue Entdeckung des
Minjung" (S.61). Die Übersetzung "<u>neue</u> Entdeckung" wäre aber inhaltlich nicht angemessen, um das auszudrücken, was Ahn damit meint.
232 In: AM, S.91-107.
233 Ein Gefängnis in der Stadtmitte von Seoul. Es ist normalerweise für
Verbrecher aller Art und nur mit wenigen politischen Gefangenen belegt.
234 In: GM, S.50-62. In diesem Aufsatz sind zwei Vorträge zusammengefaßt
worden. Den einen hielt Ahn im Mai 1977 unter dem Titel "Die Lage des
Christentums in Korea und seine Aufgabe", und den anderen im November
des gleichen Jahres unter dem Titel "Die Reformation heute". Im folgenden beziehen sich die Seitenzahlen in Klammern auf die Quelle aus
GM.

Entdeckung der politisch engagierten Christen in Korea, die "durch Jesus
entdeckt haben, daß die Aufgabe des Christentums darin besteht, sich 'mit
dem Minjung' zu solidarisieren" (61). Da aber in dem angeblichen Entdek-
kungszusammenhang Bonhoeffers, den Ahn ausführlich schildert, eher der Ahns
selbst wiederzuerkennen ist, dürfen wir aus Bonhoeffers angeblicher "Entdeckung des Minjung" Ahns eigene Entdeckung rekonstruieren:

Der Entdeckungszusammenhang Ahns bei seiner "Wiederentdeckung des
Minjung" (unter dem Namen Bonhoeffers) ist einerseits durch die <u>polemisch-
kritische Haltung gegenüber der "Universitätstheologie" und den 'Christen
der Kirche'</u> charakterisiert. Andererseits ist er durch die <u>sympathische
Haltung den gottlosen, verlassenen Menschen, dem Minjung, gegenüber</u> charakterisiert. Der Grund für die polemisch-kritische Haltung ist in Ahns Auffassung zu suchen, daß die "Universitätstheologie" mit ihrer "Denkspiele-
rei" bzw. ihren realitätsfremden Dogmen die verlassenen gottlosen Menschen
verurteile, und daß die 'Christen der Kirche', die sich von 'dieser Welt'
distanzieren und nur im Sprechen und Verhalten fromm sein wollen, die angeblich niedrigen und gottlosen Menschen, das Minjung, verachten (54f). Der
Grund für seine Sympathie für das Minjung besteht in seiner "Entdeckung"
einer unerwarteten Qualität von Menschsein, nämlich der <u>Tugend eines 'Menschen für andere'</u> und der <u>Fähigkeit, gut und böse zu unterscheiden, gerade
bei den gottlosen und verachteten Menschen</u>: Ihre altruistische Tugend und
moralische Urteilsfähigkeit seien höher zu schätzen als die derjenigen Gesellschaftsgruppen, die sich für intelligenter oder frommer als das Minjung
halten.

Bonhoeffer mußte, so Ahn, als Theologe über seine "Entdeckung des
Minjung" reflektieren, um sie "theologisch zu begründen" (56). Er versuchte, vor allem die aus dieser "Entdeckung des Minjung" gewonnene Aussage zu
begründen, daß "<u>auch dieses Minjung, das ohne Gott lebt, dem Volk Gottes
angehört und die Kinder Gottes</u> umfaßt" (56). Bonhoeffer habe sie mit der
"Rechtfertigungslehre" begründet, indem er sie neu interpretierte:

> "Daß Gott den Sünder rechtfertigt, bedeutet nicht, daß ein Sünder juri-
> stisch ein Gerechter geworden sei, sondern, daß Gott den <u>Verbrecher</u>, wie
> er ist, als gerecht anerkennt: Rechtfertigen bedeutet Akzeptieren. Das
> heißt: Unabhängig von dem Bewußtseinszustand des zu Rechtfertigenden und
> auch unabhängig davon, was für eine Untat er begangen hat, erkennt Gott
> ihn als gerecht an. Deshalb sind sie (gemeint: das Minjung im Gefängnis;
> d.Verf.) auch Kinder Gottes und nicht aus Gottes Schoß ausgeschlossen. In
> diesem Sinne sind sie eine 'Existenz ohne Gott vor Gott'." (56)

Diese Interpretation der Rechtfertigungslehre nennt Ahn eine "Säkularisierung der Rechtfertigungslehre" (56). Mit dieser meint er "die Mauer
zwischen der säkularen Welt und der Kirche abgebaut und zugleich erklärt zu

haben, <u>daß es keinen gott-losen Menschen, keine gott-lose Welt gibt</u>". Darin
sei eingeschlossen, daß "<u>die Dogmen, das Kriterium zur Verurteilung, völlig
abgebaut worden sind</u>" (56). Ahn radikalisiert diesen Gedanken wiederum
durch Bonhoeffer:

> "Er (sc.: Bonhoeffer) sah, daß das Zeitalter der Kirche vorbei ist. ...
> Was wir jetzt tun müssen, ist, <u>das Menschliche wie die Theologie oder die
> Kirche, und das Überholte, das wir 'Christliches' nennen, völlig abzu-
> schaffen</u>. Dies nannte er die Kenosis, d.h. wir räumen auf, damit Gott zum
> Handeln Raum haben kann." (56)

Ahn meint, daß Bonhoeffer damit eine "<u>Rückkehr zu Jesus</u>" (56) gezeigt
habe:

> "Er (sc.: Bonhoeffer) hat das Lernen von Jesus mit zwei Stichwörtern zu-
> sammengefaßt: Das eine ist '<u>mit anderen leben</u>', und das andere '<u>mit an-
> deren leiden</u>'. 'Mit anderen leben' bedeutet 'sich erniedrigen und entlee-
> ren'. Er verbindet dies mit dem Ereignis der Inkarnation Jesu. 'Mit ande-
> ren leiden' verbindet er mit dem Ereignis des Kreuzes Jesu. So lebte und
> litt er mit den gott-losen Menschen im Gefängnis und wurde hingerichtet."
> (56f)

Der Richtungssinn bei Ahns "Wiederentdeckung des Minjung" richtet sich
auf eine Reformation des Christentums, die darin bestehen soll, den ursprünglichen, "dem Minjung entsprechenden Geist des Christentums" (52) wiederherzustellen. Denn dieser Minjung-Geist des Christentums sei von Anfang
an durch das Leben Jesu mit dem und für das Minjung in seinem Kampf gegen
das Böse der politischen, religiösen und ökonomischen Systeme geprägt gewesen, jedoch wegen der (angeblich) von der Zwei-Reiche-Lehre herkommenden
politischen Indifferenz und gesellschaftlichen Unverantwortlichkeit von
Kirchen und Christen verlorengegangen.

Ahn erörtert deshalb nun, wie das koreanische Christentum durch die
"Wiederentdeckung des Minjung" reformiert werden soll, und zwar angesichts
der Situation, daß nicht nur "die Machthaber", sondern auch "einige Gruppen
innerhalb der Kirche" auf der "Trennung von Politik und Religion" (57) bestehen.

Ahn argumentiert mit der koreanischen Kirchengeschichte, die er aus
einem Gesichtspunkt her interpretiert, den man später eine '<u>dem Minjung
entsprechende Geschichtsauffassung</u>" nennen wird. Er setzt dabei einen Drei-
Stufen-Prozeß der koreanischen Kirchengeschichte voraus:

147

Am Anfang[235] waren die "unterdrückten und verlassenen Klassen, nämlich das Minjung, das Subjekt der koreanischen Kirche" (59). Bauern, Arbeiter, Frauen bildeten damals die absolute Mehrheit in der Kirche und bestimmten den Minjung-Charakter[236] der Kirche. In diesem Sinne war die Kirche "Gemeinschaft des Minjung". Diese Minjung-Gemeinschaft leistete angesichts der "Krise des Min-Dschok" (60) Widerstand gegen die japanische Kolonialherrschaft wie z.B. durch die 1.-März-Unabhängigkeitsbewegung, obwohl die ausländischen Missionare, die damals Funktionäre der Kirche waren, gegen einen politischen Widerstand der Christen waren. Ahn wendet sich gegen die bisher unter den Kirchenhistorikern gängige Meinung, daß der Widerstand der Christen von den Intellektuellen gesteuert worden sei. Im Gegensatz dazu glaubt er, in solchem Widerstand des Minjung ein immanentes Geschichtsbewußtsein des Minjung feststellen zu können: "Man darf nicht das Bewußtsein und die Kraft des Minjung unterschätzen. Das Minjung hat eine Antenne für die Richtung der Geschichte." (60)

Nach dem Scheitern der genannten Unabhängigkeitsbewegung folgte, so Ahn, die zweite Stufe. Angesichts der zunehmenden Brutalität der japanischen Kolonialherrschaft unterstützte "die koreanische Kirche das Minjung nicht so, daß sich das Minjung wieder vereinigen konnte, sondern im Gegenteil verführte sie das Minjung mit einer Erweckungsbewegung, die auf einem dualistischen Menschenbild beruht, zum realitätsfremden und egoistischen Jenseitsglauben. Somit hat die Kirche dem Löwen die Zähne ausgezogen" (60). Ahn nennt diesen Fehler der Kirche die "Enthistorisierung und religiösegoistische Individualisierung des Minjung". Dieses Problembewußtsein Ahns ist in Zusammenhang des Schicksals des koreanischen Min-Dschok zu sehen. Das heißt: Die Kirche wurde hier ihrer Aufgabe nicht gerecht, ihre Iden-

---

235 Ahn meint damit die Periode, die Choo Chaiyong in seinem Aufsatz "Koreanisches Minjung und protestantische Kirchengeschichte" (in: MTVG, S.62-77) als "Kirche des Minjung im Kampf gegen Feudalismus und Kolonialismus (1896-1919)" bezeichnet (S.67). Der grundlegende Unterschied zwischen Choo und Ahn besteht jedoch u.E. darin, daß Choo die Rolle der volksaufklärerisch orientierten Intellektuellen in dieser Periode hervorhebt, während sich Ahn ausschließlich auf das Phänomen konzentriert, daß in dieser Zeit die politisch-sozialen Unterschichten die Mehrheit der Kirchenglieder bildeten und den Minjung-Charakter der Kirche bestimmten. Dies ist ein Indiz dafür, daß Ahn, der von Anfang an ein volksaufklärerischer Intellektueller war, seine Haltung dem Minjung gegenüber anläßlich seiner "Wiederentdeckung des Minjung" durch sein Respektieren des Minjung, wie es ist, ergänzt hat.
236 Damit meint Ahn einerseits mit dem Kirchenhistoriker Baeck Nackjun, daß in dieser Anfangszeit "die typisch koreanische Kirche in einer kleinen Dorfgemeinde auf dem Land zu suchen war und die typisch koreanischen Christen die Bauernchristen waren, die ehrlich, gesund und fleißig arbeiten" (GM 59). Andererseits meint Ahn damit, daß solche Minjung-Christen den durch westlichen Einfluß aufgeklärten Intellektuellen "ungebildet" und "dumm" erschienen.

tität als Minjung-Gemeinschaft so zu verwirklichen, daß das koreanisch Min-
Dschok dadurch seine eigene Identität und Souveränität vor dem Eingriff der
japanischen Kolonialherrschaft hätte schützen können.

> "Wenn die Kirche, ihrer Identität als Minjung-Gemeinschaft bewußt, das
> Minjung vereinigt und die entschiedene Bereitschaft gehabt hätte, ange-
> sichts der Krise des Min-Dschok mit dem Minjung an der Spitze des Wider-
> standes zu stehen, dann hätte man der gezwungenen Einführung und Vereh-
> rung des Shintoismus im ganzen Land und dem Verbot der koreanischen Spra-
> che und Namen widerstehen können." (60)

Die koreanische Kirche habe auch nach der Befreiung Koreas von der japanischen Kolonialherrschaft mehrere Gelegenheiten verpaßt, der Forderung des
Minjung entsprechend der ungerechten Macht z.B. Rhee Syngmans zu widerstehen. Daher wirkt sie heute als ein "von dem Leiden des Min-Dschok isolierter, überflüssiger Auswuchs" bzw. eine "religiöse Gruppierung, die mit der
Geschichte des Min-Dschok nichts zu tun hat" (58). Den Grund dafür sieht
Ahn darin, daß sich die koreanische Kirche "von sich aus nach außen verschließt und von den Problemen des Min-Dschok nichts wissen will" (ebd).

Um die von dem Min-Dschok isolierte Kirche zu einer 'Kirche für das Min-
Dschok' zu korrigieren, schlägt Ahn eine Kirche vor, die "nicht für sich,
sondern für andere existiert" (58). Ahn versteht diese Aussage im Zusammenhang des koreanischen Min-Dschok als einer Art Schicksalsgemeinschaft, in
der auch die Kirche eingeschlossen sei. Deshalb argumentiert Ahn, daß es in
einer "Min-Dschok-Gemeinschaft" (58) keinen Unterschied von "Ich und Du"
gebe. Das heißt: "Wenn das koreanische Christentum auch für sich überleben
will, dann muß es sich aufmachen und an der Geschichte des Min-Dschok teilnehmen." (58) Damit meint Ahn, daß die Kirche zur Lösung der "dringenden
Problemen des Min-Dschok" beitragen soll, indem sie "sich selbst hingibt"
(58), d.h. ihre dogmatisch bzw. ideologisch (mittels des "Jenseitsglaubens"
und der "Trennung von Politik und Religion") verschlossene "Selbstverteidi-
gung eines Feiglings" (58) aufgibt, und sich für die "Unterdrückten unter
den politisch-sozialen Widersprüchen" einsetzt. Dies bedeute, daß "das koreanische Christentum eine Gemeinschaft des Minjung für das Minjung werden
soll" (58); die Kirche solle "dem Wunsch des Minjung entsprechen und mit
dem Minjung zusammen sein" (58f). Diese dritte Stufe der koreanischen Kirchengeschichte sei "neulich" durch die politisch-sozial engagierten Christen eingeführt worden, die "durch Jesus entdeckt haben, daß die Aufgabe
des Christentums darin besteht, sich 'mit dem Minjung' zu solidarisieren"
(61).

**B.4.2.2 Das sog. "neue Gottesverständnis". Gott in seiner Niedrigkeit
und Parteilichkeit.** *Der in Jesus ein Mensch gewordene leidende Gott: Im
Gegensatz zu einem allmächtigen Gott, der an dem Leiden des Menschen nicht
teilnimmt, hat sich der biblische Gott als ein in seiner Niedrigkeit und
Parteilichkeit "mit dem Menschen zusammenseiender Gott" gezeigt. Dieser
Gott hat sich in Jesus zu einem Menschen erniedrigt und in seinem Kreuz in
das Leiden des Menschen hingegeben. Außer diesem Jesus ist kein anderer
Gott zu suchen, und außer in diesem "Jesus-Ereignis" ist Gott nirgends zu
finden.*

In seinem Aufsatz "Der gegenwärtige Gott" (Juni 1977)[237] versucht Ahn,
die "Dogmen über einen allwissenden, allmächtigen und absolut guten Gott"
(321) durch ein sog. "neues Gottesverständnis" (331) zu ersetzen, das er
"den ersten Christen" zuschreibt, die in Jesu Inkarnation, Kreuz und Auferstehung den "neuen Gott entdeckt haben".

Das "neue Gottesverständnis" steht in Zusammenhang mit Ahns oben darge-
stellter "Wiederentdeckung des Minjung", wie die Gottesprädikationen, die
bei Ahn zum ersten Mal hier vorkommen, z.B. Gottes "Niedrigkeit" (324) und
"Parteilichkeit" (325), andeuten. Diese Sachlage erlaubt den Rückschluß,
daß Ahn mit den genannten "Dogmen" eigentlich das Gottesverständnis der
konservativen Christen meint. Im gleichen Zusammenhang ist darauf hinzuweisen, daß Ahn die Gottesaussagen, die er in seinen früheren, apologetisch
orientierten Auseinandersetzungen mit der Theodizeefrage gewonnen hat[238],
nun (nach seiner "Wiederentdekkung des Minjung") zu einer "Entdeckung des
neuen Gottes" (331) weiter entwickelt, um damit den "allmächtigen Gott von
Triumph und Herrlichkeit" (321f) der konservativen Christen triumphierend
zu beseitigen.

In einem "allwissenden, allmächtigen und absolut guten Gott" sieht Ahn
"ein teilnahmsloses Wesen" (332)[239], d.h. einen Gott, der "mit den Menschen
in ihrem Leiden unter Ungerechtigkeit nichts zu tun hat und nur Lobpreisun-
gen fordert, während er auf einem himmlischen Thron sitzt". Dieser Gott sei
aber eigentlich eine "Selbstprojektion" derjenigen "Menschen im Christentum
seit dem Mittelalter, die sich selbst auf einen Thron der Herrlichkeit gesetzt haben und versuchen, diesen eigenen Thron zu erhalten, indem sie Gott
auf den Thron von Herrlichkeit und Macht setzen und ihn somit von der Realität isolieren und monopolisieren" (332f).

---

237 In: BE, S.320-334 bzw. in: DVT, S.13-20. Die DVT-Übersetzung ist eine
    halbierte Fassung des Originaltextes und weist einige wichtige Aussa-
    gen auf, die vom Originaltext abweichen. Aus diesem Grund wird sie
    hier nicht als Quelle verwendet. Die genannten Abweichungen allerdings
    werden in unserer Darstellung kommentiert. Im folgenden beziehen sich
    die Seitenzahlen in Klammern auf die Quelle aus BE.
238 Vgl. B.2.4 und B.3.2.
239 Dieser Ausdruck ist im Originaltext von Ahn selbst in Deutsch angege-
    ben.

Dieses Gottesbild liege auch den Klagen an Gott angesichts der Welt unter dem Bösen (z.B. in Ps 10; 13; 22; 69,4)[240] zugrunde, denn diese Klagen an Gott setzten einen allmächtigen und gütigen Gott voraus, der in die "Welt, wo Ungerechtigkeit und Leiden herrschen" (321), hätte eingreifen müssen.

Ein solches Gottesbild sei aber in beiden Fällen an der Realität der Welt unter dem Bösen gescheitert. Wer trotzdem ein solches Gottesbild nicht aufgebe, "ignoriert einfach die Realität der Geschichte, in die der allmächtige Gott nicht eingreift, täuscht sich selbst mit dem Dogma einer 'Gottesfügungslehre'[241] oder wird aus Verzweiflung Atheist" (321f).

Ahns Ansicht nach ist Gott im Alten Testament <u>kein allmächtiger Gott</u>. Dies zeige sich z.B. daran, daß "Gottes Verheißung mehrmals zurückgezogen wird. Wie könnte ein allmächtiger Gott solchen Teufelskreis wiederholt erlauben?" (322) Eben darin, daß sich Gott "durch Leid und Freude, Sieg und Niederlage, Vertrauen und Verrat bewegen läßt" (323), zeige sich die "<u>Niedrigkeit</u>" des biblischen Gottes. "<u>Diese 'Niedrigkeit' Gottes ist aber das Zeichen dafür, daß Gott mit den Menschen zusammen lebt.</u>" (324) Außerdem sei der alttestamentliche Gott "<u>kein universaler Gott</u>" (324), denn er habe Israel als eigenes Volk auserwählt. Er sei sogar ein "<u>Partei ergreifender Gott</u>" innerhalb Israels (325), denn er ist der "Gott Abrahams, Isaaks und Jakobs". Diese seien an den "Widersprüchen in diesem Gottesbild nicht interessiert und versuchen auch nicht, ein widerspruchsloses Gottesbild zu entwickeln, weil es ihnen nur um den '<u>Gott mit uns</u>' geht". Gott im Alten Testament sei also ein "<u>mit den Menschen zusammenseiender Gott</u>" (326).

In dem "ersten Bekenntnis der christlichen Gemeinde" (326) in Phil 2,6ff findet Ahn Gott, der "in der Gestalt des Menschen, sogar des Knechtes, in die Welt kam und am Kreuz, das die höchste Form des menschlichen Leidens bedeutet, hingerichtet wurde". Mit diesem Gott meint er "Jesus von Nazareth"[242], der nach diesem Bekenntnis "gleichen Wesens mit Gott, ja Gott

---

240 Mit diesen "Klagen an Gott" meint Ahn zugleich die Klagen des Minjung und der politisch engagierten Christen, die sie angesichts der Unterdrückung des Yushin-Regimes zu dem nicht eingreifenden Gott erheben.

241 Ahn erklärt nirgends, was er damit meint. Seine Argumentation legt die Vermutung nahe, daß er damit eine Art Gottergebenheitslehre meint, die er den konservativen Christen zuschreibt: Alles, was in der Welt geschieht, geschieht, wie Gott will. Deshalb soll der Mensch als sein Geschöpf die Welt so annehmen, wie sie ist.

242 In der DVT-Übersetzung ist hier "Jesus von Nazareth" mit "Christus" übersetzt, und im gleichen Zusammenhang ist die Überschrift "Gott, der sich entleert hat" (BE 326) durch "Das erste Christusbekenntnis" (16) ersetzt. Die beiden Korrekturen weichen aber von Ahns jesuanischer Intention in diesem Aufsatz ab.

selbst war". Deshalb sieht Ahn bei Jesus eine "Selbstaufgabe der 'Allmacht'" (ebd).

Ahn hält fest: "Der sich aufgebende Gott! Der Gott, der sich zu einem Menschen erniedrigt hat, somit in den Bereich des Menschen hineingekommen ist und sich in das Leiden des Menschen hingibt! Dies ist die neue Gestalt Gottes, die sich im Neuen Testament offenbart" (328).

Ahn meint mit diesem Gott, wie schon gesagt, "Jesus von Nazareth". Deshalb stellt Ahn angesichts des "Christushymnus" Phil 2,6ff (vor allem V.8f) die Frage, "wer ist der historische Jesus in diesem Leiden, und wer ist der, der ihn erhöht hat?". Ahn sieht in der genannten Bibelstelle einen "Anlaß zu einem Polytheismus". "Daher hat die Dogmatik die Trinitätslehre von außen her eingeführt, um dieses Problem zu lösen. Auch wenn dadurch eine Seite des Menschen, die von der formalen Logik gefesselt bleibt, befriedigt werden mag, ist darin aber immer die Gefahr enthalten, die Wirklichkeit selbst zu verhüllen." (328) Mit der "Wirklichkeit selbst" meint Ahn, daß außer dem Mensch gewordenen Gott, Jesus von Nazareth, kein anderer Gott zu suchen ist, und daß außerhalb des "Jesus-Ereignisses" nirgends Gott zu finden ist:

(1) *Gott sei in Jesus von Nazareth endgültig ein Mensch geworden*: Wenn sich eine Unterscheidung von "Jesus und Gott" (328) auch in der Bibel finden läßt[243], liege ihr das "Ereignis der Inkarnation" zugrunde: "Gott ist ein Mensch geworden". Das Ereignis der Inkarnation sei deshalb notwendig gewesen, weil es nach einem bestimmten Typus des alttestamentlichen Gottesbildes[244] für den Menschen keine Möglichkeit gebe, "Gott direkt zu erfahren" und "Gott zu verstehen". Aus diesem Grund "ist Gott selbst in den Bereich der menschlichen Erkenntnis hineingekommen, und somit ist dem Menschen ermöglicht worden, sich Gott anzunähern". "Wenn wir trotzdem an ein transzendentes Wesen außerhalb dieses Jesus-Ereignisses glauben mögen, ist das angesichts dieser Wirklichkeit eine bloße Hypothese, die eigentlich auch unsere Forderung nach logischer Folgerichtigkeit zerstört." (329)

(2) *Außer diesem Jesus von Nazareth sei kein anderer Gott zu suchen*: "Jesus sagt, 'Wenn ihr mich erkannt habt, so habt ihr auch meinen Vater erkannt'[245]. Philippus spricht zu ihm: 'Herr, zeige uns den Vater, und es genügt uns' (Joh 14,7f). Jesus sagt auch von sich selbst: 'Ich bin der Weg und die Wahrheit und das Leben'. Warum wendet man trotzdem von ihm die Au-

---

243 Ein Beispiel dafür sei das Bekenntnis, daß "er (sc.: Jesus) der einzige Sohn Gottes ist" (328).

244 Ein Beispiel dafür sei, daß "im Alten Testament der Mensch Gott nicht direkt sehen darf, weil er sonst stirbt".

245 Ahn legt seiner Übersetzung von Joh 14,7a die Textvariante zugrunde

gen ab und sucht einen anderen Gott? Warum konzentriert man sich nicht auf
den Ort seiner Gegenwart? Ob dies alles nicht durch ein Gottesbild von Ide-
en verursacht worden ist?" (329)

(3) *Außerhalb des "Jesus-Ereignisses" sei nirgends Gott zu finden*: Ahn
versteht unter diesem "Ort seiner Gegenwart" die Art und Weise der Gegenwart Gottes, die sich darin offenbare, wie Jesus von Nazareth mit dem und
für das Minjung gelebt und gelitten habe. Ahn bezeichnet diese Art von Gottes Gegenwart als das "Jesus-Ereignis". Er meint nun, daß man "in unserer
Traurigkeit und unseren Aufschreien eben seine (sc. Christi) Traurigkeit
und Schreie hört" (334). Das heißt: Ahn glaubt, den "Ort seiner Gegenwart"
bzw. das "Jesus-Ereignis" feststellen zu können in der zu diesem analogen
Art und Weise des politisch-sozialen Handelns mit dem und für das Minjung
heute, wie es bei den politisch engagierten Christen zu sehen sei, oder,
schärfer gesagt, in dem Phänomen "Minjung" selbst. In diesem Sinne hält Ahn
fest: "Außerhalb des Ortes seiner Gegenwart ist Gott nirgends zu finden"[246], überdies sei "der Gott, dem man begegnen kann, und den man sehen
kann, allein 'hier und jetzt' gegenwärtig" (329).

Ahn versucht weiter, in den Leidensankündigungen Jesu und in seinem
Kreuzestod die Eigenschaft des in Jesus Mensch gewordenen Gottes aufzuwei-
sen. Dieser Gott sei im Gegensatz zu dem "allmächtigen" (330) Messias des
Judentums ein leidender Gott, der "unter den ungerechten Mächten und ohne
Eingriff von außen[247] verhaftet und hingerichtet wurde". In solcher Weise
habe Gott "an dem Ort des Leidens des Menschen teilgenommen" (331).

Auch die Auferstehung Jesu dürfe nicht als "eine Wiederherstellung der
Allmacht oder ein Symbol für Sieg" (331) verstanden werden. Die ersten
Christen hätten in der Auferstehung Jesu eher "die Bedeutung des Kreuzes,
nämlich den neuen Gott entdeckt". Daher entschieden sie sich, "Jesus nachzufolgen und in die Welt, den Ort des Leidens, auszugehen", denn "der leidende Christus, der auferstanden ist, ist in dem Ort des Leidens gegenwärtig" (332).

Ahn schließt mit einer seelsorgerlichen Tröstung für das Minjung und die
politisch engagierten Christen: Sie sollen sich nicht auf einen allmäch-

---

246 Mit dem "Ort seiner Gegenwart" meint Ahn hier das "Jesus-Ereignis" in
 dem oben geklärten Sinne. Insofern geht die DVT-Übersetzung "Außerhalb
 dieses Christusgeschehens..." (17) fehl. Übrigens verwendet Ahn im
 Originaltext nirgends den Ausdruck "Christusgeschehen", der mit seiner
 jesuanischen Intention nicht übereinstimmen würde.
247 D.h.: 'ohne Eingriff von Gott'. Damit will Ahn demonstrieren, daß die
 "theistische" Gottesvorstellung der konservativen Christen, derzufolge
 Gott immer triumphiere, auch durch die Verhaftung Jesu als falsch er-
 wiesen worden sei, und daß Gott im Gegenteil gerade in diesem Leiden
 Jesu handle. Ahn deutet damit zugleich an, daß Gott in dem analogen
 Leiden der politisch engagierten Christen handle.

tigen, eben deshalb an dem Leiden des Menschen nicht teilnehmenden Gott,
sondern auf den mit ihnen zusammen leidenden Gott, nämlich "<u>Gott mit uns</u>"
(333), stützen. Dieser mit ihnen leidende Gott verheiße ihnen, die "jetzt
weinen, dürsten und in Verfolgung schreien" (334), das Reich Gottes, und
zwar in dem Sinne, daß "wir in einer ganz und gar neuen Welt die Hauptper-
sonen (bzw. das Subjekt) sein werden"[248].

B.4.3. *"Das Minjung ist der Träger der Geschichte" und Ahns Bekenntnis zu einer "Geschichte mit dem Minjung" (1977-78)*

B.4.3.1 *"Des Volkes Gesinnung ist des Himmels Gesinnung":* *Das Minjung ist "der Träger der Geschichte" aufgrund seiner "Zähigkeit" im Gegensatz zu den Wechselfällen von Herrschaft. Diese Fähigkeit des Minjung beruht auf der "Gesinnung des Minjung", die aufgrund von "Empfindungskraft und Reali-tätssinn" der "Gesinnung des Himmels" entspricht. Allein das Minjung er-kennt somit intuitiv den verborgenen, noch zu offenbarenden Sinn geschicht-licher Wirklichkeit.*

In seiner Predigt "Dann werden die Steine schreien" (Juni 1977)[249] beschäftigt Ahn sich bewußter und intensiver als bisher mit der Aussage, daß
"das Minjung der Träger der Geschichte ist" (74). Diese Aussage ist zwar
schon vor seiner minjungtheologischen Phase impliziert gewesen. Sie wurde
aber bisher noch nicht in einer solch allgemeinen und expliziten Form wie
in dieser Predigt vertreten, geschweige denn daß ein Begründungsversuch für
diese Aussage so intensiv wie in dieser Predigt unternommen worden ist.
<u>Was bei dieser Entwicklung eine entscheidende Rolle gespielt hat, ist
Ahns "Wiederentdeckung des Minjung" und sein "neues Gottesverständnis"</u> (wie
oben dargestellt). Dies läßt sich daran erkennen, daß Ahn hier einerseits
das Minjung als "törichte, ungebildete Menschen" (73) der herrschenden
Klasse bzw. "Elite" (74) in verstärktem Maße entgegensetzt und andererseits

---

248 Ahns Interpretation der Verheißung des Reiches Gottes steht hier eindeutig in einem Zusammenhang mit seinem Aufsatz "Die Zukunft gehört
den Armen", den wir oben B.2.5.c dargestellt haben. Insofern sagt die
DVT-Übersetzung, "Aber Gott, der in Christus mit uns leidet, verspricht uns, daß er der König der ganzen Welt sein wird", etwas völlig
anderes als das, was Ahn in seinem Originaltext aussagt: Ahn vertritt
hier eine aus seiner ideologiekritisch orientierten theologischen Soziologie herkommende und mit seinem minjungtheologischen Gottesverständnis verstärkte Idee von dem Subjekt-Sein des Minjung, wenn sie
auch hier noch nicht entfaltet wird. Die DVT-Übersetzung scheint dagegen eine Art Lehre der Königsherrschaft Christi vertreten zu wollen.
249 In: DVT, S.73-78. Im folgenden beziehen sich die Seitenzahlen in Klammern auf diese Quelle. Andreas Hoffmann-Richter weist darauf hin, daß
diese Predigt "vor einem Kreis von über fünfzig Personen, die dem Widerstand angehörten, unter ihnen der durch Park Chung Hee verdrängte
Präsident Yun Bo-Sun", gehalten wurde (DVT 155).

dem Minjung eine exklusive Beziehung zu Gott zuschreibt, die durch die sog. "Gesinnung des Minjung" (75) bestimmt sei; diese ist nämlich als ein Korrelat zu dem leidenden Gott in seiner Niedrigkeit und Parteilichkeit für die Leidenden in Ahns "neuem Gottesverständnis" zu verstehen. Damit hängt auch die in dieser Predigt auffallende Tendenz zusammen, daß Ahn seine veränderte Haltung dem Minjung gegenüber, nämlich ein Respektieren des Minjung, wie es ist, im vollen Maße zur Geltung bringt, indem er jetzt den "positiven Charakter" (74) des Minjung hervorzuheben und eben deshalb die volksaufklärerische Haltung von Eliten bzw. Intellektuellen zurückzuhalten versucht.

Mit der genannten Aussage, daß das Minjung der Träger der Geschichte sei, meint Ahn zunächst im Zusammenhang der Geschichte des koreanischen Min-Dschok, daß dieses seine "Standhaftigkeit gegenüber den Fremdmächten" (74) nicht den "Königen" bzw. "der sogenannten Elite", sondern dem "törichten und ungebildeten" Volk, nämlich dem Minjung, zu verdanken habe. Den Grund dafür sieht Ahn in der "Zähigkeit" des Minjung, die er als den "positiven Charakter des Volkes" (74) bezeichnet: "'Hundertmal gebrochen, doch nicht aufgegeben' oder 'hundertmal aufgegeben, doch nicht gebrochen'". Ahn setzt diesen "Charakter des Volkes" dem der herrschenden Klasse entgegen: "So oft in China neue politische Mächte aufstiegen, haben sich die koreanischen Könige entweder freiwillig als Vasallen Chinas ergeben, oder sie sind in verzweifelten Kämpfen untergegangen. Aber das Volk stand jedes Mal wieder nach scheinbarem Nachgeben auf, als der Sturm vorüber war." (74)

Dieser "Charakter des Volkes" beruhe auf einer "Gesinnung des Volkes (Minjung)", wie sie in dem alten ostasiatischen Sprichwort "Des Volkes Gesinnung ist des Himmels Gesinnung" (74)[250] ausgedrückt worden sei. Die "Gesinnung des Minjung" zeige sich z.B. auch in den "koreanischen satirischen Volksballaden Min-Jo": "Sie üben scharfe Kritik an Unterdrückung und ungerechter Herrschaft und warnen in Vorahnung einer nahen nationalen Krise." Es scheint also, daß Ahn unter der "Gesinnung des Minjung" eine Art politisch-kritische Meinung bzw. Meinungsbildungsfähigkeit des Minjung versteht, mit der das "törichte und ungebildete" Minjung, unabhängig von jeder

---

250 Die DVT-Übersetzung weist als Quelle auf Shu King V A 2,7 und Menzius V A 5,8 hin (Anm. 2, S.74). Wörtlich heißt das Sprichwort: "Min-Sim gleich Tscheon-Sim" (民心卽天心). Min bedeutet das Volk, und Sim Herz, Meinung, Wunsch, Wille oder Gesinnung. Tscheon bedeutet den Himmel, deutet aber König bzw. Kaiser an, vor allem in Altchina oder Japan. Das Sprichwort kann gemäß den in ihm implizierten beiden Bedeutungen interpretiert werden: Entweder: das Volk soll dem Willen des Königs entsprechen, oder: der König soll dem Willen des Volkes entsprechen. Die Regierenden übernehmen die erste Möglichkeit, unter der Annahme, daß Tscheon König bedeute. Die Oppositionellen bzw. die Revoltierenden übernehmen die zweite Möglichkeit. Dann bedeutet Tscheon Himmel i.S. eines über dem König stehenden politischen Willens.

Elite, auch von den (oppositionellen) Intellektuellen, über die Ungerechtigkeit und Unfähigkeit von Herrschenden eigene und treffende Urteile bilden könne. Und die anonyme und kollektive Eigenart dieser "Gesinnung des
Minjung" sieht Ahn darin bewiesen, daß "diese Balladen entstehen, ohne daß
ihre Autoren bekannt werden", und daß "sie sich blitzartig über das ganze
Land ausbreiten".[251]

Diese "Gesinnung des Minjung" beruhe ihrerseits auf "Empfindungskraft
und Realitätssinn" des Minjung. Darunter versteht Ahn eine Art besonderes
Wahrnehmungsvermögen geschichtlicher Wirklichkeit, das exklusiv das Minjung
besitze:

"Minjung erkennt nicht durch begriffliches Denken und Analysieren. Es
empfindet unmittelbar die Richtung und das Ziel der Geschichte und erkennt den tief verborgenen, noch zu offenbarenden Sinn geschichtlicher
Wirklichkeit intuitiv, der für den Verstand nicht zugänglich ist." (74f)

Es scheint, daß Ahn hier begriffliches Denken, Analysieren und Verstand der
Erkenntnisweise von Herrschenden und Eliten zuschreibt. Dieser setzt er ein
unmittelbares Empfinden und ein intuitives Erkennen entgegen, die er dem
"törichten und ungebildeten" Minjung zuschreibt. Dadurch werde die "Gesinnung des Minjung" gebildet, und diese charakterisiere "das Wesen des
Minjung" (74). In diesem Zusammenhang wird die Aussage, daß das Minjung der
Träger der Geschichte sei, im folgenden Sinne verstanden: Das Minjung sei
deshalb der Träger der Geschichte, weil nur das Minjung ahne, wonach und
worauf sich die Geschichte richtet.

Ahn versucht, diesen Sachverhalt biblisch zu untermauern, indem er seine
Überlegung über die "Gesinnung des Minjung" als "des Himmels Gesinnung" auf
seine Interpretation von Jesu Einzug in Jerusalem anwendet.

Hierbei setzt Ahn voraus, daß "Jerusalem der Ort ist, wo Schande und
Hoffnung des israelitischen Volkes nahe beieinanderliegen" (73), nämlich
einerseits die Schande wegen der "Fremdherrschaft und der Ausbeutung durch
die religiöse Führerschaft"[252] und andererseits die Hoffnung des Volkes
"auf den königlichen Messias", der das Volk von diesem Joch befreien wird.

---

251 Aus diesen beiden Eigenschaften der Volksballaden entwickelt Ahn später
seine Theorie über "Minjungsprache", und zwar als eine Alternative zum
"Kerygma" der sog. "Kerygma-Theologie".
252 Mit der "Ausbeutung durch die religiöse Führerschaft, die aus der tole-
ranten Religionspolitik der römischen Kolonialherren Kapital zu schlagen wußte" (73), deutet Ahn die Situation der koreanischen Kirche
unter der Religionspolitik des Yushin-Systems an: Die sog. konservativen Kirchen bzw. ihre Führer, die Ahn kritisiert, dürfen unter der
Voraussetzung, daß sie sich in die Politik des Yushin-Regimes nicht
einmischen oder sie sogar sanktionieren, unbehindert Gottesdienst und
Missionstätigkeit treiben, wobei es aber zunehmend um das materielle
Wachstum der jeweiligen Gemeinde geht.

In diesem Zusammenhang macht Ahn darauf aufmerksam, daß die Szenen der
Lobpreisung des Volkes in den synoptischen Evangelien mit Ps 118 in Verbindung stehen. Dieser Psalm sei ein Siegeslied. Das Volk sehe also einen
"Triumphzug im Einzug Jesu in Jerusalem durch sein ärmliches Aussehen hindurch" (75).

Ahn schließt an diese Feststellung gleich eine Überzeugung des Volkes
an: "Das Volk glaubt fest, daß sein Geschrei endlich Gehör gefunden hat und
daß sein Heil erschienen ist. ... Der neue Herr, der neue Herrscher zieht
in Jerusalem ein" (75). Der Grund dafür, daß das Volk im Einzug Jesu einen
Triumphzug sehen kann, liegt also darin, daß das Volk sich einen neuen
Herrscher gewünscht und gewollt hatte, der die jetzigen unterdrückenden
Herrscher besiegen wird. Das Minjung erkenne intuitiv, daß diese "Gesinnung
des Minjung" von Gott, von der "Gesinnung des Himmels", erhört worden
sei.[253]

Die "Gesinnung des Himmels" beim Einzug Jesu liege, der "Gesinnung des
Minjung" entsprechend, in der Befreiung des Volkes von seinem Leiden unter
der politischen und der religiösen Macht: "Jesus kommt in Begleitung des
Volkes, um seine Unterdrückung aufzuheben, um Gerechtigkeit in Jerusalem
wiederherzustellen" (76). Jesu triumphierender Einzug auf einem Esel sei
aber ein "Friedenszug" (76) im Gegensatz zu der (jetzigen) Welt, in der
"Militarismus und Waffengewalt herrscht". Das heißt: "Die Gefangenen werden
befreit und das Reich des Friedens wird gegründet", und zwar - so wäre hin-
zuzufügen - durch einen gewaltfreien Sieg[254].

Diesen Sinngehalt des Einzuges Jesu in Jerusalem erkenne das Minjung.
Ahn glaubt, hier "Empfindungskraft und Realitätssinn" des Minjung feststellen zu können: "Wenn dem Minjung dieser tiefe Sinn einsichtig wird, so
nicht aus menschlicher Weisheit, sondern weil es durch das Herz des Himmels
gerührt wird." (76)

---

253 Einen ähnlichen Gedanken Ahns, daß diejenigen, die in dem jetzigen politischen und gesellschaftlichen System keine Antwort finden und deshalb ein ganz und gar neues suchen oder darauf warten, für die Zukunft
Gottes bzw. das Reich Gottes offen seien, haben wir schon oben B.2.5.c
festgestellt.

254 Wenn Ahn seiner Argumentation in dieser Predigt treu bleiben will,
müßte er hier 'durch einen gewaltfreien Sieg' zufügen. Andererseits
behauptet er immer, daß Gott nicht im Sieg, sondern in der Niederlage
gegenwärtig sei, wie wir oben gesehen haben (vgl. B.2.4; B.3.2.b;
B.4.1.3). Dann wäre ein gewaltfreier Sieg Gottes im Leiden des Minjung
selbst zu suchen. Ahn deutet tatsächlich in seiner Interpretation des
Kreuzestodes Jesu einen solchen Gedanken an: "Er (sc.: Jesus) ist ...
der, der in Jerusalem getötet wurde und durch seinen Tod den Kampf mit
der Bosheit vollendet (>Dan<) und damit das Leiden des Minjung in Galiläa überwunden hat." (MTVG, S.169)

Ahn verbindet diese "Gesinnung des Minjung" mit dem Begriff "Wahrheit" (77). Die Wahrheit offenbare sich dadurch, daß das Minjung "die ahnungsvolle Empfindung vom Himmel" (76) aufnimmt. Unter "Wahrheit" versteht Ahn also die "Gesinnung des Himmels", die sich durch die politisch-kritische Meinung des Minjung über die Ungerechtigkeit und Unfähigkeit von Herrschenden zum Ausdruck bringen läßt, und zwar mit dem Sinngehalt, daß "die Gefangenen befreit werden und das Reich des Friedens gegründet wird".

Die herrschende Schicht, die Ahn als "Feind des Minjung" (76) bezeichnet, wie z.B. die Pharisäer, will dem Volk den Mund verbieten. Aber "die Wahrheit kann nicht verhüllt bleiben. Niemand kann sie hindern hervorzutreten" (77). Denn "'wenn diese schweigen werden, so werden die Steine schreien' (LK 19,40)". Darunter versteht Ahn, daß sich die Wahrheit auch in der Weise durchsetzt, daß es "zu blutigen Revolten" (76f) führe, wenn sie zum Verschweigen gezwungen wird. Denn "wenn man im Herzen vergräbt, was ausgesprochen werden muß, wird es zu Gift" (77). Deshalb gelte: "Christen sollen Zeugen sein" und "offen und laut sprechen", "wenn ihre Mitmenschen gezwungen werden, die Wahrheit zu verschweigen", bevor "es zu spät ist" (78). Ahn stellt diese Aufgabe, die Wahrheit, nämlich die "Gesinnung des Minjung", stellvertretend auszusprechen, der christlichen Aufgabe, Jesus zu bezeugen, gleich: "Ihr Christen, ruft laut heraus, was sonst mit Schweigen verhängt ist. Bezeugt Jesus." (78)

B.4.3.2 *Ahns Bekenntnis zur "Geschichte mit dem Minjung"*: *"Was ich tun soll, fasse ich mit Stichwort 'Verantwortung vor der Geschichte mit dem Minjung (Mitmenschen)' zusammen. 'Geschichte' steht hier für Gott, an den ich glaube, und umfaßt alles, womit ich mich selbst kritisch besinne und mir Urteile bilde. Damit sage ich den Glauben aus, daß mir kein Ausweg erlaubt ist, den Befehlen auszuweichen, die mir in der geschichtlichen Wirklichkeit gegeben werden. Das Minjung ist die Substanz eben dieser 'Geschichte'."*[255]

Nach seiner "Wiederentdeckung des Minjung", seinem "neuen Gottesverständnis" und seinem Versuch zur Begründung des 'Subjekt-Seins des Minjung in der Geschichte' aufgrund der "Gesinnung des Minjung" legte Ahn in seinem Essay "Vor der Geschichte mit dem Minjung" (1978) eine Art Bekenntnis ab, das explizit für ihn selbst, aber implizit auch für andere gelten soll. Dabei geht es ihm darum, entsprechend den eben genannten Erkenntnissen seinen strukturell ethisch orientierten Glauben neu und deutlicher zu formulieren.

---

255 Ahn Byungmu, "Vor der Geschichte mit dem Minjung", in: GM, S.274-283, hier: 282f. Im folgenden beziehen sich die Seitenzahlen in Klammern auf diese Quelle.

Unter der Frage "Was sollen wir tun", die bei Ahn in der Mitte des Glaubens steht, versteht er nicht die "Frage eines Ethikers", sondern vielmehr
eine Frage, die zur "Entscheidung zum Handeln in der konkreten geschichtlichen Wirklichkeit" auffordere. Dabei setzt er voraus, daß die Antwort auf
diese Frage "eigentlich selbstverständlich" (282) sei. Deshalb sieht er in
der Frage "Was sollen wir tun", wenn sie angeblich um guter Ratschläge willen gestellt wird, nur einen strategischen Versuch, einen Ausweg zu rechtfertigen, mit dem man der selbstverständlich zu treffenden Entscheidung zum
Handeln ausweichen will.

Ahn macht besonders im Zusammenhang des Widerstandes gegen das Yushin-
Regime auf einige solcher Ausflucht-Strategien aufmerksam, bei denen man
z.B. aufgrund des Gewissens, einer moralischen Selbstgenügsamkeit oder
eines passiven Widerstandes zu rechtfertigen versucht, daß man einem aktiven Widerstand ausweicht:

Das Gewissen sei als ein Kriterium für das Handeln des Menschen untaug-
lich, denn das Gewissen bedeute Verschiedenes je nach dem, womit es in Verbindung gesetzt werde. Wenn das Gewissen z.B. in Entsprechung zu den bestehenden Institutionen und Wertmaßstäben beruhigt wird, diese jedoch dazu
dienen, das bestehende ungerechte Machtsystem zu erhalten, dann rechtfertige ein beruhigtes Gewissen nur diejenigen, die aus ihrer Feigheit gegen
das Machtsystem keinen Widerstand leisten. Auch die moralische Selbstgenügsamkeit, die nur für sich ablehnt, "mit ungerechten Mitteln Reichtum und
eine (Beamten-)Stelle zu bekommen" (278), sei zu privat, um sich politisch
auswirken zu können. Und der passive Widerstand, bei dem man zwar jeden
Kompromiß mit dem bestehenden Machtsystem ablehnt, aber nichts weiter tue,
sei auch falsch, denn man rechtfertige damit nur die unverantwortliche Haltung, gegen "die Welt, in der die Ungerechten und Unrichtigen herrschen",
nicht aktiv zu kämpfen. "Man soll die Verantwortung dafür auf sich übernehmen, daß die Welt soweit gegangen ist." (279)

Ahn hält diejenigen, die sich mit solchen Ausflüchten rechtfertigen
wollen, für "Sünder vor der Geschichte". Unter Geschichte versteht er hier
"keinen bloß zeitlichen Prozeß, sondern eine Wirklichkeit, von der man
sagt, daß 'die Geschichte richtet'. In diesem Fall bedeutet die Geschichte
auch kein statisches Prinzip, sondern einen dynamischen Willen" (280).

Ahn bringt in diesem Zusammenhang seine "Überzeugung" über die Geschichte und das Leben zum Ausdruck:

"Die Geschichte wiederholt sich nicht. Diese Überzeugung steht in einem
Zusammenhang mit meiner Lebensauffassung, daß es im Leben keine Übung
gibt. Die Geschichte besteht aus einzelnen Ereignissen, die alle einmalig
und in sich abgeschlossen sind und sich aneinander wie in einer linearen

Kette anschließen. Jede geschichtliche Wirklichkeit hat solche Einmaligkeit. Das heißt: Was wir in jedem 'hier und jetzt' tun, wird dadurch entschieden, wie wir das tun, und wir haben später keine Chance mehr, das,
was wir falsch gemacht haben, zu korrigieren." (280)

Angesichts dieser Einmaligkeit und Unkorrigierbarkeit des menschlichen
Handelns stellt Ahn die Frage "Wo stehen wir heute vor der Geschichte?" Er
meint, daß seit der Befreiung des koreanischen Min-Dschok von der japanischen Kolonialherrschaft "die Hauptaufgabe vor der Geschichte" darin bestehe, "das Eigene des Min-Dschok wiederherzustellen". Diese Aufgabe sei
jedoch bis heute nicht erfüllt, solange "die Aufgabe der Wiedervereinigung
von Nord- und Südkorea unerfüllt vor uns steht" (281).

Ahn faßt diese 'Aufgabe vor der Geschichte' mit dem Stichwort "vor der
Geschichte mit dem Minjung" (282) zusammen und verbindet sie mit seinem
Glauben an Gott, und zwar in dem Sinne, daß "'Geschichte' hier für Gott,
an den ich glaube, steht. ... Das Minjung ist die Substanz eben dieser Geschichte" (283).

B.4.4. Die minjungtheologische Soziologie Ahns ("familia dei") und die soziologische Bibelauslegung ("Jesus und ochlos") (1978-79)

**B.4.4.1 Der Ansatz einer authentischen Bibelauslegung. 'Von Dogmen zum
authentischen Verhalten Jesu zurück':** Die Lebensbedingung bestimmt die Bibelauslegung. Erst in einer Lebensbedingung, die mit der Jesu und der sog.
"Wanderprediger" soziologisch vergleichbar ist, kann man die radikalen Worte Jesu authentisch verstehen und bezeugen.

In seiner Predigt "Die Prediger des Minjung"[256] geht Ahn von der Frage
aus, "wie die ursprüngliche 'Lehre Jesu' aussah" (112). Damit meint er die
radikalen Worte Jesu, die "man weder leicht verstehen noch ins Handeln
umsetzen kann" (120), wie z.B. Lk 9,3; 14,26; 12,53; Mt 8,22; 19,24. Ahn
meint, daß diese Worte Jesu schon im Neuen Testament teilweise nicht wörtlich angenommen werden konnten. Beispielsweise habe das Matthäusevangelium
die ursprüngliche Form 'die Armen' zu 'die geistlich Armen' (5,1) verändert.

Um so intensiver geht Ahn auf die Frage ein, wer die radikalen Worte
Jesu trotzdem so treu tradieren konnte, daß sie sich noch in den synoptischen Evangelien finden. Er nimmt an, daß es in der mündlichen Überliefe-
rungsphase[257] bestimmte Gruppen gab, die die radikalen Worte Jesu deshalb
unverändert und authentisch tradieren konnten, weil sie sie in ihrem eige-

---

256 In: GM, S.118-126. Gehalten im Mai 1978 in der Galiläagemeinde. Im folgenden beziehen sich die Seitenzahlen in Klammern auf diese Quelle.
257 Ahn nimmt an, daß diese Phase vom Tode Jesu an 40 Jahre dauerte.

nen Leben wörtlich praktizieren konnten: Sie praktizierten wirklich z.B.
die Heimatlosigkeit, ein afamiliäres Ethos, Besitzlosigkeit und Landbezo-
genheit. Ahn nennt sie die "Wanderprediger"[258]. Deshalb hätten sie die radikalen Worte Jesu weder apologisieren noch theoretisieren müssen. Außerdem
hätten sie die Worte Jesu ausschließlich den Landbewohnern verkündigt,
ebenso wie Jesus selbst. Ahn meint, daß "das Christentum seinen Ursprung in
den Worten hat, die Jesus seiner Besitzlosigkeit und Heimatlosigkeit und
seinem Wanderleben entsprechend lehrte und die die Wanderprediger wörtlich
praktizierten und tradierten. Das heißt: Das Christentum hat bei denjenigen
Menschen angefangen, die in jeder Hinsicht, vor allem in kultureller und
wirtschaftlicher Hinsicht und in bezug auf die Macht, zutiefst der untersten Klasse angehörten" (124).

Dieses Christentum habe aber schon bei Paulus begonnen, sich zu verändern, weil die Lebensbedingung des Paulus und der Menschen, die er missio-
nierte, anders als diejenige Jesu und der Wanderprediger war. Paulus habe
nicht auf dem Land, sondern in den hellenistischen Städten missioniert und
mußte deshalb das Christentum apologisieren. Dabei seien die Dogmen entstanden, und dadurch seien die Inhalte des Christentums verändert worden.
Außerdem seien in der Kirche unterschiedliche Klassen entstanden, und
Paulus habe versucht, diese Klassenunterschiede zu regeln, indem er die
Worte Jesu veränderte und daraus Dogmen entwickelte. In dieser Weise habe
Paulus das Christentum von den Worten Jesu entfernt.[259]

---

258 Im Originaltext verwendet Ahn selbst diesen Begriff in Deutsch. Obwohl
Ahn auch in seiner veröffentlichten Predigt keine Angabe über die Herkunft dieses Begriffs gibt, ist es eindeutig, daß er ihn aus dem Aufsatz Gerd Theißens "Wanderradikalismus. Literatursoziologische Aspekte
der Überlieferung von Worten Jesu im Urchristentum" (in: ZThK 70,
1973, 245-271, hier: 261) übergenommen hat. Dies läßt sich daran erkennen, daß sich die oben genannten Eigenschaften der Wanderprediger,
die Ahn in seiner Predigt ausführlich entfaltet, auch in dem Aufsatz
Theißens mit fast gleicher Argumentation finden. Erst in der deutschen
Übersetzung seines Aufsatzes "Jesus und das Minjung im Markusevangelium" (in: MTVG, S.110-132) gibt Ahn den Aufsatz Theißens an (116). Man
kann jedoch nicht sagen, daß Ahn die methodischen Grundsätze zur Bibelauslegung, die er in seiner Predigt präsentiert, erst aus dem Aufsatz Theißens gelernt hat. Siehe dazu den Exkurs nach unserer Darstellung.
259 In dieser Predigt (Mai 1978) beginnt Ahn Paulus zu kritisieren, obwohl
er z.B. in seiner oben (B.4.1.3) dargestellten Predigt "Theologie der
Ereignisse" (Feb. 1976) das Leben des Paulus als eine vorbildhafte
Nachfolge Jesu präsentiert hatte. Darin kann man eine weitere Veränderung nach Ahns "Wiederentdeckung des Minjung" sehen. Sein Hauptargu-
ment, daß Paulus der Urheber der Dogmatisierung des Christentums sei,
erlaubt die Vermutung, daß Ahn nun in Paulus ein Vorbild des Christentums der konservativen Christen zu sehen beginnt. Dieses Argument gegen Paulus wiederholt sich auch in Ahns Kritik an der sog. "Kerygma-
Theologie", die Ahn für ein Gegenbild seiner "Theologie der Ereignisse" hält.

Aus diesen Beobachtungen gewinnt Ahn folgende zwei Grundsätze, die man als *ideologiekritische Methoden der Bibelauslegung* bezeichnen kann. Denn er will mit ihnen diejenigen Störfaktoren beseitigen, die von Theologie und Predigtpraxis verursacht werden und in der Bibelauslegung wegen ihrer ideologischen Charakterzüge eine authentische Wahrnehmung der ursprünglichen Worte Jesu verhindern. Der eine kann als dogmen- bzw. theologiekritisch bezeichnet werden: "Die Worte erhalten ihre ursprüngliche Gestalt bis zu dem Punkt, wo man sie noch nicht zu apologisieren braucht". Denn "während man sie apologisiert, werden sie theoretisiert (gemeint: der eigenen Lebensbedingung angepaßt und ideologisch verteidigt; d.Verf.) und verlieren dadurch ihre ursprüngliche Gestalt". Der andere Grundsatz kann als predigtkritisch bezeichnet werden: "Man predigt ... und man hört die Worte nur der eigenen Lebensbedingung entsprechend". Denn "der Mensch hat die Neigung, sich selbst (gemeint: die eigene Position, die von der jeweiligen Lebensbedingung bestimmt ist; d.Verf.) zu rechtfertigen und daher alles nur von der eigenen Sicht her zu verstehen und zu interpretieren" (118).

Aus diesen Grundsätzen zieht Ahn zwei Folgerungen, die man als *lebensbedingungsbezogene Methoden der Bibelauslegung* bezeichnen kann. Denn er will mit ihnen darauf hinweisen, daß "die Lebensbedingung die Bibelauslegung bestimmt" (119):

Zum einen bestimmt er diese Methode negativ: Man soll "durch die apologisierende und theoretisierende Interpretation hindurch zu den ursprünglichen und reinen Worten Jesu zurückkehren" (120), indem man "die eigene Position radikal verläßt", die von der eigenen Lebensbedingung abhängig ist. Dies wendet er gegen diejenigen Christen und Theologen ein, die "reich und gesichert leben" und deshalb s.E. die ursprüngliche "Lehre Jesu" den eigenen Lebensbedingungen entsprechend verändern. Als ein Beispiel nennt er "Theologen in der Bundesrepublik Deutschland, die als hohe Beamte reich und gesichert leben; ihre Theologie, die unter solchen Lebensbedingungen entwickelt worden ist, ist unvermeidlich spekulativ und pedantisch. Auch bei der Bibelauslegung verändern sie die radikalen Worte Jesu zu einem stumpfen Wattestift" (119). Damit meint er, daß "Theorien in den Vordergrund und Handlungen in den Hintergrund gestellt werden" (125).

Positiv gewendet heißt Ahns Methode: Man kann "die Bibel nur richtig verstehen, wenn man selbst in einer gleichen (gemeint: zu der Lebensbedingung Jesu in seinen Worten und Taten politisch-sozial analogen; d.Verf.) Lebensbedingung lebt" (126). Dies macht Ahn für sich selbst und für das Minjung geltend: "Bevor ich verfolgt wurde, konnte ich die Bibel nicht so lesen, wie ich sie jetzt lese. Weil ich selbst verfolgt werde, werden meine Augen für die Worte Jesu geöffnet." Und: "Wenn die armen Arbeiter und Bauern ihrer selbst bewußt werden, werden sie die Bibel viel besser verstehen als wir." (126)

Den methodischen Grundsätzen entsprechend formuliert Ahn die Aufgabe der Bibelauslegung: "Was sollen wir tun, wenn wir uns der handlungslosen Ohnmächtigkeit (der Kirche und der Theologie; d.Verf.) entziehen wollen? Wir sollen zum Ursprung zurückkehren und uns mit dem Kriterium dieses Ursprungs kritisieren. Der Ursprung besteht in dem Ort der reinen Worte, die den sie apologisierenden Dogmen vorausgehen." (126)

> Exkurs: Ahn hat die Wanderprediger-Hypothese, wie oben in Anm. 258 erwähnt, von Gerd Theißen übernommen. Ahns Schlußfolgerungen aus dieser Hypothese, die wir als Grundsätze zur Bibelauslegung bezeichnet haben, stammen aber von Ahn selbst. Denn Theißen bezieht seine Beobachtung des Phänomens des urchristlichen Radikalismus (einschließlich dessen sektenhafter Tradition in der Kirchengeschichte) u.E. hauptsächlich auf ihre kirchenkritische Funktion ("Ruf zur Umkehr"; S. 105 seines genannten Aufsatzes), aber folgert daraus keine Methode zur Bibelauslegung.
> Der Entdeckungszusammenhang Ahns bei seiner Ableitung der genannten methodischen Grundsätze zur Bibelauslegung ist einerseits schon in seiner Ideologiekritik an den religiösen Institutionen[260] und andererseits in seiner "Wiederentdeckung des Minjung"[261] zu suchen. Er ist aber auch in Ahns Auffassung der Eigenschaft der Galiläagemeinde[262], wo er die eben dargestellte Predigt hielt, zu finden: Sie ist für Ahn eine Gemeinschaft derjenigen, die wegen ihrer politischen Verfolgung und sozialen Entfremdung kein "reiches und gesichertes" Leben führen können; ihre Lebensbedingung sei also schon in dieser Hinsicht mit der Jesu und der Wanderprediger zu vergleichen.

B.4.4.2 *Der Ansatz einer minjungtheologischen Soziologie bei Ahn - die sog. "familia dei"*: *Die Leidensgemeinschaft von Christen und Nichtchristen, die auf ihrem gemeinsamen politisch-sozialen Engagement beruht und vom christlichen Glauben und Glaubensbekenntnis unabhängig ist, ist aufgrund ihrer Identifikation mit Jesus, der sich mit dem ochlos zu seiner Zeit identifiziert hat, als "familia dei", als "Gottes Schar" (Mk 3,34) zu legitimieren. Die Dogmen der Kirche und kirchlichen Ordnungen widersprechen diesem Verhalten Jesu und machen die bedingungslose Solidarität von Christen mit den leidenden Nichtchristen unmöglich.*

In seinem Vortrag "Leidendes und bekennendes Christsein"[263] verglich Ahn die Identifikation von Christen mit Nichtchristen in der Situation Südkoreas, in der "das Leiden nicht aufhört" (26), mit dem Verhalten Jesu, der

---

260 Vgl. B.2.5.
261 Vgl. B.4.2.
262 Vgl. B.0.2 und unten B.4.4.2.
263 Ahn hielt diesen Vortrag im Nov. 1978 anläßlich der dritten Koreanisch-deutschen Kirchenkonsultation in Düsseldorf-Kaiserswerth. Der Text findet sich in: epd Dokumentation 29/79, 1979, S.74-81 unter dem Titel "Biblische Besinnung" bzw. in DVT, S.26-39 unter dem oben genannten Titel. Im folgenden beziehen sich die Seitenzahlen in Klammern auf die Quelle aus DVT.

"sich mit den Leidenden identifiziert hat" (27). Obwohl er in seinem Vortrag davon nichts sagt, erinnert seine Schilderung der Identifikation von Christen und Nichtchristen eindeutig an Erfahrungen, die Ahn in der Galiläagemeinde[264] mit deren nichtchristlichen Mitgliedern gemacht hat:

In der Galiläagemeinde trafen sich die aus politischen Gründen entlassenen Professoren und Studenten und die Familienmitglieder derer, die aus dem gleichen Grund verhaftet wurden. Sie bestanden aus Christen und Nichtchristen, die sich aufgrund ihres gemeinsamen politischen Engagements miteinander solidarisierten. Ahn nennt in diesem Vortrag sie alle das Minjung, und zwar in dem Sinne, daß sie die "Außenseiter, die Unterdrückten, die ihres eigenen Rechts Beraubten, die aus dem Gefängnis Entlassenen" waren (30). Mit ihnen machte Ahn die Erfahrung, daß "die zum Minjung Gehörenden, die mit uns im Leiden gebunden sind, keinerlei Hemmung oder Fremdheit empfinden, wenn wir das Bild Jesu in solcher Weise (gemeint: in seinem Verhalten, sich mit dem Minjung zu identifizieren; d.Verf.) darstellen, sondern sich ganz öffnen und bereit sind, Jesus ganz zu akzeptieren". Damit meint Ahn nicht unbedingt ein Glaubensbekenntnis zu Jesus Christus: "Wenn auch manche unter ihnen es noch nicht wagen, sich als Christen zu bekennen, so zeigen sie doch ihr freundliches Gefühl Jesus gegenüber. Deshalb können wir schwer definieren, wer Christ oder Nichtchrist ist." Es geht Ahn also darum hervorzuheben, daß Christen und Nichtchristen gemeinsam aufgrund ihres politischen und sozialen Leidens sich mit Jesus identifizieren, weil sich Jesus mit den Leidenden zu seiner Zeit identifiziert habe. Es geht dabei nicht um Glauben und Bekennen, das als "sozusagen christliche Bedingung" nur noch "eine zusätzliche Last" (30) wäre, sondern um die Identifikation von Leidenden miteinander und mit Jesus, der "selbst leidet" (27).

Weil Ahn die Identifikation von Christen und Nichtchristen miteinander in der Galiläagemeinde für analog zu dem Identifikationsverhalten Jesu mit dem Minjung seiner Zeit hält, gilt es ihm zu beschreiben, wer das Minjung zu der Zeit Jesu war, und wie Jesus das Minjung annahm.

Ahn unterscheidet in den synoptischen Evangelien "kerygmatische Stücke" und den "überwiegende[n] Teil", der "gar nicht kerygmatisch ist". Ahn setzt diese beiden einander entgegen, und behauptet, daß die Dogmen der Kirche auf den "kerygmatischen Stücken" beruhen und die Minjunggemeinschaft der Galiläagemeinde sich auf den nicht kerygmatischen Teil stütze. Man könne z.B. "den Inhalt des Markusevangeliums nicht unter dem Begriff 'Kerygma' fassen". Als Grund dafür nennt er das s.E. soziologische Phänomen, daß die Menschenmasse in Galiläa, die Markus als "óchlos" bezeichnet, "die einzigen

---

264 Siehe oben B.0.2. Vgl. die oben in Anm. 5 in Teil B genannte Dissertation A. Hoffmann-Richters, vor allem S.34-37.

Freunde" seien, die "Jesus bedingungslos empfangen und ihm enthusiastisch
folgen". Der *ochlos* sei durch "Sünder, Zöllner, Kranke, Unterdrückte,
Hungernde und Arme" repräsentiert. Jesus lebte nicht nur mit dem *ochlos*,
"sondern hat eindeutig gezeigt und gesagt, daß er zu ihm gesandt worden
ist". In Mk 3,32-34 habe Jesus erklärt, daß der *ochlos* "seine Mutter und
seine Brüder" seien, ohne allerdings die Bedingung zu stellen, man müsse
Gottes Willen dafür erfüllen.[265] Ahn sieht darin wohl die entscheidende
jesuanische Legitimation für die vom Glauben bzw. Glaubensbekenntnis unabhängige Gemeinschaft von Christen und Nichtchristen in der Galiläagemeinde:
"Das (sc.: die bedingungslose Erklärung Jesu zum ochlos) ist eine erstaunliche Aussage, weil dieser ochlos in keiner Weise religiös qualifiziert
ist, trotzdem aber als *familia dei*, als Gottes Schar, bezeichnet wird."
(28). In diesem Sinne nennt Ahn Mk 3,34 "wirklich Evangelium für uns". Wenn
man jedoch statt auf V.34 auf V.35 Gewicht lege, sei es "eine Verengung des
Evangeliums" (31).

Unter der Annahme, daß Markus den griechischen Begriff *ochlos* "aus dem
hebräischen *'Am ha-Ares* abgeleitet haben muß", betrachtet Ahn nun den
ochlos im Verhältnis zu dem religiös-sozialen System zur Zeit Jesu, das im
Pharisäismus vertreten war: "*'Am ha-Ares* ist ... nach der Ansicht der Pharisäer nichts anderes[,] als eine gesetzeswidrige Schicht. Alle, die ihr
Leben nach der Ordnung der Pharisäer leben, ... werden als Gerechte, oder
als *familia dei* bezeichnet. Ihnen gegenüber stehen die, die die gesetzlichen Regeln im Leben nicht erfüllen können. Sie sind als Sünder bezeichnet." (29)

Ahns Ansicht nach waren die sog. Sünder eher aus sozialen bzw. nichtre-
ligiösen Gründen, wie z.B. "aus Armut, Krankheit, wegen ihres Berufes, oder
aufgrund der sozialen Wertung", nicht in der Lage, "die nach dem Gesetz geforderten Pflichten" (29) zu erfüllen. Die 'Sünder' seien also soziale
Gruppen, die vom religiösen System ebenfalls aus sozialen Gründen und mit
dem Kriterium religiöser Dogmen verachtet und entfremdet wurden.

Ahn will mit seiner Beschreibung des Verhältnisses zwischen *ochlos* und
Pharisäismus ein s.E. dazu analoges Verhältnis zwischen dem Minjung der Galiläagemeinde und den konservativen Christen andeuten: Die Minjunggemeinschaft von Christen und Nichtchristen in der Galiläagemeinde wurde von den
konservativen Christen einerseits nicht angenommen, weil sie aus politischen Gründen verfolgt wurde, und andererseits als nichtchristlich bzw.
vom christlichen Glauben abweichend abgelehnt, weil das (nichtchristliche)

---

265 Da Ahn meint, daß Jesus den *ochlos* bedingungslos annimmt, hält er Mk
    3,34 für das "Schlußwort" und V.35 für ein "Einzel-Logion" (DVT 29).

Minjung der Galiläägemeinde kein Glaubensbekenntnis abgelegt, also die
"nach dem Gesetz geforderten Pflichten" nicht erfüllt hat.

Ahn macht deutlich, daß er Dogmen und kirchliche Ordnung aus zwei Gründen ablehnt: Zum einen machen Dogmen und kirchliche Ordnung eine bedingungslose Solidarität mit den Leidenden unmöglich: "Wenn man die Angehörigen dieser sozialen Schicht (gemeint: des von Glaubensbekenntnis und kirchlichen Ordnungen unabhängigen *ochlos*; d.Verf.) in irgendeiner Weise theologisch zu qualifizieren sucht, ergibt sich damit ein großes Hindernis für
das Mitleben und Mitleiden mit den Nichtchristen, die im Leid stehen." Zum
anderen widersprechen Dogmen und kirchliche Ordnung dem Verhalten Jesu gegenüber dem *ochlos*: "... der Wusch, die Bedingungen für das Christsein
einzubeziehen, ... widerspricht völlig der Haltung Jesu" (31).

**B.4.4.3 *Die soziologische Bibelauslegung für die "familia dei" - "Jesus
und ochlos im Markusevangelium"*:** *Das Markusevangelium nimmt aufgrund seiner politisch-sozial trostlosen Lebensbedingung, die derjenigen Jesu und
seines ochlos analog ist, die Identität des ochlos Jesu als sozial entfremdete Schicht und die für diesen ochlos parteiergreifende Bedeutung der
Worte Jesu wahr und lehnt die kerygmatische Theologie des Paulus ab, die
für ochlosfremde und deshalb jesusfremde Dogmen und Kirchenordnungen verantwortlich ist.*

In seinem Aufsatz "Jesus und *ochlos* im Markusevangelium" (Nov. 1979)[266]
zeigt Ahn, wie er die oben dargestellte Methode seiner (minjungtheologischen)[267] Bibelauslegung ("die Lebensbedingung bestimmt die Bibelauslegung") anwendet, und zwar seiner eigenen Lebensbedingung entsprechend. Die
Lebensbedingung Ahns ist hier durch die oben dargestellte "familia dei" der
Galiläagemeinde charakterisiert, die für Ahn zu der Lebensbedingung Jesu
und des *ochlos* politisch-sozial analog ist. Deshalb konzentriert er sich
auf die Stellen des Markusevangeliums, die s.E. das Verhältnis von *ochlos*
und Jesus in ihrer politisch-sozialen Lebensbedingung deutlich zeigen.

---

266 In: MK, S.86-103 bzw. in: MTVG, S.110-132 unter dem Titel "Jesus und
das Minjung im Markusevangelium". Diese deutsche Übersetzung aus dem
Jahre 1984 ist dem Originaltext treu, außer daß Anmerkungen zugefügt
sind und sie vor allem in dem Teil "Zusammenfassung" (131-132) Korrekturen und Ergänzungen aufweist. Diese werden in unserer Darstellung
kommentiert. Im folgenden beziehen sich die Seitenzahlen in Klammern
auf die Quelle aus MTVG. Sonst werden sie mit MK bezeichnet.
267 Obwohl Ahn diesen Grundsatz seiner Bibelauslegung für eine minjungtheologische Entdeckung hält ("Bevor ich verfolgt wurde, konnte ich
die Bibel nicht so lesen, wie ich sie jetzt lese"; GM 126), gilt der
Grundsatz eigentlich nicht nur innerhalb seiner Minjungtheologie, sondern seiner Theologie im ganzen, wie wir im Exkurs zu B.4.4.1 bereits
andeuteten.

Ahn geht davon aus, daß die "Worte und Taten Jesu 'entsozialisiert' wurden", indem die Formgeschichtler den "sozialen Charakter" der Zuhörerschaft
Jesu kaum beachteten. Deshalb will er die "sozialen Charakterzüge der
Adressaten Jesu erfassen", indem er nach ihrer "wirtschaftlichen, politischen und kulturellen Lage" in der "gesamten sozialen Struktur der damaligen Zeit" (110) fragt. Hier ist also vorausgesetzt, daß sich die Worte und
Taten Jesu an der politisch-sozialen Lage seiner Adressaten orientierten
und deshalb nur mit ihrem politisch-sozialen Hintergrund authentisch verstanden wurden.

Nach Meinung Ahns hat insbesondere das Markusevangelium Jesu Worte und
Taten unverändert überliefert, und zwar aufgrund der politisch-sozialen Lebensbedingung, in der es geschrieben wurde: Da im Vergleich mit den paulinischen Briefen das Wort *ochlos* im Markusevangelium auffallend häufig
verwendet wird (36mal nach dem Nestle-Aland-Text, aber kein einziges Mal in
den paulinischen Briefen), vergleicht Ahn unter der Annahme einer "bestimmten Absicht" (111) beim markinischen Gebrauch des Wortes die beiden in
ihrer jeweiligen Lebensbedingung und in ihrer damit zusammenhängenden theologischen Eigentümlichkeit. Dabei stellt er fest, daß die Lebensbedingung
des Markusevangeliums zu derjenigen Jesu politisch-sozial analog sei: Das
Markusevangelium sei nach dem Jüdischen Krieg geschrieben worden, d.h.,
nachdem die Juden Judäa verlassen mußten. In dieser politisch-sozial trostlosen Situation sei Markus an einer "Christologie oder Soteriologie, die
abstrakt und idealistisch ist", nicht interessiert gewesen, sondern konzentrierte sich auf die "Jesusüberlieferung" bzw. die "Erzählungen über
Jesus, die sich auf historische Fakten stützen", und auf die "mündliche
Überlieferung, die vom Minjung stammte" (112). Wegen dieser Lebensbedingung
habe das Markusevangelium der politisch-sozialen Identität des *ochlos* zur
Zeit Jesu und der Haltung Jesu ihm gegenüber Aufmerksamkeit widmen und Jesu
Worte und Taten authentisch erfassen und unverändert tradieren können. Ahn
zieht folgende Schlußfolgerung:

> "Markus befand sich in einer völlig anderen sozialen Situation als Pau-
> lus. Demzufolge war es Markus nicht möglich, die kerygmatische Theologie,
> die durch Paulus geformt war, zu akzeptieren. ... Markus folgt damit
> (sc.: daß er den *ochlos* in den Vordergrund rückt) den neuen Herausfor-
> derungen der geschichtlichen Situation." (112f)[268]

Ahn analysiert nun die "Charakteristika des ochlos". Sie gelten urbildlich dem *ochlos* Jesu und zugleich dem *ochlos* des Markus. (Es ist unausgesprochen vorausgesetzt, daß sie auch der "familia dei" der Galiläagemeinde

---

268 Man kann schon hier erkennen, daß Ahn Paulus mit den konservativen
    Christen und Markus mit sich und der Galiläagemeinde analogisiert.

gelten.) 1) Der *ochlos* versammle sich überall um Jesus. Daß es meistens keine klare Begründung dafür gebe, bedeute, daß der *ochlos* als der "Hintergrund für Jesu Wirksamkeit" und zugleich "bedingungslose Partnerschaft"[269] zu verstehen sei. 2) Der *ochlos* bestehe aus "'Sündern' und somit aus Ausgestoßenen der Gesellschaft" (113) bzw. aus "von der Gesellschaft Verdammten" (114). 3) Es gebe "kein einziges Beispiel dafür, daß Jesus den ochlos getadelt hat", im Gegensatz dazu, daß "Jesus die Jünger scharf kritisiert hat".[270] 4) Der *ochlos* sei als "das Minjung von Galiläa" "antijerusalemisch", d.h. stehe im "Kontrast zur herrschenden Klasse in Jerusalem, die Jesus als Feind attackiert und kritisiert", weil er "auf der Seite des ochlos steht".[271] 5) "Der ochlos steht in Spannung zur herrschenden Schicht, gleichzeitig bildet er eine für die Herrschenden zu fürchtende Gruppe." (114) Das Minjung könne aber von den Herrschenden manipuliert werden.[272]

An diese Charakteristika des *ochlos* schließt Ahn "Jesu Haltung gegenüber dem ochlos" an als eine Art Reaktion Jesu auf den *ochlos*, der mit solchen Eigenschaften zu ihm kommt. Da Ahn auch hier seinen Methoden der Bibelauslegung treu bleibt, darf man annehmen, daß Ahn seine Analyse dieser Haltung Jesu von seiner eigenen Lebensbedingung in der Galiläagemeinde als Prediger und Lehrer für das dortige Minjung bestimmt sein läßt. 1) "'Jesus hatte Mitleid mit ihnen, denn sie waren wie Schafe ohne einen Hirten (6,34)'." Der Ausdruck "wie Schafe ..." bedeute "Kritik an den Herrschenden", insofern "diese Schicht von Menschen von den damaligen Herrschern 'entfremdet' war". 2) Jesu Aussage Mk 3,34 bedeute "einerseits eine bewußte Herauslösung Jesu aus den Familienbindungen" und andererseits, daß "die Menschen des ochlos Mitglied einer neuen Kommunität (Familie, Gemeinschaft) sind". 3)

---

269 In MK 89 steht "bedingungslos nachfolgende Menge" statt "bedingungslose Partnerschaft". Doch paßt die Übersetzung besser zu Ahns Auffasssung des Minjung in der Galiläagemeinde, denn dieses Minjung, vor allem die Nichtchristen darunter, folgt Jesus nicht nach, sondern sieht in ihm einen Partner, der selbst für das Minjung litt.

270 Damit wird auch Ahns Haltung angedeutet: Er nimmt das Minjung, wie es ist, an und ist mit dem Minjung bedingungslos solidarisch. Er kritisiert aber die Führer der konservativen Kirchen, die die Minjungbewegung ablehnen.

271 Dies erinnert daran, daß das Minjung der Galiläagemeinde bzw. der Minjungbewegung gegen das Yushin-Regime wie auch gegen die konservativen Kirchen ist, und daß Ahn auf der Seite dieses Minjung steht und die herrschende Klasse in der Politik wie auch in der Kirche kritisiert.

272 Der Hinweis auf die Manipulierbarkeit des *ochlos* zeigt die realistische Seite der Doppelseitigkeit in Ahns Haltung dem Minjung gegenüber: Auf der anderen Seite idealisiert er aber auch das Minjung, z.B. dadurch, daß "des Volkes Gesinnung des Himmels Gesinnung ist" (vgl. dazu B.4.3.1).

"Jesus lehrt den ochlos zu jeder Zeit (z.B. 10,1), ... und der ochlos ist von seiner Lehre fasziniert (11,18b)." (115)

An seine beiden Analysen schließt Ahn eine "Synthese" dieser Analysen an. Sie bezieht sich aber nicht zusammenfassend auf die beiden Analysen (außer einer Wiederholung im dritten Punkt), sondern stellen einen Versuch dar, das Verhältnis von *ochlos* und Jesus weiter zu präzisieren. Mit diesem Versuch scheint Ahn wiederum zugleich die Eigenschaften der "familia dei" der Galiäagemeinde beschreiben zu wollen: 1) Es gibt keine "qualitative Bewertung des ochlos". Nirgends werde der *ochlos* "vom Standpunkt einer etablierten Religion, eines ethischen Standards oder einer neuen Ethik aus" beurteilt. 2) Jesus sei "Wanderprediger", und der *ochlos* sei "Wander*ochlos*". Das heiße, daß Jesus "weder eine etablierte Position in der Gesellschaft innehat noch wirtschaftlich etwas besitzt".[273] 3) Der *ochlos* bilde die "verachtete und entfremdete Schicht".[274] 4) Jesus "nimmt die Leute so an, wie sie sind. Und er verspricht ihnen die Zukunft - das Reich Gottes".[275] (116)

Anschließend an eine Rekonstruktion der politisch-sozialen Lage des *ochlos* (116ff) analysiert Ahn die Worte Jesu, mit denen er seine Parteinahme für den *ochlos* sozusagen sprachlich zu erkennen gibt, wie z.B. Mk 2,17b; 7,15; 9,37 und 10,13-15. Dabei stellt Ahn folgendes fest: 1) Jesus vertrete nie etwas, "was wir als 'universale Liebe' bezeichnen", sondern "Jesu Liebe war parteilich. Er stand immer auf der Seite der Unterdrückten, der Verfolgten und der Verlorenen". "Jesus kam um des ochlos willen in die Welt" (124), wie sich auch darin zeige, daß die Sünder dem *ochlos* angehören. 2) "Indem Jesus z.B. die Reinheitsgesetze, die den ochlos belasten, zurückweist, erklärt er die Befreiung des ochlos aus solchem System." (MK 98) 3) Markus habe die Kinder (9,37) "zum Symbol der 'niederen' Leute"

---

273 Damit wird angedeutet, daß es in der Galiläagemeinde Professoren und andere Berufstätige gab, die wegen ihres politischen Engagements entlassen worden waren. Sie waren davon teilweise auch ökonomisch schwer betroffen.

274 Der Grund dafür, daß Ahn diesen Punkt aus seinen Analysen wiederholt, scheint darin zu liegen, daß er damit die Eigenschaft der Galiläagemeinde betonen will, die wegen ihres Verachtet- und Entfremdetseins das Versprechen des Reiches Gottes im Gegensatz zu den sie Entfremdenden auf sich beziehen darf, wie es im nächsten Punkt erwähnt wird.

275 Dieser Punkt erinnert an Ahns "Wiederentdeckung des Minjung" (vgl. B.4.2.1.), durch die Ahn gelernt hatte, das Minjung, wie es ist, zu akzeptieren und zu unterstützen, und auch an seinen oben (B.2.5.c.) dargestellten Aufsatz "Die Zukunft gehört den Armen", in dem er das Reich Gottes denjenigen politisch-sozialen Gruppen verspricht, die im Gegensatz zu den etablierten Gruppen der Gesellschaft auf eine ganz neue Zukunft warten.

gemacht, die "von der Gesellschaft geringschätzig behandelt werden" (126).
Solchen Leuten habe Jesus das Reich Gottes versprochen (Mk 10,13-15).
Ahn schließt mit der folgenden "Zusammenfassung" ab. Sie ist aber keine
Wiedergabe dessen, was vorher gesagt worden ist, sondern stellt einen Versuch dar, aus den vorausgehenden Analysen weitere Charakteristika des *ochlos* und der Haltung Jesu gegenüber dem *ochlos* abzuleiten. Diese Charakteristika erscheinen wie Leitprinzipien für die "familia dei" der Galiläagemeinde bzw. der Minjungbewegung, die jedenfalls Ahn sich vorstellt oder den
anderen Mitgliedern vorschlägt[276]:

1) "Markus gebraucht das Wort *'ochlos'*, während er das Wort *'laos'* absichtlich vermeidet. Damit stellt er sich gegen die Eingliederung des ochlos in eine Nation oder eine religiöse Gruppe. Er deutet statt dessen an,
daß der ochlos (ausschließlich; d.Verf.) eine soziale Schicht ist."

Damit beschreibt Ahn auch die Position der Galiläagemeinde, daß das Minjung
der Minjungbewegung bzw. der Galiläagemeinde weder von der 'Nation des
Yushin-Regimes'[277] noch einer religiösen Gruppe, vor allem von den konservativen Kirchen, in Beschlag genommen werden darf. In der MTVG-Übersetzung
zeigt Ahn diese Position noch deutlicher, indem er die genannte nationalistische und die religiöse Ideologie mit dem Pharisäismus in Verbindung
bringt unter der Vorausetzung, daß die Pharisäer zur Zeit vor und nach Jesus als "Verteidiger des Systems" für "die Bewußtseinsbildung des Minjung"
zuständig gewesen seien und schließlich "Aufseher" geworden seien, die "die
Unterwerfung unter das Establishment erzwangen" (MTVG 118, Anm. 12). Diese
Beschreibung des Pharisäismus erinnert einerseits an ein Institut des
Yushin-Regimes, das für die Propaganda der Yushin-Ideologie und die Bewußtseinsbildung des Minjung mit dem Namen "Neues-Dorf-Bewegung" (Sae-Maeul-
Undong) zuständig war, und andererseits an die konservativen Kirchen, die
dabei mitmachten.

2) "Der ochlos wird auf keinen Fall fest und endgültig qualifiziert,
sondern in seiner Relation zu den anderen Schichten bestimmt und bleibt
deshalb flexibel in seiner Bestimmung. Er wird auch nicht idealisiert."

Damit scheint Ahn unterstreichen zu wollen, daß sich die Minjungbewegung
bzw. die Galiläagemeinde nicht aufgrund irgendeiner Wesensbestimmung des
Minjung auf eine bestimmte Gruppe, wie z.B. auf eine Intellektuellen-,
Studenten- oder Arbeitergruppe beschränkt und in sich abgeschlossen oder

---

276 In unserer Darstellung dieser sog. "Zusammenfassung" beziehen sich alle
    Blockzitate auf die Seite 103 des Originaltextes. Ahns Ergänzungen in
    der MTVG-Übersetzung (131f) werden jeweils anschließend kommentiert.
277 Vgl. dazu Ahns Unterscheidung seines Begriffes "Min-Dschok" von dem
    Nationalismus des Yushin-Regimes (B.4.1.2).

<u>sogar isoliert werden darf</u>, sondern vielmehr alles Minjung, das im antagonistischen Verhältnis zu den herrschenden Schichten steht, in die eigene Gemeinschaft aufnehmen soll. Seine ideologiekritische Haltung hebt Ahns Aussage in der MTVG-Übersetzung dadurch hervor, daß "der Ausdruck ochlos ... nicht die Festlegung auf ein bestimmtes Konzept beinhaltet" (131).

3) "Der ochlos ist nicht diejenige Masse, die sich zu einer Machtgruppe mit bestimmten Zielsetzungen organisiert. Der ochlos hat seine eigene Welt, die nur aus Sehnsucht nach einem menschlichen Leben besteht. Das bedeutet zugleich, daß der ochlos nicht von außen her definiert werden darf ...".

Es wird herausgestellt, daß vor allem die Christen, die an der Minjungbewegung teilnehmen, bzw. die Galiläagemeinde <u>keine Zielsetzung haben, eine politisch-soziale "powergroup" (MTVG 131) zu sein oder zu werden.</u>[278] Zugleich wird abgelehnt, daß das Minjung von außen her, d.h. von anderen politischen bzw. sozialen Gruppen her manipuliert wird. Diesen Sachverhalt versucht Ahn in der MTVG-Übersetzung zu verdeutlichen, indem er den *ochlos* im Markusevangelium von den Zeloten, die eine "klare Absicht verfolgen" (MTVG 131), unterscheidet.

4) "Jesus kommt nicht von sich aus zum ochlos, um den ochlos zu organisieren bzw. ihm bestimmte Wertmaßstäbe beizubringen. Jesus reagiert auf die Wünsche des ochlos. Jesus steht passiv in diesem Sinne auf der Seite des ochlos und will nicht sein Herrscher, Rabbi oder Führer sein ...".

Damit wird angedeutet, daß die Minjungbewegung bzw. die Galiläagemeinde (oder auch Ahn selbst) das Minjung nicht mit fremden politischen, moralischen, religiösen und/oder kulturellen Gedanken und Kriterien politisch beeinflußen, sondern im Gegenteil dazu <u>dem Subjektsein bzw. dem Souveränitätsbewußtsein des Minjung entsprechen wolle</u>. Ahn betont diesen Sachverhalt in der MTVG-Übersetzung: "Jesus steht ganz auf der Seite des ochlos und nimmt ihn, so wie er ist" (MTVG 131). In der MTVG-Übersetzung entwickelt Ahn daraus noch einen weiteren Punkt: <u>Jesus (auch die Galiläagemeinde) habe nicht vor, den "ochlos zu einer Kampftruppe zu organisieren", und "arbeite für ihn kein Aktionsprogramm aus"</u> (MTVG 132).

---

278 Dies erinnert an den ersten Punkt der programmatischen Richtlinie für die Teilnahme von Christen an der Minjungbewegung, die Ahn in seinem oben B.4.1.1 dargestellten Vortrag "Nation, Minjung und die Kirche" vorgeschlagen hat: "Die Kirche ist keine politische Partei ...".

5) "Was Jesus dem ochlos mitteilt[279], ist mit einem Wort 'das Kommen des Reiches Gottes'. ... Die eschatologische Deklaration, 'das Reich Gottes kommt', zeigt an, daß die alte Welt endet und die Neuschöpfung der Welt ihren Anfang nimmt. Sie gibt damit dem verstreuten ochlos neue Hoffnung und öffnet ihm den Weg zur Veränderung. ... Jesus kämpfte mit dem ochlos an der Front des kommenden Reiches Gottes. In diesem Sinne ist er Messias...".

Die Handlung Jesu selbst wird hier zwar als vergangen aufgefaßt, aber seine Messianität als durchaus gegenwärtig, und zwar eben in der Gestalt des mit dem Minjung solidarischen Kampfes für das Kommen des Reiches Gottes. In diesem Sinne fügt Ahn in der MTVG-Übersetzung hinzu: "Gottes Wille offenbart sich in dem Ereignis der Liebe Jesu gegenüber dem Minjung und in der Identifikation Jesu mit dem Minjung" (MTVG 132).

B.4.4.4 *"Die Minjungtheologie im Markusevangelium":* *Angesichts des politisch-sozialen Leidensschicksals des Minjung zu seiner Zeit erzählt der "Minjung-Theologe" Markus die Leiden des Minjung anhand der Passionsgeschichte Jesu: Jesus zeigt als kollektive Minjung-Person durch seinen Widerstand gegen die Macht der Welt, seinen Tod und seine Auferstehung, daß das Minjung in ähnlichen messianischen Ereignissen sein eigenes Leidensschicksal überwindet.*

Aus dem Ergebnis seiner Analyse des Verhältnisses von Jesus und *ochlos* im Markusevangelium versucht Ahn in seinem Aufsatz "Die Minjungtheologie im Markusevangelium"(Sep. 1981)[280] eine "markinische Minjungtheologie" (142) zu (re)konstruieren, und zwar unter folgenden Voraussetzungen: Erstens seien die theologischen Anliegen des Markus durch seine politisch-soziale Lebensbedingung bestimmt. Zweitens sei in Mk 1,14f, der Basis der markinischen Theologie, V.15 ohne Leben, wenn die Situationsangabe in V.14 nicht ernst genommen werde (143). Und drittens stelle das Markusevangelium "keine persönliche Biographie von Jesu Leben und Verhalten" dar, sondern eine "Sozio-Biographie" des Minjung (161).

---

279 Ahn vermeidet absichtlich das Wort "verkündigen", das für ihn zu der sog. "Kerygma-Theologie" gehört. Statt dessen verwendet er ein Wort, das "mitteilen" bzw. "informieren" bedeutet. Damit deutet er an, daß er in der Galiläagemeinde keine Dogmen "verkündige", sondern das Minjung über die Wirklichkeit informiere, daß das Reich Gottes kommt.
280 In: TD 34/1981, S.504-536 bzw. in: MK, S.151-184 unter dem Titel "Das Subjekt der Geschichte im Markusevangelium". Mit diesem geänderten Titel findet sich die deutsche Übersetzung in: MTVG, S.134-169. Im folgenden beziehen sich die Seitenzahlen in Klammern auf die Quelle aus MTVG. Sonst werden sie mit TD bezeichnet.

Ahn erörtert zunächst die "Anliegen des Markus"[281]: 1) Es ginge Markus politisch-ideologiekritisch darum, "ein neues, kritisches Verständnis von Israel" zu erarbeiten, weil Israel "seine nationale Eigentümlichkeit verloren hatte" und vom Pharisäismus bestimmt wurde. 2) Es ginge dogmenkritisch darum, eine "allgemein übliche" (d.h. paulinische, dogmatische) Auslegung der christlichen Botschaft für die nach dem Jüdischen Krieg "heimatlos gewordenen jüdischen Christen" keinen Sinn mehr haben könne. Denn sie habe ihnen ihre "Leidenswirklichkeit", die "gegenwärtige Lage", nicht mehr verständlich gemacht. Was sie "brauchten, war ein gegenwärtiger Christus, auf den sie sich hier und jetzt verlassen konnten", und nicht "der zum Kultobjekt gewordene Christus". 3) Es ginge Markus um eine "kritische Aufhebung der vorhandenen kirchlichen Strukturen". Denn eine "Ideologisierung Jesu war bereits im Gange und damit die hierarchische Strukturierung der Kirche", wie sie sich z.B. Gal 1,18f zeigen: "Hier wird eindeutig das Phänomen der Abgeschlossenheit sichtbar". Sie habe für das Minjung den "Weg zu dem lebendigen Jesus nur versperren" (141) können. 4) Schließlich ginge es Markus um ein "neues Verständnis des Kreuzigungsgeschehens", das seinen Adressaten helfen sollte zu begreifen, daß "ein Zusammenhang bestand zwischen der Todesgefahr, die sie jetzt erlebten, und dem Ereignis der Kreuzigung Jesu". Dagegen habe die "Lehre vom Kreuz als Sühnetat" für sie keinen Sinn mehr gehabt: "Kann man eigentlich überhaupt in einer solchen Lage über Sünde reden?" (142)

Die "Basis der markinischen Minjungtheologie" finde sich in Mk 1,14f. Ahn ist zwar mit Dibelius u.a. der Meinung, daß V.14 "Situationsangabe (Rahmen) für V.15 (Logion) ist". Er lehnt aber entschieden ab, daß V.14 nur um V.15 willen von Bedeutung sei. Aus diesem Grund analysiert Ahn die Situationsangabe in V.14 ausführlich:

Mk 1,14a ("Nachdem Johannes gefangengenommen war") umschreibe die "politische Situation" der Verkündigung Jesu (143). Markus habe "Jesus in dieselbe geschichtliche Lage versetzt wie Johannes den Täufer", und zwar mit dem Wissen, daß dieser ein Herodeskritiker gewesen und deshalb als ein "politischer Unruhestifter" und ein "politischer Verbrecher" (144) hingerichtet worden sei. Jesus sei nach der Verhaftung Johannes des Täufers "bewußt nach Galiläa gegangen, und zwar zu einer Zeit, als Unruhe und Gefahr herrschten" (143), "weil es sein eigener Ort war (1,9)" (145).

---

281 Ahn bezeichnet das Folgende als eine "Vermutung", aus seiner Beobachtung der "Tendenz des Markusevangeliums" abgeleitet. Dabei setzt Ahn voraus, daß "Markus diejenigen, die als Heimatlose herumwandern mußten, als seine Leser hatte" (TD 510 Anm. 12).

Für die Situationsangabe in Mk 1,14b ("Jesus kam nach Galiläa") rekonstruiert Ahn den "politische[n] und kulturelle[n] Hintergrund Galiläas"
(146) und die "wirtschaftliche Lage in Galiläa" (152). Der politische und
kulturelle Hintergrund sei dadurch charakterisiert, daß Galiläa als "Ausland" (146) von Jerusalem entfremdet wurde, und daß es aber zugleich als
ein "Ort des Widerstands" bekannt war, weil es "gegen die führende Schicht
in Jerusalem" (147) kämpfte. Den "wesentlichen Unterschied zwischen Jerusalem und Galiläa" sieht Ahn in ihren antagonistisch bestimmten Ideologien,
die er nach W. Brueggemann als die "Königstradition" bzw. "eine Sicher-
heits- (d.h. konservative) Tradition" für Jerusalem und als die "Befrei-
ungstradition" für Galiläa bezeichnet (151). Die wirtschaftliche Lage in
Galiläa sei dadurch charakterisiert, daß es zwar ein fruchtbares Land war,
aber die Lage von dessen Bauern "nicht besser als die eines Bauernknechts"
(153) war, weil die Landbesitzer Galiläas "ausnahmslos zu den politisch
Herrschenden und der führenden religiösen Schicht" (154) in Jerusalem gehörten. Auf dem Hintergrund dieser politisch-kulturellen wie auch wirtschaftlichen Unterdrückung habe sich Jesus "in die Situation des Minjung
hineinbegeben", indem er nach Galiläa ging (143).

Aufgrund dieser Situationsangabe deutet Ahn nun die Verkündigung vom
Reich Gottes (Mk 1,15). Er gliedert sie in die Kategorie 'Apokalyptik' ein
unter der Voraussetzung, daß die Zeit Jesu von "apokalyptischem Denken" gekennzeichnet gewesen sei. Die apokalyptische Literatur sei aber "ein Ausdruck der mit 'Han' (innerer Qual) erfüllten Bevölkerung", d.h. ein Ausdruck von "Wut, Rachegefühle, Klage über die eigene Begrenztheit, Haß gegenüber der gegenwärtigen Welt, Sehnsucht nach einer neuen Welt". Die apokalyptische "Erwartung des Reiches Gottes" sei also "aus der Situation, das
heißt in der Wirklichkeit des Leidens, entstanden." (156). Die arme und
unterdrückte Schicht habe erwartet, daß "die alte Welt endgültig vergehen
und eine ganz neue Welt kommen werde".

Um die "markinische Minjungtheologie" zu verstehen, sei noch eine weitere Voraussetzung wichtig: Das Markusevangelium sei nämlich, wie oben gesagt, eine "Sozio-Biographie" des Minjung. Die verschiedenen Bezeichnungen
für Jesus im Markusevangelium wie "'Gottes Sohn', 'Messias', 'Kyrios',
'Menschensohn'" sagten "nichts aus über Einzelheiten aus dem Leben Jesu
oder über das Verhalten des Nazareners, sondern weisen auf seinen kollektiven Charakter hin" (161). Diese Bezeichnungen seien also nicht allein auf
die Person Jesu, sondern auf das Minjung zu beziehen: "Welchen Sinn hätte
irgendein abgesondertes, vom Jenseits gekommenes Wesen, das das Leiden des
Volkes übernehmen würde?" Man solle deshalb im Markusevangelium nicht nach

174

"Spuren des Verhaltens Jesu als Individuum suchen, sondern nach dem, was sich zwischen Jesus und den Menschen, die um ihn waren, ereignete" (163f).

Dementsprechend nennt Ahn die folgenden Themen, die (für das Ereignis zwischen Jesus und dem Minjung heute in der Minjungbewegung) "als Leitfaden dienen können" (164):

1) "Jesus war 'Minjung', sowohl seiner Abstammung als auch seinem Verhalten nach." (164) Der Messias könne demnach "keinesfalls davidischer Abstammung sein" (165).

2) "Der Schauplatz der Jesusbewegung war der ländliche Bereich. ... Galiläa war ein Symbol für das neue Leben, ein Ort, an dem Jesus und das Minjung waren ..." (165).

3) "Jesus lebte einfach mit dem Minjung", ohne eine "sog. Bewußtseinsbildung" zu betreiben, um es "als revolutionäre Kraft zu aktivieren" (166).

4) Die Passion Jesu sei als "Kondensat des Leidensschicksals des Minjung" (167) zu verstehen, denn in der Passion Jesu "herrschte nur Gewalt und Ohnmacht, ja sogar Gott hatte Jesus verlassen. Genau diese Erfahrungen machte das Minjung zur Zeit des Markus" (168). In diesem Sinne sei Jesu Tod nicht ein "individuelles Schicksal, sondern stellvertretendes Sterben" (168).

In dem "Ereignis" des schwachen, ohnmächtigen und "von 'Han' erfüllten" Todes Jesu in seiner Verlassenheit habe Markus, "der Minjung-Theologe", eine "Wirklichkeit der Abschneidung ('Dan')" erkannt, die "den Teufelskreis der Gewalt und der Rache durchbricht" (TD 536):

"Obwohl Jesus in der Situation war, von den Römern und deren Handlangern hingerichtet zu werden, setzte er sich allein mit Gott auseinander, als ob Gott ihn habe töten wollen. Dies ist die reinste und gleichzeitig schockierendste Form von 'Dan'. ... Weil er das Schwert des Feindes durch die Hingabe des eigenen Lebens auffängt, und weil er sich selbst bis zum Grab aufgibt, können ab diesem Moment Schwert und Gewalttaten keinen Raum mehr haben. Durch diesen Widerstand des totalen Schweigens und Todes wird das häßliche Gesicht derer, die ihn töten wollen, enthüllt." (TD 536)

5) "Jerusalem hat Jesus 'verschluckt', aber das Grab hat ihn wieder 'ausgespien'. Das war das Auferstehungsereignis." Seine Bedeutung liege in der "Auferstehung des Minjung". Jesus werde in Galiläa, wo das Minjung leidet, wiederkommen, und zwar als derjenige, der "mit 'Dan' alle Bosheit und sogar den Tod besiegt hat" (169).

B.4.5. Die sog. "Minjungsprache" im Gegensatz zur Sprache von Herrschenden und zum "Kerygma" (1980-84)

B.4.5.1 Die "Minjungsprache" im Gegensatz zur Sprache von Herrschenden und Intellektuellen: *Im Gegensatz zur Sprache von Herrschenden und Intellektuellen, die sich durch "Gehirnspekulation" gestaltet, erzählt die Minjungsprache wie auch die Sprache Jesu Ereignisse und Erlebnisse des Lebens, wie sie wirklich sind. Die Kirche soll die Minjungsprache lernen, indem sie mit dem Minjung zusammenlebt.*

In seinem Aufsatz "Das Christentum und die Minjungsprache I" (Febr. 1980)[282] entwickelt Ahn sein Konzept einer "Minjungsprache", mit dem er sich seit seiner "Wiederentdeckung des Minjung" beschäftigte[283].

Diesem Konzept liegt folgende Grundthese zugrunde: Die Sprache sei "ursprünglicher, je unmittelbarer sie mit dem Leben verbunden ist" (91), und "reiner, je weniger (logische; d.Verf.) Bindeworte sie benutzt, reiner in dem Sinne, daß sie mit dem Leben unmittelbarer verbunden ist". Die Sprache sei nämlich von der "erfahrenen Realität" desto "weiter entfernt", je mehr sie die Sätze mittels logischer Bindeworte miteinander verbinde, und diese dann nicht von der Realität, sondern nur voneinander bestimmt und abhängig seien.

Ahn vergleicht nun die Minjungsprache mit der Sprache von Herrschenden und Intellektuellen vergleicht: Letztere gestalte sich "durch Gehirnspekulation" (DVT 85), folge logischen Gesichtspunkten, verbinde abstrakte Begriffe miteinander und werde schriftlich überliefert. Im krassen Gegensatz dazu forme sich die Minjungsprache unmittelbar aus dem Leben und nicht vom Denken her. Sie beschreibe Ereignisse und Erfahrungen des Lebens, lasse sich dabei nicht in einen logischen Rahmen binden, sondern werde durch Erzählen geprägt. Volkserzählungen seien Beispiele für ihre mündliche Weitergabe (91). Die Minjungsprache sei also die "Sprache, die dem Leben am nächsten ist" (92).

Ahn wendet diese Hypothese an, um das "Rätsel" zu erklären, "wie das koreanische Min-Dschok seine Eigentümlichkeit als ein Min-Dschok bewahrt hat" trotz seiner Vergangenheit, in der das koreanische Min-Dschok "während vieler Jahrhunderte vollständig von China abhängig war": Während die Führungsschicht in Korea sich politisch und kulturell an China orientierte, und die chinesische Sprache sowohl wie eine eigene verwendet als auch zum

---

282 In: GM, S.91-105 bzw. in: DVT, S.85-98 unter dem Titel "Christen und die Sprache des Minjung" mit einem teilweise veränderten Text. Im folgenden beziehen sich die Seitenzahlen in Klammern auf die Quelle aus GM. Sonst werden sie mit DVT bezeichnet.
283 "Ich habe die Minjungsprache vor allem von Mitgefangenen im Gefängnis gelernt." (DVT 86)

Maßstab für die Unterscheidung von gebildeten und ungebildeten Klassen gemacht und dadurch die eigene Identität verloren hätte (93), "hat das Minjung die Eigenart der koreanischen Seele bewahrt und an die nächsten Generationen weiterüberliefert". Denn "weil das Minjung arm und ungebildet war und vom Bereich der Macht isoliert blieb, konnten die dem Minjung zugehörigen Menschen wahre Koreaner bleiben" (96).

Ahn wendet sein Konzept einer "Minjungsprache" auch auf die "biblische Sprache" (96) und die "Sprache der Kirche" (98) an:

Die "Sprache Jesu ist Wort für Wort die Sprache des Minjung" (98), insofern sie sich vor allem in Gleichnissen, der "typischen Sprache Jesu", ausdrücke. Denn die "Gleichnisse als Bildwort waren jedem, auch dem Ungebildeten verständlich. Sie reden von einer die Zuhörer betreffenden Realität, ohne auf abstrakte Begrifflichkeit zurückzugreifen" (DVT 91).

Erst Paulus hätte in seinen Briefen "bewußt Worte, Begriffe und Bilder aus der Sprache der griechischen Weltanschauung" angewendet. "Andererseits unterwarf er seine Schriften der Ordnung der Logik, weil er die christliche Lehre angesichts dieser Weltanschauung apologetisch vertreten mußte." Darum heben sich seine Schriften von der Minjungsprache ab (DVT 90).

Demgegenüber entfalte der Evangelist Markus, wenn auch er Jesus als Heiland bezeuge, "weder eine Christo*logie*, noch Soterio*logie*. Markus erzählt nur von Jesus. Seine Sprache ist echte Volkserzählung" (DVT 90).

Das Christentum, das im "Evangelium des Minjung", wie es bei Jesus und dem Evangelist Markus zu sehen sei, seinen Ursprung habe, "wurde in eine Ideologie von herrschenden Klassen bzw. für herrschende Klassen umgeformt, seitdem es sich in der graeco-römischen Ära auf den Thron der Macht gesetzt hatte" (98).

Ahn wendet ein entsprechendes Schema 'Ursprung-Verfall-Wiederherstellung' auch auf die protestantische Kirchengeschichte Koreas unter dem Gesichtspunkt der Minjungsprache an:

Zu Beginn der protestantischen Mission in Korea sei in der Kirche die Minjungsprache dominierend gewesen. Sie sei noch nicht durch das "kirchliche Dogma" der Missionare beeinflußt, sondern eher durch die Sehnsucht des unter der Unterdrückung politischer Macht leidenden Minjung nach einer neuen Welt charakterisiert gewesen, nämlich durch die "national und gesellschaftlich" (100) motivierte Hoffnung auf eine selbständige koreanische Regierung, die für das Minjung eintreten sollte (99f).

Die Missionare hätten aber von Anfang an die individuelle Seelenerlösung und die Trennung zwischen Religion und Politik gepredigt. In der Zeit der Verfolgung der koreanischen Christen durch die Japaner hätten dementsprechend die "reichen Schichten, die Landbesitzer und Missionare, gemeinsam das Minjung zur Resignation ... verführt", indem die "Sprache der damaligen Predigt fast ausnahmslos entgeschichtlicht und jenseitig" wurde. In diesem Zusammenhang "entstand eine weitgreifende Erweckungsbewegung. ... Das Ergebnis dieser Bewegung schlug sich praktisch als eine Unterstützung der Besatzungsmacht und ihrer Ausbeuterpolitik nieder". Die Sprache der koreanischen Kirche habe diese "Sprache der Resignation" übernommen (DVT 95), und diese habe die Minjungsprache völlig ersetzt und das hilflose Minjung daran gewöhnt, durch solche Sprache "Trost im Jenseits" zu erfahren und seine "erdrückende Not hier und jetzt" zu relativieren (DVT 96).

Andererseits habe sich in den "Gemeinden, die eine gesellschaftliche Verantwortung wahrzunehmen suchen", eine "theologische Sprache" entwickelt, d.h. eine "verwestlichte, intellektuelle Redeweise", die "von der Minjungsprache weit entfernt ist" (DVT 97).

Ahn macht, um der koreanischen Kirche die Minjungsprache in ihrer ursprünglichen Gestalt und Funktion zurückzugeben, folgende Vorschläge: Man dürfe nicht mehr versuchen, in der "theologischen Sprache" mit dem Minjung zu kommunizieren. Man solle eher die Minjungsprache der Erweckungsprediger übernehmen und dem "Kern der biblischen Botschaft" entsprechend revidieren: Die Minjungsprache der Erweckungsprediger versuche zwar das "Han" des Minjung zu lösen, ersetze aber dabei die biblische Botschaft durch die "religiöse Funktion des Schamanismus" wie auch des "volkstümlichen Buddhismus". Da der Kern der biblischen Botschaft die "Hoffnung" sei, die mit dem "Auferstehungsgeschehen" verbunden ist (DVT 96), was die Hoffnung auf die Verwirklichung der Sehnsucht des Minjung nach einer neuen Welt im nationalen und gesellschaftlichen Sinne bedeute, solle man in der Kirche die Minjungsprache mit diesem Inhalt füllen. Dies ermögliche zugleich der Kirche, "'Sein für Andere'" zu sein und somit ihre Entfremdung von der "Min-Dschok-Gemeinschaft" zu überwinden (103). Man könne die Minjungsprache lernen, indem man sich "mit dem Minjung identifiziert und zusammenlebt", wie Jesus es getan habe (105).

B.4.5.2 Die Theologie der Minjungsprache als Alternative zur "Kerygma-Theologie": *In der Urgemeinde gab es zwei Trägergruppe der Jesusüberlieferung. Die eine war die "Kirche als Institution" und die andere die Minjunggruppe. Jene hat als die führende Gruppe das Kerygma überliefert, das das Jesus-Ereignis durch lehrhafte Deutung verhüllt. Diese hat die Erzählung des Jesus-Ereignisses überliefert, die das Geschehene unter politischer Unterdrückung in Form einer Minjungsprache wahrhaft bezeugt.*

In seinem Aufsatz "Die Träger der Überlieferung des Jesusereignisses" (Okt. 1984)[284] ergänzt Ahn sein Konzept einer "Minjungsprache" durch eine 'Theorie vom Gerücht': Der "Prototyp der Jesusüberlieferung in den Evangelien" sei nicht in Form des Kerygma, sondern des "Gerüchts" zu sehen (109). Dieser Abgrenzung liegt seine Intention zugrunde, seine Minjungtheologie als eine Alternative zur sog. "Kerygma-Theologie" zu präsentieren, die für Ahn die Herrscher- und Intellektuellensprache sowohl in der Bibel als auch in Kirche und Theologie darstellt.

Dieser Intention entsprechend unterscheidet Ahn zwei Gruppen in der Urgemeinde, die das "Jesusereignis" in unterschiedlicher Weise überliefert hätten: Die "Kirche als Institution" (99) habe das Kerygma überliefert, und die Minjunggruppe außerhalb dieser Kirche (100) dagegen die Erzählung des Jesusereignisses in Form eines Augenzeugenberichtes. Diesem Vergleich liegt die folgende Grundthese zugrunde: Die "führende Gruppe einer Gemeinschaft" pflege eher ein "Ereignis zu interpretieren", - aber eine solche "Deutung wird in der Regel subjektiv oder mehr oder weniger apologetisch sein". Wer aber "keine führende Stellung einnimmt und nicht das Bewußtsein der führenden Klasse hat", neige als Augenzeuge eher zum "Erzählen des Geschehenen", und dieser "Bericht wird darum mehr historisch und objektiv sein" (101).

Die Kirche als Institution habe das Kerygma überliefert, um "die bereits Institution gewordene Gemeinde und ihre Lehre zu erhalten". Dabei sei das historische Jesusgeschehen interpretiert, d.h. "umgeformt" und "abstrahiert" worden (106). Die Leiter der Gemeinde hätten damit versucht, einem "Konflikt mit dem Römischen Reich durch Absehen von den tatsächlichen Umständen des Todes Jesu" (106), nämlich als "Opfer politischer Gewalt" (107), aus dem Weg zu gehen.

Um die Entstehung und Funktion der Überlieferung des Jesus-Ereignisses durch die Minjunggruppe zu erklären, schickt Ahn eine soziologische Beobachtung der Entstehung und Funktion von Gerüchten[285] voraus: Ein Gerücht entstehe in einer "Situation soziopolitischer Unterdrückung und Unruhe", und zwar aus den "Bemühungen der unterdrückten Gruppe um Aufdeckung der echten Wahrheit". Denn die Verfolger verbreiten ihrerseits Gerüchte, die

---

284 In: DVT, S.99-119 bzw. in: Bulletin of the Commission on Theological Concerns, Christian Conference of Asia, Vol 5 No 3/Vol 6 No 1, Dec. 1984/April 1985, S.26-39, in englischer Sprache unter dem Titel "The Transmitters of the Jesus-Event". Im folgenden beziehen sich die Seitenzahl in Klammern auf die Quelle aus DVT.

285 Ahn weist darauf hin, daß die folgende "Charakterisierung von 'Gerücht' auf der Erfahrung in der politischen Situation Koreas" basiere (DVT 107, Anm. 33). Er hat sie aus dem Aufsatz Lee Sanghees "The Ecology of the Rumor", in: Won Woohyeun (Hg.), On Rumor, Seoul 1982, S.216f, übernommen.

das Denken der Opfer verwirren (108). Außerdem verdecken auch Minjungführer, um der Verfolgung zu entgehen, die Tatsache mit Schweigen durch "religiöse Deutung" und kommen somit zu einem "Kompromiß mit den Herrschenden aus Gründen der Selbsterhaltung und Erhaltung der Gruppe" (109). Ein Gerücht werde deshalb von "Gliedern einer leidenden Minjunggruppe in Umlauf gebracht", und zwar heimlich, denn es gebe keine andere Möglichkeit, wahre Umstände öffentlich darzustellen (108). Ein Gerücht werde besonders wirksam, "wenn ein vergangenes Ereignis mit einer existentiellen Situation der betreffenden Gruppe in Verbindung gebracht wird" (109).

Ahn analogisiert die Überlieferung des Jesusereignisses (vor allem des Markusevangeliums) Punkt für Punkt mit der eben dargestellten Charakterisierung von Gerüchten; seine soziologische Voraussetzung lautet dabei: "Die Augenzeugen des Jesusereignisses standen ebenfalls unter politischem Druck." Als Anhänger Jesu, der als "politischer Rebell" gekreuzigt worden war, mußten sie "die Jesusgeschichte in Form von Gerüchten in Umlauf" bringen. Ahn lehnt die Annahme ab, "das Kerygma stelle die früheste Überlieferung dar" (109), denn ein "Gerücht, unter politischer Bedrängnis entstanden, kann kaum säuberlich nach den Kategorien des Glaubens ausformuliert sein" (110).

B.4.6. *Die Minjungtheologie Ahns als Reform des koreanischen Christentums für das koreanische Min-Dschok (1981-86)*

B.4.6.1 *Die koreanische Kirche vor den nationalen Aufgaben des koreanischen Min-Dschok und die biblische Antwort: Die koreanische Kirche und Theologie, die für die politische Souveränität und kulturelle Identität des koreanischen Min-Dschok irrelevant sind, entsprechen auch nicht der Alleinherrschaft Gottes über sein Volk und der Loyalität Jesu zu diesem "Prinzip".*

(a) Ahn setzte sich seit Anfang der 80er Jahre mit dem Problem der Wiedervereinigung von Nord- und Südkorea theologisch intensiver auseinander. In seinem Aufsatz "Eine biblische Beleuchtung der Frage der Wiedervereinigung des Min-Dschok" (1981)[286] zeigt Ahn, daß sein Problembewußtsein nicht nur politisch bzw. nationalistisch, sondern nicht weniger auch theologisch-biblisch bestimmt ist, und zwar angesichts der Missionsauffassung der konservativen Christen in Korea. Er hält diese Missionsauffassung, derzufolge sich die Kirche nicht in die politische Diskussion einmischen dürfe, sondern für die Evangelisation von Nordkoreanern erst nach der Wiedervereini-

---

286 In: GM, S.264-273. Im folgenden beziehen sich die Seitenzahlen in Klammern auf diese Quelle.

gung zuständig sei, für eine kirchlich-egoistische Strategie des Kirchen-
zuwachses durch "bloße Worte" und für ein Indiz, daß sich "die koreanische
Kirche von sich aus von der Geschichte des Min-Dschok isoliert und ghettoisiert hat" (265).

Im Gegensatz dazu sieht Ahn in der Aufgabe der Wiedervereinigung die
"wichtigste Orientierung der koreanischen Kirche", denn "alles, was für die
Vision des Minjung für die Min-Dschok-Gemeinschaft irrelevant ist, geht
keinesfalls weiter" (265). Er versucht deshalb, aus biblischen Beispielen
eine Wegweisung zu entwickeln, an der sich die koreanische Kirche für die
Wiedervereinigung des koreanischen Min-Dschok orientieren soll:

Die "Tradition des Nordreiches Israel" sei, so Ahn, eine "Bundestradition, die auf den Auszug aus Ägypten zurückgeht und auf dem Willen des
Volkes basiert", und durch "den Stämmeverband tradiert worden" (265), der
auf der "Grundüberzeugung basiert, daß allein die Herrschaft Gottes das
Volk Israel regiert". Daraus folgert Ahn, daß "kein Mensch andere Menschen
beherrschen und keine Institution sowohl zwischen Führer und Minjung als
auch zwischen Gott und Minjung vermitteln wollen darf" (266).

Daß Jesus in Galiläa tätig war, bedeute, daß er "das Gebiet des Nordreiches Israel als den Mittelpunkt seiner Tätigkeit sah und seinen geistigen Standpunkt aus der Bundestradition des Volkes Jahwes nahm" (269).
Diese "Grundhaltung" Jesu verweise darauf, daß man über das Königtum hinaus
zu dem Geist der Bundestradition zurückkehren soll, demzufolge Gott sein
Volk direkt regiert" (270).

Dieser biblischen Wegweisung entsprechend gelte für die Wiedervereinigung von Nord- und Südkorea: Die Trennung des Volkes habe sich nicht durch
das Volk, sondern durch "die herrschende Klasse und ihre Machtbegierde" ergeben (270). Das geteiltes Land solle deshalb allein durch das Volk selbst
wiedervereinigt werden. "Die Wiedervereinigung durch das Volk setzt die
'Herrschaft Gottes' als die absolute Vorbedingung voraus. Für Israel war
die 'Herrschaft Jahwes' die gemeinsame Sehnsucht des Volkes. Auf uns angewendet bedeutet dieses Prinzip, daß die 'gemeinsame Sehnsucht' des Volkes
als die Grundlage der Wiedervereinigung genommen werden soll". Das Volk
sehne sich nach "Demokratie, und diese bedeutet ein System, das dem Volk
ermöglicht, zu der direkten Herrschaft Gottes zurückzukehren und eine Form
des politischen Zusammenlebens selbst auszuwählen[287]" (271).

---

287 Im Originaltext fehlt das Objekt zu 'selbst auszuwählen'. Es wurde Ahns
    Argumentationsduktus entsprechend durch den Verfasser ergänzt. Es
    scheint, daß Ahn hier eine Regierungsform meint, in der sich das Volk
    ohne menschliche Herrscher Gottes direkter Herrschaft entsprechend
    selbst regiert.

Die Kirche solle dabei die Aufgabe übernehmen, das Volk über diese biblische Wegweisung aufzuklären und sowohl den Kommunismus Nordkoreas als
auch den Antikommunismus Südkoreas zu entkräften, indem sie auf der Seite
der Armen steht (272f).

(b) Seit 1984 begann Ahn den nationalistischen Aspekt in seiner theologischen Argumentation zu intensivieren. Den Grund dafür nennt er in seinem
Aufsatz "Der Nationalismus als Selbstbestimmung des Min-Dschok"[288]: Man
habe in der Demokratie-Bewegung des Volkes "seit Anfang der 80er Jahre eingesehen, daß das Problem der Demokratisierung Koreas nur im internationalen
Zusammenhang gelöst werden kann" (232). Beispielsweise unterstützten die
USA antidemokratische Regierungen in den von ihnen abhängigen Staaten. Deshalb sei es "ergebnislos, nur gegen die eigene Regierung Widerstand zu leisten, ohne dieser internationalen Politik zu widerstehen" (232). Außerdem
bestehe die Gefahr eines "neuen Militarismus" (221), wenn Japan die Vertei-
digungsaufgabe für Ostasien von den USA übernehmen werde. Nicht weniger be-
drohlich sei auch eine "neue kulturelle Invasion" (224) Japans in Südkorea,
die mit den immer größer werdenden Einflüßen japanischer Wirtschaft in Südkorea zusammenhinge. Dadurch werde das koreanische Min-Dschok seine eigene
kulturelle Identität verlieren (227). "Darum steht nun (in der Minjungbewegung; d.Verf.) eine nationalistische Tendenz im Vordergrund." (232)
Eine wichtige Möglichkeit sieht Ahn hierbei in einer "kulturellen
Minjungbewegung des Min-Dschok" (234). Damit meint er eine kulturelle Bewegung, die von einer "Selbstbestimmung des Minjung" herkommen und die
"noch nicht entwickelte Fähigkeit und die verborgene Weisheit" des Minjung
fördern soll, um "unser Eigenes" wiederzufinden (234).

B.4.6.2 *Die Minjungtheologie Ahns als Reform des koreanischen Christentums für eine neue koreanische "Min-Dschok-Gemeinschaft": Der Ursprung des
Christentums ("mono-yahwehism" und die "Minjungbewegung Jesu") und der Ursprung der Kultur des koreanischen Min-Dschok (die "Minjungkultur") können
und sollen miteinander vermittelt werden aufgrund dessen, daß Min-Dschok
und Minjung der "Ort des Handelns Gottes" und der "Offenbarung Gottes"
sind. Die Minjungtheologie bezeugt diese Tatsache und fordert die koreanischen Christen auf, sich zu erneuern, um dieser Aufgabe gerecht zu werden.*

In seinem Aufsatz "Entwurf eines neuen koreanischen Christenbildes"
(1986)[289] setzt sich Ahn mit der Frage auseinander, "wie die koreanischen

---

288 In: GM, S.223-235. Im folgenden beziehen sich die Seitenzahlen in Klam-
    mern auf diese Quelle.
289 In: GM, S.13-34. Im folgenden beziehen sich die Seitenzahlen in Klam-
    mern auf diese Quelle.

182

Christen ihre eigene Identität erneuern können, um angesichts der imperia-
listischen kulturellen Invasion und der Gefahr politischer und wirtschaftlicher Abhängigkeit Koreas zur schöpferischen Neugestaltung der Kultur des
koreanischen Min-Dschok beizutragen" (15). Dieser Aufgabe könne man "erst
durch die revolutionäre Veränderung von Methoden des Theologie-Treibens"
(13) gerecht werden, indem man "durch die Sichtweise des Minjung die Welt
und die Geschichte zu sehen und auch die Bibel auszulegen" lerne (13).

Die neue Methode des Theologie-Treibens kritisiere das bisherige koreanische Christenbild, das durch die "westliche Theologie" und die "westliche
Kultur" nach Korea vermittelt worden sei und nicht dem "ursprünglichen"
Christenbild entspreche (16). Deshalb bestehe die "erste Aufgabe der Theologie darin, unser Eigenes wiederzufinden" (15f).

Hierfür solle ein neues koreanisches Christenbild sowohl in dem Ursprung
des Christentums, der in der Bibel zu finden sei, als auch in dem Ursprung
der koreanischen Kultur in der "Minjungkultur" (20) gesucht werden:

Den Ursprung des Christentums entfaltete Ahn schon in seinem Aufsatz
"Eine Selbstreform des koreanischen Christentums"[290] (1985): "Der Ursprung
des Christentums ist Jesus in seiner Minjungbewegung." Diese habe aber ihre
"Wurzel" in einem "mono-yahwehism"[291], der während der "Gestaltung des Volkes Israels" (GM 39) nicht "durch die Auseinandersetzung mit anderen Religionen, sondern durch den Widerstandsgeist gegen das Monarchiesystem" entstanden sei und deshalb die "absolute Ablehnung des Monarchiesystems" (GM
40) bedeute. Die Minjungbewegung Jesu sei außerdem motiviert durch den "Wi-
derstandskampf gegen die politische Macht", "Befreiung des Minjung von den
religiösen Fesseln" und "Parteinahme für das Minjung" (GM 41). Deshalb sei
die Minjungbewegung Jesu "zukunftsorientiert (nämlich an dem kommenden
Reich) und zugleich eine zu der Wurzel (in der Gesellschaft des Alten Israel) zurückkehrende Bewegung" (GM 42).

Die "Minjungkultur" sei eine "Gemeinschaftskultur des Minjung, die dadurch entstanden ist und entsteht, daß das Minjung Leben, Arbeiten und
Spielen selbständig und gemeinschaftlich gestaltet und miteinander verbindet" (20). Die Grundlage dieser Kultur sei "Leben und Arbeiten der Gemeinschaft". Sie werde deshalb in Form von einem "Dorffest" mit "religiösen"
Gehalten wie z.B. "Ahnenkult" zum Ausdruck gebracht. Der "Kern des Glaubens" solcher Dorffeste bestehe darin, "mittels des Produktes gemeinsamer
Arbeit die irdische Realität und die Transzendenz zu verbinden und das somit geheiligte gemeinsame Produkt zu teilen" (22).

Die koreanischen Christen sollen die "Rolle eines Vermittlers spielen,
der das Christentum und die koreanische Kultur, die einander fremd sind,

290 In: GM, S.35-49. Im folgenden beziehen sich die Seitenzahlen in Klam-
     mern auf diese Quelle und werden mit GM bezeichnet, damit man sie von
     den Zitaten aus dem in Anm. 289 genannten Aufsatz unterscheiden kann.
291 Ahn verwendet selbst diesen Begriff in Englisch.

selbständig in einen Zusammenhang bringt" (20). Denn "das Subjekt, um das
Christentum aufzunehmen, ist nicht das Individuum, sondern die Schicksals-
gemeinschaft des Min-Dschok". Dies wird damit begründet, daß "der Ort des
Handelns Gottes sowohl das Min-Dschok als auch das Minjung ist", d.h., daß
"'Min-Dschok und Minjung' der konkrete Ort sind, an dem man die Offenbarung
Gottes aufnimmt" (18). Darum sei ein "neues koreanisches Christenbild mit
der Bemühung zu gestalten, an dem Leiden des 'Min-Dschok und Minjung' teil-
zunehmen und somit vor Gott ehrlich dazustehen" (18).

Zu diesem Zweck sollen die koreanischen Christen zuerst sich selbst erneuern. Dies sei durch eine "Revolution der Sichtweise in bezug auf Materie
und Klasse" (29) möglich: Erstens sollen die Christen lernen, die Materie
richtig zu respektieren. "Die Materie respektieren bedeutet, daß man die
Arbeit für heilig und die Solidarität von Menschen durch die Arbeit für
lebensnotwendig halten soll. ... Wenn man die Materie gemeinsam besitzt und
gerecht verteilt, ist das die konkrete Handlung der Liebe." (30) Zweitens
habe der "biblische Begriff 'Sünde' mit Gesellschaftsgruppen und -struktu-
ren zu tun. Deshalb sind die in der Gesellschaft vorhandenen Klassenunterschiede die größte Sünde. ... Erst mit einer genauen Erkenntnis dieser
Realität wird die christliche Liebe erfolgreich ins Handeln umgesetzt. ...
Allein im Glauben kann man diese Realität nicht auflösen." (31).

Im Gegensatz zu den etablierten Kirchen Koreas, die mit Spenden und Kol-
lekten "eigenes Kapital bilden und in Immobilien Geld investieren" und somit "zur Erhaltung des korrupten Systems der Politik und der Wirtschaft
beitragen" (33), zeige sich das Hoffnugszeichen in der "Basisgemeinde-
bewegung": "In den Minjunggemeinden, in denen das Minjung gemeinsam arbeitet, betet und die Bibel in der Sichtweise des Minjung liest, kann man
den Keim eines neuen koreanischen Christenbildes und Hoffnung für die koreanische Kirche sehen." (34) Die Aufgabe der Minjungtheologie bestehe darin, "zu bezeugen, daß das Minjung das wirkliche Subjekt unserer Geschichte
ist und unabhängig davon, ob man den Namen Christi anruft oder nicht, für
die geschichtliche Aufgabe des Min-Dschok ausgeschickt worden ist" (33).

C. Systematisch-theologische Interpretation

C.0 *Zum Methodischen*

Die folgende systematisch-theologische Interpretation der theologischen
Gedanken Ahns einschließlich seiner Minjungtheologie (bis 1986) soll kri-
tisch nachvollziehen, wie Ahn seine systematisch-theologisch relevanten
Aussagen entdeckt und begründet hat.

Mit dem Entdeckungszusammenhang (context of discovery) ist ein in sich
zusammenhängendes Gebilde von denjenigen gedanklichen (gegebenenfalls auch
in Aussageform rekonstruierbaren) Faktoren gemeint, die unter Mitwirkung
außergedanklicher Faktoren die Entdeckung von Aussagen bestimmen, aber
nicht selber die entdeckten Aussagen begründen können; mit dem Begründungszusammenhang (context of justification) ist ein Aussagenzusammenhang gemeint, der die entdeckten Aussagen begründet oder als unbegründbar ablehnt,
so daß er ein kohärentes und konsistentes Bild bewahrt, auch wenn er neue
Aussagen in sich aufnimmt.[1] Wenn in einem Gedankengebilde der Entdeckungs-
und der Begründungszusammenhang miteinander verwechselt werden oder wenn
der Begründungszusammenhang nicht in dem eben erwähnten Sinne funktioniert,
verliert es seine gedankliche Konsistenz und demzufolge auch rationale
Plausibilität, auch wenn man mit seiner Hilfe emotional oder moralisch ap-
pellieren und sich eventuell auch ideologisch durchsetzen mag.

Die Frage, ob die theologischen Gedanken Ahns, die aus seiner Reaktion
auf aktuelle Ereignisse erwachsen und eher in Form von Gelegenheitsschrif-
ten zum Ausdruck gebracht worden sind, in dem erwähnten Sinne systematisch
und rational nachvollzogen und geprüft werden können, läßt sich u.E. auf
jeden Fall positiv beantworten. Denn die oben dargestellte Entwicklung seiner Gedanken (Teil B) zeigt, daß sie mit einem Gedankengebäude zu verglei-
chen sind, das auf einer ganz bestimmten weltanschaulichen Grundlage aufgebaut und (fast zwei Jahrzehnte lang) kontinuierlich und konsequent ausge-
baut worden ist: Die Grundlage dieses Gedankengebäudes sind die Grundstimmungen seines *Theologie-Treibens* (vgl. B.1.). Auf dieser Grundlage wurde
die "Aus-Auf"-Anthropologie (vgl. B.2.1) aufgebaut, die sie explizieren und
zugleich mit anthropologischen Reflexionen absichern will. Diese Anthropologie stieß aus internen wie auch externen Gründen auf die Theodizeefrage,

---

1 Vgl. Gerhard Sauter u.a., Wissenschaftstheoretische Kritik der Theologie,
  München 1973, bes. S.308-315; vgl. auch die Begriffsdefinition S.356;
  Ders., "Eschatologische Rationalität", in: Ders., In der Freiheit des
  Geistes, Göttingen 1988, S.166-197, bes. S.174-190 u. S.196 Anm.5.

die sie allein nicht beantworten konnte. Daher folgte - gewissermaßen als erstes Obergeschoß - eine aus Jesu Verhalten abgeleitete Theodizee (vgl. B.2.4). Diese jesuanische Theodizee wiederum mußte aber soziologisch abgesichert werden, denn die ihr zugrundeliegende "Aus-Auf"-Anthropologie fordert zum politisch-sozialen Handeln auf und stellt somit im politisch-sozialen Kontext die Theodizeefrage. Als soziologische Ausweitung folgte daher - gewissermaßen im zweiten Obergeschoß - eine ideologiekritische Theodizee (vgl. B.2.5). Mit diesem Gedankensystem reagierte Ahn auf die Minjungbewegung, um sie theologisch zu begründen und zu legitimieren. Daraus ergab sich seine Minjungtheologie, die sozusagen das Dachgeschoß seines Gedankengebäudes ist.

C.1. Der Entdeckungs- und der Begründungszusammenhang in den vorminjungtheologischen Gedanken Ahn Byungmus (bis zur Übergangsphase zur Minjungtheologie)

Wesentliche Bestandteile der vor-minjungtheologischen Gedanken Ahns sind seine "Liebe zum koreanischen Volk" und seine "Leidenschaft für Jesus" in ihrer Einheit (C.1.1). Diese heuristische Grundlage Ahns wird in dem Entwicklungsprozeß seiner theologischen Gedanken dadurch erweitert, daß Ahn sie, wie oben gesagt, mit der "Aus-Auf"-Anthropologie zu begründen versucht (C.1.2) und diese wiederum mit einer aus dem Verhalten Jesu abgeleiteten sowie einer ideologiekritischen Theodizee abzusichern sucht (C.1.3). Die dabei gewonnenen Aussagen heben seine Weltanschauung deutlicher hervor und wirken dabei wiederum als Bestandteile des Entdeckungszusammenhanges seiner theologischen Gedanken, vor allem seiner Minjungtheologie.

Den eben genannten Begründungsversuchen Ahns liegt (ebenso wie seiner Theologie insgesamt) ein ethisch motivierter Wahrheitsbegriff zugrunde, der im sog. "Ereignis" zum Ausdruck kommt. Da dieser Begriff "Ereignis" eine Vergegenwärtigung des Urereignisses "Jesus" durch das Sein und Handeln des Menschen bedeutet, ist das Begründungsverfahren Ahns durch "Analogisierung" und "Identifizierung" charakterisiert. Sie stellen die Begründungsprinzipien seiner Theologie im ganzen dar, die eine Entsprechung zwischen dem Urereignis und dessen Vergegenwärtigungen aufweisen will.

C.1.1 *Die Weltanschauung Ahn Byungmus*

(a) *Der Ausgangspunkt - Ahns Erfahrung der Verkehrtheit der Welt und sein Wahrheitsbewußtsein:*

Ein entscheidender Ausgangspunkt ist für Ahn seine <u>Erfahrung der Verkehrtheit der Menschenwelt</u>, die er als Volksaufklärer macht (vgl. B.1.1). Er bringt sie vor allem durch seine "Traurigkeit" angesichts der Unveränderlichkeit des Menschen zum Ausdruck, der für das Böse in der Welt, nämlich das Leiden von schwachen und unschuldigen Menschen unter der ungerechten Macht, verantwortlich ist. Diese Erfahrung führt sogleich zu einer <u>ethischen Aufforderung</u>: Sowohl die Unterdrückenden als auch die Unterdrückten sollen die alte Welt überwinden, indem sie sich einer ganz und gar neuen Zukunft öffnen und somit zur authentischen Existenz zurückkehren. Hier zeigt sich schon die <u>Grundstruktur seiner Weltanschauung als eines Totalsystems zur Humanisierung der Menschenwelt</u>, die in ihrer ethischen Motivation und Zielsetzung gleichzeitig eschatologisch <u>und</u> protologisch bestimmt ist: Die ganz und gar neue Zukunft ist eine bisher unvollständige und deshalb 'hier und jetzt' durch das ethische Sein und Handeln des Menschen endgültig zu verwirklichende Wiederherstellung bzw. Vergegenwärtigung des Ursprungs des Menschen und seiner Welt.

Ein anderer, nicht weniger entscheidender Ausgangspunkt der Weltanschauung Ahns ist sein <u>Wahrheitsbewußtsein</u>, das auf dem Hintergrund seiner Erfahrung der verkehrten Menschenwelt durch sein Hören auf das Wort Gottes in der Bibel gebildet worden ist (vgl. B.1.2): Er versteht die Verkehrtheit der Welt als Konsequenz der Unterdrückung der <u>Wahrheit Gottes</u> durch politische, ethische und religiöse <u>Ideologien</u>. Sie wollen den Widerstand des Menschen gegen die Wahrheit Gottes rechtfertigen und dadurch die alte Welt erhalten. Die Wahrheit Gottes wird aus diesem Grund als radikale <u>Alternative zu bestehenden Ideologien</u> verstanden. Sie wird in dieser gottfernen und in sich verschlossenen Welt nur durch den <u>"Einzelnen"</u> vertreten, der solchen Ideologien Widerstand entgegensetzt und somit die authentische Existenz vor Gott darstellt. Der "Einzelne" wirkt deshalb als das <u>Kriterium für die Wahrheit</u>: Er unterscheidet durch sein der Welt widerstehendes Verhalten die Wahrheit Gottes von den Ideologien des Menschen und dadurch zugleich Gottes Nähe von Gottes Ferne. Auf diese Weise hat Ahn die existentielle Kategorie Kierkegaards zu einem <u>ideologiekritischen Grundbegriff</u> umgestaltet. Die Totalität dieses Begriffes zeigt sich auch an seiner weiteren Entwicklung bis hin zur Minjungtheologie: Ahn entwickelt ihn in seiner

"Aus-Auf"-Anthropologie zu dem Begriff "Aus-Auf-Dasein", der nicht nur das Handeln des Menschen (vgl. B.2.1), sondern auch das Handeln Gottes in der Geschichte (vgl. B.2.5.b) bezeichnen kann. Auch Ahns Begriff "Minjung" ist nichts anderes als eine Anwendung dieses Totalbegriffes auf bestimmte politisch-soziale Gruppen, die Ahn als das Subjekt der Geschichte versteht.

(b) *Die Verborgenheit Gottes in der Welt und der historische Jesus als Vorbild für die authentische Existenz*

Da die Verkehrtheit der Welt als die Konsequenz der Unterdrückung von Gottes Wahrheit aufgefaßt wird, wird Gott von Ahn als in dieser Welt verborgen verstanden (vgl. B.1.2): Gott greift in diese Welt nicht ein, um seine von dem Menschen unterdrückte Wahrheit selbst wiederherzustellen. Die Verborgenheit Gottes umfängt auch das Kreuz Jesu, "als sei er das Schweigen selbst" (vgl. B.2.4.b). Die Welt ist gott-los im doppelten Sinne des Wortes.

Das bedeutet aber nicht, daß Gott überhaupt nicht existiere. Ahn versteht Gott vielmehr als die eigentlich selbstverständlichste (vgl. B.4.3.2) und gerade deshalb von "Furcht und Zittern" (vgl. B.1.2) begleitete Frage an die eigene Existenz: 'Wie soll ich handeln, um in dieser gott-losen Welt als authentische Existenz zu leben?' Ahn sieht also in Gottes Verborgenheit bzw. der Gottverlassenheit der Welt die eigentliche Motivation zum aufrichtigen Handeln des Menschen: Der Mensch soll selbst die Aufgabe übernehmen, die unterdrückte Wahrheit Gottes wiederherzustellen, und zwar durch das Sein und Handeln als authentische Existenz (vgl. B.2.4.c).

Dabei ist Jesus am Kreuz das Vorbild: Er hat von dem Vater die Aufgabe übernommen, die Wahrheit Gottes durchzusetzen, und zwar mit seinem eigenen Leiden ohne das Eingreifen des Vaters (vgl. B.2.4.b). Der Gedanke 'Jesus als das Vorbild für das Sein und Handeln des Menschen ohne das Eingreifen Gottes' bestimmt so die jesuanische Grundstruktur von Ahns geschlossenem System, das die Gott-Verlassenheit der Welt durch die Identifizierung mit dem von dem Vater verlassenen Sohn Jesus überwinden will.[2] Die schmerzhafte Enttäuschung über den "Vater", der seinen "Sohn" verlassen hat, verwandelt sich somit zu einer übergroßen Erwartung gegenüber dem verlassenen "Men-

---

2 Bezeichnend hierfür ist eine Aussage Ahns, mitgeteilt in: W. Kröger, "Grundlinien der Minjungtheologie. Theologie der Befreiung in koreanischem Kontext", EvTh 48/1988, S.360-369, hier: 365: "Auf die Frage, welche Person der Bibel ihm am nächsten stehe, antwortete der Neutestamentler Ahn Byung-Mu ohne jedes Zögern und obwohl der Fragesteller eher an Petrus oder Thomas oder Nikodemus (an 'gemischte', nachfolgende oder um Nachfolge bemühte Personen also) gedacht hatte - : 'natürlich Jesus!'".

schen Jesus" (vgl. B.2. 4.c), die bei Ahn zugleich nichts anderes ist als die Leidenschaft für das authentische Sein und Handeln des von dem "Vater" verlassenen Menschen (vgl. B.1.2).

(c) *Das sog. "Ereignis" bzw. die Vergegenwärtigung des "Jesus-Ereignisses"*

Die Identifizierung des von Gott verlassenen Menschen mit dem vom Vater verlassenen Sohn Jesus geschieht vor allem durch die Vergegenwärtigung des "Jesus-Ereignisses", d.h. seines Kreuzes und seiner Auferstehung, in der Leidenssituation des (koreanischen) Volkes (vgl. B.1.3): Das "Jesus-Ereignis" ist das Urereignis, das in der Geschichte durch das analoge Erleben des Volkes wiederholt und damit vergegenwärtigt werden soll[3], bis die Welt ihren ursprünglichen Zustand vollkommen wiederhergestellt und damit die neue Zukunft endgültig herbeigeholt hat. Das Kreuz Jesu wird als politisches Ereignis durch das Volk wiederholt, indem es unter der ungerechten Macht leidet und von ihr getötet wird.[4] In diesem Zusammenhang wird die Auferstehung Jesu durch die Auferstehung des Volkes, nämlich durch Volkserhebungen[5], wiederholt und damit auf folgende Weise vergegenwärtigt: Das Volk gewinnt Einsicht in die Wirklichkeit des "Ereignisses" (Jesu) und handelt dementsprechend so, daß die Herrschaft der ungerechten Macht beseitigt wird und Gott allein herrschen kann. Dieser "Ereignis"-Charakter der Wirklichkeit wird von dem Volk erst eingesehen, wenn sich seine Augen öffnen und es nicht mehr durch die Ideologien der Herrschenden blind gemacht wird. Dies geschieht dadurch, daß das Volk in der Niederlage des gerechten Widerstandes der authentischen Existenz gegen die ungerechte Macht den leidenden Gott entdeckt und in diesem Gott sein eigentliches Ich (wieder)findet, indem es sich mit diesem Gott identifiziert. Das ist die Offenbarung der Wirklichkeit Gottes und zugleich des Volkes: Das Volk entdeckt seine Leidenserfahrung als Prädikation Gottes!

---

3 Vgl. Ahn Byungmu, "Koreanische Theologie", in: Karl Müller/ Theo Sundermeier, Lexikon Missionstheologischer Grundbegriffe, Berlin 1987, S.230-235, hier:233: "In der Sache und der Geschichte des Minjung wirkt das Ereignis Jesu fort und wiederholt sich."
4 Vgl. ebd: "Jesus Christus ist da im Leiden, im Getötetwerden des Minjung."
5 Vgl. a.a.O. S.233f: Jesus Christus sei "in der Auferstehung, dem Aufstand des Minjung".

C.1.2 Das "Aus-Auf-Dasein" - Ahns anthropologischer Begründungs- versuch seiner Weltanschauung

Der eigentliche Gegenstand, den das ethische und theologische Totalanschauung Ahns zugunsten einer humanen Menschenwelt bekämpft, ist die
Unveränderlichkeit des Menschen (vgl. B.1.1). Deren Grund sieht er darin,
daß sich der Mensch in seiner ideologischen Illusion der Wirklichkeit gegenüber verschließt: Die Welt sieht er dann kausal bestimmt; sie erlaube
deshalb kein "Ereignis", das der bestehenden Ordnung widerspricht. Die
Wirklichkeit des Menschen steht für Ahn aber gerade im Gegensatz zu dieser
Illusion: <u>Die existentielle Verfassung des menschlichen Daseins ist die</u>
<u>sog. "Aus-Auf-Struktur"</u>, die es dem Menschen ermöglicht, <u>der Ereignis-</u>
<u>Struktur der Wirklichkeit im ganzen, nämlich dem Handeln Gottes und der</u>
<u>Geschichte (vgl. B.2.4.b)[6], zu entsprechen</u>, indem er die angebliche Kausa-
lität der Welt sprengt und überschreitet.

Die Aussage von der "Aus-Auf-Struktur" des menschlichen Daseins expliziert somit den Begriff des "Einzelnen" (vgl. B.2.1.a). Sie kann diesen
Begriff zwar präzisieren, aber nicht begründen, denn sie müßte dazu einen
gewissermaßen externen Grund nennen können, der nicht bereits im Begriff
des "Einzelnen" enthalten ist. Deshalb unternahm Ahn einen weitergehenden
Begründungsversuch: Christus habe den Menschen von der "Welt der kausalen
Notwendigkeit" befreit (vgl. B.2.1.b). Ahn analogisiert hierbei die Absonderung des "Einzelnen" von Ideologien mit der theologischen Aussage, daß
wir durch die Teilnahme an dem Tod Christi dem Gesetz gestorben sind (vgl.
S.79f). Beides widerspricht jedoch einander. Denn die genannte Absonderung
bedeutet bei Ahn eine Leistung des Menschen, durch sein "Aus-Auf-Dasein"
sich selbst und die Welt zu verändern und dadurch die von den Ideologien
unterdrückte Wahrheit Gottes wiederherzustellen, während das Sterben mit
Christus genau umgekehrt den Versuch des Menschen zurückweist, mit dem er
durch eigene Leistung Gottes Wahrheit aufrechterhalten und damit sich vor
Gott rechtfertigen will.

Auch der zusätzliche Versuch, das "Aus-Auf-Dasein" mit dem freien Willen
des Menschen zu begründen (vgl. B.2.1.c), ist nicht überzeugend. Denn wenn
die menschliche Möglichkeit, den freien Willen richtig, d.h. innerhalb von
Gebot und Verbot Gottes, zu gebrauchen, in dem Urzustand besteht, wo "die
beiden einander nicht widersprechen" (ebd), und wenn dieser Urzustand eben
durch das "Aus-Auf-Dasein" wiederhergestellt werden soll, liegt hier eine
petitio principii vor. Ein Indiz für diesen logischen Fehler besteht darin,

---

6 Vgl. unten C.1.3.b.

daß in den Aus-Auf-Befehl Gottes Gen 12,1 der menschliche Wille hineinprojiziert wird, durch eigenes Handeln den Befehl Gottes durchzuführen (ebd),
während dieser Aus-Auf-Befehl Gottes eigentlich allein in Gottes Verheißung
begründet ist.

Es bleibt Ahn allerdings immer ein Ausweg übrig, das "Aus-Auf-Dasein" zu
retten: Trotz aller Widerstände der Welt, die ihre kausale Bestimmtheit erhalten will, und trotz aller Verzweiflung angesichts des Nicht-Eingreifens
Gottes könne sich das "Aus-Auf-Dasein" durchsetzen. Dieses 'Trotzdem-Ver-
halten' ist für Ahn der Glaube (vgl. B.2.1.d). Damit kommt er wieder zum
Problembewußtsein am Ausgangspunkt seiner Weltanschauung und zum "Trotzdem-
Verhalten" des "Einzelnen" zurück.

Der Versuch, sein System zur Humanisierung der Menschenwelt durch seine
Aus-Auf-Anthropologie zu begründen, verläuft auf solche Weise in einer Zirkelbewegung. Trotzdem hält Ahn die "Aus-Auf-Struktur" des menschlichen
Daseins für begründet und bestimmend für die Struktur der Wirklichkeit im
ganzen: Das christliche Leben solle die mit Ideologien konservierte Gesellschaft mit seiner "Aus-Auf-Struktur" durchdringen und somit die neue Zukunft Gottes bzw. das Reich Gottes vorwegnehmen (vgl. B.2.2). Die biblische
"Erlösung" sei deshalb nichts anderes als die neue Zukunft Gottes, die eben
dieser "Aus-Auf-Struktur" entsprechend verwirklicht werde (vgl. B.2.3).

C.1.3 *Die Theodizee Ahns - Ein Versuch, mit der Durchsetzung des "Aus-Auf-Daseins" das Nicht-Eingreifen Gottes zu rechtfertigen und umgekehrt*

Der überspannte Leistungsanspruch des "Aus-Auf-Daseins" führt Ahn
schließlich dazu, sich mit der Theodizeefrage auseinanderzusetzen, die sich
durch die Problematik des Leidens des "Aus-Auf-Daseins" in dieser gott-
losen Welt stellt. Es soll geklärt werden: Warum kommt die neue Welt trotz
der Leistung des "Aus-Auf-Daseins" nicht zustande, warum muß dieses vielmehr leiden unter der ungerechten Macht? Warum greift Gott hier nicht ein?
"Ist dieses ganze Leiden umsonst, oder welche Bedeutung kommt ihm zu?" (DVT
27) Es soll also durch eine Deutung der Bedeutung des Leidens das System
zur Humanisierung der Menschenwelt gerettet werden. Damit soll zugleich
auch Gott, der den "Sohn" im Leiden verläßt, gerechtfertigt werden.

(a) *Die aus Jesu Verhalten abgeleitete Theodizee - Eine ethisch orien-*
tierte Leidenschristologie, die sich zu einem ethischen Monismus des
"Aus-Auf-Daseins" entwickelt

Das Leiden des "Aus-Auf-Daseins" ist für Ahn eine exakte Vergegenwärtigung des "Jesus-Ereignisses" (vgl. B.2.4.a): Das Leiden Jesu sei sowohl
durch das "böswillige oder unaufgeklärte Mißverständnis" der Welt wie auch
durch das Nicht-Eingreifen Gottes als das "Verlassen-Sein" charakterisiert
(ebd). Dieses Leiden Jesu sei aber zugleich der "Geburtsschmerz einer neuen
Geschichte" (ebd).

Die Begründungskraft dieser Analogie liegt für Ahn in der Messianität
Jesu. Diese ist jedoch bei Ahn vor allem durch das leidende, von Gott und
Welt verlassene "Aus-Auf-Dasein" bestimmt: In "'Verlassen-Sein und Getötet-
Werden'" sei der "Erlöser des Menschen" zu finden (vgl. S.81). Hier ist
wiederum das zu Begründende in die Begründung hineinprojiziert. Daraus ergibt sich eine Christologie, die als eine ethisch orientierte Leidenssoteriologie mit marcionitischem Einschlag[7] bezeichnet werden kann: Wie
Marcions Auffassung von Gott und Christus ist diese Leidenschristologie
durch die Unterscheidung zwischen dem zwar gerechten, aber in das Leiden
des Menschen nicht eingreifenden Gott und dem im Gegensatz zu diesem Gott
den leidenden Menschen rettenden Christus charakterisiert. Allerdings ist
das Christusverständnis Ahns im Unterschied zu Marcions "Nein" zur Schöp-
fungsordnung ethisch-soteriologisch orientiert, indem es in Christus das
einzigartige Vorbild für das "Aus-Auf-Dasein" sieht, mit dem der Mensch
allein durch sein leidendes Handeln die gott-lose Menschenwelt, die verfal-
lene Schöpfung, erneuern soll.

Die Leidenschristologie bzw. ethische Leidenssoteriologie Ahns radikalisiert sich durch seine Theorie der ethischen Urteilsbildung zu einem ethischen Monismus des "Aus-Auf-Daseins" (vgl. B.2.4.c): Das "Aus-Auf-Dasein"
steht bei Ahn für einen durch das Christus-Ereignis zum mündigen Handlungssubjekt befreiten Menschen. Seine ethische Mündigkeit wird ausdrücklich als
die "Freiheit von dem Willen des Vaters" (vgl. S.86) erklärt, denn der Vater vertraue dem ethisch mündigen Urteilen und Handeln des "Sohnes", der in
der jeweiligen Situation den Willen des Vaters erkenne und verwirkliche.
Das "Aus-Auf-Dasein" bezeichnet also ein selbständiges Handlungssubjekt als
Stellvertreter Gottes. Allein dieser Stellvertreter bestimmt bzw. bewirkt
nun die Gegegenwart Gottes, und zwar durch sein ethisches Urteilen und Handeln: In den "Mitmenschen, die von uns Hilfe suchen und uns zum Handeln

---

7 Vgl. zum Marcionitismus Karlmann Beyschlag, Grundriß der Dogmengeschichte, Bd.1, 2. Aufl., Darmstadt 1988, S.155-161, bes. S.158-160.

auffordern", sieht er den "einzigen Ort und die einzige Zeit", "wo und wann wir dem Transzendenten begegnen können" (vgl. S.88).

Wiederum verläuft Ahns Begründungsversuch in einer Zirkelbewegung: Ahn will die ethische Aufforderung zum "Aus-Auf-Dasein" mit der Aussage begründen, daß Gott uns im Hilferuf von Mitmenschen begegne. Diese Aussage ist jedoch gerade von dem ethischen Urteilen und Handeln des "Aus-Auf-Daseins" abhängig.

Die Aussage, daß Gott uns im Hilferuf von Mitmenschen begegne, konnte zwar nicht Ahns Theodizee begründen, wird aber für seine Minjungtheologie ein wichtiger Bestandteil ihres Entdeckungszusammenhanges sein: Beispielsweise besagt das sog. "neue Gottesverständnis", daß Gott nur am Ort des leidenden Minjung zu finden sei (vgl. B.4.2.2). Die Aussage, daß das "Aus-Auf-Dasein" eine Stellvertretung Gottes sei, wird überdies zu einem Bestandteil von Ahns Entdeckungszusammenhang für seine sog. Theologie der Ereignisse werden: Die Aus-Auf-Gruppe vertrete durch ihren leidenden Widerstand gegen die ungerechte Macht das Handeln Gottes, und Gott vollbringe dadurch sein Werk in der Geschichte (vgl. B.4.1.3).

(b) *Die soziologische Theodizee - Ein ideologiekritischer Begründungsversuch für die göttliche Stellvertretung des "Aus-Auf-Daseins"*

Die soziologische Theodizee Ahns (vgl. B.2.5) ist ein Versuch, sein System zur Humanisierung der Menschenwelt dadurch abzusichern, daß er <u>die göttliche Stellvertretung des "Aus-Auf-Daseins" konkret auf eine bestimmte Gruppe bezieht</u>, die gegen die ungerechte Macht des politischen Systems Widerstand leistet und damit zugleich den politisch unverantwortlichen Christen entgegentritt. Um dieses Unternehmen soziologisch plausibel zu machen, stützt Ahn sich auf ein <u>antagonistisches Gesellschaftsbild</u>: Einerseits ist die Aus-Auf-Gruppe Gottes Stellvertreter, und andererseits stehen die politische Macht und die dieser gefügigen Kirchen bzw. Christen als Widersacher gegen Gott. Jene öffnet sich für die kommende Zukunft Gottes und steht somit auf der Seite von Gottes Wahrheit (vgl. B.2.5.c), und diese unterdrücken die Wahrheit Gottes, um ihre etablierte Position zu erhalten (vgl. B.2.5.a).

Zur näheren Begründung konstruiert Ahn eine Aus-Auf-Struktur der Entwicklung der Geschichte und des Handelns Gottes in dieser Geschichte (vgl. B.2.5.b): Gott "geht in der Geschichte voran" (vgl. S.98), und die Aus-Auf-Tendenz in der Entwicklung der Geschichte sei die Erscheinungsform eben dieser Vorwärtsbewegung Gottes. Diesem Handeln Gottes entspreche die Aus-Auf-Gruppe mit ihrem Verhalten, das Bestehende zu überschreiten.

Diese Analogisierung ist wiederum als eine Scheinbegründung zu beurteilen: Die Aussage von Gottes Aus-Auf-Handeln in der Geschichte hat keine Begründungskraft für die Stellvertretung der Aus-Auf-Gruppe, weil die angebliche Aus-Auf-Tendenz in der Entwicklung der Geschichte, die die Erscheinungsform von Gottes Handelns sein soll, nur als ein Ergebnis des Handelns der Aus-Auf-Gruppe festzustellen ist, wie auch Ahn selbst eingesteht (vgl. S.99). Die Frage, ob hinter der von der Aus-Auf-Gruppe bewirkten geschichtlichen Entwicklung wirklich ein analoges Handeln Gottes sichtbar wird, kann aber auch Ahns Bibelauslegung nicht beantworten. Denn seine Bibelauslegung ist durch die wissenssoziologische Aussage heuristisch beeinflußt, daß das Gottesbild von den Lebensbedingungen des Menschen bestimmt werde (vgl. S.98 Anm.125). Dies belegt erneut den bei Ahn immer wieder zu beobachtenden logischen Fehler, daß das zu Begründende in den Begründungszusammenhang hineinprojiziert wird.

Ahns Begründungsversuch einer soziologischen Theodizee zeigt allerdings eine neue Tendenz in seiner Sichtweise des Handelns Gottes: <u>Gott bleibt nicht mehr verborgen, sondern tritt auf die Bühne der Geschichte, des Ortes menschlichen Handelns</u>, und zwar als Begründung für das Handeln der Aus-Auf-Gruppe. Dadurch wird aber <u>das Handeln Gottes in der Weise mit dem Handeln der Aus-Auf-Gruppe identifiziert, daß Gott sich mit dieser Gruppe deckt</u>. Diese Tendenz ist auch darin festzustellen, daß das Versprechen des Reiches Gottes der politisch-sozial bestimmten Sehnsucht der Aus-Auf-Gruppe nach einer neuen Welt angepaßt wird (vgl. B.2.5.c). Dies wird in dem Entdeckungszusammenhang von Ahns Minjungtheologie eine entscheidende Rolle spielen: Gott nimmt eine Gestalt an, die dem Minjung entspricht; Gottes Prädikationen werden aus den Eigenschaften des Minjung gewonnen (vgl. u.a. B.4.2.2).

C.2. Die Erweiterung des Entdeckungszusammenhanges in der Übergangsphase zur Minjungtheologie

In der Übergangsphase zu seiner Minjungtheologie gewann Ahn weitere Aussagen und methodische Ansätze, die den Entdeckungszusammenhang seiner Minjungtheologie entscheidend mitbestimmen werden. Diese Übergangsphase ist dadurch charakterisiert, daß Ahn die Vergegenwärtigung des "Jesus-Ereignisses" durch das "Aus-Auf-Dasein" auf die Widerstandsgruppen gegen das Yushin-System und auf bestimmte soziale Schichten beschränkt und damit zugleich intensiviert (C.2.1). In diesen Zusammenhang bezog Ahn auch Aussagen aus aktuellen Themenbereichen wie z.B. Sozialkritik (C.2.2) und Menschenrechte (C.2.3) mit ein.

Dabei legte er wiederum mittels seiner Begründungsprinzipien "Analogisierung" und "Identifizierung" den Wahrheitsbegriff des "Ereignisses" zugrunde. Dies führte ihn schließlich dazu, das Leiden von bestimmten politisch-sozialen Gruppen unter dem Yushin-System mit dem Ort der Gegenwart
Christi gleichzusetzen und dies sozialgeschichtlich zu begründen (C.2.4).

C.2.1 Die Konzentrierung des "Aus-Auf-Daseins" auf Widerstandsgruppen
– Die Vergegenwärtigung des "Jesus-Ereignisses" durch das Leiden
der "gerechten Vorhut"

Je brutaler die Unterdrückung des Yushin-Systems wurde, desto radikaler
reagierte darauf auch Ahn mit seiner Totalanschauung von der Humanisierung
der Menschenwelt: Die Radikalität und Totalität seines Grundbegriffes, des
"Aus-Auf-Daseins", intensivierte sich durch die Aussage, daß das "Jesus-Ereignis" allein durch das körperliche Leiden der "gerechten Vorhut" vergegenwärtigt und dadurch eine ganze Gesellschaft bzw. ein ganzes Land gerettet werde (vgl. B.3.1). Diese Aussage wird damit begründet, daß Jesus der
Gerechte sei, der den "Zorn Gottes mit seinem eigenen Körper verhindert
hat", und Christen die Glieder Christi seien, die ihm nachfolgen (vgl.
B.3.1.a).

Mit dieser Argumentation wollte Ahn die gegen das gewalttätige Yushin-
System nur mit ihren Körpern kämpfenden Widerstandsgruppen unterstützen und
die politisch unaufgeklärten Christen zum Widerstand motivieren. Dieses Anliegen kann aber seine Argumentation noch keineswegs logisch und theologisch plausibel machen:

Ahns Argumentation muß, um folgerichtig zu sein, die unausgesprochene
Voraussetzung haben, daß das Verlangen Gottes nach dem Leiden von Gerechten
durch das Leiden Jesu nicht endgültig befriedigt worden ist. Denn seiner
Argumentation zufolge verlangt Gott auch heute nach dem Leiden von Gerechten, um seinen Zorn zu stillen. Das bedeutet, daß das Leiden Jesu heute
durch das weitere Leiden von Gerechten ergänzt werden muß, um den Zorn Gottes zu verhindern. Dieses Bild besagt schließlich, daß sowohl Gott als auch
Jesus Christus bei ihrem Versuch, den Weltuntergang zu verhindern, vom leidenden Handeln der Gerechten abhängig sind. Die leidenden Gerechten von
heute sind also die eigentlichen Hoffnungsträger, die den Weltuntergang
verhindern können! Es ist hier zugleich zu beachten, daß Ahns Bild jenes
hilflosen Jesus Christus, der mit seinem Leiden weder Gott noch der Welt
helfen kann, eben die unter dem Yushin-System hilflos leidenden Widerstandsgruppen selbst widerspiegelt.

195

Der Grund für diese zirkelhafte Beziehung zwischen der Begründung und
dem zu Begründenden liegt darin, daß Ahn sowohl im Bild Jesu Christi als
auch in dem der Widerstandsgruppen das Bild des leidenden "Aus-Auf-Daseins"
seines Systems wiederentdeckt. Dies hat wohl auch damit zu tun, daß die
selbstwidersprüchliche Gleichzeitigkeit von Übermut (der Hoffnungsträger)
und Hilflosigkeit (der Leidenden) im Verständnis der Widerstandsgruppen ein
getreues Abbild von Ahns Weltanschauung ist. Denn diese enthält in sich
gleichzeitig die Entschiedenheit, vor dem verborgenen gerechten Gott eine
authentische Existenz sein zu wollen (vgl. B.1.2), und die verzweifelte
Anstrengung des menschlichen Handelns, das die authentische Existenz gegenüber dem nicht eingreifenden Gott mit eigenem Leiden durchsetzen will (vgl.
B.2.4).

Diese Widersprüchlichkeit wird auch den Entdeckungszusammenhang von Ahns
Minjungtheologie entscheidend mitbestimmen: Beispielsweise wird davon seine
Aussage beeinflußt, daß Jesus als eine kollektive Minjung-Person die Messi-
anität des Minjung vertrete (vgl. B.4.4.4).

C.2.2 Die sozialkritische Perspektive und die Entdeckung der Gegenwart Christi in der Sehnsucht der Armen und Entfremdeten nach einer neuen Welt

(a) Die Einführung der sozialkritischen Perspektive in die theologische Argumentation

Das geschlossene System Ahns wurde im Zusammenhang mit seiner Kritik an
der Wirtschaftspolitik des Yushin-Systems durch eine sozialkritische Perspektive erweitert und vertieft. Dem Leistungs- und Wettbewerbsprinzip
jener Wirtschaftspolitik setzte er das sog. "Koexistenzprinzip" entgegen,
"gemeinsam leben" statt "gut leben" (vgl. B.3.3.a). Dieses Prinzip beruht,
so meint er, auf einer aus Jesu Verhalten abgeleiteten Lebensfreude, die
ihrerseits in der das Leben schenkenden Gnade begründet sei (ebd). Diese
Begründung unterstützt Ahn zusätzlich durch koreanische Volksüberlieferungen, die von anonymen guten Taten erzählen. Denn gute Taten absoluter An-
onymität ermöglichen die "Erfahrung des 'Gott mit uns'" (ebd). Sie werden
also mit einer Vergegenwärtigung der das Leben schenkenden Gnade identifiziert.

Diese Begründung ist jedoch sowohl methodisch als auch theologisch nicht
plausibel. Denn ihre (wenigstens) zwei methodischen Ansätze sind logisch

und theologisch fragwürdig (1), außerdem enthält sie eine problematische
Auffassung der theologischen Begriffe "Freude" und "Gnade" (2).

(1.1) Das sog. "Koexistenzprinzip" ist, obwohl Ahn es als ein wirt-
schaftspolitisches Prinzip einführen will, nach seiner Beschreibung eigentlich eher als ein allgemein-sozialethisches Kriterium für diejenigen Ver-
haltensweisen des Menschen zu verstehen, die für das menschliche Zusammenleben überhaupt relevant sind. Insofern soll es auch die ethischen Probleme
des wirtschaftlichen "Leistungs- und Wettbewerbsprinzips" als einer ökonomischen Handlungsweise, die "nicht zum Profitstreben um des Profits einiger
weniger willen auf Kosten aller übrigen ausarten"[8] darf, einer Prüfung
unterziehen. Das "Koexistenzprinzip" kann jedoch die wirtschaftlichen bzw.
wirtschaftspolitischen Probleme des "Leistungs- und Wettbewerbsprinzips"
nicht überprüfen, weil es keine Sachkompetenz dafür bereitstellt; eine Mo-
ralpredigt ohne Sachkenntnis kann eine "relative 'technische' Eigengesetzlichkeit"[9] der Wirtschaft nur ignorieren. Dies bedeutet allerdings nicht,
daß solche Sachkompetenz unabhängig von einem allgemein-ethischen Kriterium sein darf. Ihr Gebrauch könnte durchaus von dem "Koexistenzprinzip" mitbestimmt werden, ganz zu schweigen davon, daß die Verabsolutierung und
Ideologisierung der Eigengesetzlichkeit (wie sie bei dem Yushin-System zu
beobachten war) auch vom christlich-sozialethischen Gesichtspunkt her kritisiert werden muß.[10] Hierbei gilt es zu beachten, daß bei einer Diskussion
über eine wirtschaftliche Handlungsweise eine ethische und eine wirtschaftliche Argumentation nicht verwechselt oder vermischt werden dürfen, sondern
in ihrer gegenseitigen Berücksichtigung unterschieden werden müssen.

Der methodische Fehler von Ahns Argumentation besteht sowohl in der Vermischung als auch in der Verwechslung einer ethischen und einer wirtschaftlichen Argumentation: Er vermischt sie, indem er das allgemein-ethische
"Koexistenzprinzip" mit dem wirtschaftspolitischen "Leistungs- und Wettbewerbsprinzip" auf derselben Ebene vergleicht. Zudem verwechselt er sie,
wenn er das wirtschaftliche "Leistungs- und Wettbewerbsprinzip" durch das
allgemein-ethische "Koexistenzprinzip" ersetzen will.

(1.2) Ahns Versuch, das "Koexistenzprinzip" als ein wirtschaftspoliti-
sches Prinzip theologisch zu begründen, enthält ebenfalls ein methodisches
Mißverständnis über Reichweite und Geltungsbereich theologischer Aussa-

---

8 Vgl. Annemarie Pieper, Ethik und Moral. Eine Einführung in die praktische
   Philosophie, München 1985, S.59. Siehe dort auch zum "ökonomischen Handeln" als Thema der Wirtschaftsethik als einer "Spezialform der Sozialethik".
9 Martin Honecker, Einführung in die theologische Ethik, Berlin/New York
   1990, S.324ff., hier S.324.
10 Vgl. a.a.O. S.326.

gen[11]. Die Reichweite einer theologischen Aussage beschränkt sich auf ein theologisches Aussagensystem. Ahn weitet dagegen methodisch unreflektiert und unkontrolliert eine theologische Aussage direkt auf einen wirtschafts-politischen Aussagenzusammenhang aus. Damit verfällt er (nur in gewisserma-ßen umgekehrter Richtung) dem gleichen Fehler wie das Yushin-Regime, das z.B. sein Programm einer "Kapitalbildung der Nation" auch dadurch abzu-sichern versuchte, daß es das Christentum nur als Seelenerlösung gelten ließ. Wird hier die Reichweite theologischer Aussagen zu sehr beschränkt, so wird sie von Ahn zu sehr entgrenzt.

Der Geltungsbereich einer theologischen Aussage bedeutet eine pragma-tische Grenze, innerhalb deren die Gültigkeit der Aussage überprüfbar ist. Die Begriffe "Freude" und "Gnade", auf deren Deutung Ahns Begründung be-ruht, bedeuten aber innerhalb der pragmatischen Grenzen der Wirtschaftspo-litik und der Theologie jeweils Verschiedenes. Deshalb ist Ahns Begrün-dungsversuch, der auf einer Deutung dieser theologischen Begriffe beruht, innerhalb des Geltungsbereiches eines wirtschaftspolitischen Sprachsystems nicht zu überprüfen.

(2) Diese Verwechslung sowohl der Reichweite als auch des Geltungsberei-ches theologischer Aussagen hat auch tatsächlich in Ahns Deutung der beiden theologischen Begriffe "Freude" und "Gnade" ihre Spur hinterlassen: Wenn sich die Freude, wie Ahn sie deutet, aus einem ethischen Handeln ergibt, das die Kausalität der Welt verändert, ist sie von Gottes Handeln unabhän-gig und kann somit keine theologische Begründung im strengen Sinne sein. Wenn solche Freude dennoch in Jesu Vorbild begründet sein will, führt dies nur zu einem Selbstwiderspruch in Ahns Argumentation. Denn eine als ethi-sche Motivation verstandene Freude neigt zur ethischen Vergegenwärtigung der Gnade durch "gute Taten" und widerspricht gerade dadurch der Gnade Gottes, die das Leben schenkt. Insofern ist es kein Wunder, daß Ahn (un-bewußt) ein Leistungsprinzip vertritt, indem er meint, daß die Gnade Gottes durch ethische Leistungen wie anonyme gute Taten vergegenwärtigt und "Gott mit uns" damit erfahren werde.

(b) Die Entdeckung der Gegenwart Christi in der Sehnsucht der Armen und Entfremdeten nach einer neuen Welt

Ahns sozialkritische Perspektive führte zu der messianisch-christologi-schen Aussage, daß Christus heute in der messianischen Sehnsucht der Ent-

---

11 Vgl. zu der Begriffsdefinition der wissenschaftstheoretischen Begriffe "Reichweite" und "Geltungsbereich" G. Sauter, Wissenschaftstheoretische Kritik der Theologie, a.a.O. S.360 und 356.

fremdeten nach einer neuen Welt gegenwärtig sei (vgl. B.3.3.b). Diese Aussage sei darin begründet, daß Christus als kommender Messias solcher Sehnsucht entspräche, indem er sich mit den Entfremdeten identifiziere, und daß
sich das Kommen des Messias in einer analogen sozialkritischen Situation
wiederhole (ebd). Da hier erneut der ethisch motivierte Wahrheitsbegriff
des "Ereignisses" zugrunde liegt, schließt Ahn die ethische Aufforderung
an, dem Messias treu zu sein, der in der analogen heutigen Situation gegenwärtig sei (ebd).

Diese Argumentation ist aber nicht plausibel, denn sie widerlegt gerade
die Aussage, die sie begründen will: Am Anfang setzt Ahn eine Gesellschaft
voraus, die durch sozialkritische Begriffe wie z.B. "Privilegierte" und
"Entfremdete" charakterisiert ist. Diese Gesellschaft wird als die Ursache
für die Sehnsucht der Entfremdeten nach einer neuen Welt verstanden. Auf
diese Sehnsucht reagiere der Messias in der Weise, daß er sich selber von
den Privilegierten verdrängen lasse und sich so mit den Entfremdeten identifiziere.[12] Die Messianität Jesu und seine Gegenwart bei den Entfremdeten
sind also durch sein 'Verdrängt-Sein' bestimmt (vgl. S.109f). Nun bestehen
sowohl die Sehnsucht der Entfremdeten als auch das Ziel des Kommens des
Messias darin, die Gesellschaft so zu verändern, daß es in ihr kein 'Verdrängt-Sein' mehr geben wird. Damit würde aber die Gegenwart des Messias
überflüssig: Der Messias kommt also zu den Entfremdeten, damit er nicht
mehr bei ihnen gegenwärtig sein muß!

Wenn der Messias trotz der Beschränkung seiner Funktion bei den Entfremdeten gegenwärtig sein will, bedeutet sein Kommen höchstens einen Appell
zum Sich-Solidarisieren mit den Entfremdeten! Diese Hilflosigkeit des Messias kann jedoch auch durch Ahns Versuch nicht behoben werden, seine Argumentation mit der ethischen Aufforderung zur Teilnahme an diesem "Ereignis"
zu untermauern. Denn dies führt ebenfalls zu einem Selbstwiderspruch: Die
Aufforderung, mit einem ethischen Handeln die Gesellschaft zu verändern,
das dem "Herrn, der im Weihnachten heute zur Welt kommt, treu" sein soll
(vgl. B.3.3.b), ersetzt den hilflosen Messias Jesus bzw. macht ihn überflüssig.

Ein Grund für diesen Selbstwiderspruch einer messianischen Hilflosigkeit
in Ahns Argumentation besteht darin, daß Ahn die Bedeutung des Kommens Jesu
Christi als Messias von einer bestimmten sozialen Situation und einer Sehnsucht der gesellschaftlich Verdrängten abhängig macht. Das Kommen des Messias hängt jedoch weder von einer politisch-sozialen Situation noch von einer Sehnsucht des Menschen ab, geschweige denn von einer bestimmten sozia-

---

12 Vgl. Ahns Interpretation der lukanischen Weihnachtsgeschichte in
   B.3.2.b.

len Gruppe. Denn nicht unsere Situation und Sehnsucht, sondern Gottes Handeln ist der Grund, aufgrund dessen wir sein Kommen zu uns erwarten dürfen,
und Gott kommt unverhofft zu uns.[13] Da Ahn diese theologische Grundregel
ignoriert, vermischt er zum wiederholten Male theologische, sozialkritische
und ethische Argumentationsmuster miteinander, um so das Kommen des Messias
in einer sozialkritischen Situation durch menschliches Handeln zu ersetzen.

C.2.3 *Die Einführung von Menschenrechtsgedanken in die theologische Argumentation*

Menschenrechtsgedanken führte Ahn unter dem Yushin-System im macht- und
sozialkritischen Zusammenhang in die theologische Argumentation ein (vgl.
B.3.4). Seine Intention, den Kampf für die Menschenrechte gegenüber dem
Yushin-System zu unterstützen, ist zwar zu befürworten. Sie bestimmt aber
seine argumentative Begründung so sehr, daß von vorneherein ein logisch
zirkuläres Verfahren entsteht (1), das auf einem theologisch problemati-
schen Menschenbild beruht (2).

(1) Die Menschenrechte sind nach Ahn in der Menschenwürde begründet, die
ihrerseits auf der alttestamentlich bezeugten Gottebenbildlichkeit des
Menschen beruht. Was für eine Intension der Begriff "Gottebenbildlichkeit"
hat, wird aber nicht näher bestimmt. Direkt aus diesem Begriff ist die weitere Aussage abgeleitet: "Das grundlegende Recht des Menschen gehört allein
Gott." Inwiefern aus der "Gottebenbildlichkeit" ein Recht des Menschen abgeleitet werden kann, bleibt allerdings ebenfalls unerklärt. Trotzdem leitet Ahn aus dieser Aussage eine absolute Unverletzbarkeit des Rechtes des
Menschen ab. Dieses Begründungsverfahren läßt vermuten, daß Ahn bei dem
Begriff "Gottebenbildlichkeit" eine diesem Begründungsverfahren relevante
Intension unausgesprochen vorausgesetzt haben muß. Die aus den Menschenrechtsgedanken entliehenen Begriffe "Menschenwürde" und "Menschenrecht"
sind in den Begriff "Gottebenbildlichkeit" hineingenommen und dann mit seinen unausgesprochen vorausgesetzten bzw. assoziierten weiteren intensionalen Elementen, der 'Zugehörigkeit des Menschen zu Gott' und der 'Unverletzbarkeit dessen, was Gott gehört', in Verbindung gebracht worden. Das bedeutet: Die Menschenwürde und das Recht des Menschen werden nicht argumentativ
aus der "Gottebenbildlichkeit" abgeleitet, sondern in sie hineinprojiziert:
Das zu Begründende hat ein weiteres Mal den Begründungszusammenhang vorher-
bestimmt.

---

13 Vgl. Röm 4,18.

Das Gleiche ist auch bei Ahns jesuanischer Argumentation aufzuweisen:
Jesus habe den genannten alttestamentlichen Grundsatz der Menschenwürde
aufgenommen und zum Begriff "*psyché*" im Sinne von "Person" verarbeitet. Ahn
versteht unter diesem Begriff "etwas Wesenhaftes, das man auch beim Töten
des Leibes nicht auslöschen kann" (vgl. S.111). Diese Beschreibung besagt
aber außer einer nicht-leiblichen Dauerhaftigkeit und, wie Ahn selbst betont, einer Unersetzbarkeit bzw. Unverfügbarkeit der "Person" nichts weiteres über die Intension des Begriffes. Indessen kann allein diese Dauerhaftigkeit der "Person" die Menschenwürde nicht begründen. Denn nicht alles, was beim Menschen den Leib überdauert, kann die Menschenwürde begründen. Man denke nur z.B. an die für Ahn bleibende Unveränderlichkeit des
Menschen (vgl. B.1.1 u. C.1.2). Auch die Unersetzbarkeit bzw. Unverfügbarkeit der "Person" kann die Menschenwürde nicht begründen. Denn weil der
Mensch seine Menschenwürde hat, ist seine Person unersetzbar bzw. unverfüg-
bar, und nicht umgekehrt. Deshalb muß Ahn eine bestimmte Intension des Begriffes "Person" unausgesprochen vorausgesetzt haben, mit der er die Menschenwürde in seinem Sinne zu begründen meint. Eine solche Intension läßt
sich in der Aussage vermuten, die Jesus nach Ahns Ansicht aus dem Alten
Testament aufgenommen und zu seinem Begriff von "*psyché*" im Sinne von "Person" verarbeitet habe: "Das grundlegende Recht des Menschen gehört allein
Gott." Ahn hat also vorausgesetzt, daß der Begriff "Person" schon ein allein Gott gehörendes Recht des Menschen enthalte. Um die Frage zu beantworten, wie das Recht des Menschen Gott gehört, wiederholt sich Ahns Argumentation, die wir schon oben (1) als nicht plausibel aufgewiesen haben.

Ein Grund für solche Zirkelbewegungen in Ahns Menschenrechtsargumenta-
tion besteht darin, daß er die von außerbiblischen und -theologischen
Menschenrechtsgedanken übernommenen Begriffe den biblisch-theologischen
Begründungszusammenhang bestimmen läßt und dann wiederum mit diesem jene
Begriffe zu begründen versucht.

Dieser Aufweis einer petitio principii bedeutet aber nicht, daß die
Menschenwürde und -rechte auf andere Weise biblisch-theologisch besser
begründet werden könnten oder aber überhaupt nicht begründbar und deshalb
nicht zu vertreten seien. Es sollte vielmehr darauf verwiesen werden, daß
man "das Wort Menschenwürde nicht exklusiv christlich deuten" darf, denn es
handelt sich um einen "nachchristlichen, säkularen Begriff, der das Humanum
beschreiben soll": "Die Personwürde gründet in der Überzeugung, daß der
Mensch von Natur ein vernunfthaftes Wesen und freiheitsbegabtes Wesen
ist."[14] Diese Letztbegründung, die nur noch durch einen gesellschaftlichen

---

14 M. Honecker, a.a.O. S.193.

Konsens eingeholt werden muß, macht gerade die Unantastbarkeit der Menschenwürde aus. "Aus dieser Menschenwürde werden sodann die Menschenrechte
abgeleitet."[15]

(2) Problematisch werden die Menschenwürde und -rechte bei Ahn eher
dadurch, daß sie doch wieder an bestimmte Bedingungen gebunden werden: Man
kann z.B. "die Geltung von Humanität nicht vom christlichen Glauben und
dessen Anerkennung abhängig machen"[16]. Dagegen macht Ahn die Menschenwürde
und -rechte von seinem christlichen Gottesbild abhängig, das eigentlich die
Kehrseite seines Menschenbildes ist: Nach Ahns Ansicht gehört das Recht des
Menschen allein Gott. In diesem Sinne sieht Ahn in der Menschenrechtsverletzung eine "Verletzung des Gott gehörenden Bereiches" (BJ 240). Deshalb
geht es hier vor allem darum, daß der Mensch die Dignität Gottes vor ihrer
Verletzung durch den Menschen schützt und sie aufrechterhält, indem er das
Recht des Menschen schützt. So gesehen kann es ohne Ehrfurcht vor Gott die
Menschenwürde und -rechte nicht geben. Eine solche christliche Argumentation kann aber die Nicht-Glaubenden bzw. die Atheisten nicht überzeugen und
nur erschweren, nach Möglichkeiten eines gesellschaftlichen Konsenses zu
suchen.

C.2.4 *Ahns sozialgeschichtliche Analogisierung*

Ahns eigentliche Motivation bei seiner Einführung sowohl der sozialkritischen Perspektive als auch der Menschenrechtsgedanken in die theologische
Argumentation besteht darin, mit einer theologischen Begründung dazu aufzufordern, sich mit den Entrechteten und Ausgestoßenen unter dem Yushin-System zu solidarisieren. Gegen seine Aufforderung, den entfremdeten Gesellschaftsgruppen beizustehen, ist natürlich nichts einzuwenden. Aber sein
Versuch, sie mit der ausschließlichen Gegenwart Christi bei solchen politisch-sozialen Gruppen zu begründen und damit eine bestimmte Handlungsweise
von politisch-sozial engagierten Christen und Nichtchristen theologisch zu
legitimieren (vgl. B.3.5), muß kritisch geprüft werden. Einen ähnlichen Begründungsversuch Ahns haben wir schon oben (vgl. C.2.2.b) untersucht. Diesmal geht es besonders um die "sozialgeschichtliche" Methode Ahns, die genannte Gegenwart Christi nachzuweisen.

Der Hauptgrund für die Aufforderung zum Sich-Solidarisieren mit den
entfremdeten Gesellschaftsgruppen ist, wie gesagt, die Aussage einer ausschließlichen Gegenwart Christi bei solchen Gruppen. Diese Aussage begrün-

---

15 Ebd.
16 M. Honecker, a.a.O. S.194.

det Ahn wiederum damit, daß die politisch-soziale Situation solcher Gruppen
analog sei zu der politisch-sozialen Situation Jesu und derjenigen Menschen, mit denen er sich solidarisierte. Hier ist ein Kriterium (unausgesprochen) vorausgesetzt, mit dem man die Gegenwart Christi bestimmen kann:
Sie werde aufgrund einer bestimmten politisch-sozialen Situation entschieden, die zu derjenigen Jesu analog sein müsse.

Ahn legt ein weiteres Kriterium vor, mit dem man nun entscheiden kann,
wann eine politisch-soziale Situation zu derjenigen Jesu analog ist. Hierzu
führt Ahn seine sozialgeschichtliche Methode ein. Sie soll durch einen Vergleich von Herrschaftssystemen einer Gesellschaft von heute (z.B. dem
Yushin-System) und derjenigen Jesu eine Strukturähnlichkeit zwischen diesen
Gesellschaftsformen nachweisen. Eine solche Strukturähnlichkeit sieht Ahn
durch die folgenden drei Punkte charakterisiert: Die verglichenen Gesellschaftsformen bestehen aus den antagonistischen Klassen der Herrschenden
und der Beherrschten, die die untersten, entrechteten und ausgestoßenen
Gruppen einschließen. Die Herrschenden wollen mit ihrer Macht und ihren
Ideologien den gegenwärtigen Zustand erhalten, und daraus ergebe sich das
strukturelle Böse der Macht. Die Beherrschten, vor allem die untersten
Gruppen, verlangen nach einer ganz und gar neuen Welt. Dieses antagonistische Gesellschaftsbild hat Ahn eigentlich für seine ideologiekritische
Theodizee (re)konstruiert (vgl. B.2.5.a u. C.1.3.b). Es hat sich hier zu
einer sozialgeschichtlichen Feststellung entwickelt, mit der Ahn meint entscheiden zu können, wann eine politisch-soziale Situation zu derjenigen
Jesu analog ist.

Nun stellt sich allerdings die Frage, ob die sozialgeschichtliche Methode Ahns wirklich analoge Strukturen nachweisen kann. Ahn selbst zeigt,
daß seine sozialgeschichtliche Methode eine Gesellschaft nur antagonistisch
in Herrschende und Beherrschte teilen und jene Jesus entgegensetzen und
diese auf die Seite Jesu stellen kann. Das heißt: Das Ergebnis seiner Gesellschaftsanalyse ist eigentlich bereits weltanschaulich vorgegeben. Ahn
setzt sich damit dem Vorwurf aus, daß er das marxistische Klassenkampf-
Modell übernehme und seine sozialgeschichtliche Methode und Bibelauslegung
davon abhängig mache.

Eine zweite Frage bezieht sich darauf, ob das zuerst genannte Kriterium
für die Bestimmung der Gegenwart Christi haltbar ist. Dies ist aus dem folgenden Grund zu verneinen: Dieses Kriterium besagt, daß man aufgrund der
eben erwähnten Ähnlichkeit einer politisch-sozialen Situation bestimmter
Gesellschaftsgruppen mit der Situation Jesu beurteilen könne, daß Christus
in der Situation der betreffenden Gruppe gegenwärtig sei. Ein solcher Ana-

logieschluß[17] hat aber keine Begründungskraft und kann lediglich eine Entdeckung ermöglichen bzw. ihren Wahrscheinlichkeitsgrad entscheiden. Ahns Kriterium kann also eine Gegenwart Christi nicht begründen, sondern könnte höchstens eine Entdeckung seiner Gegenwart ermöglichen bzw. ihren Wahrscheinlichkeitsgrad entscheiden. Allerdings hängt theologisch gesehen die Gegenwart Christi nicht von einer politisch-sozialen Situation ab, sondern umgekehrt die Situation des Menschen von der Gegenwart Christi, wenn es zutrifft, daß der Mensch vor Gott gestellt ist, und zwar als ein Sünder, der dank der Gegenwart Christi gerecht gesprochen wird, allein aus dem Glauben und unabhängig davon, in welcher politisch-sozialen Situation er ist.[18] Wenn man dieser theologischen Grundregel widerspricht, gerät man in den theologischen Selbstwiderspruch, daß der Mensch sowohl über sich selbst als auch über seinen Schöpfer entscheiden will.

Wenn Jesus wie bei Ahn nur als ein Vorbild für die authentische Existenz und Christus gewissermaßen als eine symbolische Form der Aufforderung zu einer solchen Existenz verstanden wird, könnte Jesus bzw. Christus als ein solches Vorbild nicht unbedingt ernst genommen werden, denn Ahns Theologie selbst zeigt, daß dieses Vorbild immer wieder an der (sich aus Hochmut wie auch Verzweiflung ergebenden) Unveränderlichkeit des Menschen zur authentischen Existenz scheitert und insofern eigentlich immer eine Selbstbespiegelung des Menschen ist.

C.3. Der Entdeckungs- und der Begründungszusammenhang in der Minjungtheologie Ahn Byungmus

C.3.0 Zum Methodischen

Für die Interpretation der Minjungtheologie Ahns setzen wir methodisch zweierlei voraus:

Erstens das in der vor-minjungtheologischen Phase entstandene Gedankengebilde Ahns, das wir oben (C.1. u. C.2.) kritisch rekonstruiert haben.

---

17 Vgl. zu dem Begriff "Analogieschluß" Wesley C. Salmon, Logik, Stuttgart 1983, S.197ff.
18 Vgl. zu der Situation des Menschen als eines gerecht gesprochenen Sünders vor Gott G. Sauter, Einführung in: Ders. (Hg.), Rechtfertigung als Grundbegriff evangelischer Theologie, a.a.O. S.9-29, bes. S.24.

Zweitens beziehen wir uns auf die soziologischen Begriffen "soziale Bewegung"[19] und "Populismus"[20]. Ahns Minjungtheologie ist, wie unsere Darstellung (Teil A und B) gezeigt hat, im Zusammenhang mit der Minjungbewegung entstanden und entwickelt worden. Diese Minjungbewegung ist als eine populistisch orientierte soziale Bewegung zu verstehen, wie wir gleich bei unserer Analyse des Kontextes (C.3.1) zeigen werden. Ahns Minjungtheologie gehört im Entwicklungsprozeß dieser populistisch orientierten sozialen Bewegung derjenigen Phase an, die als "Artikulation der Ideologie" bezeichnet wird. Diese Funktion seiner Minjungtheologie hat den Prozeß ihrer Entdekkung und Begründung von Aussagen von Anfang an entscheidend beeinflußt.

Insofern erscheint es sinnvoll, mit der Frage zu beginnen, in welchem Verhältnis Ahns Minjungtheologie als eine kontextuelle Theologie zu ihrem Kontext steht (C.3.1).

Indem Ahn das Minjung als die Mitte des Kontextes hervorhebt und zugleich zum Hauptgegenstand seiner Reflexion macht (vgl. B.4.1.), beginnt sein *Theologie-Treiben* (doing theology), die Rolle einer Sinngebung für die Minjungbewegung zu übernehmen (C.3.2).

Hierbei entwickelt er mit der Entdeckung einer theologischen Dimension des Minjung und der nachfolgenden Entdeckung einer Minjung-Dimension Gottes (vgl. B.4.2.) das Minjung zum Fundament für eine zu den bestehenden Theologien konträre Theologie, nämlich die Minjungtheologie; als Gegenpositionen sieht er einerseits den Fundamentalismus der konservativ-evangelikalen Kirchen Südkoreas und andererseits die "Orthodoxie" der westlichen Theologie (C.3.3).

Im Anschluß daran radikalisiert Ahn die Meinungsbildung des Minjung, die er als die der "Gesinnung des Himmels" entsprechende "Gesinnung des Minjung" bezeichnet, zu einem monistischen Prinzip zum Empfangen von Gottes Offenbarung bzw. Wahrheit, mit dem er meint, die ganze Wirklichkeit, d.h. die Geschichte in Gott bzw. Gott in der Geschichte, erkennen und dementsprechend handeln zu können (vgl. B.4.3.). Damit wird seine Minjungtheolo-

---

19 Vgl. Otthein Rammstedt, "Bewegung, soziale", in: Bernhard Schäfers (Hg.), Grundbegriffe der Soziologie, Leverkusen 1986, S.38-40.
20 Vgl. Dieter Nohlen, "Populismus, populistisch", in: Ders. (Hg.), Lexikon Dritte Welt, Reinbeck bei Hamburg 1984, S.487.

gie zu einem Minjung-Monismus[21], was einen strukturellen Abschluß ihres
Ideologisierungsprozesses bedeutet (C.3.4).

In einem weiteren Entwicklungsschritt konzentriert Ahn seine Sinngebung
für die Minjungbewegung auf eine exemplarische Gruppe dieser Bewegung, nämlich die Galiläagemeinde, und entwickelt dabei eine soziologische Bibelauslegung (vgl. B.4.4.), um damit die Minjung-bezogene Identität und Verhaltensweise dieser Gruppe und zugleich die Minjungbewegung im ganzen biblisch
und theologisch zu legitimieren (C.3.5).

Ahn glaubt schließlich, diese als Sinngebung für die Minjungbewegung
entwickelte Minjungtheologie einerseits zur Reform der "Kerygma-Theologie"
zu einer Theologie der "Minjungsprache" (vgl. B.4.5.; C.3.6) und andererseits des koreanischen Christentums zum Christentum für das koreanische
Min-Dschok einsetzen zu können (vgl. B.4.6.; C.3.7).

C.3.1 Der Kontext der Minjungtheologie Ahn Byungmus

"Die Minjung-Theologie ist nicht am Schreibtisch entstanden, sondern in
der Geschichte des Leidens. Sie ist Folge der Erfahrungen in den siebzi-
ger Jahren. Indem Christen selbst, von ungerechten Mächten verfolgt, ins
Leiden kamen, sind die mit der leidenden Schicht in Korea in enge Berüh-
rung gekommen."[22]

Dies ist ein Selbstzeugnis Ahns, das seine Minjungtheologie als kontextuelle Theologie ausweist. Diese Kontext-Beschreibung sagt aber nicht, wie ein
solcher Kontext den "Schreibtisch" der Theologie so ersetzen kann, daß sich
nicht nur der Entdeckungs-, sondern auch der Begründungszusammenhang seiner
Minjungtheologie gegenüber der "institutionellen Kirche" wie auch der (ta-
tenlosen) "Theologie des Gotteswortes"[23] verselbständigen und ihnen zu
einer handlungsbezogenen Auseinandersetzung mit den aktuellen politisch-
sozialen Problemen verhelfen kann.

Hierbei muß man sich zunächst darüber klar sein, daß der sog. Kontext
für Ahns Minjungtheologie (wie auch in anderen Varianten) genauer besehen

---

21 Vgl. Ahn Byungmu, "Koreanische Theologie", in: Karl Müller/Theo Sundermeier (Hg.), Lexikon Missionstheologischer Grundbegriffe, Berlin 1987,
S.230-235, hier S.232f: "In ihrer Hermeneutik vollzieht die Minjungtheologie eine radikale Wende, indem sie Bibel, Geschichte und Realität mit
den Augen des Minjung ('von unten') zu sehen versucht. ... Gott handelt
in den Minjung-Ereignissen; nur durch aktive Teilnahme an diesen Ereignissen können Christen heute Gott und Christus konkret begegnen."
(Unterstreichungen vom Verf.)
22 Ahn Byungmu, "Was ist die Minjung-Theologie?", in: epd-Dokumentation
6a/82, S.7-16, hier: S.7.
23 Ebd.

keine politisch-soziale Situation an sich, sondern ein komplexer Relations-
begriff ist: Der Kontext ist weder einfach eine vor- und außertheoretische
Gegebenheit, die unabhängig von Ahns Minjungtheologie direkt in einer politisch-sozialen Situation vorgegeben ist, noch bloß ein gedankliches Phan-
tom, das durch Ahns Minjungtheologie gezeichnet worden ist.[24]

Daher ist zuerst das Mißverständnis zu beseitigen, das Ahns Selbstverständnis einer den Kontext wiedergebenden Funktion seiner Minjungtheologie
beinhaltet (C.3.1.a). Daran anschließend wollen wir dann versuchen, die
Minjungbewegung und die Funktion von Ahns *Theologie-Treiben* (doing theology) für sie als die beiden Korrelate des Kontextes näher zu bestimmen
(C.3.1.b).

(a) Ahns Minjungtheologie als Wiedergabe der "Minjung-Tatsache" als ihres Kontextes?

"Die Minjungtheologie vermittelt die Minjung-Tatsache mit theologischer
Sprache. Sie leistet also Übersetzungsarbeit. ... Als das Sprachrohr des
Minjung ... bezeugt sie in der Sprache von Intellektuellen die Minjung-
Tatsache, die aufgrund komplizierter Ursachen im politischen, wirtschaft-
lichen, gesellschaftlichen und kulturellen Bereich ignoriert wird und
verhüllt bleibt."[25]

Die Behauptung, daß die Minjungtheologie die "Minjung-Tatsache" übersetze,
darf nicht zu dem erkenntnistheoretisch naiven Mißverständnis führen, als
ob eine von der Sprache unabhängige "Tatsache" durch die Minjungtheologie
als ein "Sprachrohr" des Minjung ohne weiteres so übersetzt werde, daß sie
sprachlich abgebildet und vermittelt werde. Denn diese sog. Tatsache beinhaltet, vom sprachlogischen Gesichtspunkt her gesehen, eine "innere Doppel-
heit", die darin liegt, daß Tatsachen einerseits unabhängig von ihrer
sprachlichen Darstellung vorliegen, aber andererseits gerade deshalb an die
Sprache gebunden sind, weil sie genau das bedeuten, "was wahre Sätze darstellen oder ausdrücken"[26]. Das heißt: Es gibt Tatsachen, aber für den
Menschen als ein sprechendes Wesen nur als "erfüllte Wahrheitsbedingungen
des Satzes"[27]. Deshalb könnte Ahns Minjungtheologie nur dann in Anspruch
nehmen, Minjung-Tatsachen entdeckt und vermittelt zu haben, wenn seine
Minjung-Aussagen betreffende Wahrheitsprüfungen bestanden hätten. (Um eine
logische bzw. theologische Wahrheitsprüfung von Ahns Minjungaussagen bemühen wir uns in diesem Abschnitt C.3 im ganzen.) Ahns Behauptung, daß

---

24 Siehe unten C.3.2.a (Exkurs).
25 GM, S.33.
26 Vgl. Günther Patzig, "Satz und Tatsache", in: Ders., Tatsachen, Normen,
   Sätze, Stuttgart 1980, S.8-44, hier S.15.
27 A.a.O. S.35.

seine Minjungtheologie die "Minjung-Tatsache" sprachlich übersetze, besagt
also sprachlogisch zunächst dies, daß die "Minjung-Tatsache", nämlich der
Kontext seiner Minjungtheologie, wie oben gesagt, einen Aussagenzusammenhang bedeutet, der durch das Zusammenspiel von außersprachlichen Gegebenheiten und der aussagenden Sprachhandlung gebildet wird.

(b) Der Kontext der Minjungtheologie Ahns – Aussagen über die "Minjung-Tatsache" als Sinngebung der Minjungbewegung

Ahns Auffassung der Funktion seiner Minjungtheologie für die Minjungbewegung kann angemessener interpretiert werden, indem die Minjungbewegung
mit den Begriffen des "Populismus" (1) und der "sozialen Bewegung" (2) charakterisiert und dementsprechend die Funktion seines *Theologie-Treibens* für
sie erhellt wird:

(1) Die populistischen Merkmale der Minjungbewegung (vgl. Teil A) sind
folgende: Bei ihr handelt es sich um "eine politische Bewegung mit Massen-
basis, nicht um politische Parteien"[28]. Sie ist kein "klassenspezifisches
Phänomen, vielmehr besteht seine (sc.: des Populismus) soziale Basis aus
verschiedenen Schichten bzw. Sektoren sozialer Schichten"[29] wie z.B. Studenten, Intellektuellen, Geistlichen, Arbeitern, Bauern und Arbeitslosen.[30]
Träger sind allerdings "solche soziale Schichten, die durch die bestehende
gesellschaftliche und politische Ordnung benachteiligt sind und bessere
Entwicklungsmöglichkeiten und eine ihrer wachsenden wirtschaftlichen Bedeutung angemessenere Beteiligung an den politischen Entscheidungsprozessen
fordern"[31]. Den unterprivilegierten Schichten schließen sich jedoch Angehörige höherer Schichten wie z.B. oppositionelle Politiker, volksaufklärerische Intellektuelle und Geistliche an, die ebenfalls gegen die Beschränkung durch die bestehende Ordnung opponieren, und bilden dann vielfach die
Führer dieser Bewegung.[32] Die programmatischen Forderungen der Minjungbewegung lassen sich schließlich auf politische, wirtschaftliche und gesellschaftliche Gerechtigkeit und Nationalismus als ideologischen Kern redu-
zieren.[33]

---

28 Dieter Nohlen, a.a.O.
29 Ebd.
30 In dieser Hinsicht bezieht sich die Bezeichnung "Minjungbewegung" nicht
   auf die Teilnehmer der Bewegung, sondern auf die Sache, die sie vertritt.
31 D. Nohlen, a.a.O.
32 Vgl. oben A.3.12: Die Unterzeichner der Erklärung vom 21. Febr.1975, die
   den offiziellen Anfang der Minjungbewegung bezeichnet, waren alle volksaufklärerische Intellektuelle, die gegen das Yushin-System opponierten.
33 Vgl. D. Nohlen, a.a.O.

Diese populistischen Merkmale der Minjungbewegung lassen sich auch in
Ahns Minjungtheologie wiederentdecken: Ahn lehnt jede Abhängigkeit der
Minjungbewegung und seiner Minjungtheologie von irgendeiner politischen
Partei ab (vgl. S.128). Er betont, daß der "ochlos" nicht klassenspezifisch
sei (vgl. S.169), und zugleich, daß das Minjung aus dem gegenüber den herrschenden Schichten unterprivilegierten Volksganzen bestehe (vgl. B.4.1.1).
Ahn beteiligt sich an der Minjungbewegung als ein volksaufklärerischer Intellektueller, indem er mit seiner Minjungtheologie den Herrschenden und
den diesen gefügigen Christen und Kirchen entgegentritt. Schließlich ist
der ideologische Kern seiner Minjungtheologie sein Nationalismus, der für
die authentische Identität der koreanischen Nation neben ihrer Wiedervereinigung nach politischer und wirtschaftlicher Gerechtigkeit verlangt (vgl.
B.4.1.2 u. B.4.6.).

(2) Der Entwicklungsprozeß der Minjungbewegung (vgl. Teil A) einschließlich Ahns Minjungtheologie als eines ihrer Teile (vgl. Teil B) läßt sich
als soziale Bewegung nach O. Rammstedt in folgende Phasen gliedern:

"Propagierung der Krisenfolgen: Die von der Krise Betroffenen verweisen
auf ihre Situation in der Erwartung, daß seitens des für intakt gehaltenen
sozialen Systems die Krisenfolgen behoben werden;
Artikulation des Protestes: Die Betroffenen protestieren in eskalierender
Form gegen das politisch-administrative System, das nichts Adäquates zur
Behebung der Krisenfolgen unternähme;
Intensivierung des Protestes: Der Protest der sozialen Bewegung gewinnt
in der Beurteilung durch die Öffentlichkeit an solcher Intensität, daß jeder glaubt, Stellung zu ihr beziehen zu müssen;
Artikulation der Ideologie: Der Protest weitet sich zur Ablehnung der
herrschenden sozialen Strukturen, die für die Krise verantwortlich gemacht
werden. Mit dieser Polarisierung entwickelt sich in der sozialen Bewegung
eine zur herrschenden konträre Sinngebung (Ideologie), die auf eine grundlegend gewandelte Gesellschaft zielt;
Ausbreitung: Die soziale Bewegung versucht, mittels der Ideologie in der
Peripherie Massen zu gewinnen und zu mobilisieren;
Organisierung: Mit der Ausbreitung kommt es zur Quasi-Professionalisie-
rung der Mitglieder im Zentrum der Bewegung. Damit setzt die formale Organisierung der sozialen Bewegung ein;
Institutionalisierung: Mit formalen Organisationen gibt die soziale Bewegung auf, eine Alternative zu den bestehenden Systemkulturen zu erwir-
ken."34

Bei der Minjungbewegung begann die Krise, als das Yushin-System ins Leben gerufen wurde. Dann folgte die Progagierung der Krisenfolgen durch Gerüchte und Kettenbriefe (vgl. A.3.1). Die Artikulation des Protestes wurde
durch Protestkundgebungen von Studenten und politisch engagierten Christen
und Intellektuellen durchgeführt. Bezeichnend hierfür ist u.a. das "Manifest der koreanischen Christen von 1973" (vgl. A.3.2). Die Intensivierung

---

34 Vgl. O. Rammstedt, a.a.O. S.39f. (Unterstreichungen vom Verf.)

des Protestes zeigte sich vor allem in den Protesten evangelischer Geistlicher gegen die Notstandsmaßnahmen (vgl. A.3.6), am Fall der sog. "Nationalen Jugend- und Studentenliga für Demokratie" (vgl. A.3.7), in den "Don-
nerstags-Gebets-Gottesdiensten" (vgl. A.3.8) und nicht zuletzt in dem Arbeitskampf und politischen Widerstand der UIM (vgl. A.4.4). Die Artikulation der Ideologie wurde neben den die Minjungbewegung unterstützenden Ge-
schichtsschreibungen, Wirtschaftstheorien und schriftstellerischen Stel-
lungnahmen auch durch die Minjungtheologie durchgeführt, die zudem die Aus-
breitungsphase einschließt. Die Organisierung äußerte sich bei der Minjungbewegung in der Bildung von verschiedenen Gruppierungen innerhalb der
Minjungbewegung, die ihre Zentralisierung verhinderte. Trotzdem zeigt sich
diese Organisierungsphase in Ahns Minjungtheologie in Form des Willens zu
einer Minjungkirche als eines nationalistisch orientierten moralischen
Zentrums für die Minjungbewegung (vgl. bes. S.128f u. S.169ff). Die Phase
der Institutionalisierung kündigt sich schon in dem Zeitraum unserer Untersuchung (bis 1986) im Bereich des christlichen Teils der Minjungbewegung in
Form der Entstehung der "Minjung-Gemeinden" (vgl. S.183) an, die zwei Jahre
später (Juli 1988) ihre landesweite Organisation "Verein der koreanischen
Minjung-Kirchen-Bewegung"[35] gründeten, wobei die Minjungtheologie insgesamt
einen entscheidenden Einfluß ausgeübt hat.[36]

  Ahns Minjungtheologie ist nach diesem soziologischen Erklärungsmodell
als eine Sinngebung (Ideologie) für die Minjungbewegung zu verstehen: Sie
ist entstanden, um die gegen das herrschende Yushin-System kämpfende
Minjungbewegung ideologisch zu unterstützen (vgl. B.4.1.1). Sie ist den
herrschenden Ideologien konträr, nämlich einerseits der nationalistischen

---

35 Vgl. Die "Gründungserklärung des Vereins der koreanischen Minjung-
   Kirchen-Bewegung", in: Christian Institute for the Study of Justice and
   Development (Hg.), Die Lage der koreanischen Kirchen 1988 (Hanguk Kyohoe
   Sadscheung 1988), Seoul 1989, S.190-192; Die wissenschaftliche Abteilung
   des Koreanischen Theologischen Forschungsinstitut, Der Ort und die Tätigkeit der Minjung-Kirche (Minjung-Kyohoe eui Hyundschang gua
   Hoaldong), in: TD 63/1988, S.779-810. Im nichtchristlichen Bereich äußert sich die Institutionalisierung der Minjungbewegung in der Entstehung der "Minjung-Partei" (Juni 1990), die "Arbeiter, Bauern, städtische
   Mittel- und Unterschichten, progressive Intellektuelle, Frauen und mitt-
   lere und kleinere Unternehmungen und Geschäfte", die alle für diese Partei im Minjung eingeschlossen sind, vertreten und unterstützen wolle.
   Vgl. Dschung Byungdschin, "Die Minjungbewegung hat angefangen, im etablierten Bereich der Politik Wurzeln zu schlagen" (Minjung-Undong
   Dschungtschigun nai Tschakgun Sidong), in: Hanguk-Ilbo (eine koreanische
   Tageszeitung), 22. Juni 1990, S.3
36 Vgl. das Diskussionsprotokoll "Ein Versuch, das Verhältnis zwischen der
   Minjung-Kirche und der Minjungtheologie zu verstehen" (Minjung-Kyohyo ua
   Minjung-Shinhak edaihan Yihai), in: TD 63/1988, S.866-892, hier 873: "Es
   scheint, daß die Minjungtheologie in der Entstehung der Minjung-Kirchen-
   Bewegung eine entscheidende Rolle gespielt hat."

Ideologie des Yushin-Systems (vgl. B.4.1.2) und andererseits dem regierungstreuen Fundamentalismus der konservativ-evangelikalen Kirchen (vgl. B.4. 1.1). Und sie zielt auf eine der gegenwärtigen Gesellschaft unter dem Yushin-System entgegengesetzte sog. Min-Dschok-Gemeinschaft Koreas (vgl. B.4.1.2 u. B.4.6.).

Die Auffassung der Funktion von Ahns Minjungtheologie als einer Sinngebung für die Minjungbewegung führt in bezug auf die Kontextfrage zur folgenden Schlußfolgerung: Der Kontext von Ahns Minjungtheologie ist ein Aussagenzusammenhang, der dadurch entstanden ist, daß Ahn die spezifisch zur Sinngebung für die Minjungbewegung relevante Struktur der politisch-sozialen Gegebenheiten unter dem Yushin-System in seinem System zur Humanisierung der Menschenwelt so hervorhebt und verarbeitet, daß dadurch die "Minjung-Tatsache" zur Geltung kommen kann. Für sein *Theologie-Treiben* (doing theology) verdankt Ahn diesem Kontext den Gegenstand (Minjung), die Orientierung der Wahrnehmung (Sichtweise des Minjung), den Stoff zur Theoriebildung (Leidenserfahrungen des Minjung und mit dem Minjung), den Bereich für die Anwendung von Theorien (die zu verändernde Leidenssituation des Minjung) und seine Adressaten[37].

C.3.2 *Das Minjung als die Mitte der Minjungtheologie Ahn Byungmus*

Der Begriff "Minjung" zeigt bei Ahn nach unserer Darstellung (vgl. B.4.) wenigstens drei Stufen in seiner Bedeutungsentwicklung: Erstens übernahm Ahn den Minjung-Begriff der Minjungbewegung (vgl. A.3.12) und verarbeitete ihn (vgl. B.4.1.1;B.4.1.2). Dann entdeckte er durch seine Gefängniserfahrung eine theologische Dimension des Minjung-Begriffes (vgl. B.4.2.). Zuletzt gab ihm Ahn eine jesuanische Bedeutung, indem er sich mit der Interpretation des Begriffes "ochlos" vor allem in bezug auf das Markusevangelium und die Galiläagemeinde intensiv beschäftigte (vgl. B.4.4.). Die Frage, wie sich diese drei Bedeutungsstufen des Minjung-Begriffes zueinander verhalten und eine Einheit bilden, wird mit dem Begriff des 'Minjung-Monismus' (vgl. unten C.3.4) beantwortet. Hier gehen wir zunächst auf die erste Bedeutungsstufe des Minjung-Begriffes bei Ahn ein.

---

37 Vgl. das Vorwort Ahns zu DVT (hier: S.7): "Die Zuhörerschaft war sozial gemischt, meistens aber Studenten und Intellektuelle. Gewöhnlich waren Nichtchristen ebenso stark vertreten wie Christen, und bei den Christen überwogen die Laien."

(a) *Die weltanschauliche Grundstruktur des Minjung-Begriffes bei Ahn*

Die Grundextension und -intension des Begriffes "Minjung" waren schon im Zusammenhang der Minjungbewegung (ohne christlichen bzw. theologischen Einfluß) festgelegt worden: Er bezeichnete das Volksganze Koreas im Gegensatz zur Obrigkeit und den herrschenden Schichten und beinhaltete den Kampf des Volkes um die Volkssouveränität gegen innere und äußere Unterdrückung durch Obrigkeit und herrschende Schichten (vgl. A.3.12). Ahn hat diesen Minjung-Begriff übernommen und auf eigene Weise verarbeitet: Er verbindet ihn mit seiner Weltanschauung, die die Grundlage seines Systems zur Humanisierung der Menschenwelt bildet. Deshalb impliziert auch sein Minjung-Begriff die gleichen Strukturelemente wie seine Weltanschauung: Das Minjung wird von der Obrigkeit und den herrschenden Schichten im Stich gelassen bzw. unterdrückt, obwohl es das eigentliche Subjekt der Macht ist. Das so unter der ungerechten Macht leidende Minjung versucht, diese verkehrte Realität der Politik ohne Eingriff von außen mit eigener Kraft, d.h. durch Volksaufstände, zu verändern und seine authentische Identität, das Subjekt-Sein in der Geschichte, wiederherzustellen (vgl. B.4.1.1; C.1. 1). Diesem Minjung-Begriff liegt wie seiner Weltanschauung der ethisch orientierte Wahrheitsbegriff des "Ereignisses" zugrunde, der auch hier im Schema einer Drei-Stufen-Entwicklung zum Ausdruck kommt: Am Anfang (im historischen wie auch strukturellen Sinne) war und ist das Minjung das Subjekt der Macht. Dieser Ursprung wird durch die ungerechte Macht mit ihrer ideologischen Verschlossenheit unterdrückt. Das Minjung, das die Sehnsucht nach einer neuen Zukunft hat und deshalb für die Zukunft offen ist, wird den Ursprung wiederherstellen und vergegenwärtigen. Dies alles geschieht in Form von "Minjung-Ereignissen"[38] (vgl. B.4.1.1). Ahns Minjung-Begriff ist insofern eine begriffliche Intensivierung seines Systems zur Humanisierung der Menschenwelt. Dies bedeutet gleichzeitig, daß Ahn die "Minjung-Tatsache" mit seinem weltanschaulichen Gedankensystem wahrnimmt und vermittelt.

Exkurs: Schon Ahns Verarbeitung des Minjung-Begriffes zeigt, daß die sog. Übersetzung und Vermittlung der "Minjung-Tatsache" bei ihm (wie auch bei anderen Minjungtheologen) nicht eindeutig ist. Ein Grund dafür liegt darin, daß sie an die Sprache gebunden ist und die Sprache eines jeden Minjungtheologen jeweils auf eigene Weise theoriegeladen ist.[39] Dies soll gezeigt werden durch einen kurzen Vergleich von Ahns Minjung-Begriff (in seiner ersten Bedeutungsstufe) mit denjenigen des Minjung-Dichters Kim Chiha und eines weiteren führenden Minjungtheologen, Suh Namdong:

---

38 Vgl. Ahn Byungmu, "Koreanische Theologie", a.a.O. S.233.
39 Vgl. Anm.57 in Teil A: Die verschiedenen Auffassungen des "Minjung", also des sog. Kontextes der Minjungtheologie, unterscheiden sich voneinander schon wegen ihrer unterschiedlichen Entdeckungszusammenhänge.

Kim Chiha[40] versteht unter dem "Minjung" in Anlehnung an die historisch-materialistische Geschichtsauffassung diejenigen politisch-sozialen Gruppen, die seit Beginn der Menschheitsgeschichte durch ihre physische Leistung[41] die Gesellschaft aufgebaut und die Geschichte vorangetrieben haben und deren Verelendung zur "Plebs" aus ihrer Unterdrückung durch die herrschende Macht in Politik und Wirtschaft folgte. Kim theologisiert diese Auffassung des "Minjung" dadurch, daß er das Subjekt-Sein des Minjung auf eine mit der Schöpfung verbundene Anordnung Gottes bezieht[42]: Der Wille Gottes für die Menschenwelt bestehe darin, daß das Minjung das Subjekt der Macht in Gesellschaft und Geschichte sein soll. Kim versucht den Widerstand des Minjung gegen die herrschende Macht mit dem Leistungs- und Gerechtigkeitsprinzip einerseits sowie einem deistischen Gottesgedanken[43] andererseits zu legitimieren. Die Hoffnung auf den Sieg des Minjung beruht für ihn auf der Tendenz der Geschichtsentwicklung wie auch einem plebejischen Messianismus des Minjung[44].

Bei Suh Namdong[45] bezeichnet der Begriff "Minjung" zwar wie bei anderen Minjungtheologen diejenigen Gesellschaftsgruppen Südkoreas, die politisch unterdrückt, wirtschaftlich ausgebeutet und gesellschaftlich entfremdet sind. Der Begriff enthält jedoch durch eine auf dem heilsgeschichtlichen Denkschema beruhende Evolutionstheorie einer Geschichtsentwicklung und das damit zusammenhängende Gottesverständnis Suhs eine universalgeschichtliche Dimension mit theologischer Charakteristik[46]: Die Extension des Begriffes beschränkt sich nun nicht mehr auf die Gegenwart, sondern weitet sich auf Vergangenheit und Zukunft aus, die gedanklich bis zum Anfang und Ende des Evolutionsprozesses der als einheitlich vorgestellten Geschichte als der ganzen Wirklichkeit[47] verfolgt werden. Die Intension des Begriffes wird dabei durch Suhs Gottesverständnis, demzufolge Gott als der Evolutionsprozeß der Geschichte verstanden wird, dahingehend theologisiert, daß das Minjung in seiner Identität und seinem Handeln als Erscheinungsform der Herrschaft Gottes in der Welt und Geschichte aufgefaßt wird[48]: Die Herrschaft Gottes

---

40 Kims Minjungauffassug findet sich nach seinen Aussagen vor Gericht zitiert bei Suh Namdong, "Minjung eui Shinhak" (Theologie des Minjung), in: TD, 24/1979, S.78-109 (hier: 78-80), bzw. in: Ders., UMT, S.45-82 (hier: 45-47) mit dem veränderten Titel "Thu Iyaki eui Hapryu" (Zusammenfluß von zwei Erzählungen). Eine (ergänzte) deutsche Übersetzung findet sich in: MTVG, S.173-213 (hier: 173-175) unter dem Titel "Zwei Traditionen fließen ineinander".

41 MTVG, S.173: "Die physische Substanz dieser Menschheit ist das Minjung. Es hat eine physische, nicht eine primär geistige Lebensgestalt."

42 Kim beruft sich hier auf Gen 1,28a, indem er das Segnen Gottes an dieser Bibelstelle als ausschließlich auf das Minjung bezogen versteht.

43 MTVG, S.173: "... steht das Minjung immer wieder auf, um die Macht zu ihrem Ursprungsort zurückzubringen und so Gottes Gerechtigkeit wiederherzustellen."

44 MTVG, S.174 spricht er von einem "Messias, der von ganz unten kommt".

45 Suhs grundlegende Minjungauffassung findet sich in seinem in Anm.40 angegebenen Aufsatz.

46 Vgl. MTVG, S.174f.

47 Vgl. Suh Namdong, "Die moderne Technologie und die christliche Religion" (Hyundai eui Guahak-Kisul gua Kidokkyo), in: Ders., Dscheunhuan-Sidai eui Shinhak (Englischer Untertitel: Theology at a Turning Point), Seoul 1976, 6. Aufl. 1984, S.364-370, hier S.369: "Nach dem Gesichtspunkt von 'science' ist ... die endgültige Realität ('the ultimate reality') die Evolution. ... Gott ist die schöpferische Kraft des Evolutionsprozesses" (vgl. MTVG, S.187: "... Gott als die innere Kraft des Humanisierungs- und Inkarnierungsprozesses der Weltgeschichte ...").

48 Vgl. MTVG, S.175 Anm.3: Suh versteht die "soziale Missionsarbeit" der koreanischen Kirche (gemeint: die christliche Teilnahme an der Minjung-

realisiere sich im Subjektwerden des Minjung, indem das Minjung über sich selbst herrschen werde[49].

Dieser knappe Vergleich ergibt: Die oben erwähnte Grundextension und -intension des Minjung-Begriffes gilt bei Ahn, Kim und Suh gleichermaßen. Außerdem kommt bei ihnen allen das Motiv 'Wiederherstellung des Subjekt-Seins des Minjung' durch ein ähnliches Schema einer Drei-Stufen-Entwicklung zum Ausdruck: Nach Kims Auffassung soll das Subjekt-Sein des Minjung, das von Gott vom Anbeginn der Schöpfung an angeordnet worden sei und jetzt unter der ungerechten Macht unterdrückt werde, wiederhergestellt werden. Bei Suh heißt es ebenfalls: "... im geschichtlichen Entwicklungsprozeß müsse es (sc.: das Minjung) die ihm genommene, gegen es selbst verwandte Macht zu deren Ursprungsort zurückbringen ..."[50]. Dem jeweiligen Minjung-Begriff liegen jedoch verschiedene Weltanschauungen zugrunde:

Zentral für Ahns Minjungbegriff ist sein ethisch orientierter Wahrheits-begriff des "Ereignisses". Da das "Ereignis" hier den Widerstand des seines ursprünglichen Subjekt-Seins bewußten und für die neue Zukunft offenen Minjung gegen die ideologisierte Selbstbehauptung der ungerechten politischen Macht bedeutet, besteht bei Ahn die authentische Existenz des Minjung in seiner (angeblich) ideologiefreien Offenheit für eine kommende humane Menschenwelt, die der ideologischen Verschlossenheit des Machtsystems entgegentritt. Das Minjung ist also eine repräsentative Form des "Aus-Auf-Daseins".

Bei Kim wird die Bedeutung seines Minjung-Begriffes durch eine Art historisch-materialische Geschichtsauffassung bestimmt, die mit einem auf einem physischen Leistungsprinzip beruhenden Deismus und einem plebejischen Messianismus des Minjung poetisch vermischt ist[51]. Daher bedeutet das Subjekt-Sein des Minjung bei ihm einen auf einer physischen Leistung beruhenden Machtanspruch des Minjung gegenüber den Herrschenden und den diesen gefügigen Intellektuellen.[52]

Bei Suh wird die Bedeutung seines Minjung-Begriffes durch seine evolutionäre Geschichtsauffassung bestimmt, derzufolge die Geschichte in ihrem Evolutionsprozeß Gottes Handeln bzw. Gott selbst bedeutet. Daher ist bei Suh die Wiederherstellung des Subjekt-Seins des Minjung ein Teil des Evolutionsprozesses der Geschichte bzw. ein Teilaspekt der evolutionären Selbst-entwicklung Gottes. Dies schließt für Suh jedoch eine ethische Aufforderung nicht aus: Das Handeln des Menschen soll Gottes Handeln, nämlich der sich auf die Herrschaft des Minjung richtenden Tendenz der Geschichtsevolution, folgen. Dies führt Suh schließlich dazu, Gottes Herrschaft und die Herr-schaft des Minjung über sich selbst zu vermischen.

Die evolutionstheoretisch orientierte Geschichtsauffassung Suhs unter-scheidet sich aber von der ideologiekritisch und ethisch orientierten Ge-schichtsauffasung Ahns, derzufolge die Geschichte ein Aus-Auf-Handeln Got-

---

bewegung) als "Zeichen der Missio Dei", nämlich des "vorangehenden" Han-delns Gottes.

49 Vgl. MTVG, S.189 Anm. 20: "Ich meine, daß die Freiheit der gesamten Gesellschaft und 'Gottes direkte Herrschaft' geradezu zwei Seiten des Reiches Gottes darstellen."

50 MTVG, S.174.

51 Ebd.: "Meine (sc.: Kims) Werke wollen zeigen, wie diese Geringsten (ge-meint: das verachtete Minjung; d.Verf.) ihr Heil bewirken, indem sie protestieren und triumphieren. Das ist ein Hinweis auf ein mysteriöses Geheimnis der Herrlichkeit Gottes, die sich exemplarisch darin offen-bart, die Elendsten zum Heil zu bringen."

52 MTVG, S.173. "Diese Souveränität des Minjung (gemeint: das auf seiner physischen Leistung beruhende Subjekt-Sein des Minjung; d.Verf.) steht der Macht der Herrschenden gegenüber und muß auch unterschieden werden von der mittleren Position der Intellektuellen zwischen dem Minjung und den Herrschenden."

tes sei: Bei Ahn wird das Aus-Auf-Handeln Gottes in der Geschichte <u>durch</u>
das Aus-Auf-Handeln des Menschen in Form des Widerstandes des Minjung inszeniert (vgl. C.1.3.b). Insofern ist die Wiederherstellung des Subjekt-
Seins des Minjung nicht unmittelbar Gottes Handeln, sondern das Handeln des
Minjung selbst, wie Ahn es auch mittels einer ethisch gemeinten Messianität
des Minjung betont.[53] Auf diese Weise bleibt bei Ahn die ethische Motivation und Zielsetzung konstant und bestimmt unverändert seine theologische
Argumentation. Im Gegensatz dazu bestimmt bei Suh sein evolutionäres Ge-
schichts- und Gottesbild seine ethische Aufforderung: Die Wiederherstellung
des Subjekt-Seins des Minjung wird als das Handeln Gottes selbst in Form
einer Geschichtsevolution verstanden, das durch das Handeln des Minjung
nicht inszeniert, sondern nachvollzogen wird. Deshalb ändert sich bei Suh
die ethische Orientierung je nachdem, was er unter der aktuellen Spitze der
Geschichtsevolution, dem Handeln Gottes, versteht.[54]

(b) Die nationalistischen und kirchenkritischen Grundzüge des Minjung-Begriffes bei Ahn

Ahn hatte schon vor seiner Minjungtheologie als <u>Volksaufklärer</u> Theologie
getrieben (vgl. B.0.2; B.1.): Er wollte mit seiner Bibelauslegung und seinen theologischen Reflexionen das Volksganze Koreas erreichen, um es angesichts der Ideologisierung des ungerechten Machtsystems über den Ereignis-
Charakter der Wirklichkeit aufzuklären (vgl. B.1.3; C.1.1.c). <u>Aus diesem
Grund kritisiert er diejenigen Christen bzw. Kirchen, die zu seiner Volks-
aufklärung dadurch im krassen Gegensatz stehen</u>, daß sie in ihren religiösen
Dogmen ideologisch verschlossen sind (vgl. B.2.5.b) und auch unter einer
ungerechten politischen Macht ihrem Prinzip zur Selbsterhaltung in Form der
Trennung von Politik und Religion treu bleiben wollen (vgl. B.2.5.a).

Dieser volksaufklärerischen und kirchenkritischen Grundhaltung Ahns in
seinem *Theologie-Treiben* (doing theology) liegen sein <u>Kollektivismus des
Min-Dschok</u> (1) und sein <u>Nationalismus</u> (2) zugrunde, die beide politisch-
ethisch und zugleich theologisch bestimmt und miteinander eng verbunden
sind:

(1) Für Ahn <u>hat das Min-Dschok im Sinne des Volksganzen den Vorrang vor
dem ihm angehörenden Individuum</u>. Ahn versucht, dies einerseits fatalistisch
(1.1) und andererseits mit einer völkischen Theologie (1.2) zu begründen:

---

53 Vgl. oben S.205: ""Welchen Sinn hätte irgendein abgesondertes, vom Jenseits gekommenes Wesen, das das Leiden des Volkes übernehmen würde?"
54 Schon in seiner vor-minjungtheologischen Phase hatte Suh dieselbe evolutionäre Geschichts- und Gottesauffassung und forderte beispielsweise
   dazu auf, die als die Spitze der Geschichtsevolution bzw. des Handelns
   Gottes verstandene Molekularbiologie zu fördern, um damit einen neuen
   Menschen zur Welt zu bringen; vgl. Suh Namdong, a.a.O. S.370: "Der Gott
   der 'Evolution' bringt durch die neue Technologie den neuen Menschen zur
   Welt. ... Dies ist das Versprechen der Molekularbiologie, der Spitzen-
   technologie von heute."

(1.1) <u>Das Min-Dschok sei eine "Schicksalsgemeinschaft"</u>[55], in der alle
ihre Mitglieder schicksalhaft verbunden seien: Das Min-Dschok sei dem ihm
angehörenden Individuum vorgegeben. Das Individuum könne sich dem geschichtlichen Schicksal des Min-Dschok nicht entziehen; das Heil oder Un-
heil jedes Mitgliedes hänge von dem Schicksal des Min-Dschok ab.

(1.2) <u>Nicht das Individuum, sondern das Min-Dschok sei das Subjekt, an</u>
<u>dem Gott handele</u>: Da "der Mensch nicht als ein Individuum, sondern nur als
einem Min-Dschok angehörend betrachtet wird"[56], betreffe "Jahwes Verheißung
und Segen nicht das Individuum, sondern das Min-Dschok" (241). Dies bedeute: "Das Min-Dschok ist der Ort, wo Gottes Wille verwirklicht und zugleich
Gottes Gericht vollzogen wird." (242) Gott handelt demzufolge also nicht an
einer in Beziehung zu ihm stehenden individuellen Person, sondern vielmehr
<u>an dem Min-Dschok, das als ein kollektives Handlungssubjekt vorgestellt</u>
<u>ist</u>.

Exkurs: Um seinen theologisierten Kollektivismus des Min-Dschok von der
völkischen Ideologie der "Deutschen Christen" in den 30er Jahren zu unterscheiden, verurteilt Ahn diese als eine nationalistische Selbstgefälligkeit, die die "Nation an die Stelle Gottes stellt" (238). Ahn kritisiert
aber zugleich auch den antinationalistischen Kampf der "Bekennenden Kirche"
gegen die "Deutschen Christen": ihr Kampf sei eine "passive Selbstverteidi-
gung der Kirche", die eine "berechtigte theologische Diskussion über das
Verständnis des Min-Dschok" (239) verhinderte. Demgegenüber will Ahn das
Min-Dschok als eine "Schicksalsgemeinschaft", d.h. als eine theologische
Einheit verstehen. Diese ambivalente Position Ahns schützt trotz seiner berechtigten Kritik an den "Deutschen Christen" seinen Min-Dschok-Kollektivismus nicht vor dem Verdacht eines ebenfalls theologisierten Nationalismus. Dieser Verdacht verstärkt sich, wenn man die politisch-ethische Motivation und Zielsetzung im Hintergrund seines Kollektivismus berücksichtigt,
die im folgenden Abschnitt (2) aufgezeigt werden.

(2) Die fatalistische Seite des Min-Dschok-Kollektivismus schließt für
Ahn jedoch die politisch-ethische Verantwortung jedes Volksangehörigen für
das Schicksal des Min-Dschok nicht aus. Ganz im Gegenteil sind alle Mitglieder des Min-Dschok dafür gemeinsam verantwortlich.[57]

(2.1) <u>Dieses politisch-ethische Verantwortungsbewußtsein für das Schick-</u>
<u>sal des Min-Dschok entwickelt sich bei Ahn zu einer nationalistischen</u>
<u>Grundhaltung dem koreanischen Min-Dschok gegenüber</u>, und zwar durch folgen-
den Gedankengang: Ahn geht es darum, das koreanische Min-Dschok (sowohl als
Volk wie auch als Nation; vgl. B.4.1.2) darüber aufzuklären, daß sein Han-

---

55 Ahn Byungmu, "Aufrechtes Volk - Aufrechtes Min-Dschok", in: Ders., AM,
   S.15-32, hier: 29.
56 Ahn Byungmu, "Das Christentum und die Min-Dschok-Gemeinschaft", in: GM,
   S.236-242, hier: 240. Seitenzahlen in Klammern beziehen sich im folgenden auf diese Quelle.
57 Vgl. Ahn Byungmu, "Aufrechtes Volk - Aufrechtes Min-Dschok", a.a.O.
   S.28-32.

deln darüber entscheide, ob es sich eine demokratische Herrschaftsform er-
streitet und somit seine Volkssouveränität aufrechterhält oder sich einer
Diktatur unterwirft und somit aufgibt, ein "aufrechtes Volk" zu sein.[58]
Jedes Volksmitglied solle deshalb auf das geschichtliche Schicksal des Min-
Dschok mit einer Entscheidung zum aufrechten Handeln bis hin zur Selbsthin-
gabe für das Min-Dschok antworten.[59] Damit schreibt Ahn dem Min-Dschok (als
einem zum politischen Zusammenleben organisierten Volk, d.h. einer Nation)
die höchste Bedeutung im politisch-ethischen Handeln im Leben jedes Volksangehörigen zu.

(2.2) Ahn schreibt dem Min-Dschok zugleich eine heilsgeschichtliche
Bedeutung zu: "Das Christentum respektiert die Min-Dschok-Gemeinschaft ...
im heilsgeschichtlichen Sinne. (...) Das Min-Dschok ist kein Zweck an sich,
sondern die Einheit, die die Geschichte Gottes verwirklicht", so daß "das
Min-Dschok eine neue Gemeinschaft in der neuen Geschichte Gottes wird"[60].
In diesem Sinne "unterscheidet sich das Min-Dschok von Staatsbürgern wie
auch vom Staat"[61]. Die neue Min-Dschok-Gemeinschaft ist für Ahn also eine
quasi theokratische Größe, die die Herrschaft des Staates ausschließt.[62]

Mit der dargestellten nationalistischen Grundhaltung im Hintergrund verarbeitete Ahn den aus der Minjungbewegung aufgenommenen Minjung-Begriff zum
Mittelpunkt seiner theologischen Reflexionen: Im Minjung, das mit seinem
Widerstand das politisch-ethische Aufrecht-Sein des koreanischen Min-Dschok
verkörpert, findet Ahn das "Aus-Auf-Dasein" des koreanischen Min-Dschok repräsentativ realisiert. Damit übernimmt das Minjung nun die Rolle des Kri-
teriums für die Wahrheit, die der "Einzelne" spielte (vgl. C.1.1.a), und
wird deshalb als der Orientierungspunkt verstanden, nach dem sich die ideologisch verschlossenen Systeme, nämlich das politische (Yushin-System) und
das religiöse (der Fundamentalismus und die von der "Orthodoxie" der westlichen Theologie beeinflußten Universitätstheologien), richten sollen, um
sich von ihrer ideologischen Verschlossenheit zu befreien und für das
Schicksal des Min-Dschok Verantwortung zu übernehmen (vgl. B.4.1.2).

---

58 A.a.O. S.24-26: Nach diesem politisch-ethischen Grundsatz verurteilt Ahn
   z.B. auch das japanische Volk unter dem japanischen Militärregime zur
   Zeit des Kolonialismus oder das deutsche Volk unter Adolf Hitler als
   "nicht aufrechtes Volk".
59 A.a.O. S.29.
60 Ahn Byungmu, "Das Christentum und die Min-Dschok-Gemeinschaft", a.a.O.
   S.242.
61 A.a.O. S.241.
62 Vgl. Ahn Byungmu, "Das Christentum und die Macht des Staates", in: GM,
   S.188-195, hier S.191: "Die endgültige Gemeinschaft, auf die sich das
   Christentum richtet, ist das Reich Gottes. Im Vergleich mit diesem Reich
   ist der Staat relativ und vorläufig."

(c) *Das Konzept einer "Theologie der Ereignisse" - Ahns (dritte)*
   Theodizee als Grundlage zur Theologisierung des Minjung-Begriffes

Es ist kein Zufall, daß Ahn an seine Verarbeitung des Minjung-Begriffes
das Konzept "Theologie der Ereignisse" anschließt (vgl. B.4.1.3). Denn Ahns
Minjung-Begriff, demzufolge das Minjung mit seinem Widerstand das "Aus-Auf-
Dasein" des koreanischen Min-Dschok repräsentiert, stellt ebenfalls wie das
"Aus-Auf-Dasein" des "Einzelnen" bzw. dasjenige von Widerstandsgruppen
(vgl. B.2.4; B.2.5; C.1.3) die Theodizeefrage: Bedeutet das Leiden des
Minjung in seinem Widerstand Gott-Verlassenheit? Ahns Antwort lautet (was
die kirchenkritische Intention seines Minjung-Begriffes deutlich hervorhebt): Gott handelt weder innerhalb der (etablierten) Kirche noch durch die
(dogmenverbundene) Predigt, sondern außerhalb dieser Kirche durch das leidende Handeln des Minjung, nämlich in den Minjung-Ereignissen (vgl. B.4.1.
3.b und c). Ahn nennt diese Theodizee die "Theologie der Ereignisse".

Die "Theologie der Ereignisse" ist Ahns dritte Theodizee, die der jesuanischen (vgl. B.2.4; C.1.3.a) und der ideologiekritischen (vgl. B.2.5; C.1.
3.b) folgt. Wie diese dient auch die "Theologie der Ereignisse" dazu, den
Hauptgegenstand seiner Minjungtheologie, nämlich das Minjung in seinem
leidensvollen "Aus-Auf-Dasein", mit Gottes Handeln in Verbindung zu setzen
und damit als einen theologischen Gegenstand zu legitimieren.

Diese Verbindung versucht Ahn einerseits mit einer universellen Aussage
von Gottes Handeln zu begründen: "Alles, was geschieht, geschieht allein
durch Gottes Eingreifen" (vgl. S.138). Damit meint er, daß Gott auch in den
mutigen Aussagen der Widerstand Leistenden vor Gericht, d.h. auch außerhalb
der Kirche handele. Andererseits versucht er, sie mit einer partikularen
Bestimmung von Gottes Handeln zu begründen: "Gott ist nicht nur im Leiden
der Leidenden gegenwärtig, sondern Gott ist selber der Leidende, und wir
stehen vor diesem leidenden Gott" (vgl. S.140). Mit dieser Identifizierung
begründet er den Ausschluß der politisch nicht engagierten Christen bzw.
Kirchen aus der Reichweite des Handelns Gottes (vgl. S.139). Dabei vermischt er die universelle und die partikulare Aussage von Gottes Handeln so
miteinander, daß die universelle Aussage die Kontinuität des Handelns Gottes in den "Ereignissen" überhaupt festhalten soll, während die partikulare
Bestimmung einzelner Ereignisse die Priorität dieser Ereignisse als "Gottes
eigenes Handeln" vor deutenden Worten absichern soll (vgl. B.4.1.3.c).

Dieses Begründungsverfahren Ahns verdeutlicht, daß in seiner "Theologie
der Ereignisse" gerade in bezug auf ihren Hauptbegriff 'Gottes Handeln'
eine Unklarheit herrscht, die sich in einem kontradiktorischen Widerspruch
seiner Argumentation verrät: Um die Aussage desselben Handelns Gottes in

den Minjung-Ereignissen zu begründen, beruft sich Ahn gleichzeitig auf eine Universalität von Gottes Handeln (in Form von Gottes Eingreifen in alle Geschehnisse) und auf eine Partikularität von Gottes Handeln (in Form von Gottes Sich-Identifizieren mit bestimmten politisch-sozialen Gruppen).

Ahn verstrickt sich in diesen Selbstwiderspruch aus folgendem Grund: Gegenüber dem polemisierenden Hinweis der politisch nicht engagierten Christen, daß die sog. Minjung-Ereignisse von nichtchristlichen Bedingungen ausgehen und deshalb mit Kirchen und Christen nichts zu tun hätten, bezieht Ahn die Minjung-Ereignisse in das universal bestimmte Gottes Handeln ein, um sie damit als ein Beispiel für Gottes Handeln in die christliche Diskussion aufzunehmen[63] und zugleich für seine Kritik an den politisch nicht engagierten Christen einsetzen zu können. In derselben kritischen Absicht beschränkt er aber zugleich das Handeln Gottes auf den sich nur mit dem leidenden Minjung identifizierenden Gott, um damit die politisch nicht engagierten Christen von der Beziehung zu Gottes Handeln auszuschließen. M.a.W.: Ahn funktionalisiert Gottes Handeln zu einer göttlichen Sanktion für die Minjung-Ereignisse als ein kirchenkritisches Potential.[64]

Auch die von Ahn behauptete Priorität der "Ereignisse" vor den auf sie folgenden deutenden Worten ist nichts anderes als ein Versuch, die "Minjung-Ereignisse" als das primäre Kriterium für die Beziehung zu Gottes Handeln aufzuweisen und damit die dogmengebundene Predigt, die den Minjung-Ereignissen nicht nachfolgt, für überflüssig zu erklären. Ahn versucht, seine Behauptung, daß Gott kontinuierlich in Ereignissen handele und diese Ereignisse Priorität vor den "nachkommenden" Worten hätten, an einem biblischen Beispiel zu verdeutlichen: dem Leben des Paulus. Gott habe im Leben des Paulus in Leidenserfahrungen (2.Kor 11,23ff) kontinuierlich gehandelt, ohne daß dieses Handeln Gottes von vornherein mit Worten verbunden gewesen wäre (vgl. S.142). Dieses Beispiel wird allerdings dadurch als ungültig entlarvt, daß Ahn selbst die missionarische Lebensbedingung des Paulus für die Dogmatisierung von Jesu Verhalten und Worten verantwortlich macht (vgl. B.4.4.1; B.4.4.3).

Ahn bezeichnet sein Konzept der "Theologie der Ereignisse" (trotz aller darin enthaltenen logischen und theologischen Unklarheiten) als den Grundsatz der Minjungtheologie insgesamt:

---

63 Dies geschieht bei Ahn auch im Zusammenhang mit dem Begriff "Missio Dei", vgl. A.3.9 und B.3.4.
64 Diese Funktionalisierung von Gottes Handeln findet sich schon in dem Ahns gesamter Theologie zugrundeliegenden Wahrheitsbegriff des "Ereignisses" und in den damit verbundenen Begründungsprinzipien "Analogisierung" und "Identifizierung".

"Hauptthema der Minjungtheologie ist es also, die 'missio dei' in den
Minjung-Ereignissen zu bezeugen. In diesem Sinne ist die Minjungtheologie
eine 'theologia eventorum' ... , die die Aufgabe hat, die Bewegung und
Gegenwart Gottes in den historischen Ereignissen aufzuspüren; aus diesem
Grundsatz heraus werden die Bibel und die Gegenwart ausgelegt."[65]

C.3.3 Die "Wiederentdeckung des Minjung" - Die theologische
Dimension des Minjung als Subjekt des Min-Dschok und
die Entdeckung einer Minjung-Dimension Gottes

(a) Die Entdeckung der theologischen Dimension des Minjung
als Subjekt des Min-Dschok

Ahns "Wiederentdeckung des Minjung" (vgl. B.4.2.1) ist ein weiterer Versuch, eine theologische Thematisierung des Minjung als Hauptgegenstand und
zugleich Wahrheitskriterium für das *Theologie-Treiben* (doing theology) zu
legitimieren im Zusammenhang mit seiner Aufforderung, die koreanische Kirche zur 'Minjung-Kirche für das koreanische Min-Dschok' zu erneuern. Diese
Legitimierung erfolgt durch die "Säkularisierung der Rechtfertigungslehre"
(1) unter Berufung auf Jesu Verhalten (2) und nationalistische Argumente
(3).

(1) Während die "Theologie der Ereignisse" das Leiden des Minjung in
seinem Widerstand zu identifizieren suchte mit Gottes Handeln, hebt die
"Wiederentdeckung des Minjung" vielmehr den von einem sozialen Konflikt
bestimmten und ideologiekritischen Aspekt dieses Leidens hervor: Das leidende Minjung werde trotz seiner Tugend ('Menschen für andere') von der
etablierten Theologie und Kirche als ungebildet und gottlos ignoriert (vgl.
S.145). Demgegenüber wird in der "Wiederentdeckung des Minjung" versucht,
das von Christen und christlichen Institutionen ignorierte Minjung als von
Gott selbst gerechtfertigt zu erklären (vgl. ebd). Diese Rechtfertigung
geschehe "unabhängig von dem Bewußtseinszustand des zu Rechtfertigenden"
(ebd), d.h. unabhängig sowohl von kirchlichen Dogmen als auch davon, daß
das Minjung - nämlich das koreanische Min-Dschok, das in seinem wesentlichen Teil nicht christlich ist - an Gott nicht glaubt oder sogar Gott
nicht einmal kennt. Denn es gebe "keinen gott-losen Menschen, keine gott-
lose Welt" (ebd). Eine Thematisierung des Minjung als Hauptgegenstand des
Theologie-Treibens mit dem Ziel einer 'Minjung-Kirche für das koreanische
Min-Dschok' sei deshalb legitim, weil das Minjung - unabhängig von christlichen Institutionen wie auch vom Glauben und Gottesbewußtsein - innerhalb

---

65 Ahn Byungmu, "Koreanische Theologie", in: Karl Müller/Theo Sundermeier,
Lexikon missionstheologischer Grundbegriffe, Berlin 1987, S.230-235,
hier: 233.

der durch die Allgegenwart des rechtfertigenden Gottes bestimmten Wirklich-
keitsstruktur der Welt von Gott selbst als "Existenz ohne Gott vor Gott"
akzeptiert worden sei (ebd).

(2) Ahn versucht, eine Thematisierung des Minjung als theologisches
Wahrheitskriterium dadurch zu legitimieren, daß er dem Minjung die Tugend
eines "Menschen für andere" zuschreibt (vgl. S.145) und diese Tugend des
"mit anderen leben" und "mit anderen leiden" (vgl. S.146) mit dem Verhalten
Jesu analogisiert. Dies bedeutet für Ahn: Das Leben des Minjung 'für andere' ist eine (ohne Dogmen und ohne Kirche gegebene) Möglichkeit zur Wiederherstellung des ursprünglichen Christentums. Insofern sei es eine "Rückkehr
zu Jesus" (146).

(3) Die koreanische Kirche solle sich zur 'Minjung-Kirche für das koreanische Min-Dschok' erneuern, indem sie die ursprüngliche Identität der koreanischen Kirche als eine "Gemeinschaft des Minjung", die eine Wider-
standsgruppe gegen jede "Krise des Min-Dschok" gewesen sei (vgl. S.147),
wiederherstelle. Diese Aufgabe sei dadurch zu verwirklichen, daß die koreanische Kirche das Minjung als ihr Subjekt (weil zugleich Subjekt des Min-
Dschok) wieder anerkenne.

Ahns "Wiederentdeckung des Minjung" ist allerdings in seinen dargestellten theologischen Implikationen kritisch zu überprüfen:

Erstens argumentiert Ahn hier wiederum kontradiktorisch: Er behauptet,
daß Gott alle Menschen rechtfertige, ohne kirchliche bzw. dogmatische
Vorbedingungen und sogar ohne Glauben; es gebe keinen gott-losen Menschen
und keine gott-lose Welt. Näher besehen schließt Ahn aber zugleich diejenigen Christen, die sich mit dem Minjung nicht identifizieren bzw. nicht
solidarisieren, von diesem rechtfertigenden Handeln Gottes aus. Nach Ahns
Argumentation wären sie trotz beanspruchter Nähe zu Gott als 'Existenz ohne
Gott' zu bezeichnen, da sie den wahrhaft handelnden Gott durch ihre kirchlichen Dogmen und Institutionen ersetzen, während das Minjung von Ahn als
"Existenz ohne Gott vor Gott" gesehen wird. (Ahns) Gott, der angeblich alle
Menschen ohne Glauben und nur wegen seiner Allgegenwart rechtfertigt,
rechtfertigt also doch nicht jeden Menschen.[66]

Ein Grund für diesen Widerspruch liegt darin, daß Ahn Gott funktionalisiert, um seine theologischen Gedanken als Aussagen über Gottes Handeln
darstellen zu können: Ahn will eine bestimmte politisch-soziale Gruppe, das
Minjung, theologisch thematisieren und begründet dies mit einer Universal-

---

66 Dieser Sachverhalt verbirgt sich auch hinter Ahns Rede von Gottes "Niedrigkeit" und "Parteilichkeit" (vgl. S.178). Wir kommen im nächsten Para-
   graphen darauf zurück.

bestimmung von Gottes rechtfertigendem Handeln; zugleich will er allein einer Minjung-Kirche eine berechtigte Berufung auf Gott zugestehen.

Zweitens begeht Ahn mit seiner Behauptung, daß das Verhalten des Minjung durch seinen Einsatz für andere bzw. füreinander charakterisiert sei, einen "Fehlschluß der unzureichenden Statistik"[67]. Denn er verallgemeinert hier wohl seine persönliche Minjung-Erfahrung im Gefängnis, ohne daß er genügend Daten gesammelt hat, um diese Verallgemeinerung zu rechtfertigen. Dies beleuchtet die idealisierende Tendenz in seiner Einstellung dem Minjung gegenüber.

Zugleich begeht Ahn einen unzulässigen Analogieschluß, wenn er meint, daß das genannte Verhalten des Minjung aufgrund einer äußerlichen Ähnlichkeit mit dem Verhalten Jesu ein Kriterium für eine Kirchenerneuerung sei. Denn Jesus Christus ist nicht wegen seines genannten Verhaltens das Kriterium für die Identität der Kirche, sondern deshalb, weil er aufgrund des Handelns Gottes an ihm und seiner Gegenwart in der Kirche das 'Haupt der Kirche' (Eph 5,23) ist.[68]

Weil Ahn den ekklesiologischen Grundsatz ignoriert, daß Jesus Christus als Gegenüber zu einer von Parteiungen durchzogenen Kirche deren Fundament ist (vgl. 1 Kor 3,5-11), verwechselt er drittens die Kirche (als Gemeinschaft von Glaubenden mit ihrem Herrn Jesus Christus) mit einer Minjung-Kirche als einer von einer bestimmten Gruppe dominierten Gemeinschaft. Zudem vermischt er die Kirche, die allein Gott gehört und dient, mit einer 'Minjung-Kirche für das Min-Dschok', die einer "Min-Dschok-Gemeinschaft" als einer "Schicksalsgemeinschaft" zugehören und dienen solle, um nicht ein "von dem Leiden des Min-Dschok isolierter, überfüssiger Auswuchs" (vgl. S.148) zu sein. An dieser Stelle tritt sein oben (vgl. C.3.2.b) erörterter nationalistisch bestimmter Min-Dschok-Kollektivismus theologisch offen zutage: nach Ahns Absicht soll er die kirchlichen Institutionen und Dogmen ersetzen. Damit schießt Ahn weit über sein Ziel hinaus, mit seiner "Wiederentdeckung des Minjung" die institutionalisierte Kirche zu entdogmatisieren und die politisch-sozial nicht engagierten Christen aufzufordern, sich mit dem Minjung zu solidarisieren!

---

67 Vgl. zu diesem Begriff Wesley C. Salmon, a.a.O. S.21f.
68 Vgl. Walter Kreck, Grundfragen der Ekklesiologie, München 1981, S.57.

(b) *Die Entdeckung einer Minjung-Dimension Gottes im Gefolge*
     der "Wiederentdeckung des Minjung"

Ahn schließt an seine "Wiederentdeckung des Minjung" das sog. "neue
Gottesverständnis" an (vgl. B.4.2.2). Er schreibt hierfür dem alttestamentlichen Gott die Prädikationen "Niedrigkeit" und 'Parteilichkeit' zu
(vgl. S.150). Dieser Gott habe sich in Jesus von Nazareth endgültig zu
"einem Menschen erniedrigt" (ebd). Deshalb sei außer diesem Jesus von Nazareth kein anderer Gott zu suchen, und außerhalb der "Jesus-Ereignisse" sei
nirgends Gott zu finden (vgl. S.152).

Ähnlich wie bei den vorausgegangenen Begründungsversuchen der "Theologie
der Ereignisse" und der "Wiederentdeckung des Minjung" meint Ahn auch hier,
mit seinem "neuen Gottesverständnis" die Wirklichkeit Gottes festlegen und
damit die kirchlichen Dogmen ausschließen zu können.

Ahns "neues Gottesverständnis" ist allerdings biblisch und theologisch
nicht haltbar:

(1) Nach Ahns Beobachtung ist Gott im Alten Testament nicht als allmäch-
tig vorgestellt (vgl. S.150). Diese Beobachtung bezieht sich aber auf eine
tendenziöse Auswahl von Bibelstellen, auf die Ahn zudem nur anspielt, ohne
sie ausdrücklich zu nennen. Ein Nachweis, daß sich Ahns auswählende Bewertung der Bibel auf eine alttestamentliche Haupttendenz berufen könnte, ist
nicht zu führen. Vielmehr ist festzustellen, daß Ahn die 'Einheit in Viel-
falt' in den alttestamentlichen Zeugnissen von Gottes Sein und Handeln zerstört. Das Alte Testament bekennt nämlich "die Identität Gottes trotz verschiedener, ja höchst verschiedenartiger Aussagen von Gott."[69] Dies gilt
auch von Gottes Allmacht; von ihr "gibt Gott den Menschen ab; sie zeigt
sich in der Kraft, die er denen spendet, die sie nötig haben"[70]. Gott gibt
sich also eben in seiner Allmacht nicht in die "Niedrigkeit" auf, so daß er
damit seine Identität verlieren würde.

(2) Ahns Urteil, daß die Vorstellung von einem allmächtigen Gott, sei es
in alttestamentlichen Klagepsalmen, sei es in kirchlichen Dogmen, an der
Realität der Welt unter dem Bösen gescheitert sei (vgl. S.150), verrät,
welches Kriterium Ahn für sein "neues Gottesverständnis" anwendet. Es ist
bestimmt von seiner Welt-Erfahrung, derzufolge die Welt gott-los ist in dem
doppelten Sinne, daß sie unter dem Bösen steht und somit ohne einen allmächtigen Gott ist. Diese Weltanschauung entscheidet bei Ahn, welche biblische Gottesvorstellung haltbar ist und welche Bibelstelle dementsprechend

---

69 Werner H. Schmidt, Alttestamentlicher Glaube in seiner Geschichte, 6.
     Aufl. Neukirchen-Vluyn 1987, S.351.
70 A.a.O. S.354.

anzunehmen oder zu verwerfen ist.[71] Ahns Behauptung, daß der biblische Gott kein allmächtiger Gott sei, ist also eigentlich eine Variation seiner Weltanschauung und nicht etwa ein "neues", aus der Bibel gewonnenes Gottesverständnis. Im Unterschied dazu steht die biblische Botschaft von Gottes Allmacht in einer tröstenden und fruchtbaren Spannung zu unserer Wirklichkeitserfahrung.

Dies bestätigt zugleich, daß Ahn auch bei seinem Begründungsversuch für das "neue Gottesverständnis" zum wiederholten Male mit dem zu Begründenden (nämlich seiner Weltanschauung) den Begründungszusammenhang bestimmt.

(3) Ahn versteht die Aussage, daß Gott in Jesus von Nazareth endgültig Mensch geworden ist, in dem Sinne eines 'Jesus-Monismus': Außer diesem _ein für allemal_ _Mensch_ gewordenen Gott, Jesus von Nazareth, sei kein anderer Gott zu suchen. Mit diesem Jesus-Monismus meint Ahn, die Trinitätslehre ersetzen zu können, weil sie nach seiner Ansicht der Wirklichkeit Gottes nicht entspricht und eine exklusive Identifizierung mit dem leidenden Jesus abschwächt bzw. blockiert. Ahn bezieht sich vor allem auf Joh 14,6f und meint, daß Jesus dort auf sich selbst als auf den im Sinne des Jesus-Monismus authentischen und einzigen Ort der Gegenwart Gottes hinweise (vgl. S.151).

Demgegenüber stellt sich beispielsweise die Frage, wie es nach Ahns "neuem Gottesverständnis" zu verstehen ist, daß Jesus von Nazareth in Gethsemane Gott seinen "Vater" nennen und zu ihm beten kann. Bedeutet auch der "Vater" an dieser Bibelstelle Jesus von Nazareth selbst, und ist das Gebet Jesu demnach als eine Selbstsuggestion zu bezeichnen?

An diesem Beispiel läßt sich verdeutlichen, daß Ahns Jesus-Monismus wiederum ein Implikat seiner Weltanschauung ist: Das Urereignis "Jesus" und die ihm nachfolgenden "Jesus-Ereignisse" überwinden die Verborgenheit Gottes in der gott-losen Welt (vgl. C.1.1). Diesen impliziten Jesus-Monismus hat Ahn in einem langwierigen Entwicklungsprozeß schrittweise expliziert: In seiner auf dem Verhalten Jesu am Kreuz beruhenden Theodizee (vgl. bes. B.2.4.b) interpretiert Ahn das Gebet Jesu in Gethsemane als ein Zeichen für die Treue des _vom Vater_ _verlassenen_ _Sohnes_ zum abwesenden Vater. Ahn scheint dabei zwar eine elementare Unterscheidung von "Vater" und "Sohn" zur Kenntnis zu nehmen, obwohl hier die Abwesenheit des "Vaters" mehr als nur ein "Schweigen" (vgl. S.84) zu bedeuten scheint. Diese Unterscheidung geht aber sogleich verloren in dem ethischen Monismus des mündigen, von dem

---

71 Diese Art, die Bibel zu gebrauchen, ist bei Ahn auch darin zu beobachten, daß er sich in seiner Minjungtheologie nahezu exklusiv auf das Markusevangelium beruft und im gleichen Zusammenhang die Briefe des Paulus verwirft. Allerdings tritt hierbei das Subjekt-Sein des Minjung als Kriterium neben die Erfahrung der Welt als gott-los.

Willen des "Vaters" durch das "Christus-Ereignis" befreiten "Sohnes" (vgl.
S.86) bzw. in der Gestalt des "Aus-Auf-Daseins", das durch das eigene
ethische Handeln Gott nach Ahns Meinung vertritt (vgl. C.1.3.a), unseres
Erachtens aber eigentlich ersetzt. Gott in seinem "Aus-Auf-Handeln in der
Geschichte" verschmilzt nämlich mit dem alles Bestehende überschreitenden
Handeln der "Aus-Auf"-Gruppe, die damit zum im politisch-sozialen Engagement "gegenwärtigen Christus" wird (vgl. S.98f; C.1.3.b). In seinem "neuen
Gottesverständnis" gibt Ahn schließlich Gott den Vater ausdrücklich auf, um
mit dem "sich aufgebenden Gott" (vgl. S.150) im Sinne des Jesus-Monismus
die exklusive und unausweichliche Identifikation mit dem leidenden Jesus zu
erreichen. Dies führt bei Ahn dazu, daß seine Minjungtheologie letztlich
eben jener "Selbstprojektion" verfällt, die er umgekehrt den konservativen
Christen mit ihren Dogmen vorwirft (vgl. S.149).

C.3.4 Das Subjekt-Sein des Minjung in der Geschichte – Ahns Minjung-Monismus als Abschluß der Grundlegung seiner Minjungtheologie zur Sinngebung für die Minjungbewegung

Wir wenden uns nun der Hauptthese von Ahns Minjungtheologie, das Minjung
sei das Subjekt der Geschichte, und deren Begründung (vgl. B.4.3.1) zu.

Ahn begründet das Subjekt-Sein des Minjung in der Geschichte mit folgenden beiden Aussagen: Allein das Minjung habe mit der ihm exklusiven "Zähigkeit" die Identität des koreanischen Min-Dschok gegen die Wechselfälle der
Herrschaft bewahrt (vgl. S.154). Außerdem vertrete allein das Minjung den
Willen Gottes für die Lebensordnung des koreanischen Min-Dschok (vgl.
S.157) aufgrund des ihm exklusiven Wahrnehmungs- und Urteilsvermögens in
bezug auf die geschichtliche Wirklichkeit (vgl. S.155).

In diesem doppelten Begründungsversuch ist ein Minjung-Monismus impli-
ziert, der durch den Anspruch auf eine jede andere politische bzw. soziale
Machtgruppe ausschließende und zugleich die ganze Gesellschaft umgreifende
Verbindlichkeit des Wahrnehmungs- und Urteilsvermögens des Minjung charakterisiert ist. Hier geht es weder um die Wahrheitsprüfung von einzelnen
Aussagen des Minjung noch um die politisch-ethische Erwägung von Meinungen
des Minjung. Es handelt sich vielmehr um eine Behauptung der immanenten
Wahrheit dessen, was das Minjung in bezug auf die Geschichte, d.h. die
Wirklichkeit im ganzen bzw. Gott selbst (vgl. S.155), wahrnimmt und aussagt. Damit weist sich Ahns Minjung-Monismus als eine politische Ideologie
aus, die als eine partikulare Weltanschauung den gegen jede Wahrheitsprüfung immunisierten Anspruch auf universale Verbindlichkeit erhebt.

An den universalen Anspruch des Minjung-Monismus schließt Ahn sein Bekenntnis zur "Geschichte mit dem Minjung" an (vgl. B.4.3.2). Die Geschichte
stehe für Gott, und das Minjung sei die "Substanz" dieser Geschichte (vgl.
S.159). Ohne das Minjung gäbe es also keine Geschichte und folglich keinen
Anhaltspunkt für Gott selbst! Das Minjung ist damit vom Status einer Er-
kenntnisinstanz ("Gesinnung des Minjung") zu dem einer Wirklichkeitsinstanz
erhoben worden.

Dieser ontologisch abgesicherte Minjung-Monismus hat eine ethische Funktion zu erfüllen: Ahn versteht die Geschichte als einen Gottes Willen entsprechenden kollektiven Willen des koreanischen Min-Dschok zum verantwortlichen Handeln für die "Min-Dschok-Gemeinschaft" (vgl. S.159). Dieser Wille
der Geschichte offenbare sich in der Gestalt des Willens des Minjung. Daher
könne man den Willens der Geschichte nur dadurch verwirklichen, daß man
sich mit dem Minjung solidarisiere (vgl. GM 282f). Dieser Minjung-Monismus
widerspricht zweifellos der Absichtserklärung der Minjungbewegung wie auch
der Minjungtheologie insgesamt, daß sie zur Demokratisierung der Politik
und Gesellschaft Koreas beitragen wolle. Schließt doch Ahns die ganze Gesellschaft umgreifender Minjung-Monismus eine politische Artikulation
Andersdenkender aus und erlaubt nur noch die Stimme des Minjung, das damit
genauso totalitär wirkt wie das Yushin-System!

Ahns Minjung-Monismus bildet historisch wie auch strukturell den Abschluß der Grundlegung seiner Minjungtheologie als einer Sinngebung bzw.
'Artikulation der Ideologie' für die Minjungbewegung.

C.3.5 *Die soziologische Bibelauslegung der Minjungtheologie Ahn Byungmus - Ein Versuch, den Minjung-Monismus aus dem Verhältnis Jesu zum 'ochlos' abzuleiten*

Ahn bemühte sich, den von ihm zugrunde gelegten Minjung-Monismus biblisch, genauer: mit seiner Interpretation des Verhältnisses von Jesus und
ochlos als einer "markinischen Minjungtheologie", abzusichern. Zunächst
führt er dazu den methodischen Grundsatz ein, daß die jeweilige Lebensbedingung die Bibelauslegung bestimme (a). Um diesem Grundsatz zu entsprechen, arbeitet er die Lebensbedingung des Minjung an dem exemplarischen
Beispiel der Galiläagemeinde heraus; deren Lebensbedingung spiegelt sich in
seiner Auslegung des Verhältnisses von Jesus und *ochlos* im Markusevangelium wider (b). Das Ergebnis dieser soziologischen Bibelauslegung, derzufolge die "markinische Minjungtheologie" die ursprüngliche Grundlage der
Christenheit ausdrücke, verdeutlicht die Zielsetzung seiner Minjungtheolo-

gie, eine Theologie für die Minjung-Gemeinschaft der koreanischen Kirche
wie auch des koreanischen Min-Dschok einzuführen (c).

(a) Der Grundsatz der Bibelauslegung der Minjungtheologie Ahn Byungmus

"Die Lebensbedingung bestimmt die Bibelauslegung" (GM 126; Vgl. B.4.
4.1). Unter "Lebensbedingung" versteht Ahn den politischen, sozialen, wirtschaftlichen und kulturellen Standort und die von diesem Standort bestimmte
politisch-soziale Position des Einzelnen bzw. einer Gruppe (vgl. S.161).
Der Mensch neige von Natur aus dazu, sich selbst bzw. die eigene Gruppe zu
rechtfertigen und daher alles vom eigenen Standort her zu verstehen und zu
interpretieren (vgl. ebd). Diese *conditio humana* bestimme auch die Bibelauslegung: Jeder Einzelne bzw. jede Gruppe lege die Bibel immer der eigenen
Lebensbedingung entsprechend aus (vgl. ebd).

Ahn glaubt jedoch nicht, daß dies unbedingt dazu führen muß, daß jede
Partei die Bibel zum Zwecke der Selbstrechtfertigung mißbraucht.

Es geht ihm vielmehr darum, die Position einer Lebensbedingung zu beziehen, die derjenigen Jesu entspricht[72]. Ahn glaubt, daß in einer solchen
Lebensbedingung lebe, wer sich mit dem Minjung solidarisiere und mit dem
Minjung leide (Vgl. S.161f). Man könne also nur unter den Lebensbedingungen
des Minjung bzw. mit der "Sichtweise des Minjung" Jesu Worte und Verhalten
bzw. die ganze Bibel sach- und wahrheitsgemäß interpretieren.[73]

(1.1) Ahn versucht, seinen Grundsatz der Bibelauslegung mit der "Wanderprediger"-Hypothese anschaulich zu machen: Die "Wanderprediger" hätten aufgrund der Ähnlichkeit ihrer Lebensbedingungen mit denjenigen Jesu dessen
Worte authentisch tradieren können (vgl. S.159f). Diese Hypothese ist aber
als ein "Fehlschluß der Bejahung des Konsequens"[74] zu bezeichnen. Denn in
Ahns Schlußfolgerung bestätigt die zweite Prämisse das Konsequens der ersten Prämisse; zugleich stellt die Konklusion das Antecedens der ersten
Prämisse dar. Ahns erste Prämisse lautet: Wenn die Lebensbedingungen eines
Einzelnen oder einer Gruppe denjenigen Jesu entsprechen, tradiert er oder
sie Jesu Worte authentisch. Ahn glaubt zweitens, in den synoptischen Evangelien feststellen zu können, daß eine Gruppe, die er "Wanderprediger"
nennt, tatsächlich Jesu Worte authentisch tradiert hat. Daraus folgert er,
daß die Lebensbedingungen der Wanderpredigergruppe denjenigen Jesu entsprechen. Ahns Schlußfolgerung ist jedoch logisch ungültig: Selbst wenn die

---

72 Vgl. B.1.2 und Anm.2 in Teil C.
73 Vgl. Anm. 21 in Teil C.
74 Vgl. dazu Wesley C. Salmon, a.a.O. S.57f.

erste und die zweite Prämisse wahr wären, würde daraus die Wahrheit der
Konklusion nicht zwingend folgen. Das heißt jedoch nicht, daß sie unbedingt falsch sein müßte. Es käme beispielsweise eine empirische Begründung
in Frage.

(1.2) Für einen solchen Begründungsversuch müßte Ahn aber zunächst die
"Wanderprediger"-Hypothese selbst begründen. Zu diesem Zwecke müßte er die
eben geschilderte Argumentation in die gültige Argumentform einer "Bejahung
des Antecedens" (modus ponens)[75] umformulieren, wofür die zweite Prämisse
und die Konklusion zu tauschen wären. Dann wäre die Wahrheit der ersten und
der zweiten Prämisse nachzuweisen. Um die Wahrheit der ersten Prämisse
nachzuweisen, könnte sich Ahn auf die oben genannte *conditio humana* berufen, die er nach eigener Aussage aus seiner Beobachtung der Predigtpraxis
abgeleitet hat (vgl. S.161). Dies ist aber als ein "Fehlschluß der unzureichenden Statistik"[76] wie auch als ein "Fehlschluß der voreingenommenen
Statistik"[77] zu bezeichnen. Denn Ahn folgert hier aus relativ wenigen und
nicht-repräsentativen Daten (nämlich der Predigtpraxis der konvervativen
bzw. evangelikalen Kirchen Südkoreas) per negationem eine allgemeine
conditio humana. Um die Wahrheit der zweiten Prämisse nachzuweisen, wäre
dann die nicht mehr durchführbare empirische Beweisführung zu übernehmen,
daß die Lebensbedingungen Jesu und diejenigen der Wanderprediger tatsächlich einander gleich strukturiert waren in der Weise, wie Ahn sie sich
vorstellt (vgl. S.159f).

(2) Ahns Grundsatz der Bibelauslegung setzt außerdem eine wissenssoziologische Hypothese voraus: Das Denken sei an eine bestimmte Lebensbedingung
(im Sinne einer politischen und sozialen Position) gebunden.[78] Ahn hält die
"Seinsverbundenheit" (Karl Mannheim) des Minjung für das Kriterium einer
authentischen Auslegung von Jesu Worten und Verhalten. Ahn meint hier jedoch mehr als nur eine Aussage über einen Entdeckungszusammenhang. (Das
Denken ist immer an ein Sein im Sinne eines denkenden Subjektes gebunden.)
Er will nämlich eine Aussage über einen Begründungszusammenhang erreichen.
(Das Sein bestimmt das Denken; vgl. S.161.) Dies widerspricht jedoch dem
theologischen Verständnis des Handelns Gottes an Jesus Christus und dem
Menschen. Denn Gott will durch sein Handeln an Jesus Christus den Menschen
von seiner Seinsgebundenheit in Form jeder Art von Gottesverleugnung, d.h.

---

75 Vgl. dazu a.a.O. S.52f.
76 Vgl. dazu W.C. Salmon, a.a.O. S.170f.
77 Vgl. dazu a.a.O. S.172ff.
78 Vgl. Anm. 47 in Teil B.

von seiner Sünde, befreien und zur Selbstvergessenheit[79] rufen. Ahns Konzept des "Aus-Auf-Daseins" impliziert u.E. zwar das Motiv der "Selbstvergessenheit", das er aber u.a. wegen der (von der Theodizeefrage motivierten) Selbstdarstellung der "Aus-Auf"-Gruppe (vgl. C.1.3) nicht weiter entwickelt hat. Ahns Vorstellung, daß die "Seinsverbundenheit" des Minjung gerade deshalb eine Selbstvergessenheit sei, weil seine Lebensbedingung derjenigen Jesu entspreche, wiederholt nur die Selbstdarstellung der "Aus-Auf"-Gruppe und führt zu einer selbstwidersprüchlichen Konsequenz, wie im folgenden zu zeigen sein wird.

(3) Wenn die Lebensbedingung des Minjung derjenigen Jesu entsprechen und deshalb eine authentische Auslegung seiner Worte ermöglichen soll, dann muß sie immer so bleiben, wie sie ist, um der Lebensbedingung Jesu unverändert entsprechen und damit die authentische Auslegung weiter ermöglichen zu können. Dies widerspricht jedoch eindeutig Ahns Intention, das Bemühen des Minjung um die Humanisierung (Veränderung!) seiner eigenen Lebensbedingungen zu unterstützen. Wenn die Lebensbedingungen des Minjung so verändert werden, daß das Minjung nicht mehr unterdrückt, ausgebeutet und entfremdet sein wird - also nicht mehr Minjung sein wird -, wird es Jesus, der Ahns zufolge selbst Minjung war und sich exklusiv mit dem Minjung wegen seiner unterdrückten und entfremdeten Lebensbedingungen identifizierte (vgl. S.174), jedenfalls nach Ahns Grundsatz der Bibelauslegung, nicht mehr verstehen können, weil ihre Lebensbedingungen einander nicht mehr entsprechen. Dies bedeutet: Ahns Minjungtheologie strebt danach, daß Jesus in absehbarer Zeit entweder überflüssig oder von niemandem mehr verstanden wird! Ahns Grundsatz der Bibelauslegung führt auf diese Weise zu einer unerwarteten Entscheidung zwischen einem authentischen Verstehen von Jesu Worten und einer Humanisierung (Veränderung) der Lebensbedingungen des Minjung.

Ein Grund für diesen Selbstwiderspruch liegt darin, daß Ahn mit der Lebensbedingung des Minjung zwei einander entgegengesetzte Vorstellungen verknüpft: Die Lebensbedingung des Minjung wird einerseits als ein verwerfliches Ergebnis des strukturellen Bösen der ungerechten Macht und deshalb als zu verändernd verstanden. Sie wird aber andererseits dadurch idealisiert, daß Ahn Jesus mit dem Minjung gerade wegen dessen unterdrückten und entfremdeten Lebensbedingungen identifiziert, um mit diesem Vorbild 'Minjung Jesus' die Motivation zur politischen Solidarität zu unterstützen.

---

79 Vgl. zu diesem Stichwort Gerhard Sauter, "Menschsein und theologische Existenz", in: Ders., In der Freiheit des Geistes, Göttingen 1988, S.11-22, bes. S.17.

(b) *Die Lebensbedingung des Minjung - Die Minjung-Gemeinschaft*
der Galiläagemeinde als "familia dei"

Die Lebensbedingung des Minjung ist bei Ahn folgendermaßen strukturiert,
wie aus seiner Darstellung der Gemeinschaft von Christen und Nichtchristen
in der Galiläagemeinde Ahns als einer Minjung-Gemeinschaft bzw. "familia
dei" hervorgeht (vgl. B.4. 4.2):

(1) Das Minjung habe eine gemeinsame Leidenserfahrung. Diese entstehe
durch die Unterdrückung von seiten des Yushin-Systems und durch die Ächtung
von Seiten der etablierten Gesellschaftsschichten.

(2) Aufgrund der gemeinsamen Leidenserfahrung bilde sich eine Minjung-
Gemeinschaft aus Christen und Nichtchristen. Sie akzeptieren einander ohne
jede (ethische oder religiöse) Vorbedingung außer der gemeinsamen Leidens-
erfahrung. Sie identifizieren sich mit Jesus unabhängig von den kirchlichen
Institutionen und Dogmen. Denn auch Jesus habe Leiden erfahren und die
Unterdrückten und Entfremdeten ohne jede Vorbedingung akzeptiert. In diesem
Sinne sei die Minjung-Gemeinschaft eine "familia dei" (vgl. S.164).

(3) Die Minjung-Gemeinschaft sei eine Gruppe von Sündern, und zwar im
doppelten Sinne: Sie werde von dem etablierten Gesellschaftssystem, vor allem auch von den politisch indifferenten Kirchen, als Sünder, nämlich als
diejenigen, die sich dem bestehenden Gesellschafts- und Kirchensystem nicht
anpassen können und wollen, abgestempelt. Damit spielen sie aber zugleich
die Rolle des Sündenbockes, der die Sünde des ungerechten Gesellschaftssystems stellvertretend trage.[80]

Die Minjung-Gemeinschaft der Galiläagemeinde Ahns wird hier zum reprä-
sentativen Beispiel für eine Minjung-Gemeinschaft der koreanischen Kirche
wie auch des koreanischen Min-Dschok. Ahn bezieht nämlich das Sündenbock-
Symbol sowohl auf das Minjung der Galiläagemeinde[81] wie auch auf das ganze
koreanische Min-Dschok als das Minjung in der "Weltgeschichte"[82], und zwar
ohne ausdrückliche Unterscheidung der beiden Minjung-Vorstellungen.

Da Ahns Interpretation des Verhältnisses von Jesus und *'ochlos'* insgesamt auf der Lebensbedingung des Minjung beruht, wie sie von der Galiläagemeinde Ahns repräsentiert wird (vgl B.4.4.3), ist diese Interpretation
wegen ihrer unter (a) nachgewiesenen ungültigen bzw. unzureichenden Begründung lediglich als eine Selbstdarstellung der Galiläagemeinde Ahns zu beurteilen.

---

80 Vgl. B.3.4 und Ahn Byungmu, "Was ist die Minjung-Theologie?" in: epd-
Dokumentation 6a/82, S.7-16, hier S.8 und 14.
81 Vgl. a.a.O. S.8.
82 Vgl. a.a.O. S.14.

(c) *Die "markinische Minjungtheologie" - Die von dem Minjung-*
Monismus Ahns bestimmte Theologie für die Minjung-Gemeinschaft
der koreanischen Kirche wie auch des koreanischen Min-Dschok

Ahns Interpretation der "markinische[n] Minjungtheologie"[83] (vgl. B.4.
4.4) setzt voraus, daß Markus wegen der Analogie zwischen seinen Lebensbedingungen und denjenigen Jesu dessen Verhalten und Verkündigung des Gottesreiches authentisch verstanden und vermittelt habe (135ff). Deshalb rekonstruiert Ahn die Lebensbedingungen des Markus und diejenigen Jesu mittels
zeitgeschichtlicher Quellen ausführlich, um diese Analogie aufzuweisen. Zudem interpretiert er aufgrund der so rekonstruierten Lebensbedingungen Jesu
die Bedeutung seines Verhaltens und seiner Verkündigung des Gottesreiches.
Dabei ist die Seinsverbundenheit von Jesu Verhalten und Worten vorausgesetzt.

Ahn setzt zugleich seinem Grundsatz der Bibelauslegung entsprechend
(unausgesprochen) voraus, daß seine eigene Lebensbedingung derjenigen des
Markus entspricht. Das heißt: Jesus, Markus und Ahn haben sozusagen eine
Familienähnlichkeit in ihren Lebensbedingungen.

Die Substanz ihrer Familienähnlichkeit besteht in dem 'Sich-Identifi-
zieren mit dem Minjung'. Deshalb ist für Ahn die "Basis der markinischen
Minjungtheologie" (142) darin zu suchen, daß sich Jesus mit dem Minjung in
Galiläa identifiziert. Wie Jesus identifiziert sich auch Markus mit seinem
'Minjung nach dem Jüdischen Krieg' (135) und Ahn mit seinem Minjung Ko-
reas[84].

Das 'Sich-Identifizieren mit dem Minjung' wird bei jedem genannten
Minjung-Repräsentanten exklusiv dadurch ermöglicht, daß man sich selbst in
die Lebensbedingungen des Minjung hineinbegibt und darin lebt. Jesus begibt
sich deshalb in die Lebensbedingung des Minjung in Galiläa hinein (143);
Markus und Ahn folgen in ihrer jeweiligen Lebensbedingung Jesus nach. Dies
bedeutet: Die letzte Instanz, die die Familienähnlichkeit zwischen Jesus,
Markus und Ahn in ihren Lebensbedingungen entscheidet, ist die bei diesen
gleich strukturierte Lebensbedingung des Minjung.

---

83 MTVG S.142. Seitenzahlen in Klammern beziehen sich im folgenden auf
   diese Quelle.
84 Daß seine Lebensbedingung, nämlich sein Sich-Identifizieren mit dem
   Minjung Südkoreas, in seiner Interpretation der "markinischen Minjungtheologie" vorausgesetzt ist, deutet Ahn im Originaltext seines Aufsatzes "Die Minjungtheologie im Licht des Markusevangeliums" (TD 34/1981,
   S.504-536) mit dem Hinweis an, daß er die "Problemstellung und die
   Sichtweise des Aufsatzes absichtlich in den Zusammenhang mit der
   Minjungtheologie Südkoreas" stelle (a.a.O. S.504).

Damit ermöglicht und entscheidet erst die Lebensbedingung des Minjung
die Identität von Jesus, Markus und Ahn als Minjung-Repräsentanten. In
diesem Sinne meint Ahn, daß die verschiedenen Bezeichnungen Jesu alle auf
seinen "kollektiven Charakter" (161) hinweisen. Das heißt: Jesus hätte als
eine vom Minjung unabhängige Person keine Bedeutung. Er sei vielmehr eine
kollektive Minjung-Person, die in der Identifikation mit dem Minjung die
Identität des Minjung (als Subjekt der Geschichte) und dessen Leiden und
Auferstehung zum Ausdruck bringt. Da Markus diese Identität Jesu authentisch verstanden habe, stelle das Markusevangelium "keine persönliche Biographie von Jesu Leben und Verhalten", sondern eine "Sozio-Biographie" des
Minjung dar (ebd). Und Ahns Interpretation von Jesu Leben und Verhalten
will die Lebensbedingung und die Sichtweise des Minjung Koreas (vgl. C.3.
5.a), die derjenigen des Minjung Jesu und des markinischen Minjung gleich
seien, widerspiegeln.

Nun stellt sich allerdings die Frage, ob man eine Bibelauslegung wirklich mit der Strukturähnlichkeit der Lebensbedingungen des Auslegers und
des Textes bzw. des im Text Dargestellten begründen kann. Diese Frage ist
zu verneinen: Die Begründung einer Aussage bzw. eines Aussagenzusammen-
hanges (wie Ahns Interpretation der markinischen Minjungtheologie) ergibt
sich nämlich nicht innerhalb eines Entdeckungszusammenhanges (wie der Lebensbedingung des Minjung).

Wir wollen Ahns Interpretation der markinischen Minjungtheologie zunächst unabhängig von jeder Lebensbedingung auf ihre logische Schlüssigkeit
überprüfen, die unter jeder Lebensbedingung gegeben sein muß, um gültige
Aussagen zu formulieren (vgl. C.3.6.a):

(1) Ahns Rekonstruktion der Lebensbedingung des Markus (135f) und derjenigen Jesu wurde genau besehen von einem festgelegten Schema bestimmt:
Eine "Gemeinschaft von Menschen" (135), die unschuldig sind, wird von einer
übermächtigen und ungerechten Macht unterdrückt und ausgebeutet. Sie leistet vergeblich Widerstand gegen diese Macht. Sie wird von der Macht verfolgt und auch von anderen, der Macht gefügigen Gruppen verachtet. Sie
wehrt sich mit einer eigenen Sinngebung gegen die Ideologien der herrschenden Schichten[85], um die eigene Welt zu bewahren und durchzusetzen. Dieses
Schema erinnert an den bereits erwähnten Entwicklungsprozeß einer "sozialen
Bewegung" (vgl. C.3.1.b). Die von diesem Schema vorbestimmte Rekonstruktion

---

85 Für Jesus sei die Gegenideologie die sog. "Jerusalem-Ideologie" (MTVG
   S.150) und für Markus die Theologie des Paulus (vgl. MTVG S.136-140).
   Die eigene Sinngebung Jesu sei seine Verkündigung des Gottesreiches und
   die des Markus die "markinische Minjungtheologie".

reduziert die Lebensbedingungen Jesu bzw. des Markus auf dieses Schema und spiegelt nur dieses Schema selbst.

(2) Die Selbstprojektion Ahns bestätigt sich auch in seiner Rekonstruktion der "Anliegen des Markus" (140ff), die eigentlich die Anliegen Ahns selbst in seiner Minjungtheologie Punkt für Punkt widerspiegelt: Ahn will das "Aufrecht-Sein" des koreanischen Min-Dschok (vgl. C.3.2.b) wiederherstellen, das unter dem Yushin-System verloren gegangen ist. Zu diesem Zweck will er zunächst die koreanische Kirche zur Minjung-Gemeinschaft erneuern, indem er einen von kirchlichen Dogmen befreiten "gegenwärtigen" Christus (nämlich 'Minjung Jesus') vorstellt und dadurch die bestehenden Dogmen und Institutionen der Kirche ersetzt.

C.3.6 Das Konzept der "Minjungsprache" - Ein Versuch, den Minjung-Monismus mit einer ideologiekritischen Sprachauffassung zu rechtfertigen

Ahns Konzept der "Minjungsprache" (vgl. B.4.5.) ist ein Versuch, seinen Minjung-Monismus zu rechtfertigen, und zwar mit einer ideologiekritischen Sprachauffassung (a), die er anwendet bei der Rekonstruktion einer Trägergruppe der Überlieferung des Jesus-Ereignisses (b).

(a) Die ideologiekritische Sprachauffassung Ahn Byungmus

In seiner minjungtheologischen Sprachauffassung (vgl. B.4. 5.1) unterscheidet Ahn zunächst entsprechend seinem antagonistischen Gesellschaftsbild (vgl. B.2.5.a) zwei einander entgegengesetzte Sprachtypen: die Sprache von Herrschenden und Intellektuellen einerseits und die Sprache des Minjung andererseits. Mit der Sprache meint Ahn hier sowohl Gestalt wie auch Gehalt von Sinngebung bzw. Ideologie bei den genannten beiden Gesellschaftsgruppen. An dieser ideologiekritisch motivierten Unterscheidung der Sprachtypen schließt Ahn ein Werturteil über die Unfähigkeit bzw. Fähigkeit der beiden Sprachgruppen zur Realitätswahrnehmung und -vermittlung an: Die Sprache von Herrschenden und Intellektuellen sei durch "Gehirnspekulation" gestaltet, während die Sprache des Minjung im krassen Gegensatz dazu "erfahrene Realität" vermittle (vgl. S.175). Ahn versucht, dieses Werturteil zu rechtfertigen, indem er Logik und Erzählung als Hauptcharakteristika der jeweiligen Sprachtypen einander entgegensetzt: Die Sprache von Herrschenden und Intellektuellen bilde eine von der Realität isolierte eigene Welt, weil sie die Sätze nicht von der Realität, sondern mit logischen Bindeworten voneinander

bestimmen lasse. Im Gegensatz dazu erzähle die Minjungsprache Ereignisse
und Erfahrungen des Lebens realitätstreu, weil sie sich nicht in einen logischen Rahmen binden lasse.

(1) Daß sich die Minjungsprache nicht in einen logischen Rahmen binden
lasse, trifft nicht zu. Denn die Minjungsprache wird (bewußt oder unbewußt)
in einen logischen Rahmen eingefügt, indem sie von der Sprache von Herrschenden und Intellektuellen unterschieden wird: Diese Unterscheidung wäre
nämlich unmöglich ohne den Satz von der Identität[86] und den Satz vom (aus-
geschlossenen) Widerspruch[87].

(2) Die Realitätstreue einer Erzählung hängt nicht vom Erzählenden ab,
sondern allein davon, ob die Erzählung der erzählten Realität entspricht.
Ob die Erzählung des Minjung der erzählten Realität entspricht oder nicht,
muß deshalb im Einzelfall unabhängig vom Erzählenden auf ihre Wahrheit,
d.h. ihre Übereinstimmung mit der Realität, hin überprüft werden. Sonst
würde man einer unzulässigen Argumentation vom "Argument aus der Autorität"[88] (des Minjung) verfallen.

(3) Ahns Hinweis, daß die Sprache von Herrschenden und Intellektuellen
wegen ihrer Gebundenheit an die Logik jede Realitätsbezogenheit verfehle,
verrät ein Mißverständnis des Verhältnisses von Logik und Realität: Die
Logik als "Theorie der Regeln gültigen Schließens"[89] und die Realität als
Gegenstand der Objektsprache[90] sind keine alternative Möglichkeiten, die
einander ausschließen. Die Gebundenheit an Regeln gültigen Schließens ist
kein Grund für die Verfehlung der Realitätsbezogenheit; diese kann nämlich
nur dadurch entschieden werden, ob sich eine Sprache bzw. Sinngebung auf
die Realität bezieht oder nicht. Ob die Sprache von Herrschenden und Intellektuellen eine "Gehirnspekulation" ist oder nicht, muß deshalb im Einzelfall auf ihre Realitätsbezogenheit überprüft werden. Sonst würde man einer
unzulässigen Argumentation eines Argumentes gegen eine bestimmte Person
bzw. Gruppe[91] verfallen.

(4) Ahns Konzept der "Minjungsprache" rechtfertigt also seinen Minjung-
Monismus nicht, sondern verdeutlicht vielmehr dessen totalitäre und ideologische Tendenz, eine Alleingültigkeit der Sprache des Minjung, die ei-

---

86 Vgl. J.M. Bocheński, Formale Logik, Freiburg/München 1956, S.376.
87 Vgl. a.a.O. S.71.
88 Vgl. dazu Wesley C. Salmon, a.a.O. S.184-191.
89 Hans-Georg Lichtenberg, Logik, in: Helmut Seiffert/Gerard Radnitzky
   (Hg.), Handlexikon zur Wissenschaftstheorie, München 1989, S.189-199,
   hier: 189.
90 Vgl. W.K. Essler, Metasprache/Objektsprache, in: J. Speck (Hg.),
   Handbuch wissenschaftstheoretischer Begriffe Bd.2, Göttingen 1980,
   S.428f.
91 Vgl. dazu Wesley C. Salmon, a.a.O. S.191-197.

gentlich eine Widerspiegelung von Ahns antagonistischem Gesellschaftsbild ist, zu beanspruchen und gegen jede vernünftige Wahrheitsprüfung zu immunisieren.

(b) Die Anwendung des Konzeptes der "Minjungsprache" bei der Rekonstruktion der Träger der Überlieferung des Jesus-Ereignisses

Ahn wendet das Konzept der "Minjungsprache" bei seiner Rekonstruktion der Träger der Überlieferung des Jesus-Ereignisses an (vgl. B.4.5.2). Er unterscheidet auch hier entsprechend seinem antagonistischen Bild der Kirche (vgl. B.2.5.b) innerhalb des Urchristentums zwei entgegengesetzte Traditionsgruppen: die "Kirche als Institution" einerseits und die Minjunggruppe außerhalb dieser Kirche andererseits (vgl. S.178). Dabei schreibt er der Kirche als Institution die "Sprache von Herrschenden und Intellektuellen" und der Minjunggruppe die "Sprache des Minjung" zu: Die Kirche als Institution habe die Tatsache, daß Jesus als "politischer Rebell"[92] gekreuzigt wurde, mit ihrer nicht auf diese Realität bezogenen Sprache (dem "Kerygma") verhüllt, um ihre eigene Lehre zu rechtfertigen und damit ihre eigene Institution zu erhalten. Dagegen habe die Minjunggruppe außerhalb dieser Kirche die Realität der Kreuzigung Jesu (im Markusevangelium) erzählt, d.h. "historisch und objektiv" vermittelt. Diese Erzählung der Minjunggruppe sei in Form eines "Gerüchtes", d.h. aus "Bemühungen der unterdrückten Gruppe um Aufdeckung der echten Wahrheit" (108) entstanden.

(1) Bemühungen um die Aufdeckung der Wahrheit allein sind jedoch noch kein Wahrheitskriterium. Insofern entzieht sich Ahns Auffassung der "Gerüchte" als Wahrheitsvermittlung des Minjung einer Wahrheitsprüfung anhand genau bestimmter Kriterien. Die "Gerüchte", die Ahn als Erklärungsmodell für die Erzählungen der synoptischen Evangelien einführt, basieren deshalb zunächst auf nichts anderem als Ahns "Erfahrung in der politischen Situation Koreas" (107 Anm.33). Ahns Rekonstruktion der Träger der Überlieferung des Jesus-Ereignisses rechtfertigt also seinen Minjung-Monismus nicht, sondern verdeutlicht vielmehr zum wiederholten Male dessen ideologische Tendenz. Denn sie beruht auf einer Alleinverbindlichkeit von "Gerüchten" der Minjunggruppe, die gemäß der Natur der Sache nicht überprüfbar sind.

(2) Ahns Kritik am "Kerygma" des Neuen Testaments beruht auf seinem antagonistisch und ideologiekritisch bestimmten Bild der Kirche. Ahn lehnt das "Kerygma" als eine Verhüllung des Jesus-Ereignisses ab, weil es "durch die

---

92 DVT S.109. Seitenzahlen in Klammern beziehen sich im folgenden auf diese Quelle.

in der Kirche einflußreichen Führer geprägt worden" sei (101). Denn es sei
meistens die "führende Gruppe einer Gemeinschaft", die ein Ereignis zu interpretieren pflege, und eine solche Deutung sei "in der Regel subjektiv
oder mehr oder weniger apologetisch" (ebd). Im Blick auf das Urchristentum
meint Ahn, daß die führende Gruppe versucht habe, "die Autorität der Kirche
zu festigen, anstatt historische Tatsachen darzustellen" (102f).

Ahns Prämisse, daß die Deutung jeweils von der "führenden Gruppe" einer
Gemeinschaft abhänge und deshalb subjektiv bzw. apologetisch sei, ist indessen nicht plausibel, solange sie nicht empirisch abgesichert wird. Genau
dies versucht Ahn aber nicht. Auch seine ausführliche Analyse vom "Wesen
des Kerygma" (102-107) ist keine Begründung dieser Prämisse, sondern deren
exegetische Anwendung. Wenn Ahn diese Prämisse trotzdem für begründet hält,
muß er als ihre Begründung seine Auffassung *der conditio humana* aus seinem
Grundsatz der Bibelauslegung (vgl. C.3.5.a) und sein Konzept der "Minjungsprache" (vgl. oben a) ansehen. Wir haben jedoch aufgewiesen, daß seine
Auffassung der *conditio humana* als eine voreilige Verallgemeinerung zu bezeichnen ist (vgl. C.3.5.a) und daß sein Konzept der "Minjungsprache" nicht
schlüssig belegt, daß die "Sprache von Herrschenden und Intellektuellen"
bzw. deren "Deutung" allein wegen ihrer Herkunft unbedingt die Realität
verhüllen muß.

C.3.7 Ahns Minjungtheologie als Versuch, die koreanische Kirche durch den Minjung-Monismus zur 'Minjung-Gemeinschaft für das Min-Dschok' zu reformieren

Ahn versucht, die Grundthese seiner Minjungtheologie des 'Subjektseins
des Minjung in der Geschichte' im Zusammenhang mit der Diskussion über eine
Wiedervereinigung von Nord- und Südkorea wie auch mit der "Minjungkultur"
anzuwenden. Dabei geht es Ahn darum, theologische Grundsätze, die für eine
Reform der koreanischen Kirche zur 'Minjung-Gemeinschaft für das Min-
Dschok' gelten sollen, theokratisch (a) wie auch völkisch-theologisch (b)
zu rechtfertigen.

(a) Der theokratische Rechtfertigungsversuch für die aktive Teilnahme der Kirche an der Wiedervereinigung des Min-Dschok

Ahns Argumentation für eine Wiedervereinigung des koreanischen Min-
Dschok setzt ein nationalistisches und ein kirchenkritisches Argument
voraus, die beide ebenso mit seinem Minjung-Monismus (vgl. B.4.6.1) wie
miteinander eng verbunden sind (vgl. C.3.2.b): "Alles, was für die Vision

des Minjung für die Min-Dschok-Gemeinschaft irrelevant ist, geht keinesfalls weiter" (vgl. S.180). Deshalb solle die koreanische Kirche, die sich
"von der Geschichte des Min-Dschok isoliert und ghettoisiert hat", nun in
der Aufgabe der Wiedervereinigung ihre "wichtigste Orientierung" suchen
(ebd).

Mit dieser "Orientierung" der Kirche meint Ahn Gottes Herrschaft in Form
einer Demokratie im Sinne des Minjung-Monismus, die sich durch die Wiedervereinigung des koreanischen Min-Dschok verwirklichen solle. In diesem
Sinne vertritt er eine Wiedervereinigung allein durch das Volk selbst ohne
ein Eingreifen von seiten der beiden Staatsregierungen. Um den Ausschluß
der politischen Institution und die exklusive Rolle des Volkes theologisch
zu rechtfertigen, argumentiert Ahn theokratisch: Allein die Herrschaft
Gottes regiere das Volk. Daher dürfe keine Institution zwischen Gott und
Minjung vermitteln. Mit dieser Theokratie verbindet Ahn seine Demokratie-
auffassung: Wie (im Alten Testament) für Israel die Herrschaft Jahwes die
gemeinsame Sehnsucht des Volkes sei, stelle die gemeinsame Sehnsucht des
koreanischen Volkes die Grundlage der Wiedervereinigung dar. Denn sie beinhalte "Demokratie" in dem Sinne eines "Systems, das dem Volk ermöglicht, zu
der direkten Herrschaft Gottes zurückzukehren und eine Form des politischen
Zusammenlebens selbst auszuwählen" (vgl. S.180).

(1) Ahn glaubt, aus der Aussage, die Herrschaft Jahwes sei die gemeinsame Sehnsucht des Volkes (Israel), die Aussage ableiten zu können, daß die
gemeinsame Sehnsucht des koreanischen Volkes nach seiner Selbstbestimmung
die direkte Herrschaft Gottes über das Volk beinhalte. Diese Ableitung ist
jedoch falsch, denn Ahn vertauscht das Subjekt und das Prädikat der ersten
Aussage. Daraus ergibt sich die Aussage: Die Sehnsucht des Volkes sei die
Herrschaft Gottes. Diese Aussage ist aber dann und nur dann mit der ersten
Aussage identisch, wenn sie bedeutet, daß die Sehnsucht des Volkes von der
Herrschaft Gottes bestimmt wird. Ahn verbindet jedoch in der zweiten Aussage die Sehnsucht des Volkes mit der Selbstbestimmung des Volkes. Dadurch
wird sie zum Gegenteil dessen, was die erste Aussage bedeutet. Die Sehn-
sucht des Volkes nach seiner Selbstbestimmung bestimmt bzw. ersetzt nun
nämlich die Herrschaft Gottes, wobei sie allerdings vorgibt, der Herrschaft
Gottes zu entsprechen.

Die Sehnsucht des Volkes nach seiner Selbstbestimmung und die "direkte
Herrschaft Gottes" zu identifizieren ist Ahn nur dadurch möglich, daß er
die "Gesinnung des Minjung" voraussetzt, die der "Gesinnung des Himmels"
entspreche (vgl. B.4. 3.1). Ahns theokratische Argumentation ist also von
seinem Minjung-Monismus bestimmt. Ahns Theokratie ist somit nur ein anderer
Name für seinen Minjung-Monismus. Dies hängt damit zusammen, daß für Ahn

die Geschichte für Gott steht und das Minjung die Substanz dieser Geschichte ist (vgl. B.4.3.2; C.3.4).

(2) Ahn übersieht dabei (wenigstens) zwei entscheidende theologische
Regeln für das Reden von Gottes Handeln: Einmal Gottes Freiheit und In-
dependenz gegenüber der Welt[93]; Gott ist in seinem Handeln nicht an die
Welt gebunden. Deshalb ist jede Identifikation von Gottes Herrschaft mit
irgendeinem Phänomen der Welt in Frage zu stellen. Zum anderen Gottes Herrschaft in der Welt durch sein Handeln an Jesus Christus; Gott bindet sich
in seinem Handeln in der Welt an seine Verheißung in Jesus Christus. Nichts
scheidet die Welt von der Liebe Gottes, die in Jesus Christus ist (Röm 8,
39), sondern Gott stellt die Welt unter sein richtendes und rettendes Urteil in Jesus Christus, bis er, Gott, alles Jesus Christus unterwerfen
wird, der sich selbst ihm unterwerfen wird, damit Gott alles in allem sei
(1 Kor 15,28). Die beiden Regeln für das Reden von Gottes Handeln helfen,
einerseits den theologischen Fehler zu vermeiden, Gott und Welt zu verwechseln und damit verhängnisvolle Konsequenzen hervorzurufen, wie sie auch
beim Yushin-System zu sehen sind (vgl. A.3.10). Sie helfen, andererseits
Gottes Handeln in der Welt verheißungsvoll zu erwarten (weil sich Gott an
seine Verheißung in Jesus Christus verbindet und _daher_ uns nicht im Stich
läßt) und davon unser Handeln bestimmen zu lassen.

**(b) _Der völkisch-theologische Rechtfertigungsversuch für die Rolle
der Kirche, die "Minjungkultur" als Gottes Offenbarung für das
koreanische Min-Dschok zu vermitteln_**

Ahn versucht, mit einem auf seinem Minjung-Monismus beruhenden "Entwurf
eines neuen koreanischen Christenbildes" (vgl. B.4.6.2) die koreanischen
Christen bzw. Kirchen dazu aufzufordern, zur "Neugestaltung der Kultur des
koreanischen Min-Dschok" beizutragen, so daß es mit einer erneuerten eigenen Kultur sich gegen die "imperialistische kulturelle Invasion" wehren wie
auch die "politische und wirtschaftliche Abhängigkeit" überwinden könne
(vgl. S.182).

Das neue Christenbild solle basieren auf dem Ursprung des Christentums
(in der Gestalt eines "mono-yahwehism" bzw. einer "Minjungbewegung Jesu")
und der "Minjungkultur", die die echte und ursprüngliche Kultur des koreanischen Min-Dschok darstelle[94]. Der Ursprung des Christentums in der ge-

---

93 Vgl. dazu Gerhard Sauter, Wissenschaftstheoretische Kritik der Theologie, a.a.O. S.241-244.
94 GM S.19. Seitenzahlen in Klammern beziehen sich im folgenden auf diese
Quelle.

nannten Gestalt beinhalte den Widerstandsgeist des Minjung gegen die ungerechte politische Macht. Die "Minjungkultur" umfasse "Leben, Arbeiten und
Spielen" als notwendige Bestandteile zur Produktion und Reproduktion des
gemeinschaftlichen Lebens der koreanischen Min-Dschok-Gemeinschaft, die von
dem Minjung "selbständig und gemeinschaftlich" gestaltet werde.

Ahn sieht die theologische Grundlage, auf welcher sich der genannte
Ursprung des Christentums und die "Minjungkultur" miteinander verbinden,
darin, daß "'Min-Dschok und Minjung' der konkrete Ort sind, an dem man die
Offenbarung Gottes aufnimmt" (18).

Ahns Minjungtheologie ist hierbei als eine völkische Theologie für das
koreanische Min-Dschok mit dem Einschlag eines Minjung-Monismus zu charakterisieren:

(1) Was Ahn hier unter der "Offenbarung Gottes" versteht, kann nichts
anderes sein als die "Minjungkultur" selbst. Denn die "Minjungkultur" ist
für Ahn anschauliche Gestalt und Gehalt des Reiches Gottes, das das Minjung
als die "Arbeiter für das Reich Gottes aufbaut" (32). Für diese "Minjungkultur" Zeuge zu sein, sei die Aufgabe der Christen (ebd).

(2) Die "Offenbarung Gottes", die sich in dieser "Minjungkultur" konkretisiere, ist bei Ahn völkisch zu verstehen. Denn er versteht die "Minjungkultur" als die eigentliche Identität des koreanischen Min-Dschok. Diese
völkischen Grundzüge seiner Auffassung der "Gottes Offenbarung" werden daran noch deutlicher, daß Ahn mit der "Minjungkultur" die Aufforderung verbindet, sich gegen die "imperialistische kulturelle Invasion" zu wehren, um
die Identität des koreanischen Min-Dschok zu bewahren.

(3) Ahn erkennt indessen, insbesondere aufgrund seiner Kenntnis der
jüngsten deutschen (Kirchen-) Geschichte, genau die Gefahr, die in seinem
Entwurf einer "Minjungkultur" angelegt ist. Er will deshalb seinen "Nationalismus des Minjung der Dritten Welt" (18), mit dem er auch die "Minjungkultur" des koreanischen Min-Dschok meint, von dem "Faschismus Hitlers"
(ebd) abgrenzen. Ahn beruft sich dabei vor allem auf die "Sichtweise des
Minjung": "Das Subjekt des Min-Dschok wird in dem Minjung gesucht, und die
Aufgabe des Min-Dschok besteht darin, das Minjung von dem System der Herrschenden wie auch den Mächten von außen her zu befreien, die das Minjung
unterdrücken und ausbeuten." (ebd)

Trotz dieser Abgrenzung fällt es jedoch schwer, den theologisierten
"Nationalismus des Minjung", vor allem in der Gestalt von Ahns "Minjungkultur", von der völkischen Ideologie der "Deutschen Christen" zu unterscheiden, weil beide mit der Verwechslung von Entdeckungs- und Begründungszusam-

menhang denselben Kardinalfehler in ihrer theologischen Argumentation aufweisen[95]:

Die "Deutsch-christlichen Bewegungen" sind - wie die Minjungbewegung und
-theologie - entstanden angesichts einer tiefgreifenden politisch-sozialen
Notlage des jeweiligen Volkes wie auch einer weitverbreiteten Unsicherheit
über den Beitrag der Kirche für die Lösung drängender Probleme des Volkes.
Sie suchen die Lösung in einer Synthese zwischen völkischem Identitätsbewußtsein und Christentum[96]: So glaubten die "Deutschen Christen", daß Gott
dem deutschen Volk in der Gestalt der sog. "Ur-Offenbarung" (Paul Althaus)
immer schon und beständig in der "Gesamtwirklichkeit unseres Lebens"[97] begegne, und daß deshalb "uns der Wille Gottes ... stets in unserem Heute und
Hier trifft", und zwar in der Weise, daß er "uns auf die natürlichen Ordnungen, denen wir unterworfen sind, wie Familie, Volk, Rasse (d.h. Blutzu-
sammenhang)" verpflichte[98]. Aus diesem Verständnis der geschichtsimmanenten
Offenbarung Gottes ergibt sich die sog. "Ordnungstheologie", die das, was
theologisch auszusagen ist, auf die "Gesamtwirklichkeit unseres Lebens",
d.h. die immer schon gegebene eigene völkische Identität, zurückführt. Eine
solche Funktionalisierung von Gottes Offenbarung zerstört jedoch die Grundlage theologischer Argumentation, indem sie diese dem Wahrheitskriterium
der Theologie entzieht.[99] Der Ordnungstheologie der "Deutschen Christen",
die die "natürlichen Ordnungen" des Volkes als Gottes Offenbarung idealisiert, stellt M. Honecker deshalb mit Recht die Frage: "... kann die gefal-
lene Schöpfung Gottes Willen überhaupt offenbaren? Gibt es intakte, von der
Sünde nicht erfaßte 'Inseln' der Schöpfung in einer im übrigen heillosen
Welt?"[100]

Wie sich die DC-Bewegungen zu einer "Gottesoffenbarung der in Blut und
Boden wurzelnden Volksgemeinschaft"[101] bekannten, bekennt sich auch Ahn zu
einer "Offenbarung Gottes" in der "Minjungkultur" des koreanischen Min-
Dschok. (Der kritische Vergleich zwischen "Deutschen Christen" und der
Minjungtheologie Ahns findet allerdings an dieser Stelle seine Grenze dar-

---

95 Vgl. zu der Verwechslung von Entdeckungs- und Begründungszusammenhang
   sowohl in der sog. natürlichen Theologie als auch in der kontextuellen
   Theologie aller Spielarten Gerhard Sauter, "Dogmatik I", in: TRE Bd.9,
   Berlin-New York 1982, S.41-77, hier: S.55-57 u. 59-62.
96 Vgl. Wolfgang Tilgner, Volksnomostheologie und Schöpfungsglaube. Ein
   Beitrag zur Geschichte des Kirchenkampfes, Göttingen 1966, S.89.
97 Aus der 3. These des "Ansbacher Ratschlag[es]" zu der "Barmer Theologischen Erklärung", AELKZ 67/1934, S.584-586.
98 Ebd.
99 Vgl. G. Sauter, "Dogmatik I", a.a.O., S.56.
100 M. Honecker, Einführung in die theologische Ethik, a.a.O., S.296.
101 K. Hutten, "Deutsch-christliche Bewegungen", in: RGG, 3.Aufl., Tübingen
    1963, Sp.104-107, hier: 104.

in, daß die völkische Identität bei den "Deutschen Christen" unmittelbar mit einem Rassismus übelster Art verbunden war, während dieses Element bei Ahn fehlt.) Beide vermengen bzw. verwechseln "Gottes Offenbarung" und die eigene Volksidentität und ignorieren insofern jene theologische Grunderkenntnis, die die erste These der Barmer Theologischen Erklärung ausspricht: "Jesus Christus, wie er uns in der Heiligen Schrift bezeugt wird, ist das eine Wort Gottes, das wir zu hören, dem wir im Leben und im Sterben zu vertrauen und zu gehorchen haben."[102]

In dieser Weise schlägt Ahns Minjungtheologie trotz ihrem berechtigten Anliegen, der koreanischen Theologie und den koreanischen Kirchen eine eigenständige Entwicklung frei von westlichen Missionseinflüssen und von politischer Selbstabsperrung zu ermöglichen, vor allem aufgrund ihrer Verwechslung von Entdeckungs- und Begründungszusammenhang der Theologie in die Gefahr einer völkischen Ideologisierung koreanischer Theologie um.

---

102 Die erste These der "Theologische[n] Erklärung zur gegenwärtigen Lage der Deutschen Evangelischen Kirche", in: Karl Barth, Texte zur Barmer Theologischen Erklärung, Zürich 1984, S.1-5, hier:2f.

D. Rezeptionen der Minjungtheologie Ahn Byungmus

D.0 *Zum Methodischen*

Ahns Minjungtheologie hat auf verschiedenen Seiten unterschiedliche Reaktionen hervorgerufen. Wir beschränken uns im folgenden jedoch auf diejenigen Reaktionen, die für die systematisch-theologische Interpretation und
Bewertung seiner Minjungtheologie relevant sind. Außerdem konzentrieren wir
uns auf das Gespräch zwischen Ahn und seinen Gesprächspartnern in der Bundesrepublik Deutschland, weil hier Ahns relativ enge Beziehung zur theologischen Diskussion in Deutschland das ökumenische Gespräch mit der koreanischen Theologie intensiviert hat. Dabei werden natürlich Argumente und
Reaktionen von koreanischen Gesprächspartnern nicht ausgeschlossen bleiben.

D.1 In Deutschland verfaßte koreanische Reaktionen auf Ahns Minjung- theologie

D.1.1 *Ahns Minjungtheologie als ein "Paradigmenwechsel der Hermeneutik"?*

Kim Myungsoo spricht in seiner Dissertation[1] von einem "Paradigmenwechsel in der Hermeneutik der Minjung-Theologie" (43), wobei er sich vor allem
auf Ahns Minjungtheologie bezieht (46). Damit meint er (auch Suh Namdong
folgend) einen in der Minjungtheologie vollzogenen Wechsel von einer "deduktiven" Hermeneutik zu einer "induktiven" (43).

Da Kims Versuch, die Unterscheidung zwischen einer "deduktiven" und einer "induktiven" Hermeneutik zu klären, nicht sehr überzeugend ist[2], muß
man seine Auffassung der Hermeneutik von Ahns Minjungtheologie rekonstruieren (a), um zu überprüfen, was er mit dem "Paradigmenwechsel" behauptet
(b):

(a) Kims Ansicht nach ist das "Thema der Theologie" bei Ahn mit seinem
Ereignis-Begriff zu beschreiben: Gott handele "in den *Minjung-Ereignissen*
nur durch aktive Teilnahme (des Menschen; d.Verf.) an Ereignissen, in denen

---

1 Kim Myungsoo, Die Trägergruppe von Q: sozialgeschichtliche Forschung zur
  Q-Überlieferung in den synoptischen Evangelien, Hamburg 1990. Im folgenden beziehen sich die Seitenzahlen in Klammern auf diese Quelle.
2 Kim setzt einer "Denktradition", einer "existentiellen Erfahrung des einzelnen Menschen" bzw. "Ideen" eine "gemeinsame" bzw. "geschichtliche Erfahrung der Realität des Minjung" entgegen (vgl. a.a.O. S.43). Diese Entgegensetzung allein hat jedoch mit der Unterscheidung von deduktiven und
  induktiven Argumentationsformen nichts zu tun.

sich Gottes Handeln offenbare" (44). Diese Beschreibung besagt mit tautolo-
gischer Betonung sowohl die den Minjung-Ereignissen exklusive Funktion als
Ort von Gottes Handeln (vgl. C.3.2.c) wie auch die doppelseitige Identität
der Minjung-Ereignisse als menschliches und damit zugleich göttliches Handeln (vgl. C.3.4).

Ahns Minjungtheologie sei eine nachfolgende Reflexion über solche
Minjung-Ereignisse (46). Dabei sei die Bibel "ein Kriterium zur Beurteilung
des Handelns Gottes in den Minjung-Ereignissen und damit ein Kommunikati-
onsmittel, um anderen dieses Handeln Gottes in den Minjung-Bewegungen zu
zeigen" (44). Da Kim dabei meint, daß die Bibel keine "grundlegende Refe-
renz in sich selbst" habe (44), hängt die Begründungskraft der Bibel für
Kim wie auch für Ahn (vgl. C.3.5) von "Kongruenzen zwischen der aktuellen
Minjung-Bewegung und der biblischen Minjung-Tradition" ab (46).

Die so verstandene Bibel werde nun "mit den Augen des Minjung" gelesen
und interpretiert (44). Dies bedeute bei Ahn: er trage "seine gegenwärtige
Frage nach der Realität des Minjung Südkoreas an den markinischen Text her-
an" (46). Dies sei Ahns "*Eisegese*" (46), die Kim in Übereinstimmung mit Ahn
(vgl. C.3.5) als eine authentische Hermeneutik bewertet.

(b) Ahns Minjungtheologie arbeitet allerdings nur insofern induktiv, als
sie von einer Teilmenge von Minjung-Ereignissen der Gegenwart <u>als soziologischen Erscheinungen</u> auf die Gesamtmenge der Minjung-Ereignisse (die biblischen eingeschlossen) schließt. Ihre Aussagen könnten als soziologische
daher empirisch- bzw. historisch-soziologisch begründet oder widerlegt werden. Es handelt sich also zunächst nur um eine soziologische Induktion. Insofern kann hier von einem "Paradigmenwechsel" <u>theologischer</u> Hermeneutik
(noch) keine Rede sein.

Ahn will indessen ausdrücklich <u>theologisch</u> argumentieren, wenn er das
"Jesus-Ereignis" der Bibel, das eo ipso Gottes Handeln sei, als ein
Minjung-Ereignis bezeichnet und damit andere (angeblich) analoge Minjung-
Ereignisse der Gegenwart ebenfalls als Gottes Handeln zu begründen ver-
sucht.

Dieses Verfahren ist jedoch als ein zwar induktives, aber ungültiges und
zugleich ein theologisch unzulässiges zu bezeichnen. Denn es handelt sich
hier einerseits um einen ungültigen Analogieschluß, in dem die Minjung-
Ereignisse der Gegenwart und das "Jesus-Ereignis" der Bibel, obwohl deren
(angebliche) strukturelle Ähnlichkeit durch Ahns sozialgeschichtliche Analogisierung (vgl. C.2.4) nicht nachgewiesen werden kann, dennoch gleichge-
setzt werden. Es ist andererseits theologisch unzulässig, weil hier das
"Jesus-Ereignis" der Bibel, das (auch nach Ahns Meinung) <u>Gottes Handeln</u>
sein soll und deshalb nur als Glaubenserkenntnis wahrgenommen werden kann,

als ein <u>soziologisch</u> rekonstruierbares und erfahrbares Datum behandelt
wird, wobei Gottes Handeln eigentlich durch eine vom Minjung-Monismus bestimmte Wiedergabe der politisch-sozialen Konstellation Südkoreas in einer
bestimmten Zeitsituation (vgl. C.3.5.c) ersetzt wird. Daher kann das Verfahren Ahns, die soziologischen Eigenschaften der gegenwärtigen Minjung-
Ereignisse auf das "Jesus-Ereignis" der Bibel als Gottes Handeln zu übertragen, nicht als eine <u>theologische</u> Hermeneutik gekennzeichnet werden, geschweige denn, daß ein "Paradigmenwechsel" theologischer Hermeneutik vor-
läge.

Außerdem ist Ahns Begründungsverfahren, das in umgekehrter Richtung die
Eigenschaften des so rekonstruierten "Jesus-Ereignisses" als Gottes Handeln
auf gegenwärtige Minjung-Ereignisse überträgt, um diese ebenfalls als Gottes Handeln zu begründen, im Gegensatz zu Kims Meinung nicht induktiv, sondern deduktiv strukturiert, und zwar in Form eines Zirkelschlusses. Denn
der Informationsgehalt der Konklusion ('die Minjung-Ereignisse der Gegenwart sind Gottes Handeln') ist schon vollständig in den - aus der *"Eisegese"* gegenwärtiger Minjung-Ereignisse in die Bibel mittels eines induktiv
ungültigen und theologisch unzulässigen Analogieschlusses sich ergebenden -
Prämissen ('das Jesus-Ereignis als Gottes Handeln ist ein Minjung-Ereignis
und alle Minjung-Ereignisse sind umgekehrt eo ipso Gottes Handeln') enthalten[3].

D.1.2 Ahns Minjungtheologie als ein "Paradigmenkandidat" koreanischer Theologie?

Kim Kwangwon bezeichnet in seiner Dissertation[4] die Minjungtheologie
(diejenige Ahns eingeschlossen) als einen der "'Paradigmenkandidaten' der
koreanischen Theologie" (87). Damit meint er, daß die Minjungtheologie mit
ihrem Versuch, eine kontextuelle Theologie Koreas zu entwickeln, als ein
Paradigmenvorschlag berücksichtigt werden könne. Kim erklärt die Minjungtheologie aber gleich als ein untaugliches Paradigma, weil sie ein Gespräch
mit den "traditionellen Religionen und Kulturen" von einem "Basis-Überbau-
Denken" her ablehne; dies widerspricht Kims Ansatz einer "synthetischen In-
kulturationstheologie" (103).

---

3 Vgl. zu diesem Hauptmerkmal der Deduktion, das diese von der Induktion
   unterscheidet, W.C. Salmon, a.a.O. S.33.
4 Kim Kwangwon, Zur Theologie der Negation. Versuch einer koreanischen kontextuellen Theologie im Gespräch mit dem "Hwaom" Buddhismus Uisangs,
   Diss. Bonn 1990. Im folgenden beziehen sich die Seitenzahlen in Klammern
   auf diese Quelle.

Kims Darstellung von Ahns Minjungtheologie ist jedoch statt als Gespräch zwischen "Paradigmenkandidaten" eher als ein Beispiel dafür zu bezeichnen, wie schwierig es ist, Ahns Aussagen dem Textzusammenhang (Kontext!) entsprechend zu verstehen. Ahn argumentiert nämlich gerade in bezug auf den Hauptbegriff seiner Minjungtheologie "Minjung" - teilweise aus verständlichem Grund (vgl. oben S.130 Anm.207), aber meistens unbegründet (vgl. S.123f) - nur anspielend (vgl. bes. B.4.4.3) und ungenau.

(a) Kims Ansicht nach unterscheidet Ahn "Minjung, das einfache, unterdrückte Volk[,] und Minzok (= Min-Dschok; d.Verf.), das nationale Volk. Während Minzok nach ihm (sc.: Ahn) als scheinbare Realität von der herrschenden Regierung benutzt wird, ist Minjung das reale Volk" (98). Obwohl Kims Darstellung hier auf den Aussagen Ahns selbst beruht (vgl. oben S.125), verkennt er doch, daß Ahn hier mit der Unterscheidung von Minjung und Min-Dschok eigentlich auf die Frontstellung zwischen der Minjungbewegung und dem Yushin-Regime mit der (allerdings von Ahns Min-Dschok-Kollektivismus [vgl. C.3.2.b] zu unterscheidenden) nationalistischen Ideologie anspielt (vgl. oben S.125 Anm.198) und deshalb gar nicht das Minjung gegen das Min-Dschok ausspielt oder gar das Min-Dschok ablehnt. Sonst wäre es völlig unvorstellbar, daß Ahn zugleich von einer "Min-Dschok-Gemeinschaft", deren Subjekt das Minjung sei (vgl. B.4.1.2), bzw. von einem "Nationalismus des Minjung" (vgl. C.3.7.b) und vor allem von dem "Min-Dschok und Minjung" als dem Ort der Offenbarung Gottes (B.4.6.2) sprechen kann.

(b) Kims Ansicht nach bezeichnet bei Ahn das Wort *laos* "meistens Volk im nationalen Sinne genau wie das oben genannte koreanische Wort Minzok und impliziert häufig die Zugehörigkeit zu einer herrschenden Klasse. *Ochlos* aber bedeutet die unwissende, unter einer großen Last leidende Menschenmasse wie das Wort Minjung" (98). Obwohl Kims Darstellung auch hier auf Ahns Aussagen (MTVG 127f) beruht, verkennt er wiederum den Kontext dieser Aussagen. Ahns Unterscheidung von *laos* und *ochlos* zielt zunächst eigentlich auf seine kirchenkritisch gemeinte Unterscheidung zwischen den dem Yushin-Regime gefügigen Christen (*laos* bzw. "Staatsbürger" unter dem "Schutz des Gesetzes") und demjenigen Teil des koreanischen Volkes (*ochlos*), der von dem Yushin-Regime unterdrückt und zudem von den genannten Christen im Stich gelassen wird (vgl. oben S.127-129). Allerdings versuchte Ahn tatsächlich hin und wieder, seine kirchenkritische Unterscheidung von *laos* und *ochlos* auf die regierungskritisch und volksaufklärerisch motivierte Unterscheidung von herrschenden und beherrschten Klassen auf der nationalen Ebene zu übertragen. Ahn macht dabei wiederum nicht deutlich, daß er auch hier mit dem Ausdruck 'national' diejenigen Nationalismen meint, die er von seinem Min-Dschok-Kollektivismus abgrenzt und die er ablehnt (vgl. B.4.1.2).

(c) In seiner oben genannten Kritik an der Verschlossenheit der Minjungtheologie gegenüber traditionellen Religionen und Kulturen ignoriert Kim,
daß z.B. Suh Namdong in seiner Minjungtheologie das Gespräch mit dem "buddhistischen Maitreya-Glauben" als "Minjungtradition" aufnimmt (vgl. MTVG
203ff), und daß Ahn seine Minjungtheologie an die "Minjungkultur" anschließt, die die echte koreanische Frömmigkeit bewahre und die traditio-
nelle Kultur Koreas sei (vgl. B.4.6.2).

Daher wäre Ahns Minjungtheologie als "Paradigmenkandidat" einer kontextuellen Theologie Koreas nur mit der Begründung abzulehnen, daß sie keinem
theologischen Begründungszusammenhang gerecht wird, wie wir es oben im Teil
C gezeigt haben.

Mit den Arbeiten von Kim Myungsoo und Kim Kwangwon haben wir jeweils ein
zustimmendes und ein ablehnendes Beispiel genannt für die Tendenz in der
Rezeption von Ahns Minjungtheologie, diese Theologie als innovative Theologie 'von unten' aufzunehmen, ohne dabei deren (theologische) Begründungen
zu überprüfen.

D.2. Ahns Minjungtheologie in der Rezeption deutscher Theologen

D.2.1 *Ahns Minjungtheologie als ein "neues Modell des Kreuzesverständ-
nisses"?*

Theo Sundermeier versucht in seinem Aufsatz "Das Kreuz in koreanischer
Interpretation"[5], das Kreuzesverständnis der Minjungtheologie (vor allem
Ahn Byungmus[6]) im Hinblick auf ihren Entstehungszusammenhang (a) und ihr
hermeneutisches Prinzip (b) zu interpretieren. Er gelangt zu dem Ergebnis,
daß die "Kreuzestheologie der Minjung-Theologie ... auch für abendländische
Auslegung ein neues Modell des Kreuzesverständnisses" (37) anbiete (c).

5 In: Theo Sundermeier, Das Kreuz als Befreiung: Kreuzesinterpretationen in
  Asien und Afrika, München 1985, S.17-38. Im folgenden beziehen sich die
  Seitenzahlen in Klammern auf diese Quelle.
6 Sundermeier will anscheinend aus verschiedenen minjungtheologischen Kon-
  zepten ein einheitliches Bild der Minjungtheologie rekonstruieren. Er unterscheidet Ansätze und Gedankengebilde der Minjungtheologen nicht voneinander, obwohl diese in ihren vorausgesetzten theoretischen Grundlagen
  manchmal erheblich voneinander abweichen (vgl. C.3.2.a Exkurs). Dies ist
  ein Grund dafür, daß Sundermeier bei seiner Rekonstruktion minjungtheologischer Hermeneutik in einen Selbstwiderspruch gerät, wie sich es gleich
  zeigen wird. Jedenfalls läßt sich das, was er mit dem "Kreuzesverständnis" der Minjungtheologie meint, hauptsächlich als Ahns Auslegung der
  "markinischen Minjungtheologie" (vgl. B.4.4.4) und von Heb 13,11-13 (vgl.
  B.3.4) identifizieren.

(a) Für Sundermeier stellt sich die Entstehung der Minjungtheologie folgendermaßen dar: Einige in der Widerstandsbewegung engagierte Theologen be-
gegneten im Gefängnis dem verlassenen Volk, dessen "primitiv[e]" Sprache
sie, die zu lange Zeit in der "westlichen Theologie geschult" wurden, zu
ihrem "Erschrecken" dessen bewußt machte, "wie weit sie sich von ihrem Volk
entfremdet hatten" (18). Sie hörten deshalb in die Sprache des Volkes hinein (18) und lernten dadurch sein "Han", d.h. die durch das Leiden verursachte "Entfremdung in die Sprachlosigkeit" (vgl. B.4.4.4), zu verstehen
(19). Dadurch entdeckten sie das Minjung (19), nämlich das unterdrückte
Volk, das seine eigentliche Identität als das "Subjekt seiner selbst" (20)
in der Sprache des "Han" verhüllt (19), aber zugleich seinen "Widerstands-
wille[n]" gegen die Unterdrückung in derselben Sprache durchsetzt (20). Mit
dieser Entdeckung des Minjung begannen sie, "die Wurzeln ihrer Kultur im
Volk zu entdecken und für die Theologie fruchtbar zu machen" (21). Ein me-
thodischer Ansatz dabei sei die neue Sichtweise gewesen, die eigene Geschichte wie auch die Bibel als eine "Soziobiographie" des Minjung zu lesen, die den "korporativen Geist, sein inneres Bewußtsein und seine Hoff-
nungen" in der Geschichte des Minjung beschreibe (22).

Diese Rekonstruktion Sundermeiers der Entstehung der Minjungtheologie
ist insofern ungenau und irreführend, als sie folgenden Tatbeständen nicht
entspricht: Erstens hatten die Minjungtheologen schon <u>vor</u> ihrer 'Minjung-
Entdeckung im Gefängnis' angefangen, von dem Minjung genau in dem von Sundermeier rekonstruierten Sinne gezielt zu reden (vgl. B.4.0.1; B.4.1.).
Zweitens: Wenn Sundermeier unter dem "Han" des Volkes die "Entfremdung in
die Sprachlosigkeit" (19) versteht, ist die Formulierung des "Han" in diesem Sinne, wenn auch ohne diesen Ausdruck, schon in Ahns volksaufklärerischer Grundstimmung festzustellen, die er "Liebe zum koreanischen Volk"
nennt und Jahre vor seiner 'Minjung-Entdeckung im Gefängnis' in reflektier-
ter Sprache zum Ausdruck bringen konnte (vgl. B.1.1). Deshalb beschäftigt
sich Ahn drittens in seiner Reflexion über die 'Minjung-Entdeckung im Gefängnis', nämlich die sog. "Wiederentdeckung des Minjung" (vgl. B.4.2.1),
nicht erst mit dem "Han". Er konzentriert sich dabei eher auf die theologischen Themen der "Säkularisierung der Rechtfertigungslehre" wie auch der
'Kirche als Minjung-Gemeinschaft für das Min-Dschok'. Viertens hatte er
auch die dabei verwendeten kirchen- und dogmenkritischen Argumente schon
fast ein Jahr vor seiner 'Minjung-Entdeckung im Gefängnis' in vollem Maße
entwickelt (vgl. B.2.5); sie wurden nach der 'Minjung-Entdeckung im Gefängnis' wieder aufgenommen und dabei nur noch plebejisch (d.h. die angeblich
altruistische Tugend des Minjung idealisierend) akzentuiert (vgl. B.4.2.1).
Fünftens ist die "Wurzel" dieser Argumente (jedenfalls bei Ahn) eindeutig

in seiner fast zehn Jahre vor der 'Minjung-Entdeckung im Gefängnis' volks-
aufklärerisch-kirchenkritisch motivierten und seine Theologie im ganzen beständig begleitenden Anthropologie des "Aus-Auf-Daseins" (vgl. B.2.1;
C.1.2) zu finden, also nicht erst in der nach der 'Minjung-Entdeckung im
Gefängnis' ins Blickfeld gekommenen "Kultur im Volk". Die 'Entdeckung des
Minjung im Gefängnis' ist insofern (z.B. bei Ahn) nicht zum 'Umlernen' eines in der westlichen Theologie geschulten Theologen, sondern im Gegensatz
dazu eher zu einer dem 'Subjekt-Sein des Minjung' entsprechend umakzentu-
ierten (vgl. B.4.2.1) Variation seiner in der vor-minjungtheologischen
Phase ausformulierten "Aus-Auf"-Anthropologie zu bezeichnen, die ihrerseits
vor allem Kierkegaards Existenz-Kategorie des "Einzelnen" von einer volks-
aufklärerisch-kirchenkritischen Intention her modifiziert (vgl. B.1.2;
C.1.1.a; C.3.2.a).

Eine Fehlerquelle bei Sundermeiers Rekonstruktion der Entstehung der
Minjungtheologie liegt darin, daß er auf aus ihrem weiteren Textzusammenhang minjungtheologisch relevanter Schriften isolierte Informationen ange-
wiesen ist und sich zudem ausschließlich auf die 'Minjung-Entdeckung im Gefängnis' (als eine Art 'Turm-Erfahrung'!) in der erzählerisch idealisieren-
den Selbstdarstellung Ahns[7] stützt, ohne diese mit relevanten Texten und
Kontexten kritisch kontrollieren zu können. Aus dem gleichen Grund hält er
auch Ahns Text "Die Todesprozession" (11ff), die Ahn 1973, also vor seiner
Minjungtheologie (vgl. B.4.0.1), veröffentlicht hat (vgl. B.1.3. Anm.53),
für einen Text des minjungtheologischen Kreuzesverständnisses, das durch
die 'Minjung-Entdeckung im Gefängnis" angeregt worden sei.

(b) Sundermeier zufolge lesen die Minjungtheologen die Bibel als eine
"Soziobiographie" des Minjung. Dadurch werde das "Minjung ... zum hermeneu-
tischen Schlüssel, Jesu Sendung neu zu verstehen" (23). Beispielsweise in-
terpretiere Ahn daher den *ochlos* im Markusevangelium, analog dem Minjung im
Kontext Südkoreas, als "Gegenbild der angepaßten, korrupten herrschenden
Klasse Jerusalems, gegen die Jesus angeht" (24). Jesus stehe also für das
Volk: "Sein Weg und der des Volkes sind auswechselbar." (24)

Da dadurch "biblische Welt und eigene Lebenswelt in ein enges Korrelati-
onsverhältnis" treten (26), fragt Sundermeier: "Aber wird nicht das Geschehen um Jesus auf diese Weise historisch nivelliert?" (29) Er findet sich

---

7 Sundermeier weist bei seiner Darstellung der 'Entdeckung des Minjung und
der Minjung-Sprache im Gefängnis' fast nur auf Ahns Selbstzeugnisse (vgl.
S.18 u. 20f) hin, ohne dabei auf den Selbstwiderspruch aufmerksam zu werden, daß Ahn, der nach seiner Selbstdarstellung schon seit seiner Kind-
heit an die Minjung-Sprache gewöhnt sei, die er von der Sprache seiner
Mutter gelernt habe und die ihm "unvergeßlich geblieben" sei (21), im Gefängnis zu seinem "Erschrecken" (18) entdeckt haben sollte, wie weit er
sich von der Sprache des Minjung entfremdet habe.

damit "in einem hermeneutischen Dilemma, in das man offenbar bei jeder Interpretation theologischer Texte aus einem fremden kulturellen und religiösen Kontext gerät" (30). Einen Ausweg sieht er jedoch darin, "den Inhalt
und die Funktion der theologischen Sätze in ihren gesamtkulturellen Kontext
einzuordnen und unsere (gemeint: abendländische; d.Verf.) Verstehensmög-
lichkeiten dadurch erweitern [zu] lassen" (30). Er sieht den gesamtkulturellen Kontext der "Identifikationsaussagen" (31) bei den Minjungtheologen in der "Kosmologie des chinesischen Universismus", der "über den Konfu-
zianismus auch das Denken des koreanischen Volkes geprägt hat": "Kosmos und
Welt stehen in einem analogen Verhältnis zueinander", wobei die "Aktivität
vom Himmel" ausgehe (31). Bei den Minjungtheologen seien die "Vorzeichen
dieses konfuzianischen Denkschemas unter dem Einfluß des Evangeliums" umgekehrt worden: "Die Aktivität des Himmel setzt nicht von oben an, sondern
beginnt ganz unten. Die Macht des Himmels ist nur von der Erde her zu realisieren" (31f).

An diese Rekonstruktion des hermeneutischen Prinzips der Minjungtheologie sind allerdings folgende Fragen zu stellen:

Erstens: Sundermeier nimmt durchaus den krassen Gegensatz zwischen der
Minjung-Sprache und der konfuzianisch geprägten Sprache der Intellektuellen
zur Kenntnis (20). Wie kann er trotzdem glauben, die "Identifikationsaussagen" der Minjungtheologen, die seit ihrer 'Minjung-Entdeckung im Gefängnis'
die Minjung-Sprache gelernt haben sollen (18f), immer noch in dem "gesamtkulturellen Kontext" des konfuzianisch geprägten "Denken[s] des koreanischen Volkes" verstehen zu können?

Zweitens: Wie kann Sundermeier nur aufgrund vereinzelter äußerst vagen
Aussagen (z.B. "Der gemeine Mann ist Buddha" und "Der Mensch ist der Himmel" [32 Anm. 31]; vgl. B.4.3.1 Anm. 250), die er bei Minjungtheologen findet, so überzeugt behaupten, daß das "Denken des koreanischen Volk" erst
von der konfuzianischen Kosmologie her schematisch fest geprägt und dann
"unter dem Einfluß des Evangeliums" lediglich in der Richtung des "Denkschemas" umgedreht worden sei? Hat das Evangelium wirklich beim koreanischen Volk nur die Richtung seines vorher fest geprägten "Denkschemas" umgedreht, ohne dessen Inhalt, nämlich die Identitätsaussagen von 'Himmel und
Erde' bzw. 'Gott und Mensch', zu verändern? Dies würde zu der Konsequenz
führen, daß das "koreanische Volk" von seinem angeblich so fest geprägten
"Denkschema" her (trotz der Umdrehung) nicht in der Lage wäre, Gott und
Mensch zu unterscheiden. Demgegenüber erscheint es uns ratsam und angemessener, diejenigen Christen in Korea, die gerade unter dem Einfluß des Evangeliums Gott und Mensch heilsam zu unterscheiden wissen, von einer bestimmten Gruppe koreanischer Theologen, die allein mit einem (nicht nur konfu-

zianisch fest geprägten) 'Himmel und Erde' vermischenden "Denkschema" operieren, zu unterscheiden.

Drittens: Sundermeier will zwar mit seiner Darstellung des koreanischen Denkschemas das oben genannte "hermeneutische[n] Dilemma" vermeiden, das durch die Identitätsaussagen der Minjungtheologie verursacht wird. Eben dies gelingt ihm aber nicht, weil seine Darstellung impliziert, daß das koreanische Denken diese Identitätsaussagen von seinem Denkschema her sozusagen notwendigerweise produzieren muß. Tatsächlich rechtfertigt bzw. verharmlost er also das genannte Dilemma, indem er die angeblich denkschematisch notwendige Herkunft der Identitätsaussagen aus einem fremden Kulturbereich heraus zu erklären versucht.

(c) Sundermeier interpretiert das Kreuzesverständnis der Minjungtheologie nach dem eben erwähnten hermeneutischen Prinzip der Minjungtheologie: Die Minjungtheologen "wollen Gottes Handeln in dieser Welt verstehen und daran teilnehmen" (33). "Gott rettet das unterdrückte Volk" (34), und zwar "durch Ereignisse" (33). Dieses Handeln Gottes habe sich maßgeblich im Exodus und durch Jesus ereignet (34). Die Minjungtheologen verstünden dieses Handeln Gottes (die "Macht des Himmels") von "ganz unten" her bzw. als ein "nur von der Erde her zu realisieren[des]" Handeln (32). Somit begegne man "im leidenden Minjung dem leidenden Christus" (35). Jesu Tod werde daher als "nicht stellvertretendes Geschehen *für* jemand"[8], sondern nur "kollektiv" (35) verstanden, als Geschehen des Volkes, das auf dem "nicht direkt ins Heil", sondern "in den Tod" führenden Weg des "Auszug[es] aus dem herrschenden Establishment" (34) unterwegs sei. Der Tod Jesu weise auf die Gewaltlosigkeit Gottes als des Verlierers (36) und durch das Zerbrechen des "Teufelskreis[es] des Unrechtes" auf die "Hoffnung des ... kommenden Reiches" hin (37). Sundermeier findet in diesem Kreuzesverständnis eine "kollektive[n] und allein auf die Faktizität des Geschehens zielende[n] Kreuzesinterpretation" (37) und meint daher, daß sie "auch für abendländische Auslegung ein neues Modell des Kreuzesverständnisses" anbiete (37).

Das minjungtheologische Kreuzesverständnis, das Sundermeier hier im Blick hat, konzentriert sich hauptsächlich darauf, das Kreuz Jesu und den

---

8 Sundermeier meint, daß in der Minjungtheologie "jeder Gedanke an Stellvertretung, an die Vorstellung des 'für-andere-sein' (vgl. Bonhoeffer) abgelehnt" (35) werde. Er hat sich aber wahrscheinlich von Ahns Inkonsequenz in seinen Aussagen in bezug auf dieses Thema irritieren lassen. Ahn lehnt nämlich zwar einerseits (von seiner Kritik an der fundamentalistischen Seelenerlösungslehre motiviert) den Gedanken an Stellvertretung i.S. einer Erlösung von außen ab (vgl. B.4.4.4). Er betont aber andererseits die altruistische Tugend des Minjung, die Jesu Verhalten analog sei (vgl. B.4.2.1). Dabei beruft sich Ahn ausdrücklich auf Bonhoeffer (vgl. ebd).

leidensvollen Auszug des unterdrückten Volkes (36) sowie der sich mit diesem Volk solidarisierenden Kirche (36) aus dem ungerechten "herrschenden
Establishment" miteinander zu identifizieren. Wir haben jedoch im Teil C
unserer Arbeit den Nachweis geführt, daß diese Vorstellung des Kreuzes bzw.
der Gegenwart Christi im leidenden Minjung theologisch unhaltbar ist, und
zwar deshalb, weil sie den Entdeckungs- und den Begründungszusammenhang der
Theologie verwechselt bzw. vermischt (vgl. bes. C.2.4; C.3.7.b). Wenn unsere Analyse dieses Kardinalfehlers der Minjungtheologie zutrifft, dann
stellt sich allerdings - abgesehen von ihrer theologischen Unhaltbarkeit -
die Frage, wie neu das Modell des Kreuzesverständnis der Minjungtheologie
für die "abendländische Auslegung" ist. Wir verwiesen bereits auf den gleichen Denkfehler bei den "Deutsch-christlichen Bewegungen", der auch in der
Verwechslung von Entdeckungs- und Begründungszusammenhang der Theologie besteht (vgl. C.3.7.b). Daß die "Deutschen Christen", im Gegensatz zu den
Minjungtheologen, auf der Seite der Machthaber ständen, ändert nichts daran, daß die verhängnisvollen Ergebnisse ihrer Theologie demselben Kardinalfehler entstammen.

D.2.2 Ahns "Aufwertung des Minjung" - eine völkische Theologie?

(a) Andreas Hoffmann-Richter entfaltet in seiner Dissertation "Ahn
Byung-Mu als Minjung-Theologe"[9] dessen minjungtheologische Grundgedanken
"in Verknüpfung mit biographischen Aspekten" (II).
   Hoffmann-Richter verknüpft Ahns Minjungtheologie allerdings nur wenig
mit dessen vor-minjungtheologischen Denken (vor allem nach seiner Promotion
bis zu seiner Minjungtheologie) - ein Grund dafür könnte sein, daß die entsprechenden Texte nicht übersetzt vorliegen und Hoffmann-Richter nur über
begrenzte Kenntnisse des Koreanischen verfügt. Hoffmann-Richter scheint zu
meinen, daß Ahns Theologie in ihrer vor-minjungtheologischen Phase (z.B. in
seiner Dissertation) nicht völkisch-ideologisch gewesen sei (obwohl schon
hier die sich später minjungtheologisch radikalisierende Denkweise "von
unten" zu beobachten sei [z.B. 75ff]), aber sich wegen seiner "Aufwertung
des Minjung" (63 u.a.) immer mehr zu einer Theologie mit völkisch-ideolo-
gisierenden Tendenzen entwickelt habe. Unsere Untersuchung zeigt jedoch,
daß der eigentliche Grund für diese völkische "Aufwertung des Minjung" bei
Ahn in seinem schon in der vor-minjungtheologischen Phase abgeschlossenen

---

9 Vgl. Teil B Anm. 5. Im folgenden beziehen sich die Seitenzahlen in Klammern auf diese Quelle.

Gedankengebilde (vgl. C.0) zu suchen ist, nämlich in seinem von Anfang an
volksaufklärerisch und völkisch orientierten System zur Humanisierung der
Menschenwelt durch das Sein und Handeln des koreanischen Volkes (vgl. C.1
u. C.2).

Hoffmann-Richter versucht dagegen, die Entwicklung von der vor-minjungtheologischen zur minjungtheologischen Phase bei Ahn mit einer problema-
tischen Konstruktion zu erklären: Ahn habe sich in seiner minjungtheologischen Phase zwecks "Indigenisierung des christlichen Glaubens" (72) an
die "östliche Denkwelt" der in ihrer Widerstandsbewegung völkisch orientierten "Tonghak-Religion" angeschloßen, um dann mit seiner Minjungtheologie an ihre Stelle zu treten (72-74). Ahn erwähnt zwar in einigen Schriften
seiner Minjungtheologie jenen Bauernaufstand, der von der sog. "Tonghak-
Religion" angeleitet worden war und deshalb die 'Tonghak-Revolution' genannt wird (vgl. B.4.1.1). Ahn bezieht sich aber dabei auf eine Wider-
standstradition, die sich u.a. in diesem Bauernaufstand als eine Verwirklichung des lebendigen "Geistes des Minjung" erwies (vgl. B.4.1.1), und
keineswegs auf die "östliche Denkwelt" der "Tonghak-Religion", die heute
nur noch eine einflußlose Sekte ist. Ahns Aussagen über die sog. "Gesinnung
des Minjung" (vgl. B.4.3.1 u. C.3.4) klingen zwar ähnlich wie die der
"östlichen Lehre", wonach der Mensch der Himmel ist. Aber Ahns Aussagen
sind keine Aufnahme dieser "östlichen Lehre", sondern eine minjungtheologisch überspitzte Variation seiner soziologischen bzw. ideologiekritischen
Theodizee (vgl. B.2.5 u. C.1.3.b), die er schon in der vor-minjungtheologischen Phase ohne Beziehung zum "Tonghak-Denken" und allein aus seinem
System zur Humanisierung der Menschenwelt entwickelt hatte, das seinerseits
zum volksaufklärerischen Zweck unter Anlehnung an Kierkegaards Existenz-
Kategorie des "Einzelnen" entwickelt worden war (vgl. B.1.1 u C.1.1.a).

Trotz seiner u.E. fehlerhaften Erklärung von Ahns theologischer Entwicklung ist Hoffmann-Richters Bewertung von Ahns Minjungtheologie als völ-
kischer "Aufwertung des Minjung" mit ideologisierender Tendenz zutreffend.
Diese Bewertung durchzieht Hoffmann-Richters gesamte Dissertation wie ein
roter Faden:

Hoffmann-Richter beobachtet zu Recht die Spannung in Ahns Verwendung des
Begriffs "Minjung", die darin besteht, daß das "Minjung" einerseits auf
"die gesellschaftlichen Randgruppen" beschränkt wird und andererseits diese
Gruppen das "'Subjekt' der Nation" bilden sollen (56). Er erklärt diese
Spannung damit, daß Ahn in den "vorfindlichen Vorzüge[n] des Minjung" wie
z.B. seiner Offenheit für die Zukunft Gottes (59) eine vorbildhafte Verwirklichung von "speziele[n] Vorzüge[n]" des koreanischen Volkes wie z.B.
der Liebe zur Gerechtigkeit und Wahrheit (62) sieht, die Ahn aus seiner

"Liebe zur Nation" (65) ohne weiteres voraussetzt. Schon in dieser "Aufwertung des Minjung" (63), die Ahn auch mit Bezeichnungen für das Minjung wie "Träger des Gotteswillens" (63; vgl. B.4.3.1) bzw. "Herr der Geschichte" (63; vgl. B.4.3.2) zum Ausdruck bringt, sieht Hoffmann-Richter eine "Gefahr der ideologischen Überhöhung" des Minjung (63). Da das Wort "Minjung" außerdem dem Wort "Minjok" (= Min-Dschok) im "ethnischen Sinne" nahestehe, und zwar in einer völkisch ausgeprägten politischen Kultur, in der "in allen Bevölkerungsschichten Südkoreas eine überaus hohe Wertschätzung des eigenen ethnischen Volkes lebt, die der deutschen völkischen Bewegung keineswegs nachsteht" (62), vergleicht Hoffmann-Richter andeutungsweise die "Aufnahme vieler Aussagen über das Minjung bei Ahn" mit dem "deutsche[n] Christentum Wilhelm Stapels" (62). In diesem Zusammenhang liegt für Hoffmann-Richter die Vermutung nahe, "für Ahn gehe die Kirche im Minjung auf", denn Ahn fordere nicht nur ein "'Öffnen' der Kirchentüren und ...'Hinausgehen' zum Minjung", sondern auch die Aufhebung der "Grenze zwischen Christen und Nichtchristen" (66).

Hoffmann-Richter hätte seinen Verdacht auf eine völkische Ideologie bei Ahn treffender zum Ausdruck bringen können, wenn er Ahns 'Min-Dschok-Kollektivismus' (vgl. C.3.2.b) und sein Konzept der "Minjungkultur" (vgl. B.4.6.2 u. C.3.7.b) beachtet hätte: Ahn nimmt nämlich nicht nur völkisch überhöhte Aussagen über das Minjung auf, sondern übernimmt selbst mit seiner von diesem völkischen "Min-Dschok-Kollektivismus" bestimmten Minjungtheologie die Rolle eines aktiven Volksaufklärers.

Allerdings findet ein Vergleich der völkischen Tendenz in Ahns Theologie und dem "Christentum Wilhelm Stapels" darin seine Grenze, daß die ausgeprägte rassistische Tendenz Stapels[10] bei Ahn fehlt: Ahns völkische Argumentation beruft sich nicht auf eine rassistische Grundlage, sondern auf das 'Min-Dschok als eine Schicksalsgemeinschaft' (vgl. C.3.2.b), die zwar völkisch bestimmt ist, aber sich mit anderen unterdrückten Völkern der Dritten Welt (über die rassischen Unterschiede hinaus) solidarisch erklärt. Deshalb geht die Kirche für Ahn zwar in das Minjung auf, aber nicht zur christlichen Legitimierung eines "Blutzusammenhanges" (Ansbacher Ratschlag), sondern zum Aufbau einer sog. "Min-Dschok-Gemeinschaft" (vgl. B.4.1.2), die durch die Befreiung des Minjung die authentische Existenz des koreanischen Volkes (vgl. B.1.3) ermöglichen soll. Ahns Theologie ist insofern zwar völkisch, aber nicht rassistisch. Die Gefahr liegt hier also in einer Verwechslung von Entdeckungs- und Begründungszusammenhang der Theo-

---

10 Vgl. Wolfgang Tilgner, a.a.O. S.89-130, bes. 105-110.

logie, die zwar nicht zum Rassismus, aber doch zu einer völkischen Ideologisierung der Theologie führt (vgl. C.3.7.b).

(b) Auch der "Theologische Ausschuß des Evangelischen Missionswerkes" in
Hamburg weist in seinem Brief vom 15. März 1985 an Minjungtheologen in Korea (z.Hd. Ahns)[11] auf eine Tendenz zur völkischen Ideologisierung in ihren
Aussagen hin, die "eine Selbstbezeugung Gottes vor und außerhalb Jesu Christi behaupten und sie an geschichtlichen Ereignissen festmachen", so daß
"die Geschichte gewissermaßen zu einer zweiten Offenbarungsquelle wird"
(12). In diesem Zusammenhang macht der Ausschuß mit vollem Recht auf den
Kardinalfehler in der Minjungtheologie wie auch bei den "Deutschen Christen" aufmerksam, "sozial-revolutionäre Bewegungen" (13) bzw. weltliche
Herrschaft aller Spielarten mit "Gottes Geschichtshandeln" zu legitimieren:
"Auch wenn deutlich zwischen repressiven und emanzipatorischen Bewegungen
zu unterscheiden ist, so liegt unseres Erachtens strukturell derselbe theologische Denkansatz vor" (13).

Auf diese Hinweise des Theologischen Ausschusses des EMW reagierte Ahn
mit anderen Minjungtheologen in einem Antwortschreiben im Juni 1986[12]: "Die
Geschichte als solche ist für uns (sc.: Minjungtheologen) keine zweite Offenbarungsquelle. Aber es gibt keine Offenbarung außerhalb der Geschichte
... Wir verstehen Jesus Christus als Ereignis Gottes (*event*). Dies Ereignis
geschah in der Geschichte und setzt sich geschichtlich fort" (22). Mit Jesus Christus als Ereignis Gottes meint Ahn hier keine Person, sondern eine
geschichtliche "Bewegung der Befreiung" (23), die sich in analogen Ereignissen in der Geschichte fortsetze: "In der Bewegung der Befreiung offenbart sich Gottes Wille gemäß dem biblischen Zeugnis. Gott war und wirkt
auch außerhalb und vor Christus" (23).

Gegenüber dieser Antwort der Minjungtheologen bekräftigte der Theologische Ausschuß des EMW in seinem zweiten Brief vom 22. Juni 1988 an die
Minjungtheologen[13] mit vollem Recht die "Nichtwiederholbarkeit unserer in
Jesus Christus geschehenen Versöhnung mit Gott [als] ein notwendiges Thema
christlicher Theologie" (30) und lehnt den Begriff "'Ereignis', durch welches gegenwärtige Minjung- oder Befreiungsereignisse auf eine Ebene mit
Jesu Tod und seiner Auferweckung durch Gott gebracht werden", als eine für
die "Gegenwart Christi durch seinen Geist" ungeeignete Sprache ab (30).

---

11 In: Weltmission heute Nr.5: Minjung-Theologie - ein Briefwechsel, hg.
vom Evangelischen Missionswerk (EMW) im Bereich der Bundesrepublik
Deutschland und Berlin West e.V., Hamburg 1989, S.6-16. Im folgenden
beziehen sich die Seitenzahlen in Klammern auf diese Quelle.
12 In: Weltmission heute Nr.5, a.a.O. S.17-26. Im folgenden beziehen sich
die Seitenzahlen in Klammern auf diese Quelle.
13 In: Weltmission heute Nr.5, a.a.O. S.27-33. Im folgenden beziehen sich
die Seitenzahlen in Klammern auf diese Quelle.

In der Tat nivelliert die Offenbarungsauffassung der Minjungtheologen trotz ihrer Verleugnung der Geschichte als zweiter Offenbarungsquelle "Jesus Christus als Gottes Ereignis (event)", indem sie Gottes Handeln "auch außerhalb und vor Christus" lokalisiert und damit Jesus Christus für <u>ein</u> <u>(prinzipiell auch ohne ihn!) wiederholbares Beispiel</u> unter allen "Bewegung[en] der Befreiung" in der Geschichte hält.

Literaturverzeichnis

Abkürzungen entsprechen, soweit nicht anders vermerkt, dem von Siegfried Schwertner zusammengestellten Abkürzungsverzeichnis der Theologischen Realenzyklopädie, Berlin/New York 1976.

Bibelstellen werden abgegeben nach: Die Bibel. Einheitsübersetzung der Heiligen Schrift, Stuttgart 1985 bzw. Die Heilige Schrift des Alten und des Neuen Testaments, Zürich 1987.

In den Anmerkungen verweist die Abkürzung 'ebd' auf die dieser Anmerkung unmittelbar vorausgegangene Literaturangabe; 'a.a.O.' bezieht sich auf die im vorausgehenden letztgenannte Literaturangabe des jeweiligen Autors.

Zitiert wird nach folgendem Schema: Bei Monographien und Aufsatzbänden sind Name des Autors, Titel und Seitenzahl angeführt; bei Aufsätzen, Zeitschriften- und Lexikonartikeln wird der Titel des Werkes bzw. der Zeitschrift, denen sie entnommen sind, mit vorausgestelltem 'in:' genannt.

Wo die Titel remanisiert sind, handelt es sich um Schriften in koreanischer Sprache.

Alle in den Anmerkungen genannten Titel sind im Literaturverzeichnis enthalten.

Abkürzungen

AM Ahn, Byungmu, Orun Min-Dschok - Orun Yieuksa (Aufrechtes Min-Dschok - Aufrechte Geschichte), Seoul 1985.

BE -, Seungseu-dscheuk Sildschon (Biblische Existenz), Seoul 1977, 4. Aufl. 1986.

BJ -, Haebangdscha Jesu (Der Befreier Jesus), Seoul 1975, 3. Aufl. 1983.

DVT -, Draußen vor dem Tor: Kirche und Minjung in Korea. Theologische Beiträge und Reflexionen, hg. von Winfried Glüer, Göttingen 1986.

GM -, Yeuksa ape Minjung gua deubureu (Vor der Geschichte mit dem Minjung), Seoul 1986.

GU -, Sidae uwa Zeungun (Gegenwart und unser Zeungun. Eine Essaysammlung), Seoul 1978, 5. Aufl. 1983.

KTSI Korea Theological Study Institute (Seoul/Korea).

MK Committee of Theological Study KNNC (Hg), Minjung gua Hanguksinhak (Das Minjung und Korenische Theologie), Seoul 1982.

MTVG   Minjung. Theologie des Volkes Gottes in Südkorea, hg. von Jürgen Moltmann, Neukirchen-Vluyn 1984.

TD   Sinhaksasang (Theologisches Denken), vierteljähliche theologische Zeitschrift, hg. vom Koreanischen Theologischen Forschungsinstitut (KTSI), Seoul.

TTP Suh, Namdong,   Dscheunhwan Shidae ui Shihak (Theology at a Turning Point), Seoul 1976.

UMT -,   Minjung-Shinhak ui Tamgu (Eine Untersuchung der Minjungtheologie), Seoul 1983.

1. Schriften Ahn Byungmus (chronologisch)

Anmerkungen

Außer den Schriften, die ins Deutsche übersetzt und in DVT bzw. MTVG enthalten sind, sind die folgenden Aufsätze, Predigten, Vorträge, Meditationen bzw. Monographien alle koreanisch. Die folgenden Schriften sind zur Rekonstruktion der Minjungtheologie Ahn Byungmus ausgewählt und alle zu diesem Zweck in der vorliegenden Arbeit bewertet bzw. vermerkt worden.

1967

-Angst, Glaube, Begegnung, BE 87-93.
-Reformation der Religion und Transformation der Gesellschaft, BJ 201-214.

1969

-Zwei Ordnungen, BJ 179-190.
-Daseinsverständnis bei Paulus, BE 15-26.
-Von der Freiheit zum Glauben, BE 37-47.
-Das hebräische Menschenbild, BE 27-36/BJ 154-165.

1970

-Biblische Erlösungslehre, BJ 85-95.
-Der Leidende, BJ 9-18.
-Auferstehungsglaube und Revolution, BJ 75-82.
-Atheismus und der christliche Glaube, BJ 166-176.
-Der Weg zur Freiheit, BJ 124-133.
-Der bettelnde Transzendente, BE 251-259.
-Seht diesen Menschen, BJ 303-312.

1971

-Diesen Tempel abbrechen, BE 229-237/DVT 47-51.
-Einladung in die neue Welt, BJ 273-283.
-Die Zukunft gehört den Armen, BJ 64-74 = Selig seid ihr Armen, DVT 52-59.
-Die Tränen, GU 21f.

1973

-Wenn es zehn gerechte Menschen gäbe, BE 356-363.
-Eine Prozession des Todes, GU 193-196 = Die Todesprozession, in: Theo
Sundermeier, Das Kreuz als Befreiung: Kreuzesinterpretationen in Asien und
Afrika, München 1985, 11-16

1974

-Das Lachen Gottes, BE 303-310.
-Die Malzeichen Jesu, BE 94-101.
-Entkommen aus dem Schicksal, BE 71-78.
-Transformation des Menschen, BJ 293-302.
-Säer und Mäher, BE 185-191.
-Die Weihnachten von heute, BE 296-302.

1975

-Die christliche Religion und die Menschenrechte - bei Jesus gesehen,
BJ 231-240 = Jesus und Menschenrechte, DVT 66-71.
-Die Erlösung heute - von der biblischen Perspektive her, BJ 96-110 bzw.
GM 315-326.
-Aus dem Tempeltor heraus - Die Bedeutung der "Missio Dei", BJ 264-272 bzw.
DVT 40-45.
-Kampf gegen den Teufel, BE 260-268.
-Nation, Minjung und Kirche, MK 19-26 bzw. GM 215-222.
-Die Aufgabe der Nation und die Kirche, GM 243-253 = Nation, Volk, Minjung
und Kirche, DVT 79-84.

1976

-Befreiung von Furcht, BE 347-355.
-Gott in der Niederlage, BE 269-277.
-Theologie der Ereignisse, DVT 21-25.
-Berufung, BE 154-162.
-Der auferstandene Jesus und der Ort [der Auferstehung heute], BE 311-319.
-Der Befreier Jesus, DVT 60-65.

1977

-Die Freiheitslehre des Paulus, BE 102-115.
-Die christliche Religion und ihre Reformation, GM 50-62.
-Der gegenwärtige Gott, BE 320-334.
-Dann werden die Steine schreien, DVT 73-78.

1978

-Leidendes und bekennendes Christsein, DVT 26-39.
-Die Predigt des Minjung, GM 118-126.
-Vor der Geschichte mit dem Minjung, GM 274-283.

1979

-Jesus und *ochlos*, MK 86-103 = Jesus und das Minjung im Markusevangelium,
MTVG 110-132.

1980

-Das Christentum und die Sprache des Minjung (I), GM 91-105 = Christen und
die Sprache des Minjung, DVT 85-98.
-Die christliche Religion und der Staat, GM 179-187.

1981

-Eine biblische Beleuchtung der Frage der Wiedervereinigung des Min-Dschok,
GM 264-273.
-Das Subjekt der Geschichte im Markusevangelium, MK 151-184 bzw. MTVG 134-
169. (Zum erstenmal veröffentlicht unter dem Titel "Minjungtheologie - im
Markusevangelium gesehen", TD 34/1981 504-536.)
-Was ist die Minjung-Theologie? in: epd Dokumentation 6a/82, 7-16.

1983

-Der historische Jesus, Seoul 1983.

1984

-Der Nationalismus als Selbstbestimmung des Min-Dschok, GM 223-235.
-Die Träger der Überlieferung des Jesusereignisses, DVT 99-119 = The Trans-
mitters of the Jesus-Event, in: Bulletin of the Commission on Theological
Concerns, Christian Conference of Asia, Vol.5 No.3/Vol.6 No.1, Dec. 1984/
April 1985, S.26-39.

1985

-Eine Selbstreform des koreanischen Christentums, GM 35-49.

1986

-Ein Entwurf eines koreanischen Christenbildes, GM 13-34.

1987

-Koreanische Theologie, in: K. Müller/Th. Sundermeier (Hg.), Lexikon
missionstheologischer Grundbegriffe, Berlin 1987, S.230-235.

Schriften, deren erstes Veröffentlichungsdatum unbekannt ist:

-Aufrechtes Volk - Aufrechtes Min-Dschok, AM 15-32.
-Das Christentum und die Min-Dschok-Gemeinschaft, GM 236-242.
-Das Christentum und die Macht des Staates, GM 188-195.
-Gandhi und die Kuh, AM 111-134.

2. Sekundärliteratur

Der "Ansbacher Ratschlag" zu der Barmer "Theologischen Erklärung" (11. Juni
1934), in: AELKZ 67, 1934, S.584-586.

Barth, Karl, Texte zur Barmer Theologischen Erklärung, Zürich 1984.

Beyschlag, Karlmann, Grundriß der Dogmengeschichte, Bd.1, Darmstadt 1982, 2.Aufl. 1988.

Bocheński, Joseph M., Formale Logik, Freiburg/München 1956.

Cho, Hwasun, "Sanopsunkyoreul uihan Kyohoi eui Guaje (Die Aufgabe der Kirche für die UIM)", in: Hanguk Yeuksa ua Kidokkyo (Die koreanische Geschichte und die christliche Religion), hg. v. Kydokkyo Sasangsa, Seoul 1983.

Choe, Jaehyeon, "The Range of Voluntary Association Activity in South Korea. The Case of the Urban Industrial Mission", in: Journal of Voluntary Action Research, Vol.9 No.1-4, Camden/New Jersey 1980, S.124-130.

Dschung, Byungschin, "Minjung-Undong Dschungtschigun nai Tschakgun Sidong (Die Minjungbewegung hat angefangen, im etablierten Bereich der Politik Wurzeln zu schlagen.)", in: Hanguk-Ilbo 22. Juni 1990, S.3.

Essler, Wilhelm K., "Metasprache/Objektsprache", in: J. Speck (Hg.), Handbuch wissenschaftstheoretischer Begriffe, Bd.2, Göttingen 1980, S.428f.

Evangelisches Missionswerk im Bereich der Bundesrepublik Deutschland und Berlin West e.V. (Hg.), Weltmission heute Nr.5: Minjung-Theologie - ein Briefwechsel, Hamburg 1989.

Evangelisches Missionswerk in Südwestdeutschland (Hg.), Beiheft zu: Korea - Text und Fragen, Stuttgart 1977.

Evangelischer Pressedienst (Hg.), epd-Dokumentation, Frankfurt a.M., Nr.33/74, 38/74, 33/75, 34/75, 43/77.

Gundert, Sibylle, "Arbeiter gegen Staatsgewalt. Zur Geschichte der Urban Industrial Mission in Südkorea", in: Entwicklungspolitische Korrespondenz 3/85, S.29-31.

Hanguk Kydoggyo Sanopmuje Yonguwon (The Korean Christian Institute of Industrial Problems) (Hg.), Toshi Sanophwawa Kyhoeui Samyong (Urbanization, Industrialization and the Mission of Church), Seoul 1978.

Hoffmann-Richter, Andreas, Ahn Byung-Mu als Minjung-Theologe, Diss. Heidelberg 1988.

-, "Nachwort. Biographische Hinweise und Erläuterungen zu den Texten", in: DVT, S.151-156.

Honecker, Martin, Einführung in die theologische Ethik, Berlin/New York 1990.

Hutten, Kurt, "Deutsch-christliche Bewegung", in: RGG, 3.Aufl., Tübingen 1963, Sp.104-107.

Kim, Changnack, "Arbeitskämpfe in der dritten Welt - am Beispiel der Arbeitsbewegung in Südkorea", in: Luise und Willy Schottroff (Hg.), Mitarbeiter der Schöpfung, München 1983, S.307-319.

Kim, Chungchoon, "Minjung Shinhak ui Guyakseungseu dscheuk Guingeu (Alttestamentliche Begründung der Minjungtheologie)", in: TD 24/1979, S.5-32.

Kim, Kwangwon, Zur Theologie der Negation. Versuch einer koreanischen kontextuellen Theologie im Gespräch mit dem "Hwaom" Buddhismus Uisangs, Diss. Bonn 1990.

Kim, Myungsoo, Die Trägergruppe von Q: sozialgeschichtliche Forschung zur Q-Überlieferung in den synoptischen Evangelien, Diss. Hamburg 1990.

Kim, Yongbok, "Minjung eu Sahoedscheungi ua Shinhak (Die Sozialbiographie des Minjung und die Theologie)", in: TD 24/1979, S.58-77.

Kleiner, Jürgen, Korea. Betrachtungen über ein fernliegendes Land, Frankfurt a.M. 1980.

Kreck, Walter, Grundfragen der Ekklesiologie, München 1981.

Kröger, Wolfgang, "Grundlinien der Minjungtheologie. Theologie der Befreiung in koreanischem Kontext", in: EvTh 48/1988, S.360-369.

-, "Erfahrung" - ein Streitpunkt im ökumenischen Gespräch. Reflexion auf das Programm einer Befreiungstheologie der Ersten Welt, ausgehend von Erfahrungen in Südkorea, in: ÖR 37 (1988), S.185-199.

KTSI, "Dsche Sam Sege ui Shinhak (Theologie in der Dritten Welt)", in: TD 34/1981, S.537-550.

-, "Suh Namdong Baksa ua Minjung Shinhak (Dr. Suh Namdong und die Minjungtheologie)", in: TD 46/1984, S.517-535.

-, "Minjung-Kyhoe eui Hyundschang gua Hoaldong (Der Ort und die Tätigkeit der Minjung-Kirche)", in: TD 63/1988, S.779-810.

-, "Minjung-Kyohoe ua Minjung-Shinhak edaihan Yihai (Ein Versuch, das Verhältnis zwischen der Minjung-Kirche und der Minjungtheologie zu verstehen)", in: TD 63/1988, S.866-892.

Lee, Samuel, "Mission an den Rändern der Gesellschaft (UIM.)", in: Korea. Texte und Fragen, hg. vom Evangelischen Missionswerk im Bereich der Bundesrepublik Deutschland und Berlin West e.V., Hamburg 1981, S.49-51.

Lichtenberg, Hans-Georg, "Logik", in: H. Seifert/G. Radnitzky (Hg.), Handlexikon zur Wissenschaftstheorie, München 1989, S.189-199.

Luther, Hans Ulrich., Südkorea. (K)ein Modell für die Dritte Welt? Wachstumsdiktatur und abhängige Entwicklung, München 1981.

Mannheim, Karl, Ideologie und Utopie, Frankfurt a.M., 6.Aufl. 1978.

Na, Yongwha, Minjung-Shinhgak Bipan (Kritik der Minjungtheologie), Seoul 1984.

Nohlen, Dieter, "Populismus, populistisch", in: Ders. (Hg.), Lexikon Dritte Welt, Reinbeck bei Hamburg 1984.

Park, Chunghee, Ein Weg für unser Volk. Betrachtungen zum sozialen Wiederaufbau (Übers. von Heidi Kang), Seoul 1964.

Park, Kyungseo, Die politische und soziale Bedeutung der Arbeitskämpfe in Süd-Korea (am Beispiel der Bezirke Inchon und Seoul vom Dez. 1968 bis Juni 1972), Diss. Göttingen 1975.

Patzig, Günther, "Satz und Tatsache", in: Ders., Tatsachen, Norm, Sätze, Stuttgart 1980, S.8-44.

Pieper, Annemarie, Ethik und Moral. Eine Einführung in die praktische Philosophie, München 1985.

Rammstedt, Otthein, "Bewegung, soziale", in: B. Schäfers (Hg.), Grundbegriffe der Soziologie, Leverkusen 1986, S.38-40.

Salmon, Wesley C., Logik, Stuttgart 1983.

Sauter, Gerhard, "Einführung", in: Ders. (Hg.), Rechtfertigung als Grundbegriff evangelischer Theologie, München 1989, S.9-29.

- u.a., Wissenschaftstheoretische Kritik der Theologie, München 1973.

-, "Eschatologische Rationalität", in: Ders., In der Freiheit des Geistes, S.166-197.

-, "Menschsein und theologische Existenz", a.a.O. S.11-22.

-, "Dogmatik I", in: TRE, Bd.9, Berlin/New York 1982, S.41-77.

Schmidt, Werner H., Alttestamentlicher Glaube in seiner Geschichte, Neukirchen-Vluyn 1968, 6. Aufl. 1987.

Suh, Namdong, "Kyohoe ua Gukga (Kirche und Staat)", in: Dschangno Hoebo (Presbyterianisches Nachrichtblatt), Seoul, Aprilausgabe 1971.

-, "Jesu, Kyohoesa, Hangukkyohoe (Jesus, Kirchengeschichte und die Kirche in Korea), in: UMT, S.11-27.

-, "Zwei Traditionen fließen ineinander", in: MTVG, S.173-213.

-, "Seungryung ui dsche sam Shidae (Das dritte Zeitalter des Heiligen Geistes)", in: TTP, S.121-133.

-, "Hyundai eui Guahak-Kisul gua Kidokkyo (Die moderne Technologie und die christliche Religion)", in: TTP, S.364-370.

Sundermeier, Theo, "Das Kreuz in koreanischer Interpretation", in: Ders., Das Kreuz als Befreiung: Kreuzesinterpretationen in Asien und

Afrika, München 1985, S.17-38.

Theißen, Gerd, "Die Starken und Schwachen in Korinth. Soziologische Analyse eines theologischen Streites", in: EvTh 35/1975, S.155-172.

-, "Wanderradikalismus. Literatursoziologische Aspekte der Überlieferung von Worten Jesu im Urchristentum", in: ZThK 70/1973, S.245-271.

Tilgner, Wolfgang, Volksnomostheologie und Schöpfungsglaube. Ein Beitrag zur Geschichte des Kirchenkampfes, Göttingen 1966.

Verein der koreanischen Minjung-Kirchen-Bewegung, "Hanminyeun Tschangnip Seuneunmun" (Gründungserklärung des Vereins der koreanischen Minjung-Kirchen-Bewegung", in: Hanguk Kydokkyo Sahoemunje Yonguwon (Christian Institute for the Study of Justice and Development) (Hg.), Hanguk Kyohoe Sadscheung 1988 (Die Lage der koreanischen Kirchen 1988), Seoul 1989, S.190-192.

Von Brück, Michael, Theologie aus dem Gefängnis (Rezension zu: Byung-Mu Ahn, Draußen vor dem Tor. Kirche und Minjung in Korea, Göttingen 1986), in: EK 21/1988, S.54.

Won Woohyeun (Hg.), On Rumor, Seoul 1982.

3. Ausgewählte Literatur zum Thema Minjungtheologie

(1) Deutsche Veröffentlichungen

Ahn, Byungmu, "Das leidende Minjung. Koreanische Herausforderungen an die europäische Theologie", in: EK 20 (1987), S.12-16.

Ahn, Byungmu/Tachau, Peter, "Interview zur Minjung-Theologie", in: Zeitschrift für Mission, 14.Jg. Heft 2, 1988, S.83-93.

Baum, Günther, "Zur 'Theologie des Volkes' in Korea", in: epd-Dokumentation Nr.6a/82, Frankfurt a.M., 1982, S.2-6.

-, "Auf der Suche nach dem 'Subjekt der eigenen Geschichte'. Zur Minjung-theologie", in: R. Werning (Hg.), Südkorea. Politik und Gesellschaft im Land der Morgenstille, Köln 1988, S.232-248.

-, "'... die wir heute mit dem Volk leben'. Zur Minjungtheologie", in: Entwicklungspolitische Korrespondenz 3/1988, S.22-25.

Chung, Ha-Eun, Das koreanische Minjung und seine Bedeutung für eine ökumenische Theologie, München 1984.

Chung, Kwun-Moh, Theologie und Sozialethik des Glaubens an das Reich Gottes, am Beispiel von Leonhard Ragaz, für den koreanischen Kontext, Diss. Basel 1987.

Jäger, Hans Ulrich, "Minjung-Theologie. Theologie aus dem Gefängnis", in: Kirchenblatt für die reformierte Schweiz, 139.Jg. Nr.15, Basel 1983, S.247f.

-, "Minjung-Theologie", in: Neue Wege. Beiträge zu Christentum und Sozialismus, 80.Jg. Nr.2, Zürich 1986, S.40-44.

Kong, Dokoo, "Die politische Theologie des Dichters Kim Chi Ha", in: Orientierung 42 (1978), S.111-114.

Lienemann-Perrin, Christine, "Kontextuelle Theologie in Südkorea: Beispiel der 'Minjung-Theologie'", in: VF 30 (1985), S.65-70.

Moltmann, Jürgen (Hg.), Minjung: Theologie des Volkes Gottes in Südkorea, Neukirchen-Vluyin 1984.

Müller, Andreas/Reiss, Dorothea/Rüdiger, Gerhard, Minjung-Theologie. Versuch einer Beschreibung der Theologie des Volkes in Korea, Wuppertal 1983.

Park, Il-Young, Minjung, Schamanismus und Inkultration. Schamanistische Religiosität und Christliche Orthopraxis in Korea, Diss. Fribourg (Schweiz) 1987.

Park, Jong-Wha, Das Ringen um die Einheit der Kirche in Korea, Diss. Tübingen 1985.

Sohn, Kyoo-Tae, Kirche und Nationalismus. Eine Studie über die Rolle des Nationalismus in der koreanischen Kirchengeschichte unter der japanischen Kolonialzeit, Diss. Heidelberg 1986

Tabuchi, Fumio, "Der katholoische Dichter Kim Chi Ha als Narrativer Theologe im asiatischen Kontext", in: Zeitschrift für Missionswissenschaft und Religionswissenschaft 69 (1985), S.1-24.

(2) Englische Veröffentlichungen

Abkürzungen

CTC Bulletin   Bulletin of the Commission on Theological Concerns, Christian Conference of Asia, Singapore.

EAJT   East Asia Journal of Theology, Singapore.

IRM   International Review of Mission. Quarterly of the Commission on Worldmission and Evangelism of the World Council of Churches, Geneva.

MTP   Minjung. People as the Subjekt of History, ed. by the Commission on Theological Concerns of the Christian Conference of Asia, Singapore 1981.

Chi, Myong-Kwan, "Theological Development in Korea", in: IRM, Vol.LXXIV No.293, January 1985.

Cone, James H., "Preface", in: MTP, pp.ix-xix.

Hyun, Younghak, "Minjung Theology and the Religion of Han", in: EAJT, Vol.3 No.2 1985, pp.354-326.

-, "Theology as Rumormongering", in: CTC Bulletin, Vol.5 No.3 - Vol.6 No.1, 1984/1985, pp.40-48.

Kim, Yung Bok, "Minjung Social Biography and Theology", in: Ching Feng. Quarterly Notes on Christianity and Chinese Religion and Culture, Vol.XXVIII No.4, pp.221-231.

Lee, Chang-sik, "A Historical Review of theological Thoughtfor the last one century in Korea", in: EAJT, Vol.3 No.2 1985, pp.321-325.

Lee, Jung-Young (Ed.), An Emerging Theology in World Perspective. Commentary on Korean Minjung Theology, Connecticut 1988.

Moon, Cyris H.S., A Korean Minjung Theology - an old testament perspective, Hong Kong 1985.

Niles, D. Preman, "Introduction", in: MTP, pp.1-11.

Park Hyung-Kyu, "The Search for Self-Identity and Liberation", in: IRM, Vol.LXXIV No.293, January 1985, pp.37-48.

Pyun, Sun-Hwan, "Other Religions and Theology", in: EAJT, Vol.3 No.2 1985, pp.327-353.

Song, Choan Seng, "Building a Theological Culture of People", in: CTC Bulletin, Vol.5 No.3 - Vol.6 No.1, 1984/1985, pp.16-25.

Song, Kon-Ho, "A History of the Christian Movement in Korea", in: IRM, Vol.LXXIV No.293, January 1985, pp.19-36.

Suh, Kwang-sun David, "A Biographical Sketch of an Asian Theological Consultation", in: MTP, pp.15-37.

-, "Korean Theological Development in the 1970s", in: MTP, pp.38-43.

-, "Called to witness to the Gospel Today: The Priesthood of Han", in: CTC Bulletin, Vol.5 No.3 - Vol.6 No.1, 1984/1985, pp.57-65.

-, "American Missionaries and A Hundred Years of Korean Protestantism", in: IRM, Vol.LXXIV No.293, January 1985, pp.1-18.

Suh, Namdong, "Cultural Theology, Political Theology and Minjung Theology", in: CTC Bulletin, Vol.5 No.3 - Vol.6 No.1, 1984/1985, pp.12-15.